● 김용재 공무원 회계학의 특징 ●

1. 정말로 시험에 나오는 것만 가르치겠습니다!

저는 수험생 때 시험에 자주 나오지 않는 내용은 과감하게 제끼고, 중요 내용만 공부했습니다. 주위 친구들은 너무 많이 제끼는 것 아니냐 걱정해줬죠. 하지만 결과적으로 그 해에 시험을 본 만 명의 수험생 중에서 가장 높은 점수를 받고 수석으로 합격하였습니다. 회계학 시험의 수석을 해 본 사람으로서 자신하게 말씀드리겠습니다. 중요내용만 컴팩트하게 공부하는 것이 고득점, 그리고 단기합격으로 가는 지름길입니다.

제 목표는 명확합니다. 여러분들이 '1년 안에' 합격하는 것입니다. 수험 기간이 길어진다는 것은 굉장히 힘든 일입니다. 여러분 자신도 힘들겠지만, 여러분을 응원해주시는 부모님을 생각해서라도 우리 반드시 1년 안에 합격해야 합니다. 1년 안에 합격하기 위해서는 아직 출제되지 않은 내용, 그리고 가끔 나오는 내용을 봐서는 안 됩니다. 공부 범위를 넓히면, 아는 것은 많아지겠지만, 중요 내용에 집중하기는 어렵습니다. 그리고 그만큼 합격이 늦어질 수밖에 없습니다.

제가 지난 10년간의 회계학 기출문제를 철저히 분석한 결과, 전체 주제 중 약 60%의 주제에서 80% 이상의 문제가 나옵니다. 80%는 일반적으로 공무원 시험 합격에 필요한 회계학 점수입니다. 저는 합격에 필요한 이 60%의 주제에 집중할 것입니다. 시험에 자주 나오지 않는 주제는 과감히 삭제하고, 핵심 주제도 요약해서 기존 강의 대비 절반의 분량으로 여러분들 1년 안에 합격시킬 것입니다.

제가 기존 강의 대비 절반의 분량으로 여러분들 합격시킨다고 하니까, 걱정하시는 분도 있습니다. 제 교재와 강의를 통해 커버되지 않는 부분은 20문제 중에서 보통 한 문제, 정말 예외적인 경우 두 문제입니다. 9급의 경우 100문제를 100분 안에 풀어야 합니다. 마킹도 해야되니까 1문제를 1분 안에 풀어야 합니다. 모든 내용을 다 알더라도 현실적으로 주어진 시간 안에 회계학 20문제를 다 풀기 어렵습니다. 지엽적인 주제까지 공부해서, 운 좋게 현장에서 해당 주제가 출제되었더라도, 지엽적인 문제는 난이도가 어렵기 때문에 다른 문제에 비해 시간이 오래 걸립니다. 그렇다면, 지엽적인 문제를 과감하게 제끼고, 다른 쉬운 문제 2문제를 더 푸는 게 낫습니다.

모든 내용을 공부하게 되면 상대적으로 중요 내용에 대한 숙련도가 낮기 때문에 중요 문제도 푸는데 오래 걸리고, 지엽적인 문제도 오래 풀기 때문에, 중요 문제만 푸는 여러분이 제한된 시간 안에서 더 많은 문제를 풀 수 있습니다.

우리, 중요 내용만 확실하게 대비해서 1년 안에 합격합시다.

2. 직접 개발한 효율적 풀이법 중심으로 가르치겠습니다!

저 김수석이 직접 개발한 효율적인 풀이법을 여러분께 전수할 것입니다. 제가 수험생 때 기존 풀이법을 배우면서 '더 나은 방법은 없을까?' 항상 고민했습니다. 그렇게 하나씩 하나씩 제가 직접 풀이법들을 고안하고, 수정하기 시작했습니다. 풀이법들이 쌓이다 보니 전범위에 걸쳐서 저만의 풀이법이 생겼습니다. 그걸 저는 수험생 때 노트로 만들었고, 그게 책으로 나온 것이 코어 회계학과 파워 회계학입니다.

제 수업을 들으시면 아시겠지만, 기존 풀이법을 그대로 사용하는 주제가 몇 없을 정도로 제가 만든 풀이법과 암기법이 대부분입니다. 제 풀이법의 위력이 바로 회계사 시험 수석 합격으로 증명되었죠. 긴장되는 상황 속에서 시간의 압박을 받으면서도 많은 문제를 빠르고 정확하게 풀 수 있었던 것은 바로 제가 만든 풀이법 덕분이었습니다. 제가 기존의 풀이법으로 공부했다면 수석 합격은 불가능했을 겁니다.

저는 이 풀이법을 단계별로 세분화해서 교재에 서술해 놓았습니다. 문제 풀이 과정을 글로 쓰는 것은 굉장히 어색하고 어려운 작업입니다. 표는 어떻게 그리고, 각 칸에는 어떤 숫자가 와야 되는지 말로 설명하는 것은 자연스러운데, 글로 쓰기는 굉장히 어색합니다. 그 결과 기존 책들은 기준서 문장으로 가득 차게 되었습니다. 전 여러분이 조금이라도 쉽고, 편하게 이해할 수 있으면 제 책이 어색한 것은 전혀 상관없습니다. 그래서 책을 강의 대본처럼 말하듯이 썼습니다. 그렇기에, 여러분께서 제 수업을 듣고 혼자서 복습할 때 책만 보더라도 과외를 받는 느낌이 들고, 더 쉽게 이해될 겁니다.

제가 효율적인 풀이법으로 1년 반만에 수석 합격할 수 있었듯이, 여러분들도 제 풀이법으로 푸신다면 단기간 안에 공무원 회계학 고득점, 충분히 달성할 수 있습니다.

파워 회계학 소개 및 활용법

1. 파워 회계학 교재 소개

파워 회계학은 심화 강의에서 사용되는 심화서로, 재무회계편만 있습니다.

2. 심화 강의: 기본 주제 탄탄 + 심화 주제 학습

심화 강의의 목표는 두 가지입니다. 가장 큰 목표는 기본 강의에서 다뤘던 주제들을 더 탄탄히 하는 것입니다. 기본 강의에서 다뤘던 주제는 7급 기출을 활용해서 기본기를 더욱 더 탄탄하게 만들 것입니다. 이렇게 실제 문제보다 조금 더 어려운 문제를 풀어보아야 전체 흐름도 보이고, 실력도 늘기 때문입니다. 이 문제들을 잘 풀었다면 다음 과정인 기출 풀이 과정을 훨씬 더 수월 하게 진행할 수 있을 것입니다.

심화 과정의 두 번째 목표는 기본 강의에서 다루지 않은 내용들을 배우는 것입니다. 이 주제들 은 상대적으로 출제 빈도가 낮거나, 난이도가 높아서 기본 강의에서 미루어 놓았던 주제들입니 다. 기본 강의를 한 번 들으면서 기초 회계 지식이 쌓인 상태에서 배우는 것이므로 잘 소화할 수 있을 것입니다.

3. 교재에 수록된 문제 활용법

본 교재에 수록된 문제는 연습하기 위한 용도가 아닌 배우기 위한 용도입니다. 유형별로 적은 문제를 보고 바로 문제를 스스로 풀기는 어려울 것입니다. 문제가 바로 풀리지 않는다고 스트레 스를 받기보다는 해설을 보고 풀이 방법을 습득하는 것에 초점을 맞추시길 바랍니다. 해설도 별 도로 분리하지 않고 본문에 실어놓은 이유입니다. 연습은 이후에 기출문제 풀이 과정에서 수없 이 할 것입니다. 심화서인 파워 회계학을 볼 때까지는 너무 마음을 조급하게 먹지 말고, '개념을 습득하는 것'을 목표로 공부하길 바랍니다.

4. 파워 회계학 재무회계편 수강대상

김용재의 재무회계 기본강의를 수강하였거나, 재무회계 기초 내용을 숙지하고 있는 학생

재무회계 심화강의에서는 재무회계 기본강의에서 다뤘던 내용을 다시 복습할 것입니다. 이때, 기본강의에서 다뤘던 내용은 '왜 그런 것인지'에 대한 설명은 생략하고, 결론만 훑은 뒤, 바로 문 제를 풀 것입니다. 심화강의에서는 처음 배우는 심화 내용을 설명하는데 집중할 것입니다.

머리말

PREFACE

● 수험생 여러분께 ●

여러분이 지금 어느 신분인지 잘 생각해보세요. 여러분은 '학자'가 아니라 '수험생'입니다. 수단과 방법을 가리지 말고 어떻게 해서든 시험에서 한 문제라도 더 맞히면 됩니다. 수험 공부를 운전 연습에 비유해보겠습니다. 우리는 어떻게 시동을 걸고, 어떻게 앞으로 움직이고, 어떻게 브레이크를 밟는 지를 배웁니다. 어떤 원리로 기름이 연소 되어, 동력을 만들고, 바퀴가 굴러가는지 배우지 않습니다. 우리는 자동차의 '조작법'을 배우는 것이지, 자동차의 '작동 원리'를 배우는 것이 아닙니다.

수험 공부도 마찬가지입니다. 제 모든 교재와 강의는 오로지 '시험 문제 풀이 방법'에 초점을 맞추고 있습니다. 여러분들은 제가 설명해 드리는 풀이법대로 문제를 풀 수만 있으면 됩니다. 그 풀이법이 어떻게 해서 만들어졌는지 이론적 배경은 중요하지 않습니다. 그렇다 보니 결론만 있고, 설명이 없어서 이해가 가지 않는 부분도 있을 것입니다. 설명이 없는 것은 문제 풀이에 도움이 되지 않기 때문에 달아놓지 않은 것입니다. 수험생 여러분도 공부할 때 '어느 주제가 자주 출제되는지', '문제가 어떻게 출제되는지', '문제를 어떻게 풀어야 하는지'에 집중하셨으면 좋겠습니다. 이것 외에는 여러분에게 전혀 중요하지 않습니다.

개별 주제에 대한 설명뿐만 아니라, 제가 '다루는 주제' 자체도 다른 교재에 비해 적습니다. 저는 수년 치의 국가직 및 지방직 기출 문제를 분석하여 출제 빈도가 낮은 주제는 과감히 삭제하거나, 심화서로 넘기고, 출제 빈도가 높은 주제 위주로 서술하였습니다. 단기 합격을 위해서는 모든 주제를 똑같은 강도로 공부하는 것이 아니라, 중요도에 따라서 다른 강도로 공부해야 합니다. 자주 출제되는 주제는 부연 설명을 덧붙여서 인싸이트를 키울 수 있도록 했고, 거의 출제되지 않는 주제는 결론만 외워서 문제를 풀도록 짧게 서술했습니다.

책이 얇다고 불안해하실 필요 없습니다. 책이 얇기 때문에 여러분은 핵심을 더 잘 숙지할 수 있는 것입니다. 지금부터 김용재의 코어 공무원 회계학 시작합니다! 여러분의 인생에 이 책이 작은 도움이라도 되길 바랍니다.

수험생 여러분의 합격을 진심으로 기원하며.

김용재
회계사 올림.

목 차

CONTENTS

목차

CONTENTS

김용재 파워 공무원 회계학 재무회계

목차

CONTENTS

김용재 파워 공무원 회계학 재무회계

Memo

 이 장의 출제 뽀인트!

① 회계의 분류
② 한국채택국제회계기준의 특징
③ 재무제표 작성 및 감사 과정
④ 재무제표의 종류
⑤ 재무상태표와 포괄손익계산서의 표시 방법
⑥ 계속기업 가정
⑦ 재무제표 일반사항

1장에서는 회계의 기본적인 이론에 대해서 다룬다. 본 장에서는 말문제만 출제되므로 중요 내용들 위주로 가볍게 읽어보고 넘어가면 된다.

01

재무회계의 기초

1 회계의 분류

	재무회계	관리회계
정보이용자	외부정보이용자: 주주, 채권자 등	내부정보이용자: 경영진
회계 구분	일반목적회계	특수목적회계
보고서	재무제표	특정한 양식 X

1. 외부정보이용자 (재무회계) vs 내부정보이용자 (관리회계)

(1) 재무회계: 주주, 채권자, 잠재적 투자자 등의 외부정보이용자의 경제적 의사결정에 유용한 정보를 제공하는 회계 (= 일반목적회계)

(2) 관리회계: 내부정보이용자인 경영진의 관리적 의사결정에 유용한 정보를 제공하는 회계 (= 특수목적회계)

2. 재무제표 (재무회계) vs 특정한 양식 X (관리회계)

(1) 재무회계 – 재무제표: 재무회계가 표현되는 양식. (for 외부정보이용자)

(2) 관리회계 – 특정한 양식 X: (for 내부정보이용자)

보고기업의 경영진도 일반목적 재무보고서(재무제표)를 참고하긴 하지만, 필요한 재무정보를 기업 내부에서 획득할 수 있으므로 재무제표에 의존할 필요가 없다.

2 한국채택국제회계기준(K – IFRS)

1. K – IFRS 적용의 의의: 재무제표의 신뢰도 향상

2. K – IFRS의 적용 대상: 모든 기업이 적용하는 것은 아님!

3. K – IFRS의 특징

일반기업회계기준	IFRS
개별재무제표를 주 재무제표로 함	연결재무제표를 주 재무제표로 함
취득원가 중심	공정가치 평가 확대
규칙 중심 (rule): 구체적인 세부 지침 기술	원칙 중심 (principle): 넓은 대원칙만 기술

3 재무제표 작성 및 감사 과정

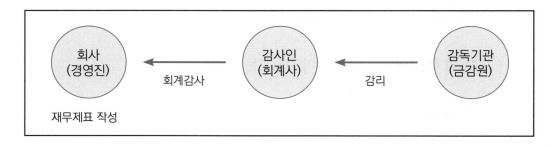

1. 경영진의 재무제표 작성: 경영진에게 재무제표의 작성 책임이 있음

2. 외부감사인(회계사)에 의한 회계감사

(1) 모든 기업이 회계감사를 받는 것은 아님

(2) 회계사는 경영진이 작성한 재무제표를 감사하는 것이지, 재무제표를 작성하지 않음

3. 회계감사의 의의 및 한계

(1) 의의: 재무제표의 신뢰성 제고
(2) 한계: 재무구조의 건전성 및 투자 안전성을 담보하진 않음

4. 감독기관(금융감독원)의 감리

재무제표 작성 및 감사 과정

01 우리나라의 주식회사는 직전연도의 자산총액이 100억원 이상인 경우에 의무적으로 공인 회계사로부터 외부회계감사를 받아야 한다. 이와 같이 기업이 공인회계사로부터 매년 회계감사를 받는 주요 이유는? 2010. 관세직 9급

① 외부전문가의 도움에 의한 재무제표 작성
② 회사 종업원들의 내부공모에 의한 부정과 횡령의 적발
③ 경영자의 재무제표 작성 및 표시에 대한 책임을 외부전문가에게 전가
④ 독립된 외부전문가의 검증을 통한 회계정보의 신뢰성 제고

①, ③ 감사인은 재무제표를 작성하지 않으며, 감사를 받더라도 재무제표의 작성 책임은 경영진에게 있다.
② 회계감사를 통해 부정과 횡령 적발도 가능하지만, 이는 회계감사의 부수적인 효과이며, 주요 이유는 아니다.

답 ④

재무제표의 종류

> **〈재무제표의 종류〉**
>
> (1) 재무상태표
> (2) 포괄손익계산서
> (3) 현금흐름표
> (4) 자본변동표
> (5) 주석
> – 재무제표에 주석도 포함!

예제 **재무제표의 종류**

01 주석에 관한 설명으로 옳지 않은 것은?   2020. 관세직 9급

① 한국채택국제회계기준에서 요구하는 정보이지만 재무제표 어느 곳에도 표시되지 않는 정보를 제공한다.

② 재무제표 어느 곳에도 표시되지 않지만 재무제표를 이해하는 데 목적적합한 정보를 제공한다.

③ 재무제표의 이해가능성과 비교가능성에 미치는 영향을 고려하여 실무적으로 적용 가능한 한 체계적인 방법으로 표시한다.

④ 재무제표에 첨부되는 서류로 주요 계정과목의 변동을 세부적으로 기술한 보조적 명세서이다.

 해설

④ 주석은 재무제표 중 하나이다. 재무제표의 일부이므로 재무제표에 '첨부되는 서류'가 아니다.
본 문제의 선지들을 대비한 수험생은 많지 않을 것으로 생각한다. 문장의 정오를 판단하기 상당히 애매한 문장들이 선지로 제시되었다. 내용을 몰랐더라도, ①번과 ②번 모두 주석이 '재무제표 어느 곳에도 표시되지 않는 정보를 제공한다.'라는 내용을 포함하고 있으므로 둘 다 맞는 문장이다. 둘 이상의 선지가 같은 내용을 담고 있다면 둘 모두 답이 아니다. ③, ④번 중에 답이 있는데, ③번은 당연한 말을 하고 있으므로 답은 ④번으로 골라냈어야 한다.

답 ④

5   재무상태표 및 손익계산서 표시 방법

1. 재무상태표: 유동 · 비유동 배열법 vs 유동성 순서 배열법

유동 · 비유동 배열법	유동성 순서 배열법
유동항목과 비유동항목을 구분하여 표시	유동성이 높은 항목부터 차례로 표시
유동항목이 반드시 먼저 표시될 필요는 없음	
이연법인세자산, 부채: 비유동 항목으로 분류	
유동성 순서 배열법이 더욱 목적적합한 경우를 제외하고 유동 · 비유동 배열법 적용	

2. 손익계산서: 기능별 분류 vs 성격별 분류

기능별 분류와 성격별 분류 가운데 더 신뢰성 있고 목적적합한 방법을 선택하여 적용 가능

기능별 분류(= 매출원가법)	성격별 분류
비용을 매출원가, 물류원가, 관리활동원가 등으로 구분하는 방법	비용을 그 성격 (예 원재료의 구입, 감가상각비, 급여 등)별로 표시하는 방법
더욱 목적적합한 정보를 제공	미래 현금흐름 예측에 용이
자의적인 판단 개입	
기능별 분류 시 성격별 분류 정보를 추가로 주석에 공시	

※ 주의 기업은 B/S, I/S 모두 두 가지 표시방법 가운데 선택 가능!

기능별 분류 vs 성격별 분류

01 비용의 분류에 대한 설명으로 옳지 않은 것은?   2019. 관세직 9급

① 한 기간에 인식되는 모든 수익과 비용 항목은 한국채택국제회계기준이 달리 정하지 않는 한 당기손익으로 인식한다.

② 비용을 성격별로 분류하면 기능별 분류로 배분할 필요가 없어 적용이 간단하고 배분의 주관적 판단을 배제할 수 있다.

③ 비용을 기능별로 분류하면 재무제표 이용자에게 더욱 목적적합한 정보를 제공할 수 있지만 비용을 기능별로 배분하는 데에 자의적 판단이 개입될 수 있다.

④ 비용을 성격별로 분류하는 기업은 감가상각비, 종업원급여비용 등을 포함하여 비용의 기능별 분류에 대한 추가 정보를 제공한다.

'성격별'과 '기능별'의 위치를 바꾸어야 한다. 기능별 분류 시 성격별 분류에 대한 정보를 공시하는 것이다.

① 기준서에서 기타포괄손익 항목으로 규정하고 있는 것 외에는 모두 당기손익으로 분류한다. (O)

② 성격별 분류 시 자의적 판단이 개입되지 않는다. (O)

③ 기능별 분류에 대한 올바른 설명이다. (O)

답 ④

3. 영업이익

기업은 손익계산서에 영업이익을 구분 표시해야 한다. 영업이익이란, 매출액에서 매출원가 및 판매비와관리비를 차감한 이익을 뜻한다. 다만, 성격별 분류 시에는 매출원가가 없으므로 영업이익을 '영업수익-영업비용'으로 구분 표시하면 된다.

영업이익은 회사의 영업과 관련된 수익에서 영업과 관련된 비용을 차감한 이익이라고 생각하면 된다. '영업과의 관련성 유무'는 회사의 영업에 따라 달라지기 때문에 기준서에는 영업이익을 계산하는 방법에 대한 규정이 없다. 일반적으로 회계는 제조기업을 가정하므로, 이자손익과 유형자산처분손익은 영업외손익으로 분류하고 영업이익 계산 시 반영하지 않는다.

 **현금흐름표와 포괄손익계산서의 영업이익 차이**

	현금흐름표	포괄손익계산서
이자비용, 이자수익	영업손익	영업외손익
감가상각비	비영업손익(투자활동)	판매비와관리비

현금흐름표에서는 일반적으로 이자손익을 영업손익으로, 감가상각비를 비영업손익(투자비용)으로 분류한다. 반면, 포괄손익계산서에서는 영업이익을 계산할 때 이자손익을 영업외손익으로 보아 무시하고, 감가상각비를 판관비로 보아 차감한다. 이는 재무제표별로 보여주는 정보가 달라 관점이 다르기 때문이다.

영업이익

02 제조기업인 ㈜한국의 20×1년도 자료를 이용하여 영업손익을 계산하면? 2019. 국가직 9급

매출액	₩100,000	이자비용	₩5,000
이자수익	₩10,000	매출원가	₩70,000
감가상각비	₩10,000	종업원급여	₩5,000
기타포괄손익	₩10,000	광고선전비	₩5,000
– 공정가치 측정 금융자산평가이익			

① 영업이익 ₩10,000

② 영업손실 ₩10,000

③ 영업이익 ₩20,000

④ 영업손실 ₩20,000

매출액		100,000
매출원가		(70,000)
감가상각비		(10,000)
종업원급여		(5,000)
광고선전비		(5,000)
영업이익		**10,000**
영업외손익	이자수익	10,000
	이자비용	(5,000)
당기순이익		15,000
기타포괄이익		10,000
총포괄이익		25,000

영업이익은 회사의 영업과 관련한 수익에서 비용을 차감한 이익을 의미한다. 문제에서 '제조기업'이라는 단서를 제공하였으므로 이자수익과 이자비용은 영업외손익에 해당한다.

답 ①

6 계속기업 가정

1. 계속기업 가정의 정의: 보고기업이 예측가능한 미래에 영업을 계속할 것이라는 가정

2. 계속기업 가정: 재무제표 작성의 기본 전제

경영진이 기업을 청산하거나 경영활동을 중단할 의도를 가지고 있지 않거나, 청산 또는 경영활동의 중단 외에 다른 현실적 대안이 없는 경우가 아니면 계속기업을 전제로 재무제표를 작성한다.

3. 경영진에 의한 계속기업 가정 평가

경영진은 재무제표를 작성할 때 계속기업으로서의 존속가능성을 평가해야 한다. 계속기업의 가정이 적절한지의 여부를 평가할 때 경영진은 적어도 보고기간말로부터 향후 12개월 기간에 대하여 이용가능한 모든 정보를 고려한다.

4. 계속기업 관련 중요한 불확실성

(1) 계속기업으로서의 존속능력에 대한 중요한 불확실성을 알게 된 경우 경영진은 그러한 불확실성을 공시해야 한다.

(2) 재무제표가 계속기업의 기준하에 작성되지 않는 경우에는 그 사실과 함께 재무제표가 작성된 기준 및 그 기업을 계속기업으로 보지 않는 이유를 공시하여야 한다.

5. 계속기업 가정을 전제로 한 회계정책 심화

계속기업 가정이 충족된다면 발생주의가, 계속기업 가정이 충족되지 않는다면 현금주의가 더욱 유용한 정보를 제공할 수 있다. 계속기업 가정이 충족되지 않는다면 회사를 조만간 청산할 것이기 때문에, '자산을 지금 얼마에 팔 수 있는지', '부채를 지금 얼마에 갚아야 하는지'가 더 중요하다. 아래 나열한 회계정책들이 전부 '발생주의'와 관련이 있다는 것을 염두에 둔다면 쉽게 이해할 수 있을 것이다.

(1) 수익·비용 대응

수익·비용 대응 원칙은 발생주의와 관련 있는 대표적인 원칙이다. 수익·비용 대응 원칙이란 비용의 인식 시점을 수익의 인식 시점에 맞춘다는 것이다. 수익·비용 대응이 이루어지지 않는다면 현금주의에 따라 비용을 현금 지출 시점에 인식하지만, 수익·비용 대응이 이루어진다면 발생주의에 따라 비용을 인식한다.

(2) 역사적 원가 및 감가상각

역사적 원가는 과거에 구입한 가격을 의미한다. 계속기업 가정이 충족되지 않는다면 과거 구입 가격은 의미가 없으며, 현재 팔 수 있는 가격이 중요하다. 역사적 원가는 계속기업 가정을 전제하기 때문에 가능한 평가 방법이다.

감가상각은 과거에 지급한 취득원가를 바탕으로 이루어진다. 계속기업 가정이 충족되지 않는다면 역사적 원가인 취득원가는 의미가 없어지므로, 감가상각도 의미가 없다.

(3) 유동 및 비유동 구분

계속기업 가정이 충족되지 않는다면, 비유동 항목이 의미가 없다. 12개월 안에 전부 청산할 것이므로 모든 자산, 부채가 유동 항목으로 분류되기 때문이다.

 계속기업 가정

01 한국채택국제회계기준의 개념체계에 명시된 계속기업의 가정과 관련성이 가장 적은 것은?

2013. 지방직 9급

① 역사적 원가주의
② 수익 · 비용대응
③ 감가상각
④ 청산가치

 해설

청산가치는 계속기업의 가정이 충족되지 않을 때 사용하는 측정 기준이다. 나머지 선지는 계속기업 가정을 전제하는 요소들이다.

답 ④

02 재무보고를 위한 개념체계에서 언급하고 있는 기본가정에 대한 설명으로 옳지 않은 것은?

2014. 지방직 9급

① 재무제표는 일반적으로 기업이 계속기업이며 예상가능한 기간동안 영업을 계속할 것이라는 가정하에 작성된다.

② 계속기업의 가정은 재무제표항목들을 역사적 원가로 보고하는 것에 정당성을 부여한다.

③ 유형자산에 대한 감가상각은 기업실체가 계속된다는 가정을 전제로 한다.

④ 경영활동을 청산하거나 중요하게 축소할 의도나 필요성이 있다면 계속기업을 가정한 기준과는 다른 기준을 적용하여 작성하는 것이 타당할 수 있으며 이때 적용한 기준은 별도로 공시할 필요가 없다.

해설

계속기업을 가정하지 않은 다른 기준(예 청산기준)을 적용하여 재무제표를 작성한다면 이때 적용한 기준을 별도로 공시하여야 한다.

답 ④

---

03 다음 중 계속기업의 가정에 대한 설명으로 옳지 않은 것은?

2017. 계리사

① 기업은 예상가능한 기간 동안 영업을 계속할 것이라는 가정이다.

② 계속기업의 가정에 따라 유형자산의 감가상각은 정당화된다.

③ 자산과 부채에 대한 유동 및 비유동 구분을 가능하게 한다.

④ 기업이 청산될 것으로 예상되는 경우 해당 기업의 자산은 역사적원가에 의해서 측정되어야 한다.

해설

역사적 원가는 계속기업 가정을 전제로 한다. 기업이 청산될 것으로 예상하는 경우 계속기업 가정이 충족되지 않는다.

답 ④

7 재무제표 일반사항

1. 특별손익, 부적절한 회계정책: 불가능!

- 특별손익은 주석에도 표시 X

2. 구분과 통합 표시

(1) 유사한 항목은 중요성 분류에 따라 재무제표에 구분 표시

(2) 상이한 성격이나 기능을 가진 항목은 구분 표시. 다만 중요하지 않은 항목은 성격이나 기능이 유사한 항목과 통합 표시 가능

- 중요하지 않은 것은 통합 표시 '가능' (not 통합 표시 강제): 통합 표시하는 경우 신뢰성이 저해되기 때문에 강제하는 것이 아니라, 하고 싶으면 하라고 허용한 것

3. 상계

(1) 기준서에서 요구하거나 허용하지 않는 한 자산과 부채, 수익과 비용 상계 X

(2) 평가충당금을 차감하여 관련 자산을 순액으로 측정: 상계에 해당 X

예 재고자산에 대한 재고자산평가충당금, 매출채권에 대한 대손충당금 ★중요!

4. 발생기준: 기업은 현금흐름 정보를 제외하고는 발생기준 회계를 사용하여 재무제표 작성 ★중요!

5. 비교정보 심화

한국채택국제회계기준이 달리 허용하거나 요구하는 경우를 제외하고는 당기 재무제표에 보고되는 모든 금액에 대해 전기 비교정보를 표시한다. 최소한, 두 개의 재무상태표와 두 개의 포괄손익계산서, 두 개의 별개 손익계산서(표시하는 경우), 두 개의 현금흐름표, 두 개의 자본변동표 그리고 관련 주석을 표시해야 한다.

당기 재무제표를 이해하는 데 목적적합하다면 서술형 정보의 경우에도 비교정보를 포함한다. 서술형 정보에는 비교정보를 제외한다고 제시하면 틀린 문장이다.

6. 보고빈도 심화

전체 재무제표는 적어도 1년마다 작성한다. 기업은 분기, 반기별로 재무제표를 작성하기도 하는데, 이를 중간재무제표라고 부른다. 보고기간종료일을 변경하는 경우에는 보고기간이 1년을 초과하거나 미달할 수 있다. (not 없다.) 이 경우 초과 또는 미달 사실과 함께 그 이유를 추가로 공시해야 한다.

예제 재무제표 일반사항

01 재무제표 표시에 대한 설명으로 옳은 것은?   2018. 국가직 9급

① 재무상태표에 자산과 부채는 반드시 유동성 순서에 따라 표시하여야 한다.

② 정상적인 영업활동과 구분되는 거래나 사건에서 발생하는 것으로 그 성격이나 미래의 지속성에 차이가 나는 특별손익 항목은 포괄손익계산서에 구분해서 표시하여야 한다.

③ 부적절한 회계정책이라도 공시나 주석 또는 보충 자료를 통해 잘 설명된다면 정당화될 수 있다.

④ 재무제표 항목의 표시와 분류방법의 적절한 변경은 회계정책 변경에 해당된다.

④번은 따로 배우지 않았지만, 중요하지 않은 문장으로 넘어가도 좋다. 다른 선지들로 정답을 골라낼 수 있었다.
① 유동·비유동 배열법과 유동성 순서 배열법 중 선택 가능하다. (X)
② 특별손익 항목은 별도로 구분 표시할 수 없다. (X)
③ 부적절한 회계정책은 설명으로 정당화될 수 없다. (X)

답 ④

02 기업회계기준서 제1001호 '재무제표 표시'에 따른 상계표시의 내용으로 옳지 않은 것은?   2015. 국가직 7급

① 재고자산에 대한 재고자산평가충당금을 차감하여 관련 자산을 순액으로 상계표시한다.

② 충당부채와 관련된 지출을 제3자와의 계약관계에 따라 보전받는 경우, 당해 지출과 보전받는 금액은 상계하여 표시할 수 있다.

③ 투자자산 및 영업용자산을 포함한 비유동자산의 처분손익은 처분대금에서 그 자산의 장부금액과 관련 처분비용을 차감하여 표시한다.

④ 외환손익 또는 단기매매 금융상품에서 발생하는 손익과 같이 유사한 거래의 집합에서 발생하는 차익과 차손이 중요한 경우에는 구분하여 표시한다.

재고자산평가충당금과 같은 평가충당금을 차감하여 순액으로 기재하는 것을 상계에 해당하지 않는다. 나머지 선지들은 중요하지 않으니 넘어가도 좋다.

답 ①

03 기업회계기준서 제1001호 '재무제표 표시'에 따른 재무제표 작성 및 표시의 일반원칙으로 옳지 않은 것은?
2015. 국가직 7급

① 재무제표는 기업의 재무상태, 재무성과 및 현금흐름을 공정하게 표시해야 한다.

② 경영진이 기업을 청산하거나 경영활동을 중단할 의도를 가지고 있는 경우에도 계속 기업을 전제로 재무제표를 작성한다.

③ 유사한 항목은 중요성 분류에 따라 재무제표에 구분하여 표시한다.

④ 기업은 현금흐름 정보를 제외하고는 발생기준 회계를 사용하여 재무제표를 작성한다.

기업이 청산할 의도를 갖고 있다면 계속기업 가정이 성립하지 않으며, 청산기준과 같은 다른 기준으로 재무제표를 작성한다.

답 ②

04 한국채택국제회계기준에 근거한 재무제표 작성과 표시의 일반 원칙에 관한 설명으로 옳지 않은 것은?
2014. 관세직 9급 수정

① 기업은 현금흐름 정보를 제외하고는 발생기준 회계를 사용하여 재무제표를 작성한다.

② 한국채택국제회계기준에서 요구하거나 허용하지 않는 한 자산과 부채, 그리고 수익과 비용은 상계하지 아니한다.

③ 상이한 성격이나 기능을 가진 항목은 통합하여 표시하지만, 중요하지 않은 항목은 성격이나 기능이 유사한 항목과 구분하여 표시할 수 있다.

④ 한국채택국제회계기준 이 달리 허용하거나 요구하는 경우를 제외하고는 당기 재무제표에 보고되는 모든 금액에 대해 전기 비교정보를 공시하며, 재무제표를 이해하는 데 목적적합하다면 서술형 정보의 경우에도 비교정보를 포함한다.

상이한 항목은 '구분' 표시하고, 중요하지 않은 항목은 '통합' 표시할 수 있다. 구분과 통합의 위치가 바뀌어야 한다.

답 ③

05 '재무제표의 표시'의 일반사항에 대한 설명으로 옳지 않은 것은? 2019. 국가직 7급

① 계속기업으로서의 존속능력에 유의적인 의문이 제기될 수 있는 사건이나 상황과 관련한 중요한 불확실성을 알게 된 경우, 경영진은 그러한 불확실성을 공시하여야 한다.

② 매출채권에 대한 대손충당금과 같은 평가충당금을 차감하여 관련 자산을 순액으로 측정하는 것은 상계표시에 해당하지 아니한다.

③ 한국채택국제회계기준이 달리 허용하거나 요구하는 경우를 제외하고는 당기 재무제표에 보고되는 모든 금액에 대해 전기 비교정보를 표시하며, 서술형 정보는 당기 정보만 표시한다.

④ 기업은 현금흐름 정보를 제외하고는 발생기준 회계를 사용하여 재무제표를 작성한다.

서술형 정보의 경우에도 비교정보를 포함한다.

답 ③

06 재무제표 표시에 대한 설명으로 옳지 않은 것은? 2019. 지방직 9급

① 재무제표의 목적은 광범위한 정보이용자의 경제적 의사결정에 유용한 기업의 재무상태, 재무성과와 재무상태변동에 관한 정보를 제공하는 것이다.

② 전체 재무제표는 적어도 1년마다 작성한다. 따라서 보고기간 종료일을 변경하는 경우라도 재무제표의 보고기간은 1년을 초과할 수 없다.

③ 재무제표의 목적을 충족하기 위하여 자산, 부채, 자본, 차익과 차손을 포함한 광의의 수익과 비용, 소유주로서의 자격을 행사하는 소유주에 의한 출자와 소유주에 대한 배분 및 현금흐름 정보를 제공한다.

④ 재무제표는 위탁받은 자원에 대한 경영진의 수탁책임 결과도 보여준다.

보고기간종료일을 변경하는 경우에는 보고기간이 1년을 초과하거나 미달할 수 있다.

③ 재무제표의 종류를 하나씩 설명한 것이다. 자산, 부채, 자본(재무상태표), 수익과 비용(포괄손익계산서), 소유주에 의한 출자와 배분(자본변동표), 현금흐름 정보(현금흐름표). 따라서 맞는 문장이다.

답 ②

 이 장의 출제 뽀인트!

① 회계상의 거래
② 시산표의 작성으로 발견할 수 있는 오류
③ 재무비율 ★중요!

본 장에서는 기본강의에서 다뤘던 내용을 간단하게 요약하고, 다소 난이도가 있는 재무비율 문제들을 다룰 것이다. 요구사항을 숨겨놓는 재무비율 문제는 계산과정이 다소 복잡하므로 익숙 해질 때까지 많이 연습하자.

02

복식부기 및 재무비율

02 복식부기 및 재무비율

1 기본강의 복습

1. 회계상의 거래: 단순 계약은 거래가 아니다!

회계상의 거래는 현금 수수와 무관

2. 시산표의 작성으로 발견할 수 있는 오류: 대차가 일치하지 않는 오류!

2 재무비율

안전성 비율	(1) 유동비율	유동자산/유동부채
	(2) 당좌비율	당좌자산/유동부채 (당좌자산 = 유동자산 − 재고자산)
	(3) 부채비율	부채/자본
	(4) 이자보상비율	영업이익/이자비용
수익성 비율	(1) 매출액순이익률	당기순이익/매출액
	(2) 총자산이익률	당기순이익/평균 자산
	(3) 자기자본이익률	당기순이익/평균 자기자본
활동성 비율	(1) 총자산회전율	매출액/평균 자산
	(2) 매출채권회전율	매출액/평균 매출채권
	(3) 재고자산회전율	매출원가/평균 재고자산
	(4) 매입채무회전율	매입액/평균 매입채무

1. 유동항목 vs 비유동항목

(1) 일반적 기준: 1년보다 짧으면 유동, 1년보다 길면 비유동
(2) 문제 풀이 시
- 계정과목으로 구분하므로 아래 계정과목별 구분을 기억할 것
- 발생주의 계정들(~수익, ~비용으로 끝나는 계정)은 전부 유동항목으로 분류

|계정과목별 유동, 비유동 구분|

		유동 항목		비유동 항목
자산	재고자산	상품, 제품, 원재료 등	유, 무형자산	토지, 건물, 개발비 등
	당좌자산	재고자산을 제외한 유동자산 • 현금, 매출채권, 미수수익, 선급비용 등	투자자산	투자부동산, 금융자산 등
			기타 비유동자산	당좌개설보증금, 임차보증금, 이연법인세자산 등
부채	유동부채	매입채무, 선수수익, 미지급비용, 단기차입금, 유동성장기부채 등	비유동부채	장기차입금, 사채, 이연법인세부채 등

유동성장기부채란, 원래는 비유동부채였는데 시간이 지남에 따라 만기가 1년보다 짧아지는 경우 유동부채로 재분류한 부채를 의미한다. 따라서 유동성장기부채는 유동부채에 해당한다.

2. 재무비율 계산문제 풀이방법 ⭐중요

STEP 0 문제에서 물어본 금액(NI)을 구할 수 있는 재무비율을 찾기

STEP 1 해당 재무비율의 공식 쓰기 ex〉매출액순이익률=NI/매출액

- 실전에서 공식이 생각나지 않는다면 과감히 포기!

STEP 2 필요한 금액이 들어간 다른 재무비율 찾기

ex〉매출채권회전율=매출액/평균 매출채권, 평균 매출채권 제시

STEP 3 그 재무비율에서 필요한 금액 (매출액) 구하기

STEP 4 구한 금액(매출액)을 재무비율(NI/매출액)에 대입하여 답(NI) 구하기

재무비율 - 유동비율

01 다음은 ㈜한국의 2015년 12월 31일 재무상태표이다.

재무상태표

㈜한국	2015년 12월 31일 현재		(단위: 원)
현금	₩2,000	매입채무	?
매출채권	?	단기차입금	₩2,000
재고자산	?	사채	₩10,000
유형자산	₩20,000	자본금	?
		이익잉여금	₩5,000
자산 합계	₩50,000	부채와 자본 합계	₩50,000

2015년 12월 31일 현재 유동비율이 300%일 때, 자본금은? 2016. 지방직 9급

① ₩15,000 　　　　　　　　　② ₩20,000

③ ₩23,000 　　　　　　　　　④ ₩25,000

문제에서 유동비율을 제시해주었으므로 유동비율을 이용해서 문제를 풀 것이다. 대변에 비어있는 매입채무가 유동부채이므로 유동부채 금액만 구하면 문제에서 묻는 자본금 금액을 구할 수 있다.

유동비율 = 유동자산/유동부채
유동자산: 50,000 - 20,000(유형자산) = 30,000

유동자산을 대입하면
유동비율 = 30,000/유동부채 = 300%
→ 유동부채 = 10,000

자본금: 50,000(대변합계) - 10,000(유동부채) - 10,000(사채) - 5,000(이잉) = 25,000
유형자산과 사채는 비유동항목이라는 것을 기억하자.

답 ④

02 〈보기〉는 ㈜서울의 2018년 말 재무상태표 자료이다. 2018년 말 유동비율이 150%일 경우, 자본금은?

2019. 서울시 9급 심화

---〈보기〉---

현 금	₩150,000	단 기 차 입 금	₩200,000
매 출 채 권	₩200,000	건 물	₩1,100,000
매 입 채 무	₩250,000	사 채	₩500,000
유동성장기부채	₩150,000	장기충당부채	₩300,000
미 수 금	₩100,000	자 본 금	?
재 고 자 산	?	이 익 잉 여 금	₩350,000

① ₩100,000
② ₩150,000
③ ₩200,000
④ ₩250,000

해설

단기차입금	200,000
매입채무	250,000
유동성장기부채	150,000
유동부채	600,000
유동자산	900,000
건물	1,100,000
총자산	2,000,000
유동부채	600,000
사채	500,000
장기충당부채	300,000
총부채	1,400,000

유동성장기부채는 비유동부채의 만기가 12개월 이내로 짧아져서 유동부채로 대체한 계정을 의미한다. 따라서 유동성장기부채는 유동부채로 분류한다.

유동자산: 600,000 × 150%(유동비율) = 900,000

유동자산에 비유동자산을 더하면 총자산을 계산할 수 있다. '~금'으로 끝나는 계정은 '장기'가 붙어있지 않는다면 유동항목으로 분류한다. 미수금은 '장기미수금'이 아니므로 유동자산으로 분류한다. 유동자산에 이미 포함되어 있으므로 총자산 계산 시 가산하지 않는다.

자본: 2,000,000 − 1,400,000 = 600,000
자본금: 600,000 − 350,000 = 250,000

|참고| 재무상태표

재무상태표

자산		2,000,000	부채		1,400,000
	유동자산	900,000		유동부채	600,000
	비유동자산	1,100,000		비유동부채	800,000
			자본		600,000
				자본금	250,000
				이익잉여금	350,000
자산총계		2,000,000	부채 및 자본총계		2,000,000

답 ④

03 다음 자료를 이용한 자기자본순이익률은? (단, 비율 계산 시 총자산과 자기자본은 기초금액과 기말금액의 연평균금액으로 한다)

2023. 국가직 7급

- 매출액 ₩50,000
- 당기순이익 ₩2,000
- 기말 총자산은 기초 총자산의 3배이다.
- 타인자본과 자기자본은 기초와 기말 모두 총자산에서 차지하는 비율이 1대1로 일정하다.
- 총자산회전율 2.5회

① 20% ② 25%
③ 30% ④ 40%

(1) 평균 총자산: 매출액/총자산회전율 = 50,000/2.5 = 20,000
→ 기초 총자산 = 10,000, 기말 총자산 = 30,000 (∵기말 총자산은 기초 총자산의 3배)

(2) 자본 = 자산/2 (∵부채:자본 = 1:1)
→ 기초 자본 = 5,000, 기말 자본 = 15,000

(3) 자기자본순이익률: NI/평균 자본 = 2,000/10,000 = 20%

답 ①

04 ㈜한국은 결산일 현재 총자산이 ₩100,000이고 총부채가 ₩60,000이다. 총자산 중 유동자산은 ₩30,000이고 총부채 중 유동부채는 ₩50,000이다. 회사는 유동비율과 부채비율을 100%로 유지하는 것을 목표로 하고 있다. 이러한 목표를 달성하기 위한 조치로 적절한 것은?

2010. 국가직 7급 심화

① 유동부채 ₩20,000을 현금으로 상환한다.
② 유상증자를 실시하여 현금 ₩20,000을 조달한다.
③ 유동부채 ₩20,000을 출자전환한다.
④ 유동자산을 처분하여 유동부채 ₩20,000을 상환한다.

해설

|재무구조 변경 전 재무비율|
유동비율: 유동자산/유동부채 = 30,000/50,000
부채비율: 부채/자본 = 60,000/40,000

|재무구조 변경 후 재무비율|

	회계처리	유동비율	부채비율
①	유동부채 20,000 / 현금 20,000	10,000/30,000	40,000/40,000
②	유동자산 20,000 / 자본 20,000	50,000/50,000	60,000/60,000
③	유동부채 20,000 / 자본 20,000	30,000/30,000	40,000/60,000
④	유동부채 20,000 / 유동자산 20,000	10,000/30,000	40,000/40,000

출자전환이란, 채권자들로부터 조달한 부채를 상환하고, 신주를 발행하는 것을 의미한다. 따라서 부채가 감소하면서 자본이 증가한다.

답 ②

 유동비율과 당좌비율을 활용하여 재고자산 구하기 심화

> ① 유동비율 = 유동자산/유동부채
> ② 당좌비율 = (유동자산 – 재고자산)/유동부채
> ③ 유동비율 – 당좌비율 = 재고자산/유동부채
> ④ 재고자산 = (유동비율 – 당좌비율) × 유동부채

①, ②: 유동비율과 당좌비율의 공식을 적은 것이다.

③: ①번 식에서 ②번 식을 차감한 것이다. 당좌비율 공식에서 재고자산 앞에 (–)가 붙어 있으므로 재고자산이 양수가 된다.

④: 유동부채를 양변에 곱하면 마지막 식이 도출된다. 이 식을 활용하여 푸는 문제가 많이 출제되었으므로 마지막 줄 공식을 외우자.

 재무비율 – 당좌비율

05 ㈜한국의 20X1년 초 재고자산은 ₩25,000이고, 당기매입액은 ₩95,000이다. ㈜한국의 20X1년 말 유동비율은 120%, 당좌비율은 70%, 유동부채는 ₩80,000일 때, 20X1년도 매출원가는? (단, 재고자산은 상품으로만 구성되어 있다)   2019. 국가직 9급

① ₩52,000
② ₩64,000
③ ₩76,000
④ ₩80,000

 해설

X1년 말 재고자산 = (유동비율 – 당좌비율) × 유동부채 = (120% – 70%) × 80,000 = 40,000

X1년 매출원가: 25,000(기초) + 95,000(매입) – 40,000(기말) = 80,000

답 ④

3. 분자와 분모가 동일하게 변동하는 경우 ★중요!

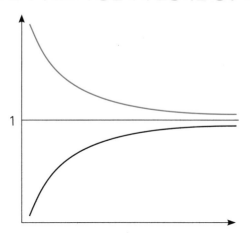

	분자, 분모가 증가	분자, 분모가 감소
비율이 100% 이상	감소	증가
비율이 100% 이하	증가	감소

분자, 분모에 같은 값을 더하면 1에 가까워지므로, 기존 비율이 100% 이상이었으면 감소할 것이고, 100% 이하였으면 증가할 것이다. 분자, 분모에 같은 값을 빼면 그 반대로 움직인다.

|참고| 분자와 분모가 다르게 변동하는 경우

분자	증가	증가	불변	불변	감소	감소
분모	감소	불변	감소	증가	증가	불변
비율	↑	↑	↑	↓	↓	↓

분자, 분모가 같은 방향으로 움직이는 경우에는 비율이 100% 이상인지, 이하인지를 고려하면 되고, 분자, 분모가 다른 방향으로 움직이는 경우에는 변경 전 값과 관계없이, 위 표에 따라 움직인다.

재무비율 – 분자와 분모가 동일하게 변동하는 경우

01 ㈜한국의 20×1년 3월 20일 당좌비율은 75%, 유동비율은 140%이다. (주)한국이 20×1년 3월 30일 매입채무를 현금 ₩100,000으로 상환할 경우, 당좌비율과 유동비율에 미치는 영향을 바르게 연결한 것은?

2023. 관세직 9급

	당좌비율	유동비율
①	증가	증가
②	감소	증가
③	감소	감소
④	변동 없음	변동 없음

해설

| 회계처리 |

매입채무	100,000	현금	100,000

당좌비율		유동비율	
당좌자산 감소	감소	유동자산 감소	증가
유동부채 감소		유동부채 감소	

분자, 분모 모두 감소하는 상황이다. 당좌비율은 75%로 1보다 작으므로 더 작아지며, 유동비율은 140%로 1보다 크므로 더 커진다.

답 ②

02 ㈜한국의 현재 유동자산은 ₩100, 유동부채는 ₩200이다. 다음 거래가 ㈜한국의 유동비율에 미치는 영향으로 옳지 않은 것은?

2020. 국가직 9급

① 토지를 ₩30에 취득하면서 취득 대금 중 ₩10은 현금으로 지급하고 나머지는 2년 후에 지급하기로 한 거래는 유동비율을 감소시킨다.
② 재고자산을 현금 ₩10에 구입한 거래는 유동비율에 영향을 미치지 않는다.
③ 단기차입금을 현금 ₩20으로 상환한 거래는 유동비율에 영향을 미치지 않는다.
④ 3년 만기 사채를 발행하고 현금 ₩30을 수령한 거래는 유동비율을 증가시킨다.

해설

	회계처리	유동자산	유동부채	유동비율
①	토지　　　30 / 현금　　　　10 　　　　　　　　장기미지급금　20	감소	불변	감소
②	재고자산　10 / 현금　　　　10	불변	불변	불변
③	단기차입금 20 / 현금　　　　20	감소	감소	감소
④	현금　　　30 / 사채　　　　30	증가	불변	증가

① '2년 후에 지급하기로 한 미지급금'은 비유동부채이므로 유동부채에 해당하지 않는다.
③ 분자, 분모 감소하는 상황에서는 양극화가 심해지고, 변화 전 비율이 0.5(= 100/200)로, 1 이하였으므로 더 작아진다.

답 ③

03 유동비율의 증가 혹은 감소에 관한 설명으로 옳은 것은? 2017. 서울시 7급 심화

① 취득 이후 3년 간 감가상각한 기계장치를 장부가액으로 처분하면 유동비율에 변화가 없다.

② 유동비율이 150%인 상황에서 미지급배당금을 현금으로 지급하면 유동비율이 감소한다.

③ 유동비율이 90%인 상황에서 매입채무를 현금으로 상환하면 유동비율이 증가한다.

④ 보통주를 액면가액보다 낮은 가액으로 발행하여 현금을 조달하면 유동비율이 증가한다.

해설

| 회계처리 |

① (차) 현금	XXX	(대) 기계장치	XXX
② (차) 미지급배당금	XXX	(대) 현금	XXX
③ (차) 매입채무	XXX	(대) 현금	XXX
④ (차) 현금	XXX	(대) 자본금	XXX
주할차	XXX		

	분자: 유동자산	분모: 유동부채	비율
①	증가	불변	증가
②	감소	감소	증가
③	감소	감소	감소
④	증가	불변	증가

②, ③번 모두 분자와 분모가 동일한 금액만큼 감소하지만 변경 전 비율이 100% 이상이냐, 이하이냐에 따라서 비율 변화 방향이 달라진다. ②번은 비율이 150%이므로 분자, 분모 모두 감소하면 더 증가하고, ③번은 비율이 90%이므로 분자, 분모 모두 감소하면 더 감소한다.

답 ④

Memo

· · ·

이 장의 출제 뽀인트!

① 재무정보의 질적 특성 **중요!**
② 재무정보의 측정 기준

개념체계에서는 재무정보의 질적 특성이 가장 많이 출제되며 재무정보의 측정 기준도 가끔
출제된다. 나머지 내용들은 개별 문장들의 정오를 판단하는 것을 위주로 보자.

03

개념체계

1 개념체계의 의의

1. 개념체계의 위상: 회계기준 우선

'개념체계'는 회계기준이 아니다. 따라서 '개념체계'의 어떠한 내용도 회계기준이나 회계기준의 요구사항에 우선하지 아니한다.

2. 포괄적 제약요인: 원가 제약

원가는 재무보고로 제공될 수 있는 정보에 대한 포괄적 제약요인이다.

3. 일반목적재무보고의 한계: 추정 개입

재무보고서는 정확한 서술보다는 상당 부분 추정, 판단 및 모형에 근거한다.

2 재무정보의 질적 특성 ★중요!

1. 질적 특성의 종류: 목표, 비검적이

근본적 특성	목적적합성	예측가치, 확인가치, 중요성
	표현충실성	완전한 서술, 중립적 서술, 오류 없는 서술
보강적 특성	비교가능성	유사점과 차이점을 식별하고 이해
	검증가능성	표현충실성에 있어 합의에 이를 수 있음
	적시성	정보를 제때에 이용가능하게 하는 것
	이해가능성	정보를 명확하고 간결하게 분류하고, 특징지으며, 표시하는 것

2. 재무정보의 질적 특성 오답 유형 Top 3

> ① 보강적(or 근본적) 특성에 대한 문제에서 근본적(or 보강적) 특성에 대한 올바른 문장 제시
> ② A는 B의 특성을 지닌다.
> ③ A는 A가 아니다.

3 근본적 질적 특성

1. 목적적합성: 예측가치, 확인가치, 중요성

(1) 목적적합한 재무정보는 정보이용자의 의사결정에 차이가 나도록 할 수 있다.

(2) 재무정보에 예측가치, 확인가치 또는 이 둘 모두가 있다면 그 재무정보는 의사결정에 차이가 나도록 할 수 있다.

(3) 예측가치
   ① 이용자들이 미래 결과를 예측하기 위해 사용하는 절차의 투입요소로 재무정보가 사용될 수 있다면, 그 재무정보는 예측가치를 갖는다.
   ② 재무정보가 예측가치를 갖기 위해서 그 자체가 예측치일 필요는 없다.

(4) 확인가치: 재무정보가 과거 평가에 대해 피드백을 제공한다면 확인가치를 갖는다.

(5) 중요성: 기업에 특유한 측면의 목적적합성
   • 중요성은 회계기준위원회에서 사전에 획일적으로 정해놓을 수 없음!

근본적 질적 특성 - 목적적합성

01 '유용한 재무정보의 질적 특성' 중 목적적합성에 대한 설명으로 옳지 않은 것은?

2020. 국가직 7급

① 재무정보에 예측가치, 확인가치 또는 이 둘 모두가 있다면 그 재무정보는 의사결정에 차이가 나도록 할 수 있다.

② 재무정보가 과거 평가에 대해 피드백을 제공한다면(과거 평가를 확인하거나 변경시킨다면) 확인가치를 갖는다.

③ 재무정보의 예측가치와 확인가치는 상호 연관되어 있다.

④ 재무정보가 예측가치를 갖기 위해서는 그 자체가 명백한 예측치 또는 예상치 형태를 갖추어야만 한다.

재무정보가 예측가치를 갖기 위해서 그 자체가 예측치이어야 할 필요는 없다.

답 ④

02 '재무보고를 위한 개념체계'에 대한 설명으로 옳지 않은 것은?

2016. 국가직 7급

① 정보이용자들이 미래 결과를 예측하기 위해 사용하는 절차의 투입요소로 재무정보가 사용될 수 있다면, 그 재무정보는 예측가치를 갖는다.

② 회계기준위원회는 중요성에 대한 획일적인 계량 임계치를 정하거나 특정한 상황에서 무엇이 중요한 것인지를 미리 결정할 수 있다.

③ 중요성은 개별 기업 재무보고서 관점에서 해당 정보와 관련된 항목의 성격이나 규모 또는 이 둘 모두에 근거하여 해당 기업에 특유한 측면의 목적적합성을 의미한다.

④ 재무정보가 과거 평가에 대해 피드백을 제공한다면(과거 평가를 확인하거나 변경시킨다면) 확인가치를 갖는다.

중요성은 기업 특유의 목적적합성이다. 중요성은 사전에 획일적으로 정해놓을 수 없다.

답 ②

2. 표현충실성

(1) 완전한 서술: 이용자가 서술되는 현상을 이해하는 데 필요한 모든 정보를 포함하는 것

(2) 중립적 서술: 재무정보의 선택이나 표시에 편의가 없는 것.
- 목적이 없거나 행동에 대한 영향력이 없는 정보를 의미하지 않음!

(3) 오류 없는 서술: 표현충실성은 모든 면에서 정확한 것을 의미하지는 않는다.

 근본적 질적 특성 - 표현충실성

01 재무정보의 질적특성에 대한 설명으로 옳지 않은 것은?　　　2017. 국가직 9급

① 목적적합한 재무정보는 정보이용자의 의사결정에 차이가 나도록 할 수 있다.

② 재무정보가 예측가치를 갖기 위해서는 그 자체가 예측치 또는 예상치일 필요는 없으며, 정보이용자들이 미래결과를 예측하기 위해 사용하는 절차의 투입요소로 사용될 수 있다면 그 재무정보는 예측가치를 갖는다.

③ 비교가능성은 정보이용자가 항목 간의 유사점과 차이점을 식별하고 이해할 수 있게 하는 질적 특성이다.

④ 오류가 없다는 것은 현상의 기술에 오류나 누락이 없고, 보고 정보를 생산하는 데 사용되는 절차의 선택과 적용 시 절차상 오류가 없음을 의미하므로 모든 면에서 완벽하게 정확하다는 것이다.

 해설

오류가 없다는 것은 모든 면에서 완벽하게 정확하다는 것은 아니다. 오류가 없다는 것은 현상의 기술에 오류나 누락이 없고, 보고 정보를 생산하는 데 사용되는 절차상 오류가 없음을 의미한다.

답 ④

02 재무보고를 위한 개념체계의 내용으로 옳지 않은 것은?   2013. 국가직 7급

① 유용한 재무정보의 질적 특성은 재무제표에서 제공되는 재무정보에도 적용되며, 그 밖의 방법으로 제공되는 재무정보에도 적용된다.

② 재무정보가 유용하기 위한 근본적 질적 특성은 목적적합성과 적시성이다.

③ 재무정보에 예측가치, 확인가치 또는 이 둘 모두가 있다면 그 재무정보는 의사결정에 차이가 나도록 할 수 있다.

④ 완벽하게 충실한 표현을 하기 위해서는 서술은 완전하고, 중립적이며, 오류가 없어야 한다.

해설

근본적 질적 특성은 목적적합성, 표현충실성이다.

답 ②

03 재무보고를 위한 개념체계 중 '표현충실성'에 대한 설명으로 옳지 않은 것은?

2017. 국가직 7급 심화

① 기업의 경제적 상황을 이해하는 데 필요한 정보를 완전히 포함하도록 해야 한다.

② 특정 정보이용자에게 유리하도록 정보를 선택적으로 제공하지 않아야 한다.

③ 추정치의 경우 추정 금액을 정확하게 기술하고 추정 절차의 성격과 한계를 설명하도록 한다.

④ 향후 어떤 결과를 초래할 것인지 예측하는 데 도움이 되도록 해야 한다.

해설

표현충실성은 ① 완전한 서술, ② 중립적 서술, ③ 오류 없는 서술을 의미한다.
①~③이 각각의 내용을 서술하고 있다.
④는 예측가치로, 목적적합성의 요소에 해당한다.

답 ④

4 보강적 질적 특성

1. 비교가능성

　(1) 비교가능성이란?: 이용자들이 항목 간의 유사점과 차이점을 식별하고 이해할 수 있게 하는 질적
　　　특성
　(2) 하나의 경제적 현상에 대해 대체적인 회계처리방법을 허용하면 비교가능성이 감소한다.
　(3) 일관성은 비교가능성과 관련은 있지만 동일하지는 않다.
　　　• 비교가능성은 목표이고, 일관성은 수단이다.
　(4) 비교가능성은 통일성이 아니다.

> '비교가능성은 ~과 동일하다.': 무조건 틀린 말!

2. 검증가능성

　(1) 검증가능성이란?: 합리적인 판단력이 있고 독립적인 서로 다른 관찰자가 어떤 서술이 표현충
　　　실성에 있어, 비록 반드시 완전히 의견이 일치하지는 않더라도, 합의에 이를 수 있다는 것
　(2) 계량화된 정보가 검증가능하기 위해서 단일 점추정치이어야 할 필요는 없다.

3. 적시성: 정보를 제때에 이용가능하게 하는 것

4. 이해가능성

　(1) 정보를 명확하고 간결하게 분류하고, 특징지으며, 표시하는 것은 정보를 이해가능하게 한다.

보강적 질적특성

01 재무정보의 질적 특성에 대한 설명으로 옳지 않은 것은? 2019. 지방직 9급

① 정보가 누락되거나 잘못 기재된 경우 특정 보고기업의 재무정보에 근거한 정보이용자의 의사결정에 영향을 줄 수 있다면 그 정보는 중요한 것이다.

② 재무정보에 예측가치, 확인가치 또는 이 둘 모두가 있다면 그 재무정보는 의사결정에 차이가 나도록 할 수 있다.

③ 검증가능성은 나타내고자 하는 현상을 충실하게 표현해야 한다는 표현충실성의 특성에 해당한다.

④ 이해가능성은 목적적합하고 충실하게 표현된 정보의 유용성을 보강시키는 질적 특성에 해당한다.

검증가능성은 보강적 질적 특성이지, 표현충실성의 특성에 해당하지 않는다. 표현충실성의 3가지 특성은 완전한 서술, 중립적 서술, 오류 없는 서술이다.

답 ③

02 유용한 재무정보의 질적 특성에 대한 설명으로 옳지 않은 것은? 2019. 관세직 9급

① 재무정보에 예측가치, 확인가치 또는 이 둘 모두가 있다면 그 재무정보는 의사결정에 차이가 나도록 할 수 있다.

② 비교가능성은 정보이용자가 항목 간의 유사점과 차이점을 식별하고 이해할 수 있게 하는 질적 특성으로 일관성과 동일하며 통일성과는 다른 개념이다.

③ 재무정보가 유용하기 위해서는 목적적합한 현상을 표현하는 것뿐만 아니라 나타내고자 하는 현상을 충실하게 표현해야 한다. 이때, 완벽하게 표현충실성을 위해서 서술은 완전하고, 중립적이며, 오류가 없어야 한다.

④ 적시성은 의사결정에 영향을 미칠 수 있도록 의사결정자가 정보를 제때에 이용가능하게 하는 것을 의미하며 일반적으로 정보는 오래될수록 유용성이 낮아진다.

① 목적적합성에 대한 설명이다. (O)
② 비교가능성은 일관성 및 통일성과 관련은 있지만 동일한 개념은 아니다. (X)
③ 표현충실성의 3가지 요소를 정확하게 설명하고 있다. (O)
④ 일부 정보는 오래되더라도 유용성이 있지만, 일반적으로 오래될수록 유용성이 낮아지는 것은 맞다. (O)

답 ②

03 '재무보고를 위한 개념체계'에 관한 설명 중 가장 옳지 않은 것은? 2019. 서울시 9급

① 비교가능성은 한 보고기업 내에서 기간 간 또는 같은 기간 동안에 기업 간, 동일한 항목에 대해 동일한 방법을 적용하는 것을 의미하므로 일관성과 동일한 의미로 사용된다.

② 표현충실성을 위해서 서술은 완전하고 중립적이며, 오류가 없어야 한다. 여기서, 오류가 없다는 것은 모든 면에서 완벽하게 정확하다는 것을 의미하지는 않는다.

③ 정보가 누락되거나 잘못 기재된 경우 특정 보고기업의 재무정보에 근거한 정보이용자의 의사결정에 영향을 줄 수 있다면 그 정보는 중요한 것이다.

④ 재무정보에 예측가치, 확인가치 또는 이 둘 모두가 있다면 그 재무정보는 의사결정에 차이가 나도록 할 수 있다.

해설

비교가능성은 일관성과 동일한 개념이 아니다. 일관성은 수단이고, 비교가능성은 목표이다.

답 ①

5. 보강적 질적 특성의 적용: 근본적 질적 특성 우선!

> ① 근본적 질적 특성 ↑, 보강적 질적 특성 ↓: 가능
> ② 근본적 질적 특성 ↓, 보강적 질적 특성 ↑: 불가능
> ③ 보강적 질적 특성 A ↓, 보강적 질적 특성 B ↑: 가능 (우선순위가 동일하기 때문)

(1) 근본적 질적 특성 (왕)은 보강적 질적 특성 (졸병)에 우선한다.

　　보강적 질적 특성은, 정보가 목적적합하지 않거나 나타내고자 하는 바를 충실하게 표현하지 않으면 그 정보를 유용하게 할 수 없다.

(2) 하나의 보강적 질적 특성이 다른 질적 특성의 극대화를 위해 감소될 수도 있다.

　　보강적 질적특성을 적용하는 것은 어떤 규정된 순서를 따르지 않는 반복적인 과정이다. 때로는 하나의 보강적 질적특성이 다른 질적특성의 극대화를 위해 감소되어야 할 수도 있다.

 보강적 질적특성의 적용

01 개념체계에서 정보이용자의 의사결정에 유용한 정보를 제공하기 위해 회계정보가 갖추어야 할 질적 특성에 관한 설명으로 옳지 않은 것은? 2010. 국가직 7급 수정

① 특정 거래에 관한 대체적인 회계처리방법이 허용되는 경우, 목적적합성과 표현충실성이 더 높은 회계처리방법을 선택하면 회계정보의 유용성이 증대된다.

② 목적적합성과 표현충실성 중 어느 하나가 완전히 상실된 경우 그 정보는 유용한 정보가 될 수 없다.

③ 회계정보의 질적 특성은 비용과 효익 그리고 중요성의 제약요인하에서 고려되어야 한다.

④ 특정의 회계정책이 회계정보의 목적적합성과 표현충실성을 명백히 높일 수 있음에도 불구하고 비교가능성을 저하시킨다면 그러한 회계정책은 선택되어서는 안 된다.

근본적 질적 특성이 보강적 질적 특성에 우선한다. 목적적합성과 표현충실성은 근본적 질적 특성을, 비교가능성은 보강적 질적 특성을 의미한다. 근본적 특성을 극대화하기 위해 보강적 특성을 저하시키는 정책은 선택할 수 있다.

① 근본적 질적 특성을 충족시키는 회계처리방법을 선택하면 회계정보의 유용성이 증대된다. (O)
② 근본적 질적 특성 두 가지(목, 표)는 둘 다 충족되어야 한다. 하나라도 깨지면 유용한 정보가 될 수 없다. (O)
③ 원가는 재무보고로 제공될 수 있는 정보에 대한 포괄적 제약요인이며, 재무정보 작성 시 중요성도 고려해야 한다. (O)

답 ④

5 재무정보의 측정 기준 (심화)

1. ~원가 vs ~가치

	~원가(취득 시 지급액)	~가치(처분 시 수령액)
과거	역사적 원가	
현재	현행원가	공정가치
미래		사용가치

재무정보의 측정 기준은 크게 둘로 나뉜다. '~원가'로 끝나는 기준은 취득 시 지급하는 금액을 의미하고, '~가치'로 끝나는 기준은 처분 시 수령하는 금액을 의미한다. 원가와 가치는 취득, 처분의 시점에 따라 다시 나뉘어 총 네 가지 기준이 있다.

2. 역사적 원가 vs 현행가치

재무제표 요소의 측정 기준은 크게 1) 역사적 원가와 현행가치로 나뉜다. 현행가치는 다시 2) 공정가치, 3) 사용가치 및 이행가치와 4) 현행원가로 나뉘어, 재무제표 요소의 측정 기준은 총 4가지이다.

역사적 원가 (과거)		취득	과거에 주고 산 금액
현행가치 (현재)	공정가치	처분	지금 시장에서 정상적으로 팔 때의 금액
	사용가치 및 이행가치	처분	미래에 쓰다가 파는 금액의 PV
	현행원가	취득	지금 새로 살 때의 금액

> 사례. 김수석은 2010년에 차량을 2,000만원에 구입하였다. 2021년 현재 해당 차량을 중고 시장에서 1,000만원에 판매할 수 있으며, 구매자는 해당 차량을 1,200만원에 구입할 수 있다. 한편, 김수석이 해당 차량을 직접 사용함으로써 얻을 수 있는 효익은 1,500만원이다.

3. 역사적 원가

(1) 역사적 원가의 정의: 과거에 주고 산 금액

자산의 역사적 원가는 자산의 취득에 발생한 원가의 가치로서, 자산을 취득하기 위하여 지급한 대가와 거래원가를 포함한다. 부채의 역사적 원가는 부채를 발생시키거나 인수하면서 수취한 대가에서 거래원가를 차감한 가치이다. 사례에서 2,000만원이 역사적 원가에 해당한다.

(2) 역사적 원가는 가치의 변동을 반영하지 않는다.

현행가치와 달리 역사적 원가는 자산의 손상이나 손실부담에 따른 부채와 관련되는 변동을 제외하고는 가치의 변동을 반영하지 않는다. 역사적 원가는 과거에 발생한 금액이므로, 자산 손상 등을 제외하고는 가치의 변동을 반영하지 않는다. 역사적 원가가 적용되는 대표적인 사례가 유형자산의 원가모형이다. 원가모형 적용 시 공정가치 변동을 반영하지 않고, 손상징후가 존재할 경우 손상차손만 인식한다. 부채의 손실부담은 수험목적 상 생략한다.

(3) 역사적 원가 측정의 사례: 상각후원가 ★중요!

역사적 원가 측정기준을 금융자산과 금융부채에 적용하는 한 가지 방법은 상각후원가로 측정하는 것이다. 상각후원가는 회계원리에서 배웠던 현재가치를 떠올리면 된다. 공정가치를 반영하지 않고 취득 시에 그렸던 유효이자율 상각표에 따라 상각하고, 장부금액을 계상하는 것이다.

4. 공정가치(FV, Fair Value)

(1) 공정가치의 정의: 지금 시장에서 정상적으로 팔 때의 금액

공정가치는 측정일에 시장참여자 사이의 정상거래에서 자산을 매도할 때 받거나 부채를 이전할 때 지급하게 될 가격이며, 거래원가를 반영하지 않는다. 사례에서 1,000만원이 공정가치에 해당한다.

(2) 시장참여자의 관점 반영

공정가치는 기업이 접근할 수 있는 시장참여자의 관점을 반영한다. 공정가치는 시장에서 거래될 때의 가격이기 때문에 시장참여자들이 해당 자산을 얼마로 평가하는지에 대한 관점을 반영한다. 따라서 공정가치는 활성시장에서 관측되는 가격으로 직접 결정될 수 있다. 다른 경우에는 여러 요인을 모두 반영하는 측정기법(예: 현금흐름기준 측정기법)을 사용하여 간접적으로 결정된다.

5. 사용가치(자산) 및 이행가치(부채)

사용가치와 이행가치는 동일한 기준이다. 자산일 때는 사용가치로, 부채일 때는 이행가치로 부르는 명칭만 다르다.

(1) 사용가치: 미래에 쓰다가 파는 금액의 PV

기업이 자산의 사용과 궁극적인 처분으로 얻을 것으로 기대하는 현금흐름 또는 그 밖의 경제적효익의 현재가치이다. 사례에서 1,500만원이 사용가치에 해당한다.

(2) 이행가치

이행가치는 기업이 부채를 이행할 때 이전해야 하는 현금이나 그 밖의 경제적자원의 현재가치이다.

(3) 거래원가: 현재 거래원가는 포함 X, 미래 거래원가는 포함 O 〔심화〕

사용가치와 이행가치는 미래에 발생하는 현금흐름에 기초하기 때문에 (현재) 자산을 취득하거나 부채를 인수할 때 발생하는 거래원가는 포함하지 않는다. 그러나 사용가치와 이행가치에는 기업이 자산을 궁극적으로 처분하거나 부채를 이행할 때 발생할 것으로 기대되는 거래원가의 현재가치가 포함된다.

(4) 기업 특유의 가정 반영 & 현금흐름기준 측정기법으로 결정

사용가치와 이행가치는 시장참여자의 가정을 반영하는 공정가치와 달리 기업 특유의 가정을 반영한다. 실제로 기업이 어떻게 활용하느냐에 따라 가치가 달라지기 때문이다.

사용가치와 이행가치는 시장에서 결정되는 것이 아니므로, 직접 관측될 수 없으며 현금흐름기준 측정기법으로 결정된다. 현금흐름기준 측정기법이란, 미래에 예상되는 현금흐름을 기반으로 가치를 측정하는 기법을 말한다.

6. 현행원가

(1) 현행원가의 정의: 지금 새로 살 때의 금액

자산의 현행원가는 측정일 현재 동등한 자산의 원가로서 측정일에 지급할 대가와 그 날에 발생할 거래원가를 포함한다. 부채의 현행원가는 측정일 현재 동등한 부채에 대해 수취할 수 있는 대가에서 그 날에 발생할 거래원가를 차감한다. 사례에서 1,200만원이 현행원가에 해당한다.

(2) 측정일의 조건 반영 (↔역사적 원가)

현행원가는 역사적 원가와 달리 측정일의 조건을 반영한다. 역사적 원가는 과거에 구입했을 때의 가격이지만, 현행원가는 지금 구입할 때의 가격이기 때문이다.

 거래원가: ~원가에는 반영 O, ~가치에는 반영 X

자산의 역사적 원가와 현행원가는 거래원가를 포함하고, 부채의 역사적 원가와 현행원가는 거래원가를 차감한다. 반면, 공정가치와 사용가치 및 이행가치는 거래원가로 인해 증가하거나 감소하지 않는다.

이는 재고자산의 순매입액과 순매출액 계산 시 관련비용을 생각하면 쉽게 기억할 수 있을 것이다. 순매입액을 계산할 때에는 매입운임과 같은 관련비용을 포함하지만, 순매출액을 계산할 때에는 매출운임과 같은 관련비용을 반영하지 않는다. 순매입액은 자산을 취득할 때 지급하는 '~원가'의 성격을 띄는 반면, 순매출액은 자산을 처분할 때 수취하는 '~가치'의 성격을 띄기 때문이다.

예외적으로, 사용가치와 이행가치는 '~가치'임에도 불구하고 미래에 발생할 것으로 기대되는 거래원가의 현재가치가 포함된다. 예외이므로 따로 외워두자.

 재무정보의 측정 기준 심화

01 재무제표 요소의 측정에 대한 다음의 설명과 가장 관련이 있는 측정기준은?

2019. 국가직 9급 수정

> • 자산은 측정일 현재 동등한 자산의 원가로서 측정일에 지급할 대가와 그 날에 발생할 거래원가를 포함한 금액으로 평가한다.
> • 부채는 측정일 현재 동등한 부채에 대해 수취할 수 있는 대가에서 그 날에 발생할 거래원가를 차감한 금액으로 평가한다.

① 역사적원가   ② 현행원가

③ 사용가치(이행가치)   ④ 공정가치

 해설

현재시점이고, 자산·부채를 제거하는 기준이 아닌 인식하는 기준이므로 현행원가이다.

답 ②

02 재무보고를 위한 개념체계에서 측정에 대한 설명으로 옳지 않은 것은? 2022. 국가직 9급

① 자산을 취득하거나 창출할 때의 역사적 원가는 자산의 취득 또는 창출에 발생한 원가의 가치로서, 자산을 취득 또는 창출하기 위하여 지급한 대가와 거래원가를 포함한다.

② 사용가치와 이행가치는 시장참여자의 가정보다는 기업 특유의 가정을 반영한다.

③ 공정가치는 부채를 발생시키거나 인수할 때 발생한 거래원가로 인해 감소하며, 부채의 이전 또는 결제에서 발생할 거래원가를 반영한다.

④ 자산의 현행원가는 측정일 현재 동등한 자산의 원가로서 측정일에 지급할 대가와 그 날에 발생할 거래원가를 포함한다.

 해 설

공정가치는 '~원가'로 끝나는 측정 기준들과 달리 거래원가를 반영하지 않는다. ①번의 역사적 원가, ④번의 현행원가 모두 정의에 거래원가가 등장하는 것을 확인할 수 있다.

답 ③

03 「재무보고를 위한 개념체계」에서 제시된 '측정'에 대한 설명으로 옳지 않은 것은? 2020. 국가직 7급

① 역사적 원가와는 달리 자산이나 부채의 현행가치는 자산이나 부채를 발생시킨 거래나 그 밖의 사건의 가격으로부터 부분적으로라도 도출되지 않는다.

② 자산의 공정가치는 측정일 현재 동등한 자산의 원가로서 측정일에 지급할 대가와 그날에 발생할 거래원가를 포함한다.

③ 사용가치는 기업이 자산의 사용과 궁극적인 처분으로 얻을 것으로 기대하는 현금흐름 또는 그 밖의 경제적효익의 현재가치이다.

④ 사용가치와 이행가치는 직접 관측될 수 없으며 현금흐름기준 측정기법으로 결정된다.

 해 설

② 현행원가에 대한 설명이다. '지급하는 대가'는 '~원가'라는 것을 기억한다면 쉽게 답을 고를 수 있었다. '~가치'는 유입되는 금액을 의미한다.
① 현행가치(공정가치, 사용가치 및 이행가치, 현행원가)는 현재 및 미래 정보이므로 역사적 원가와 달리 자산이나 부채를 '발생시킨' 과거의 거래로부터 도출되지 않는다.

답 ②

04 재무보고를 위한 개념체계에서 측정기준에 대한 설명으로 옳지 않은 것은? 2022. 지방직 9급

① 현행가치와 달리 역사적 원가는 자산의 손상이나 손실부담에 따른 부채와 관련되는 변동을 제외하고는 가치의 변동을 반영하지 않는다.

② 현행가치 측정기준은 공정가치, 자산의 사용가치 및 부채의 이행가치, 현행원가를 포함한다.

③ 공정가치로 자산과 부채를 측정하여 제공하는 정보는 예측가치를 가질 수 있다.

④ 사용가치와 이행가치는 기업이 자산을 궁극적으로 처분하거나 부채를 이행할 때 발생할 것으로 기대되는 거래원가의 현재가치를 포함하지 않는다.

해 설

사용가치와 이행가치에는 기업이 자산을 궁극적으로 처분하거나 부채를 이행할 때 발생할 것으로 기대되는 거래원가의 현재가치가 포함된다.

③ 공정가치는 측정일에 시장에서 거래되는 가격이므로 미래를 예측하는 데 도움을 준다. 따라서 예측가치를 가질 수 있다.

답 ④

6 재무제표의 요소 _{심화}

재무제표의 요소는 2019년에 개정되어, 출제될 가능성이 있다. 하지만 기준서 원문은 굉장히 길고 복잡하다. 따라서 파워 회계학에서는 기준서의 모든 내용을 다루는 것은 비효율적이라고 생각하여 기준서의 주요 키워드 위주로 간략히 요약하였다. 자세한 내용은 7급 대비 파이널 회계학을 참고하자.

1. 자산

자산은 과거사건의 결과로 기업이 통제하는 현재의 경제적자원이다. 경제적자원은 경제적효익을 창출할 잠재력을 지닌 권리이다. 자산은 다음의 세 가지 측면을 갖는다.

(1) 권리
(2) 경제적효익을 창출할 잠재력
(3) 통제
  • 법적 소유권이 있어야만 통제가 가능한 것은 아니다.

2. 부채

부채는 과거사건의 결과로 기업이 경제적자원을 이전해야 하는 현재의무이다. 부채가 존재하기 위해서는 다음의 세 가지 조건을 모두 충족하여야 한다.

(1) 기업에게 의무가 있다.
(2) 의무는 경제적자원을 이전하는 것이다.
(3) 의무는 과거사건의 결과로 존재하는 현재의무이다.

3. 자본: 주식의 시가와 동일하지 않음!

자본은 기업의 자산에서 모든 부채를 차감한 후의 잔여지분이다. 자본은 잔여액일 뿐 주식의 시가와 동일하지 않다. 자본은 공정가치 평가를 하지 않기 때문이다.

4. 수익: 자본청구권 보유자의 출자와 관련된 것은 제외!

수익은 자산의 증가 또는 부채의 감소로서 자본의 증가를 가져오며, 자본청구권 보유자의 출자와 관련된 것은 제외한다. '수익은 출자와 관련된 것도 포함한다.'와 같은 내용으로 오답이 많이 출제되었으므로 주의하자.

5. 비용: 자본청구권 보유자에 대한 분배와 관련된 것을 제외!

비용은 자산의 감소 또는 부채의 증가로서 자본의 감소를 가져오며, 자본청구권 보유자에 대한 분배와 관련된 것을 제외한다. 여기에서 말하는 '자본청구권 보유자에 대한 분배'란 배당을 의미한다. 배당은 이익잉여금의 감소로 처리하므로, 비용에서 제외한다.

재무제표의 요소 심화

01 재무제표를 구성하는 요소의 정의로서 옳지 않은 것은? 2015. 서울시 9급 수정

① 수익은 자산의 증가 또는 부채의 감소로서 자본의 증가를 가져오며, 자본청구권 보유자의 출자와 관련된 것을 포함한다.

② 부채는 과거사건의 결과로 기업이 경제적자원을 이전해야 하는 현재의무이다.

③ 자산은 과거사건의 결과로 기업이 통제하는 현재의 경제적자원이다.

④ 자본은 기업의 자산에서 모든 부채를 차감한 후의 잔여지분이다. 자본총액은 그 기업이 발행한 주식의 시가총액 또는 기업순자산을 나누어서 처분하거나 기업 전체로 처분할 때 받을 수 있는 대가와 일치하지 않는 것이 일반적이다.

수익, 비용은 지분참여자에 의한 출연 및 분배와 관련된 것은 제외한다.

답 ①

02 재무제표 요소들에 대한 설명으로 옳지 않은 것은? 2018. 관세직 9급 수정

① 자본은 기업의 자산에서 부채를 차감한 후의 잔여지분이다.

② 부채는 과거사건의 결과로 기업이 경제적자원을 이전해야 하는 현재의무이다.

③ 수익은 자산의 증가 또는 부채의 감소로서 자본의 증가를 가져오며, 자본청구권 보유자의 출자와 관련된 것도 포함한다.

④ 비용은 자산의 감소 또는 부채의 증가로서 자본의 감소를 가져오며, 자본청구권 보유자에 대한 분배와 관련된 것을 제외한다.

수익, 비용은 지분참여자에 의한 출연 및 분배와 관련된 것은 제외한다.

답 ③

03 재무상태표의 구성요소에 대한 설명으로 옳지 않은 것은? 2017. 관세직 9급 수정

① 자산은 과거사건의 결과로 기업이 통제하는 현재의 경제적자원이다.

② 자본은 주주에 대한 의무로서 기업이 가지고 있는 자원의 활용을 나타낸다.

③ 부채는 과거사건의 결과로 기업이 경제적자원을 이전해야 하는 현재의무이다.

④ 일반적으로 자본은 자본금, 자본잉여금, 자본조정, 기타포괄손익누계액, 이익잉여금으로 구분한다.

 해 설

자본은 주주의 투자액이며, 주주에 대한 의무를 가지고 있지 않다. 기업이 가지고 있는 자원의 활용을 나타내는 것은 자산이다.

답 ②

이 장의 출제 뽀인트!

① 재고자산의 매입 및 매출 ★중요!
② 재고자산 관련 비율 ★중요!
③ 원가흐름의 가정
④ 저가법 ★중요!
⑤ 재고자산에 포함될 항목
⑥ 소매재고법 심화

공무원 시험에서 재고자산은 국가직, 지방직 모두 평균적으로 1~2문제 정도 출제되는 아주 중요한 주제이다. 대부분은 재고자산 항등식을 이용하여 기말 재고자산 혹은 매출원가 등을 묻는 형태로 출제되었다. 재고자산 항등식을 풀기 위해서는 순매입액과 순매출액, 그리고 재고 관련 비율에 대한 개념을 숙지해야 한다. 그 다음으로는 저가법이 빈번히 출제되었고, 이외에도 원가흐름의 가정, 재고자산에 포함될 항목, 소매재고법 등이 출제되었다.

04

재고자산

1 재고자산의 매입 및 매출 ★중요!

재고자산 순매입액 = 매입가액 + 취득 부대비용 – 매입에누리 – 매입환출 – 매입할인 – 리베이트
(순)매출액 = 총매출액 – 매출에누리 – 매출환입 – 매출할인 – 리베이트

	매입	매출
관련비용 예 운임	매입에 가산	매출과 무관 (당기비용)
에누리, 할인, 환입/환출	매입 및 매출 차감	

매출운임은 재고자산 매입액에 가산하는 매입운임과 달리 당기비용(판관비) 처리한다. 따라서 영업이익 계산 시 매출운임을 차감해야 한다.

1. 재고자산 항등식 ★중요!

재고자산 항등식: 매출원가 = 기초 재고 + 매입액 – 기말 재고

2. 매출총이익

매출총이익 = 매출액 – 매출원가

재고자산 항등식

01 ㈜한국의 수정전시산표의 각 계정잔액이 다음과 같다. 매출총이익이 ₩2,000일 때, 총매입액은?

2020. 국가직 9급

매출관련 자료		매입관련 자료	
총매출	₩11,000	총매입	?
매출에누리	₩1,000	매입에누리	₩800
매출운임	₩300	매입운임	₩200
재고관련 자료			
기초재고	₩600		
기말재고	₩500		

① ₩8,500
② ₩8,600
③ ₩8,700
④ ₩8,800

(순) 매출액: 11,000 − 1,000 = 10,000 (매출운임은 당기비용으로 매출액에 영향X)
    매출원가: 10,000 − 2,000(매출총이익) = 8,000
(순) 매입액: 500(기말) + 8,000(매출원가) − 600(기초) = 7,900
(순) 매입액: 총매입 − 800(에누리) + 200 = 7,900

총매입 = 8,500

답 ①

02 ㈜한국은 2016년 1월 1일 영업을 개시하였다. 2016년 12월 31일 회계자료가 다음과 같을 때, 2016년도 매출총이익은?

2010. 국가직 7급

매출총액	₩200,000	매입에누리	₩1,000	임차료	₩5,000
매입총액	₩100,000	매출운임	₩5,000	급여	₩15,000
매입운임	₩10,000	매출할인	₩5,000	매입할인	₩1,000
이자수익	₩10,000	기말상품재고	₩15,000	기계처분손실	₩2,000

① ₩102,000 ② ₩112,000

③ ₩122,000 ④ ₩132,000

해설

순매출액: 200,000 − 5,000(할인) = 195,000
• 매출운임은 순매출액에 미치는 영향이 없다.
순매입액: 100,000 + 10,000(운임) − 1,000(에누리) − 1,000(할인) = 108,000
매출원가: 108,000 − 15,000(기말 재고) = 93,000
• 기초에 영업을 개시하였기 때문에 기초 재고는 없다.
매출총이익: 195,000 − 93,000 = 102,000

매입운임은 재고자산 취득원가에 가산되어 매출원가로 계상되지만 매출운임은 매출액을 차감하지 않는 것이 아니라 당기비용으로 분류된다는 것을 주의하자.

답 ①

03 다음 ㈜한국의 20×1년 자료를 이용한 매출총이익과 영업이익을 바르게 연결한 것은?

2022. 관세직 9급

기초상품재고액	₩10,000	매출환입	₩1,200	당기상품총매출액	₩27,000
당기상품총매입액	₩20,000	판매사원 급여	₩1,000	매출에누리	₩1,800
매입에누리	₩1,000	기말상품재고액	₩12,000	매출할인	₩500
매입할인	₩400	매입운임	₩2,000		
판매운임	₩2,500	매입환출	₩600		

	매출총이익	영업이익
①	₩5,500	₩2,000
②	₩5,500	₩4,500
③	₩8,000	₩4,500
④	₩8,000	₩7,000

해설

1. 매출총이익: 매출액 − 매출원가 = 23,500 − 18,000 = 5,500
(1) (순)매출액: 23,500

총매출액	27,000
매출에누리	(1,800)
매출환입	(1,200)
매출할인	(500)
매출액	23,500

  − 판매운임(=매출운임)은 재고자산 매입액에 가산하는 매입운임과 달리 당기비용(판관비) 처리한다. 따라서 영업이익 계산 시 매출운임을 차감해야 한다.
(2) 매출원가: 기초 재고 + 매입액 − 기말 재고 = 10,000 + 20,000 − 12,000 = 18,000
① (순)매입액: 20,000

총매입액	20,000
매입운임	2,000
매입에누리	(1,000)
매입환출	(600)
매입할인	(400)
매입액	20,000

2. 영업이익: 매출총이익 − 판관비 = 5,500 − 3,500 = 2,000
(1) 판관비: 2,500(판매운임) + 1,000(판매사원 급여) = 3,500

답 ①

2 재고자산 관련 비율 ⭐중요!

1. 매출총이익률과 원가 기준 이익률

> 매출총이익률 = 매출총이익/매출액
> 원가 기준 이익률 = 매출총이익/매출원가

매출총이익률이 제시된 경우에는 매출액을 1로 보고, 원가 기준 이익률이 제시된 경우에는 매출원가를 1로 보자.

예제 재고자산 관련 비율 - 이익률

01 다음은 상품거래와 관련된 자료이다. 매출원가 대비 매출총이익률이 25%인 경우 기말상품재고액은?

2013. 지방직 9급

총매출액	₩1,755,000	매출에누리	₩180,000
총매입액	900,000	매입에누리	45,000
기초상품재고액	990,000		

① ₩461,250 ② ₩506,250
③ ₩585,000 ④ ₩615,000

해설

순매출액: 1,755,000 − 180,000 = 1,575,000

매출액 1.25	1,575,000
매출총이익 0.25	
매출원가 1	1,575,000/1.25 = 1,260,000

순매입액: 900,000 − 45,000 = 855,000
기말 재고액: 990,000 + 855,000 − 1,260,000 = 585,000

답 ③

02 ㈜한국은 실지재고조사법을 적용하고 있으며, 20×1년 12월 31일 화재로 인해 창고에 보관하고 있던 재고자산 일부가 소실되었다. ㈜한국의 과거 매출총이익률은 25%이고, 20×1년 중 재고자산 거래 내역이 다음과 같을 때, 기말재고자산 추정액은? 2022. 지방직 9급

총매출액	₩215,000	총매입액	₩140,000
매입환출	₩5,000	기초재고자산	₩18,000
매출에누리	₩20,000	매입할인	₩13,000
매입운임	₩10,000	매출환입	₩15,000

① ₩5,000
② ₩8,000
③ ₩15,000
④ ₩20,000

 해설

(순)매입액: 140,000 − 5,000 − 13,000 + 10,000 = 132,000

(순)매출액: 215,000 − 20,000 − 15,000 = 180,000

매출액 1	180,000
매출총이익 0.25	
매출원가 0.75	180,000 × (1 − 25%) = 135,000

기말 재고자산: 18,000 + 132,000 − 135,000 = 15,000

답 ③

2. 이익률 문제에서 화재, 도난 등이 발생한 경우 재고자산 손실액

Step 1. 매출원가 구하기

　　　매출원가 = 매출액 × (1 - 매출총이익률) or

　　　매출원가 = 매출액/(1 + 원가 기준 이익률)

Step 2. 손실 전 재고자산 구하기

　　　손실 전 재고자산 = 기초 재고자산 + 매입액 - 매출원가

Step 3. 손실액 구하기

　　　손실액 = 손실 전 재고자산 - 손실 후 남은 재고자산 or

　　　　　　 = 손실 전 재고자산 × 손실률

 화재, 도난 등이 발생한 경우 재고자산 손실액 - 매출총이익률

01 ㈜한국의 재고자산과 관련한 자료가 다음과 같을 때, 홍수로 소실된 상품의 추정원가는?

2021. 국가직 9급

- 20X1년 1월 1일 기초상품재고액은 ₩250,000이다.
- 20X1년 7월 31일 홍수가 발생하여 ₩150,000의 상품만 남고 모두 소실되었다.
- 20X1년 7월 31일까지 당기상품매입액은 ₩1,300,000이다.
- 20X1년 7월 31일까지 당기매출액은 ₩1,200,000이다.
- ㈜한국의 매출총이익률은 20%이다.

① ₩200,000　　　　　　　　　　② ₩260,000
③ ₩440,000　　　　　　　　　　④ ₩590,000

해설

매출액 1	1,200,000
매출총이익 0.2	
매출원가 0.8	1,200,000 × (1 - 20%) = 960,000

홍수 전 기말 재고자산: 250,000 + 1,300,000 - 960,000 = 590,000
홍수로 소실된 상품원가: 590,000 - 150,000 = 440,000

답 ③

02 20X1년 9월 1일에 ㈜한국의 창고에서 화재가 발생하여 재고 자산이 일부 소실되었다. 남아있는 재고자산의 순실현가능가치는 ₩3,600이다. 다음의 자료를 이용하여 화재로 인한 재고자산 손실액을 구하면?

2011. 국가직 7급

20X1년 초 기초 재고자산	₩25,000
20X1년 8월 말까지 재고자산 매입액	₩39,000
20X1년 8월 말까지 매입환출 금액	₩4,000
20X1년 8월 말까지 총매출액	₩55,000
20X1년 8월 말까지 매출할인액	₩3,000
매출총이익률	30%

① ₩17,900　　　　　② ₩20,000

③ ₩23,600　　　　　④ ₩24,000

해설

순 매출액: 55,000 − 3,000 = 52,000

매출액 1	52,000
매출총이익 0.3	
매출원가 0.7	52,000 × 0.7 = 36,400

화재 전 8월 말 재고자산: 25,000 + 39,000 − 4,000 − 36,400 = 23,600

재고 손실액: 23,600 − 3,600 = 20,000

• 문제 상 '남아있는 재고자산의 순실현가능가치'가 화재 이후 남아 있는 재고를 의미한다.

답 ②

3. 회전율과 회수기간

(1) 회전율

> 매출채권회전율 = 매출액/(평균)매출채권
> 재고자산회전율 = 매출원가/(평균)재고자산

 회전율

01 ㈜대한의 기초재고자산과 기말재고자산은 각각 ₩400, 유동부채는 ₩500, 매출총이익은 ₩6,000, 유동비율은 200%, 매출총이익률은 60%인 경우 재고자산회전율과 당좌비율은? (단, 재고자산회전율은 매출원가를 기준으로 한다) 2018. 국가직 7급

	재고자산회전율(회)	당좌비율(%)
①	10	60
②	10	120
③	25	60
④	25	120

 해설

1. 재고자산회전율 = 매출원가/평균 재고자산 = 4,000/400 = 10회
   (1) 매출원가; 6,000/0.6 × 0.4 = 4,000

매출액 1	
매출총이익 0.6	6,000
매출원가 0.4	4,000

   (2) 평균 재고자산: 400 (기초, 기말 재고자산이 각각 400이므로)

2. 당좌비율
   재고자산 = 유동부채 × (유동비율 – 당좌비율)
   400 = 500 × (200% – 당좌비율)
   → 당좌비율 = 120%

답 ②

(2) 회수기간 심화

$$\text{매출채권회수기간} = 365일 \div \text{매출채권회전율}$$
$$\text{재고자산처리기간} = 365일 \div \text{재고자산회전율}$$
$$\text{정상영업주기} = \text{매출채권회수기간} + \text{재고자산처리기간}$$

회수기간 및 처리기간은 해당 자산이 제거되기까지 걸리는 시간을 표시한 것으로, 365일에서 회전율을 나누어 계산한다. 매출채권회수기간과 재고자산처리기간을 더한 것을 정상영업주기라고 부르는데, 이는 재고자산이 판매되어(재고자산처리기간), 현금화되는 기간(매출채권회수기간)을 의미한다. 일반적으로 공무원 회계학에서는 숫자가 나누어떨어지도록 1년을 360일로 가정한다.

예제 ▶ **회수기간** 심화

01 다음은 상품매매 기업인 ㈜한국의 재무비율을 산정하기 위한 자료이다.

매출	₩4,500,000	매출원가	₩4,000,000
기초매출채권	₩150,000	기말매출채권	₩450,000
기초재고자산	₩240,000	기말재고자산	₩160,000

㈜한국은 매출이 전액 외상으로 이루어지며, 재고자산회전율 계산 시 매출원가를 사용할 경우, 매출채권회전율과 재고자산평균처리기간은? (단, 1년은 360일, 회전율 계산 시 기초와 기말의 평균값을 이용한다)

2021. 국가직 7급

	매출채권회전율(회)	재고자산평균처리기간(일)
①	15	18
②	15	36
③	30	18
④	30	36

해설

(1) **매출채권회전율**: 매출액/평균매출채권 = 4,500,000/300,000 = 15회
- 평균 매출채권: (150,000 + 450,000)/2 = 300,000

(2) **재고자산평균처리기간**: 360/재고자산 회전율 = 360/20회 = 18일
- 재고자산 회전율: 매출원가/평균재고자산 = 4,000,000/200,000 = 20회
- 평균재고자산: (240,000 + 160,000)/2 = 200,000

답 ①

02 ㈜한국의 당기 매출은 외상 거래만 있었다고 할 때, 다음 자료를 이용한 활동성 비율분석의 해석으로 옳지 않은 것은? (단, 활동성 비율 계산 시 분모는 기초잔액과 기말잔액의 평균금액을 이용하며, 1년을 360일로 계산한다)

2020. 관세직 9급

매출채권			
기초	₩1,000	현금	₩47,000
매출액	₩50,000		

재고자산			
기초	₩1,000	매출원가	₩25,000
매입채무	₩20,000		
현금	₩8,000		

① 매출채권회전율은 20회이다.
② 재고자산회전율은 12회이다.
③ 매출채권의 평균회수기간은 18일이다.
④ 재고자산의 평균판매기간은 36일이다.

해설

① 매출채권회전율: 50,000/2,500 = 20회 (O)
   기말 매출채권: 1,000 + 50,000 − 47,000 = 4,000
   평균 매출채권: (1,000 + 4,000)/2 = 2,500
② 재고자산회전율: 25,000/2,500 = 10회 (X)
   기말 재고자산: 1,000 + 20,000 + 8,000 − 25,000 = 4,000
   평균 매출채권: (1,000 + 4,000)/2 = 2,500
③ 매출채권의 평균회수기간: 360/20회 = 18일 (O)
④ 재고자산의 평균판매기간: 360/10회 = 36일 (O)

- 본 문제의 경우 ②번과 ④번이 모순이기 때문에 둘 중 하나가 답이다. ②번을 먼저 구해서 ②, ④번 중에 바로 답을 구할 수 있었다.

답 ②

03 기초매출채권 잔액이 ₩800이고, 기말매출채권 잔액은 ₩1,200이다. 매출채권 평균회수기간이 36.5일이라면 당기 매출액은? (단, 1년은 365일이라고 가정한다) 2015. 국가직 7급

① ₩8,000

② ₩10,000

③ ₩12,000

④ ₩14,000

 해설

매출채권 평균회수기간: 365일/매출채권회전율 = 36.5일
→ 매출채권회전율 = 10회

매출채권회전율: 매출액/평균 매출채권 = 10회
• 평균 매출채권: (800 + 1,200)/2 = 1,000
→ 매출액: 1,000 × 10회 = 10,000

답 ②

04 ㈜한국의 20X1년 매출액은 ₩3,000,000이고, 기초재고자산은 ₩100,000이었다. 20X1년 말 유동부채는 ₩100,000, 유동비율은 400%, 당좌비율은 100%이다. 또한, 재고자산 평균처리기간이 36일이라면 매출총이익은? (단, 재고자산은 상품으로만 구성되어 있고, 1년은 360일로 계산한다) 2021. 국가직 9급

① ₩0

② ₩500,000

③ ₩1,000,000

④ ₩2,000,000

 해설

1. 재고자산평균처리기간: 360/재고자산회전율 = 36일
   → 재고자산회전율 = 10회
2. 재고자산회전율 = 매출원가/평균 재고자산 = 10회
   (1) 기말 재고자산 = (유동비율 − 당좌비율) × 유동부채
                   = (400% − 100%) × 100,000 = 300,000
   문제에서 'X1년 말' 유동부채, 유동비율, 당좌비율을 제시했으므로 비율 계산 시 전부 기말 금액을 사용한다.
   (2) 평균 재고자산: (100,000 + 300,000)/2 = 200,000
   (3) 매출원가: 200,000 × 10회 = 2,000,000
3. 매출총이익: 3,000,000 − 2,000,000 = 1,000,000

답 ③

3 원가흐름의 가정

1. 계속기록법과 실지재고조사법

(1) 계속기록법

계속기록법은 매출이 발생할 때마다 매출원가 회계처리를 하는 방법이다. 상품을 판매할 때 매출(수익)을 인식하며, 재고자산 원가를 매출원가(비용)로 인식한다.

(2) 실지재고조사법

실지재고조사법은 판매할 때 재고자산 회계처리를 생략하고 매출 회계처리만을 한 뒤, 기말에 실사를 수행하여 기말에 남은 재고 이외의 금액을 전부 매출원가로 계상하는 방식이다. 실지재고조사법 기말수정분개는 재고자산 T계정을 거꾸로 한다고 생각하면 쉽게 기억할 수 있다.

(차) 매출원가	XXX	(대) 재고		기초 재고액
(차) 재고	기말 실사액	(대) 매입		매입액

2. 선입선출법(FIFO)

(1) 먼저 구입한 순서대로 먼저 판매되었다고 가정하는 방법
(2) 실제 물량흐름과 가장 비슷한 방법
(3) 계속기록법과 실지재고조사법의 차이가 없음

선입선출법 적용 시 풀이법

① 매출원가=기초 재고부터 매입액을 순차적으로 가산
② 기말 재고자산=가장 마지막 매입부터 역순으로 가산

01 다음은 ㈜한국의 재고자산과 관련된 자료이다. 선입선출법으로 평가할 경우 매출총이익은? (단, 재고자산과 관련된 감모손실이나 평가손실 등 다른 원가는 없다) 2014. 국가직 7급

일자	구분	수량	단가
10월 1일	기초재고	10개	₩100
10월 8일	매입	30개	110
10월 15일	매출	25개	140
10월 30일	매입	15개	120

① ₩850

② ₩950

③ ₩1,050

④ ₩1,150

매출액: 25개 × @140 = 3,500

매출원가: 10개 × @100 + 15개 × @110 = 2,650

매출총이익: 3,500 − 2,650 = 850

답 ①

02 다음은 ㈜한국의 20X1년 상품 매입 및 매출 관련 자료이다. 선입선출법을 적용할 경우, 20X1년도 기말재고자산과 매출총이익을 바르게 연결한 것은? (단, 재고자산 감모 및 평가손실은 발생하지 않았으며, 재고자산 수량결정은 계속기록법에 의한다) 2022. 국가직 9급

일자	구분	수량	단가
1월 1일	기초재고	20개	₩150
5월 1일	매입	30개	₩200
7월 1일	매출	25개	₩300
9월 1일	매입	20개	₩180
11월 1일	매출	25개	₩320

	기말재고자산	매출총이익
①	₩3,000	₩5,900
②	₩3,000	₩6,500
③	₩3,600	₩5,900
④	₩3,600	₩6,500

해설

1. 기말재고자산: 20 × 180 = 3,600 (9.1 매입분)
(1) 기말재고 수량: 20 + 30 − 25 + 20 − 25 = 20개
회사는 선입선출법을 적용하므로 가장 마지막에 매입한 재고자산이 기말 재고자산으로 남는다.

2. 매출총이익: 매출액 − 매출원가 = 15,500 − 9,000 = 6,500
(1) 매출액: 25 × 300 (7.1 매출) + 25 × 320 (11.1 매출) = 15,500
(2) 매출원가: 20 × 150 (기초 재고) + 30 × 200 (5.1 매입분) = 9,000
회사는 선입선출법을 적용하므로 가장 먼저 있었던 기초 재고자산과 5.1에 매입한 재고자산이 매출원가로 비용화된다.

답 ④

3. 총평균법: 실지재고조사법&평균법

총평균법은 실지재고조사법을 적용하는 평균법을 의미한다. 실지재고조사법 적용 시에는 기말 실사 후에 매출원가를 계산하므로 기초 재고와 총 매입 재고 전체(판매가능상품)를 평균한다.

> ① 기말 재고자산 = 판매가능상품 금액 × 기말 수량/판매가능상품 수량
> ② 매출원가 = 판매가능상품 금액 × 판매 수량/판매가능상품 수량

예제 선입선출법 & 총평균법

01 다음은 ㈜대한의 2010년 3월의 재고자산 입고 및 출고에 관한 자료이다. 선입선출법을 적용하는 경우와 총평균법을 적용하는 경우, ㈜대한의 2010년 3월 31일 현재 재고자산금액은?

2011. 지방직 9급

		수량(개)	단가(₩)
3월 1일	월초재고	20	100
7일	매입	20	100
11일	매출	20	150
14일	매입	20	130
27일	매출	20	200
31일	월말재고	20	

	선입선출법	총평균법
①	₩2,200	₩2,200
②	₩2,200	₩2,600
③	₩2,600	₩2,200
④	₩2,600	₩2,600

 해설

(1) FIFO: 20 × 130 = 2,600

   기말 재고자산을 물었기 때문에 가장 마지막 매입분(단가 130)이 기말 재고로 남는다.

(2) 총평균법: 20 × 110 = 2,200

   총평균법 단위당 원가: (100 + 100 + 130)/3 = 110

   매입 수량이 20개로 일정하므로, 단가만 이용해서 평균을 해도 된다.

본 문제는 FIFO와 총평균법 두 가지 방법을 이용해서 풀어야 하는 문제로, 시간이 오래 걸린다. 실전에서 이처럼 두 가지 방법으로 풀어야 하는 문제는 풀지 않는 것을 추천한다.

보다 간단하게 풀 수 있는 FIFO를 먼저 구해 ③, ④로 선택지를 좁힌 뒤, FIFO와 금액이 다른 ③을 답으로 선택했다면 빠르게 풀 수 있었다.

답 ③

02 ㈜서울의 2017년 중 상품매매 내역은 다음과 같고, 상품의 회계처리는 실지재고조사법에 따르고 있다. ㈜서울의 2017년 상품매출원가는 선입선출법과 평균법의 경우 각각 얼마인가?

2017. 서울시 7급

일자	거래	수량	1개당 매입단가	금액
2017년 초	–	50개	₩100	₩5,000
3월 1일	매입	100개	₩110	₩11,000
5월 1일	매출	60개	–	–
9월 1일	매입	50개	₩120	₩6,000
10월 1일	매출	90개	–	–

	선입선출법	평균법
①	₩15,000	₩15,500
②	₩15,500	₩15,000
③	₩16,000	₩16,500
④	₩16,500	₩16,000

해설

(1) FIFO
　　매출 수량: 60 + 90 = 150개
　　매출원가: 5,000(50개) + 11,000(100개) = 16,000
(2) 총평균법 (평균법&실지재고)
　　매출원가: (5,000 + 11,000 + 6,000) × 150개/200개 = 16,500

|별해|
판매가능재고가 @100짜리 50개, @110짜리 100개, @120짜리 50개 있기 때문에 평균 단가는 110이다.
따라서 매출원가는 '110 × 150 = 16,500'의 방식으로 간편하게 구할 수 있다.

답 ③

03 다음은 ㈜한국의 20X1년 6월 중 재고자산의 매입 및 매출과 관련된 자료이다. 선입선출법과 가중평균법을 적용한 매출원가는? (단, 재고수량 결정은 실지재고조사법에 따른다)

2021. 지방직 9급

구분	수량	×	단가	=	금액
기초재고(6월 1일)	12		₩100		₩1,200
당기매입:					
6월 10일	20		₩110		₩2,200
6월 15일	20		₩130		₩2,600
6월 26일	8		₩150		₩1,200
판매가능액	60				₩7,200
당기매출:					
6월 12일	24				
6월 25일	20				
기말재고(6월 30일)	16				

	선입선출법	가중평균법
①	₩4,960	₩5,014
②	₩4,960	₩5,280
③	₩5,560	₩5,014
④	₩5,560	₩5,280

해설

1. 총 판매수량: 24 + 20 = 44개

2. 각 방법에 따른 매출원가
   (1) 선입선출법
     : 1,200(12개) + 2,200(20개) + 12개 × @130 = 4,960
   (2) 총평균법
     실지재고조사법을 따르는 가중평균법은 '총평균법'이다.
     : 7,200 × 44개/60개 = 5,280

답 ②

4. 이동평균법: 계속기록법&평균법 (심화)

이동평균법은 계속기록법을 적용하는 평균법을 의미한다. 계속기록법은 매출이 발생할 때마다 매출원가를 계산하므로 이동평균법은 매출 시점까지 존재한 재고를 기준으로 평균을 낸다. 이동평균법은 매출이 발생할 때마다 남은 재고를 평균하므로 원가흐름의 가정 중에 가장 어렵고, 시간이 많이 소요되는 방법이다. 공무원 시험에서 이동평균법은 거의 출제되지 않으며, 혹시라도 출제되었다면 그 문제를 넘기고 시간이 남으면 다시 돌아와서 풀자. 이동평균법 풀이법은 예제를 통해 설명한다.

예제. 다음은 ㈜한국의 20X1년 1월 1일부터 12월 31일까지 재고자산 자료이다. ㈜한국이 평균법을 적용할 때, 20X1년 매출원가와 20X1년 말 현재 재고자산은? (단, ㈜한국은 계속기록법을 적용한다.)

일자	적요	수량	단가	금액
1월 1일	기초	150개	@100	₩ 15,000
1월 15일	매입	50개	@140	₩ 7,000
1월 20일	매출	(100개)		
1월 25일	매입	100개	@150	₩ 15,000
1월 28일	매출	(100개)		

STEP 1 잔액, 잔량 표 그리기

일 자	수량	단가	금액	잔액	잔량(먼저!)
1월 1일	150개	₩100	15,000		
1월 15일	50개	₩140	7,000		
1월 20일	(100개)				
1월 25일	100개	₩150	15,000		
1월 28일	(100개)				

회사는 평균법을 적용하면서, 계속기록법을 적용하므로 이동평균법을 이용한다는 뜻이다. 이동평균법은 매출이 발생할 때마다 평균 내서 매출원가를 구해야 하므로 김수석이 직접 해당 표를 고안했다. 문제에서 수량과 단가는 문제에서 제시할 것이고, 금액은 대부분 주는 편이다. 여기서 집중해야 할 부분은 다른 색으로 표시한 '잔액'과 '잔량' 항목이다. 잔액과 잔량은 각각 사거나 팔고 남은 금액과 수량을 의미한다.

STEP 2 | 잔량 구하기

일 자	수량	단가	금액	잔액	잔량(먼저!)
1월 1일	150개	₩100	15,000		
1월 15일	50개	₩140	7,000		①200
1월 20일	(100개)				②100
1월 25일	100개	₩150	15,000		③200
1월 28일	(100개)				④100

우선 잔량부터 보자. 기초에 150개에서 시작하여 50개를 추가로 매입하여 ①200개가 되고, 20일에 100개를 판매하여 ②100개가 남는다. 이후에도 100개를 매입하고 100개를 판매하여 ③200개가 되었다가 기말 재고가 ④100개가 된다.

STEP 3 | 잔액 구하기

일 자	수량	단가	금액	잔액	잔량(먼저!)
1월 1일	150개	₩100	15,000		
1월 15일	50개	₩140	7,000	㉠22,000	①200
1월 20일	(100개)		ⓐ(11,000)	㉡11,000	②100
1월 25일	100개	₩150	15,000	㉢26,000	③200
1월 28일	(100개)		ⓑ(13,000)	㉣13,000	④100

잔량을 먼저 구해놓았다면, 잔액을 구해서 매출원가를 계산할 차례이다. 기초 15,000에서 시작하여 7,000을 추가로 매입하여 ㉠22,000이 된다. 이때 잔량이 200개인데 1월 20일 절반인 100개를 판매하므로 22,000의 절반인 ⓐ(11,000)이 매출원가가 되는 것이다. (11,000)을 차감하면 잔액은 ㉡11,000이 되고, 15,000을 추가로 매입하면 ㉢26,000이 된다. 여기서 다시 절반인 100개를 판매하면 26,000의 절반인 ⓑ(13,000)이 매출원가가 되며, 기말 재고자산은 ㉢에서 ⓑ를 차감한 ㉣13,000이 된다.

STEP 4 | 매출원가 구하기

매출이 두 번 이상 발생하면 총 매출원가는 각 매출의 매출원가를 더한 값이다. 예제에서 매출원가는 24,000(= ⓐ11,000 + ⓑ13,000)이 된다. 공무원 회계학에서는 보통 매출을 한 번만 발생하는 것으로 가정하기 때문에 그 건의 매출원가만 계산하면 된다.

이처럼 이동평균법은 계산이 복잡하고 시간이 많이 소요되므로, 공무원 회계학에서는 거의 출제되지 않는다. 해당 문제를 실전에서 마주쳤을 때 풀기 어렵다고 판단하는 학생은 과감히 이동평균법을 넘기는 것도 좋은 전략이다. 문제를 풀려는 수험생은 반드시 많은 연습을 통해 빠르고, 정확하게 풀 수 있도록 숙달하자.

📋 매출원가 24,000, 기말 재고자산 13,000

 **원가흐름의 가정 요약** ★중요!

	계속기록법	실지재고조사법
FIFO	FIFO	
평균법	이동평균법	총평균법

(1) FIFO: 먼저 산 건 매출원가, 늦게 산 건 기말 재고
(2) 총평균법: 기초+Σ매입을 전체 매출 수량으로 한 번에 매출원가 구하기.
(3) 이동평균법: 잔액, 잔량 표 그려서 매출 별로 매출원가 구하기.

 총평균법 & 이동평균법 심화

01 ㈜한국은 재고자산에 대해 가중평균법을 적용하고 있으며, 2016년 상품거래 내역은 다음과 같다. 상품거래와 관련하여 실지재고조사법과 계속기록법을 각각 적용할 경우, 2016년도 매출원가는? (단, 상품과 관련된 감모손실과 평가손실은 발생하지 않았다) 2016. 국가직 7급

일자	적요	수량	단가	금액
1/1	기초재고	100개	₩8	₩800
3/4	매입	300개	₩9	₩2,700
6/20	매출	(200개)		
9/25	매입	100개	₩10	₩1,000
12/31	기말재고	300개		

	실지재고조사법	계속기록법
①	₩1,800	₩1,700
②	₩1,750	₩1,700
③	₩1,700	₩1,750
④	₩1,800	₩1,750

해설

(1) 실지재고조사법(총평균법)

단위당 원가: (800 + 2,700 + 1,000)/500개 = 9

매출원가: 200개 × @9 = 1,800

(2) 계속기록법(이동평균법)

	수량	단가	금액	잔액	잔량(먼저!)
기초	100개	₩8	800		
매입	300개	₩9	2,700	3,500	400
매출	(200개)		(1,750)	1,750	200
매입	100개	₩10	1,000	2,750	300

매출원가: (800 + 2,700) × 200개/400개 = 1,750

답 ④

5. 후입선출법(LIFO): IFRS에서 인정 X!

후입선출법은 늦게 구입한 순서대로 먼저 판매되었다고 가정하는 방법으로, '후입선출법은 IFRS 에서 인정하지 않는다'는 것만 기억하면 된다.

6. 매입 단가 변동 시 원가흐름의 가정 비교 심화

매입 단가가 변동하는 경우 원가흐름의 가정에 따라서 매출원가 및 기말 재고원가가 달라진다. 인 플레이션이 발생하여 재고 단가가 상승하는 경우 각 방법별 기말 재고자산 원가를 비교하는 문제 가 출제된 적이 있었다. 이 주제는 출제 빈도가 높진 않지만, 각 가정의 정의만 알면 쉽게 이해할 수 있는 부분이다. 다음 표에서 초록색으로 표시된 부분이 기말 재고원가에 해당하고, 흰색으로 표시된 부분이 매출원가에 해당한다.

	FIFO	이동평균	총평균	LIFO
기초	매출원가	매출원가	매출원가	
기말				매출원가

(1) FIFO: 먼저 산 것은 먼저 팔렸다고 가정하므로 마지막 매입분이 기말 재고로 남음.

(2) 이동평균법: 매출이 발생할 때마다 평균을 내므로 고르게 팔리긴 하지만, 기초 재고가 상대적으로 많이 팔렸다고 가정하므로, 기말 재고는 비교적 마지막 매입분이 많이 남음.

(3) 총평균법: 기초 재고부터 마지막 매입분까지 전체를 평균 내므로 판매가능상품 전체의 평균으로 기말 재고가 계상됨.

(4) LIFO: : 마지막에 산 것이 먼저 팔렸다고 가정하므로 기초 재고가 그대로 기말 재고로 남음.

|파이총라| (최근) FIFO − 이동평균 − 총평균 − LIFO (과거)

매입 단가 상승 시	기말재고	FIFO〉이동평균〉총평균〉LIFO
	매출원가	FIFO〈이동평균〈총평균〈LIFO
매입 단가 하락 시	기말재고	FIFO〈이동평균〈총평균〈LIFO
	매출원가	FIFO〉이동평균〉총평균〉LIFO

FIFO는 가장 마지막 매입분의 단가로, LIFO는 가장 이른 매입분의 단가로 기말 재고원가가 계상된다. 따라서 FIFO와 LIFO가 양 끝단에 위치하고, 평균법이 가운데에 위치한다. 평균법 가운데에서도 이동평균법이 비교적 최근의 매입 단가로 계상된다.

각 방법별 순서를 '파이총라'라고 외우자. 순서를 외우고 부등호 방향만 〉〉〉인지, 〈〈〈인지만 따지면 문제를 풀 수 있다.

01 재고자산의 회계처리에 대한 설명으로 옳지 않은 것은?   2018. 지방직 9급

① 재고자산의 취득 시 구매자가 인수운임, 하역비, 운송기간 동안의 보험료 등을 지불하였다면, 이는 구매자의 재고자산의 취득원가에 포함된다.

② 위탁상품은 수탁기업의 판매시점에서 위탁기업이 수익으로 인식한다.

③ 재고자산의 매입단가가 지속적으로 하락하는 경우, 선입선출법을 적용하였을 경우의 매출총이익이 평균법을 적용하였을 경우의 매출총이익보다 더 높게 보고된다.

④ 재고자산의 매입단가가 지속적으로 상승하는 경우, 계속기록법하에서 선입선출법을 사용할 경우와 실지재고조사법하에서 선입선출법을 사용할 경우의 매출원가는 동일하다.

 해설

① 재고자산 취득 시 관련 비용은 재고자산 취득원가에 포함된다.

② 위탁상품은 수탁기업이 판매할 때 수익을 인식한다.

③ 매입단가가 지속적으로 하락하는 경우, FIFO 적용 시 기말 재고자산이 가장 마지막 매입 단가로 계상되므로 작게 계상된다. (기말 재고: 파 < 이 < 총 < 라)
   반대로 매출원가는 높게 계상되어 (매출원가: 파 > 이 > 총 > 라) 매출총이익은 낮게 보고된다.

④ FIFO는 계속기록법과 실지재고조사법이 동일하게 적용된다. 기말 재고자산, 매출원가, 매출총이익 등 모든 것이 완전히 동일하다. FIFO는 계속기록법을 적용하든, 실지재고조사법을 적용하든 동일하다는 것을 반드시 기억하자.

답 ③

02 ㈜한국의 6월 중 재고자산 거래가 다음과 같을 때 이에 대한 설명으로 옳지 않은 것은?

2012. 국가직 7급 (심화)

일자	적요	수량	단가
6월 1일	월초재고	100개	₩10
6월 9일	매입	300개	₩15
6월 16일	매출	200개	₩25
6월 20일	매입	100개	₩20
6월 28일	매출	200개	₩30

① 회사가 총평균법을 사용할 경우 매출원가는 ₩6,000이다.

② 회사가 선입선출법을 사용할 경우 월말재고자산 금액은 ₩2,000이다.

③ 총평균법을 사용할 경우보다 이동평균법을 사용할 경우에 순이익이 더 크다.

④ 계속기록법과 선입선출법을 사용할 경우보다 실지재고조사법과 선입선출법을 사용할 경우에 매출원가가 더 크다.

해설

① 총평균법 매출원가: (100개 × @10 + 300개 × @15 + 100개 × @20) × 400개/500개 = 6,000 (O)

② 기말 재고량: 100 + 300 − 200 + 100 − 200 = 100개

　선입선출법 기말 재고: 100개 × @20 = 2,000 (O)

③ 이동평균법 매출원가: 2,750 + 3,167 = 5,917<6,000

　이동평균법 적용 시 매출원가가 총평균법 적용 시의 매출원가보다 작으므로 이동평균법의 순이익이 더 크다. (O)

	수량	단가	금액	잔액	잔량(먼저!)
기초	100개	₩10	1,000		100
매입	300개	₩15	4,500	5,500	400
매출	(200개)		(2,750)	2,750	200
매입	100개	₩20	2,000	4,750	300
매출	(200개)		(3,167)		100

|별해| 본 문제에서 매입 단가가 지속적으로 상승하고 있다. 이동평균법이 총평균법에 비해 기말 재고자산 원가가 마지막 매입 단가에 가깝게 계상되므로 매입 단가가 상승하는 상황에서는 기말 재고자산이 크게 계상된다. 기말 재고자산이 크게 계상되므로 이동평균법이 이익이 더 크다. (이익: 파 > 이 > 총 > 라) 실전이었다면 계산해서 풀 시간이 없으므로 상황만 보고 판단이 가능해야 한다.

④ 선입선출법은 계속기록법을 사용하는 것과 실지재고조사법을 사용하는 것이 동일하다. (X)

目 ④

4 저가법 ★중요!

1. 저가법 풀이법

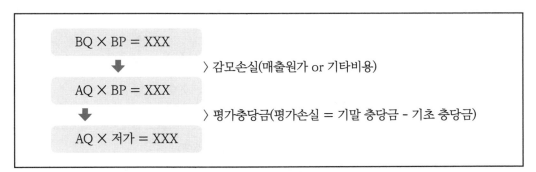

$BQ \times BP = XXX$

⬇ 〉 감모손실(매출원가 or 기타비용)

$AQ \times BP = XXX$

⬇ 〉 평가충당금(평가손실 = 기말 충당금 – 기초 충당금)

$AQ \times 저가 = XXX$

STEP 1 수량, 단가 채우기

(1) BQ: 장부상 수량
(2) BP: 장부상 단가. 취득원가를 말한다.
(3) AQ: 실지 수량
(4) 저가: min[BP, NRV]
  – NRV = 예상 판매가격 – 추가 완성원가, 판매비

STEP 2 감모손실

- 장부 수량과 비교했을 때 실제 수량이 감소한 것
- 정상 감모와 비정상 감모로 구분

STEP 3 평가충당금

(1) 'NRV 〉 BP'인 경우: 평가손실 X!
  저가는 NRV가 아니라 BP와 비교했을 때 작은 것이므로, NRV가 BP보다 큰 경우 '저가 = BP'이며, 평가충당금은 없다.
(2) 평가손실 = 기말 평가충당금 – 기초 평가충당금
  평가충당금은 잔액을 의미하므로, 기말 평가충당금에서 기초 평가충당금을 차감한 금액을 손실로 계상한다. 기초 충당금이 없는 경우에는 기말 충당금이 곧 평가손실이 된다.

STEP 4 답 구하기

(1) 기말 재고: 가장 마지막 줄에 있는 저가 재고 금액 (= AQ × 저가)

(2) 총비용 및 매출원가

재고자산

기초(순액)	XXX	매출원가	XXX
		기타비용	XXX
매입	XXX	기말(순액)	XXX
계	XXX	계	XXX

매출원가 + 기타비용 = 총비용

총비용 = 기초 재고(순액) + 매입액 − 기말 재고(순액)
매출원가 = 기초 재고(순액) + 매입액 − 기말 재고(순액) − 기타비용

(3) 매출원가 vs 기타비용: 문제의 지시사항에 따라 매출원가 or 기타비용으로 처리

저가법 – 매출원가

01 ㈜한국의 2018년 재고자산 관련 자료는 다음과 같다.

• 기초재고액	₩10,000	• 재고자산 당기순매입액	₩100,000
• 기말 재고자산(장부수량)	100개	• 장부상 취득단가	₩500/개
• 기말 재고자산(실사수량)	90개	• 추정판매가액	₩450/개
• 현행대체원가	₩380/개	• 추정판매수수료	₩50/개

㈜한국은 재고자산감모손실 중 40%를 정상적인 감모로 간주하며, 재고자산평가손실과 정상적 재고자산감모손실을 매출원가에 포함한다. ㈜한국이 2018년 포괄손익계산서에 보고할 매출원가는? (단, 재고자산은 계속기록법을 적용하며 기초재고자산의 재고자산 평가충당금은 ₩0이다)

2019. 관세직 9급

① ₩60,000　　　　　　　② ₩71,000

③ ₩75,000　　　　　　　④ ₩79,000

해설

BQ × BP : 100개 × @500 = 50,000
AQ × BP : 90개 × @500 = 45,000
AQ × 저가 : 90개 × @400 = 36,000

> 감모손실 5,000 < 정상 2,000 / 비정상(기타비용) 3,000
> 평가충당금(= 평가손실) 9,000

기초 충당금이 없으므로 기말 평가충당금이 곧 평가손실이 된다.

재고자산

기초(순액)	10,000	매출원가	71,000
		기타비용	3,000
매입	100,000	기말(순액)	36,000
계	110,000	계	110,000

평가손실과 정상감모를 매출원가에 포함하므로, 기타비용은 비정상감모만 있다.

답 ②

02 다음은 도·소매 기업인 ㈜한국의 상품과 관련된 자료이다. 정상적 원인에 의한 재고감모손실은 매출원가로, 비정상적 감모손실은 기타비용으로 보고하는 경우 ㈜한국이 당기에 인식해야 할 매출원가는? (단, 재고감모손실의 30%는 비정상적 원인, 나머지는 정상적 원인에 의해 발생되었다)   2020. 국가직 9급

• 기초상품재고액	₩100,000
• 당기상품매입액	₩900,000
• 기말상품재고액(장부금액)	₩220,000
• 기말상품재고액(실사금액)	₩200,000

① ₩766,000   ② ₩786,000

③ ₩794,000   ④ ₩800,000

 해 설

```
BQ × BP : 220,000            정상(매출원가)    14,000
                   > 감모손실 20,000 <
AQ × BP : 200,000            비정상(기타비용)    6,000

AQ × 저가 : 200,000    > 평가충당금 0
```

본 문제에서는 순실현가능가치를 제시해주지 않았으므로 평가충당금은 없다고 본다.

재고자산

기초	100,000	매출원가	794,000
		기타비용	6,000
매입	900,000	기말(순액)	200,000
계	1,000,000	계	1,000,000

답 ③

03 ㈜한국의 20X1년 기말재고 관련 자료는 다음과 같으며 품목별로 저가법을 적용한다.

품목	수량	취득원가	예상판매가격	예상판매비용
상품 a	2	@₩5,000	@₩7,000	@₩1,500
상품 b	3	@₩8,000	@₩9,000	@₩2,000
상품 c	2	@₩2,500	@₩3,000	@₩1,000

기초상품재고액은 ₩50,000, 당기총매입액은 ₩1,000,000, 매입할인은 ₩50,000이며,
㈜한국은 재고자산평가손실을 매출원가에 포함한다. ㈜한국의 20X1년 포괄손익계산서상
매출원가는?

2019. 국가직 7급

① ₩962,000　　　　　　　② ₩964,000

③ ₩965,000　　　　　　　④ ₩1,050,000

해설

	상품a	상품b	상품c
NRV	7,000 − 1,500 = 5,500(>5,000)	9,000 − 2,000 = 7,000	3,000 − 1,000 = 2,000
AQ × 저가	2개 × @5,000 = 10,000	3개 × @7,000 = 21,000	2개 × @2,000 = 4,000

저가는 장부금액과 순실현가능가치 중 작은 금액이라는 것에 유의하자.

재고자산

기초	50,000	매출원가	965,000	⎤ 총비용
		기타비용	−	
매입	950,000	기말(순액)	35,000	
계	1,000,000	계	1,000,000	

- (순)매입액: 1,000,000 − 50,000(매입할인) = 950,000
- 기말 저가 재고(순액): 10,000 + 21,000 + 4,000 = 35,000
- 매출원가: 50,000 + 950,000 − 35,000 = 965,000

문제에서 기타비용에 대한 언급이 없기 때문에, 판매가능상품에서 기말 저가 재고(순액)만 차감하면 된다.

답 ③

저가법 – 기초 평가충당금이 있는 경우

04 ㈜서울의 2016년 기말상품재고원가는 ₩100,000, 순실현가능가치는 ₩95,000이다. 2017년 당기매입액은 ₩850,000이고, 기말재고자산 평가와 관련된 자료는 다음과 같다. ㈜서울은 재고자산감모손실을 제외한 금액을 매출원가로 인식할 때, 2017년 매출원가는 얼마인가? (단, 2016년 말 재고자산은 2017년도에 모두 판매되었다.)   2017. 서울시 7급

장부수량	실지재고수량	취득원가	단위당 순실현가능가치
100개	95개	₩1,100	₩1,000

① ₩844,500
② ₩849,500
③ ₩850,000
④ ₩855,000

 해설

BQ × BP : 100개 × @1,100 = 110,000
> 감모손실(기타비용) 5,500
AQ × BP : 95개 × @1,100 = 104,500
> 평가충당금 9,500, 평가손실 4,500
AQ × 저가 : 95개 × @1,000 = 95,000

- 기초 평가충당금: 100,000 – 95,000 = 5,000 (16년 기말 재고는 17년 기초 재고이다.)
- 평가손실: 9,500 – 5,000 = 4,500

재고자산

기초(순액)	95,000	매출원가	844,500
		기타비용	5,500
매입	850,000	기말(순액)	95,000
계	945,000		945,000

- 매출원가: 95,000(기초 순액) + 850,000 – 95,000(기말 순액) – 5,500(감모) = 844,500
문제에서 '재고자산감모손실을 제외한 금액을 매출원가로 인식'한다는 조건이 있으므로 매출원가 계산 시 감모손실을 제외한다.

답 ①

05 다음은 ㈜한국의 재고자산 관련 자료로서 재고자산감모손실은 장부상 수량과 실지재고 수량과의 차이에 의해 발생한다. 기말상품의 실지재고 수량은? 2020. 지방직 9급

• 기초상품재고액	₩120,000
• 당기매입액	₩900,000
• 장부상 기말상품재고액(단위당 원가 ₩1,000)	₩200,000
• 재고자산감모손실	₩30,000

① 100개   ② 140개

③ 170개   ④ 200개

 해설

> BQ × BP : 200개 × @1,000 = 200,000
> AQ × BP : 170개 × @1,000 = 170,000 } 감모손실 30,000
> AQ × 저가

① BQ: 200,000/1,000 = 200개
  - '장부상 기말상품재고액'은 말 그대로 '장부상'에 표시된 기말 재고이므로, 수량과 단가 모두 장부에 표시된 금액이다. 따라서 200,000은 BQ×BP를 의미한다.
② AQ × BP: 200,000 – 30,000 = 170,000
③ AQ: 170,000/1,000 = 170개

답 ③

06 다음은 ㈜한국의 재고자산 관련 자료이다. 기말상품의 실사 수량과 단위당 순실현가능가치는? (단, 재고자산감모손실은 실사 수량과 장부상 재고수량의 차이로 인해 발생한 계정이며, 재고자산 평가손실은 취득원가와 순실현가능가치의 차이로 인해 발생한 계정이다)

2015. 국가직 7급

• 기초상품재고액(재고자산평가충당금 없음)	₩20,000
• 당기매입액	₩400,000
• 장부상 기말상품재고액(단위당 원가 ₩2,000)	₩200,000
• 재고자산감모손실	₩20,000
• 재고자산평가손실	₩18,000

	기말상품 실사수량	기말상품 단위당 순실현가능가치
①	80개	₩1,800
②	80개	₩2,000
③	90개	₩1,800
④	90개	₩2,000

 해설

> BQ × BP : 100개 × @2,000 = 200,000
> > 감모손실 20,000
>
> AQ × BP : 90개 × @2,000 = 180,000
> > 평가충당금 18,000
>
> AQ × 저가 : 90개 × @1,800 = 162,000

① BQ: 200,000/2,000 = 100개
② AQ × BP: 200,000 − 20,000 = 180,000
③ AQ: 180,000/2,000(BP) = 90개
④ AQ × 저가: 180,000 − 18,000 = 162,000
   • 기초 평가충당금이 없으므로 기말 평가충당금이 곧 평가손실이 된다.
⑤ 저가: 162,000/90개(AQ) = 1,800

'저가 = min[BP, NRV] = 1,800'인데, BP가 2,000이므로 NRV는 1,800이다.

답 ③

2. 원재료의 저가법 적용 심화

원재료의 저가법 적용에는 원재료만의 두 가지 특징이 있다.

(1) 완성될 제품이 원가 이상으로 판매되는 경우 감액하지 않는다.

저가법 문제에서 원재료가 출제되었다면 출제진이 반드시 건드리는 내용이다. 원재료는 제품을 만들기 위해 투입되는 재료를 의미한다. 원재료는 생산과정에 투입되는 것이지 원재료 상태로 파는 것이 아니므로 원재료 자체의 가치는 중요하지 않으며, 완성된 제품의 가치가 중요하다. 따라서 해당 원재료가 투입되는 제품이 원가 이상으로 판매되는 경우에는 원재료의 평가손실을 인식하지 않는다.

(2) 원재료는 NRV 대신 현행대체원가를 사용한다.

다른 재고자산(재공품, 제품, 상품)은 NRV를 취득원가와 비교하여 평가손실을 인식하지만, 원재료는 NRV 대신 현행대체원가를 취득원가와 비교한다. 현행대체원가는 쉽게 말해 현재 자산의 구입 가격을 뜻한다. 원재료는 위에서 언급했듯이 판매를 목적으로 하는 것이 아니라 구입해 제품 생산에 투입하는 것을 목적으로 하므로 구입 가격을 사용한다. 수험 목적상 현행대체원가의 의미는 중요하지 않으며, 원재료는 순실현가능가치 대신 현행대체원가를 쓴다는 것만 기억하면 된다.

 **원재료 저가법 풀이 순서**

① 원재료가 투입되는 제품이 원가 이상으로 판매되는지 확인-YES → 원재료 평가손실 X

　↓ NO

② 현행대체원가와 비교하여 저가법 적용!

원재료 저가법 문제에서는 현행대체원가를 줄 것이다. 바로 현행대체원가를 이용해서 평가손실을 계산하려 하지 말고, 반드시 원재료가 투입되는 제품의 저가법 적용 여부를 먼저 판단해야 한다. 제품이 'NRV 〉BP'인 상황이라면, 원재료도 평가손실을 인식하지 않는다. 원재료 저가법 문제는 대부분 이 상황으로 주기 때문에, 원재료도 평가손실을 인식하지 않을 가능성이 높다.

저가법 - 원재료의 저가법 적용 심화

01 ㈜한국은 제품생산에 투입될 취득원가 ₩200,000의 원재료와 제조원가 ₩240,000의 제품 재고를 보유하고 있다. 원재료의 현행대체원가가 ₩180,000이고 제품의 순실현가능가치가 ₩250,000일 때, 저가법에 의한 재고자산평가손실은?

2013. 국가직 7급

① ₩30,000　　　　　　　　　　　　② ₩20,000

③ ₩10,000　　　　　　　　　　　　④ ₩0

'재고자산'은 원재료와 제품을 모두 포함하는 개념이다. 따라서 재고자산평가손실을 구하기 위해서는 원재료와 제품의 평가손실을 각각 구한 뒤 더해야 한다.

(1) 제품: NRV 250,000 > BP 240,000, 평가손실 = 0

(2) 원재료: 완성될 제품이 평가손실을 인식하지 않았으므로, 원재료도 평가손실을 인식하지 않는다.

∴ 총 재고자산 평가손실 = 0

답 ④

02 ㈜한국의 20X1년 기말재고자산에 대한 자료가 다음과 같을 때, 20X1년 말에 인식할 재고자산평가손실은? (단, 기초재고는 없으며, 원재료 b를 이용하여 생산되는 제품 B는 향후에 원가 이상으로 판매될 것으로 예상된다)

2017. 지방직 9급 심화

품목(수량)	단위당 취득원가	단위당 판매가격	단위당 추정판매비
제품 A(10개)	₩10,000	₩9,500	₩500
원재료 b(100kg)	₩2,000	₩1,500	₩0

① ₩10,000　　　　　　　　　　　　② ₩50,000

③ ₩55,000　　　　　　　　　　　　④ ₩60,000

(1) 제품 A

NRV = 9,500 - 500 = 9,000

취득원가에 비해 NRV가 작으므로 평가손실을 인식한다.

평가손실 = (10,000 - 9,000) × 10개 = 10,000

(2) 원재료 b: 원재료 b를 이용하여 생산되는 제품 B가 향후 원가 이상으로 판매될 것으로 예상되므로 평가손실을 계상하지 않는다.

답 ①

03 재고자산의 순실현가능가치에 대한 설명으로 옳지 않은 것은? 2022. 국가직 7급

① 순실현가능가치를 추정할 때에는 재고자산으로부터 실현가능한 금액에 대하여 추정일 현재 사용가능한 가장 신뢰성 있는 증거에 기초하여야 한다.

② 순실현가능가치를 추정할 때 재고자산의 보유 목적도 고려하여야 하는데, 예를 들어 확정판매계약 또는 용역계약을 이행하기 위하여 보유하는 재고자산의 순실현가능가치는 계약가격에 기초한다.

③ 완성될 제품이 원가 이상으로 판매될 것으로 예상하는 경우에는 그 생산에 투입하기 위해 보유하는 원재료 및 기타 소모품을 감액하지 아니하며, 원재료 가격이 하락하여 제품의 원가가 순실현가능가치를 초과할 것으로 예상되더라도 해당 원재료를 순실현가능가치로 감액하지 않는다.

④ 매 후속기간에 순실현가능가치를 재평가하며, 재고자산의 감액을 초래했던 상황이 해소되거나 경제상황의 변동으로 순실현가능가치가 상승한 명백한 증거가 있는 경우에는 최초의 장부금액을 초과하지 않는 범위 내에서 평가손실을 환입한다.

 해 설

완성될 제품이 원가 이상으로 판매될 것으로 예상하는 경우에는 그 생산에 투입하기 위해 보유하는 원재료 및 기타 소모품을 감액하지 아니한다. 그러나 원재료 가격이 하락하여 제품의 원가가 순실현가능가치를 초과할 것으로 예상된다면 해당 원재료를 순실현가능가치로 감액한다. 이 경우 원재료의 현행대체원가는 순실현가능가치에 대한 최선의 이용가능한 측정치가 될 수 있다.

답 ③

3. 저가법 평가 단위: 총계 적용은 불가

저가법의 항목별, 조별 적용은 가능하나, 총계 적용은 불가능하다. 항목별, 조별 저가법의 구체적 적용은 수험 범위를 넘는 것이므로 생략한다. 예를 들어, 과자 회사의 재고에는 팝콘과 감자칩이 있다고 하자. 팝콘은 갈릭맛과 카라멜맛이 있고, 감자칩에는 어니언맛과 허니버터맛이 있다. 이 때, 팝콘끼리 묶고, 감자칩끼리 묶어서 저가법을 적용하는 것은 가능하지만, 모든 과자를 하나로 묶어서 저가법을 적용하게 되면 신뢰성 있는 평가가 어렵기 때문에 저가법의 총계 적용은 금지한 것이다. 수험목적 상으로는 총계 적용이 불가능하다는 것만 기억하면 된다.

 저가법 말문제 심화

01 재고자산의 저가법 평가와 관련된 기업회계기준서의 설명으로 옳지 않은 것은?

2010. 국가직 7급 수정

① 판매가능한 상태에 있는 재고자산의 공정가치는 현행대체원가를 말하며, 제조가 필요한 재고자산의 공정가치는 순실현가능액을 말한다.

② 저가법의 적용에 따라 평가손실을 초래한 상황이 해소되어 새로운 시가가 장부가액보다 상승한 경우, 최초의 장부가액을 초과하지 않는 범위 내에서 평가손실을 환입하고 당기비용에서 차감한다.

③ 저가법에 의한 재고자산 평가는 종목별로 적용하되, 재고 항목들이 서로 유사할 경우에는 조별로 적용할 수 있다.

④ 원재료의 현행대체원가가 장부가액보다 낮더라도 원재료를 투입하여 완성할 제품의 시가가 원가보다 높을 때는 원재료에 대하여 저가법을 적용하지 아니한다.

해설

저가법 평가 시 현행대체원가를 사용하는 것은 원재료이다.

③ 종목별, 조별 적용은 가능하다. 총계 적용만 불가능하다.

④ 원재료의 저가법 면제 조항으로, 중요한 문장이므로 반드시 알아두자.

답 ①

02 재고자산에 대한 설명으로 옳은 것은? 2016. 계리사 **심화**

① 완성될 제품이 원가 이상으로 판매될 것으로 예상하는 경우에는 그 생산에 투입하기 위해 보유하는 원재료 및 기타 소모품을 감액하지 않는다.

② 재고자산평가를 위한 저가법은 총액을 기준으로 평가하여야 한다. 그러나 재고항목들이 서로 유사하거나 관련되어 있는 경우에는 저가법을 항목별로 적용할 수 있다.

③ 재고자산의 단위원가는 가중평균법, 선입선출법 또는 후입선출법 중 한 가지 방법을 선택하여 적용한다.

④ 특정고객을 위한 비제조 간접원가 또는 제품 디자인원가는 재고자산 원가에 항상 포함되지 않는다.

해설

② 저가법은 조별 적용은 가능하나, 총액 적용은 불가능하다.

③ IFRS에서 후입선출법은 인정하지 않고 있다.

④ 특정고객을 위한 비제조 간접원가 또는 제품 디자인원가는 재고자산 원가에 포함시킬 수 있다. 중요하지 않은 문장이므로 넘어가도 된다.

답 ①

---

5 재고자산에 포함될 항목

1. 미착품

(1) 선적지 인도조건: 선적지에서 소유권 이전

이미 물품이 실렸으므로, 구매자의 재고자산

(2) 도착지 인도조건: 도착지에서 소유권 이전

아직 도착하지는 않았으므로, 판매자의 재고자산

 미착품 처리 방법

	구매자	판매자
선적지 인도	O	X
도착지 인도	X	O

① 문제에 제시된 기업이 구매자(매입)인지, 판매자(매출)인지 구분하기

② 선적지 인도조건인지, 도착지 인도조건인지 구분하기

2. 적송품: 위탁자는 수탁자가 판매할 때 수익 인식

수탁자가 판매하기 전까지 수탁자(서점)가 보유하고 있는 상품은 위탁자(CPA김수석)의 재고자산이다.

3. 시송품: 고객이 구매 의사를 밝혔을 때 수익 인식

(1) 예상구매비율 추정 여부에 따른 재고자산과 매출원가 심화

고객의 예상구매비율	재고자산	매출원가
합리적 추정 가능	시송품 원가 × (1 – 예상구매비율)	시송품 원가 × 예상구매비율
합리적 추정 불가	전부 기말 재고자산	0

고객의 구매비율을 합리적으로 추정할 수 있다면 해당 비율만큼 매출원가를 인식하고, 나머지는 기말 재고자산에 포함시킨다. 구매비율을 합리적으로 추정할 수 없는 경우 매출원가를 인식하지 않고, 전부 판매자의 재고자산에 포함한다.

(2) 반품가능판매 심화

반품가능판매란 고객이 제품을 반품할 수 있는 판매를 의미한다. 반품가능판매도 시송품과 같은 논리를 적용한다. 예상 반품 비율을 합리적으로 추정할 수 있다면 예상 반품 비율에 해당하는 만큼 자산을 인식한다. 반면, 예상 반품 비율을 합리적으로 추정할 수 없다면 전부 판매자의 자산에 포함한다.

여기에서, 회계 기준은 판매자가 고객에게서 제품을 회수할 권리에 대하여 '자산'으로 인식한다고 언급할 뿐, 이 자산(회수권)이 어느 자산으로 분류되어야 하는지 언급하고 있지 않다. 시중 회계학 교재는 '회수권은 명백하게 재고자산이 아니다. 따라서 반품가능판매가 이루어진 재고자산은 합리적 추정 여부와 관계없이 재고자산에서 제외해야 한다.'라고 언급하고 있는데, 기준서에서는 회수권이 재고자산이 아니라는 언급 또한 없다.

오히려, 문제에서 매출원가를 묻는 경우도 있는데, 매출원가를 구하기 위해서는 회수권을 재고자산으로 보아야 정확히 계산할 수 있다. (이유는 수험목적 상 생략한다) 따라서 수험목적 상 회수권을 재고자산으로 보고, 반품가능판매는 시송품과 같은 논리로 기억할 것을 추천한다.

이처럼 애매한 부분이 있다는 점을 출제진도 인지하고 있기 때문에 반품가능판매를 제시하면서 정확한 기말 재고자산을 묻지는 않을 것이다. 다른 교재에서 김수석의 설명과 차이가 나는 부분을 발견하면서 불필요한 고민이나 소모적인 논쟁을 하지 말자. 정 불안하면 다른 강사들이 가르치는 대로 '반품가능판매가 이루어진 재고자산은 합리적 추정 여부와 관계없이 재고자산에서 제외해야 한다.'라고 기억하자.

4. 저당상품: 차입 시 담보로 제공한 재고

대여자가 담보권을 행사하기 전까지는 차입자의 재고자산이다.

5. 할부판매상품: 인도 시점에 구매자에게 소유권 이전 ★중요!

예 스마트폰 할부구입

 핵심록! 재고자산에 포함될 항목 요약

미착품	선적지 인도조건 시 구매자, 도착지 인도조건 시 판매자의 재고	
적송품	수탁자가 팔기 전까지는 위탁자의 재고	창고 밖에 있지만 재고에 포함
시송품	고객이 구매 의사를 밝히기 전까지는 판매자의 재고	
저당상품	대여자가 보관해도 차입자의 재고로 인식	
할부판매상품	인도 시점에 소유권 이전 예 스마트폰 할부 구입	

재고자산에 포함될 항목

01 다음 중 기말 재고자산에 포함되지 않는 항목은?   2019. 계리사 수정

① 상품에 대한 점유가 이전되었으나 고객이 매입의사를 아직 표시하지 아니하고, 반환금액을 신뢰성 있게 추정할 수 없는 시송상품

② 목적지에 아직 도착하지 않은 도착지 인도기준의 판매상품

③ 고객에게 재고자산을 인도하였지만 대금의 일부가 아직 회수되지 않은 할부판매상품

④ 자금을 차입하고 그 담보로 제공한 상품으로 아직 저당권이 실행되지 않은 저당상품

재고자산의 수익 인식 시점은 재고 인도 시점이다. 매각대금이 회수되었는지 여부와 무관하다. 할부판매상품이라 하더라도 재고자산을 인도하였다면 고객의 자산이다.

① 고객이 매입의사를 표시하지 않았고, 반환금액을 추정할 수 없으므로 전액 판매자의 기말 재고자산에 포함시킨다.

답 ③

02 ㈜한국은 재고자산의 수량결정방법으로 실지재고조사법을 사용하고 있다. 2011년 말 실지조사 결과 파악된 재고자산 금액은 ₩120,000이었다. 다음의 추가 자료를 결산에 반영할 경우 2011년 매출원가는?

2012. 국가직 7급 수정

- 당기 판매가능 재고자산 금액 ₩700,000
- 적송품 ₩40,000(이 중 ₩22,000에 대한 매출계산서가 2011년 12월 26일에 도착하였음)
- 미착상품 ₩15,000(FOB 선적지 인도조건으로 2011년 12월 30일에 매입처리되었음)
- 시송품 ₩25,000(이 중 ₩12,000에 대해 고객이 매입 의사를 표시하였음)

① ₩494,000   ② ₩534,000
③ ₩574,000   ④ ₩592,000

해설

실사 결과 기말 재고자산	120,000
적송품	18,000
미착품	15,000
시송품	13,000
올바른 기말 재고자산	166,000

- 매출원가: 700,000 − 166,000 = 534,000
- 적송품: 매출계산서는 영수증이라고 생각하면 된다. 11년에 22,000에 대한 매출계산서가 도착했으므로 22,000은 판매되었다는 것을 의미한다. 따라서 재고자산에 가산해야 할 적송품은 18,000이다.

답 ②

03 다음은 ㈜한국의 20X1년 중 상품매입과 관련된 자료이다. ㈜한국의 20X1년 매출원가는 얼마인가?

2014. 계리사 수정

항목	금액(취득원가기준)	비고
• 기초 재고자산	₩300,000	
• 당기 매입액	1,500,000	
• 기말 재고자산 실사액	150,000	창고 보유분
• 미착상품	90,000	선적지인도조건으로 현재 운송 중
• 적송품	300,000	50% 판매완료
• 시송품	90,000	고객이 매입의사를 표시한 금액: ₩30,000
• 저당상품	60,000	거래처에 담보로 제공되어 있으며 거래처에서 보관

① ₩1,440,000   ② ₩1,410,000

③ ₩1,350,000   ④ ₩1,290,000

해 설

실사 결과 기말 재고자산	150,000
미착상품	90,000
적송품	150,000
시송품	60,000
저당상품	60,000
올바른 기말 재고자산	510,000

- 매출원가: 300,000 + 1,500,000 − 510,000 = 1,290,000
  - 문제에 '상품매입'과 관련된 자료라는 표현이 등장하지만, 적송품과 시송품은 판매하는 과정에서 발생하는 상품이다. 적송품은 위탁판매를 위해 수탁자에게 보낸 상품을 의미한다. 300,000 중 50%가 팔렸으므로 150,000은 기말 재고자산에 가산해야 한다.
  시송품은 고객에게 일단 써보라고 보낸 상품이다. 90,000 중 고객이 매입의사를 표시한 30,000을 제외한 60,000은 판매가 이루어지지 않았으므로 기말 재고자산에 가산해야 한다.

답 ④

04　2010년 12월 10일 위탁자인 ㈜한국은 수탁자인 ㈜대한에 상품을 인도하고 외상매출로 회계처리 하였다. 이러한 회계처리가 ㈜한국의 2010년 재무제표에 미치는 영향으로 옳지 않은 것은? (단, 상품 매매거래는 계속기록법을 적용한다) 　2011. 지방직 9급 [심화]

① 재고자산 과소계상　　　　② 매출 과대계상

③ 매출채권 과대계상　　　　④ 매출원가 과소계상

해설

|외상매출 시 회계처리|

매출채권 XXX / 매출 XXX

매출원가 XXX / 상품 XXX

회사는 계속기록법을 적용하므로 외상매출 회계처리 시 위와 같이 매출 회계처리와 함께 매출원가 회계처리도 동시에 인식했을 것이다. 하지만 위탁판매는 수탁자에게 인도한 때가 아닌 수탁자가 판매를 할 때 매출과 매출원가를 인식해야 한다. 위와 같은 회계처리는 재고자산 과소, 매출 과대, 매출채권 과대, 매출원가 과대 계상을 야기한다.

답 ④

6. 위탁판매 시 매출액과 적송운임 [심화]

매출액	판매수수료나 보관료 등은 별도 비용 처리하고, 매출액을 총액으로 인식
적송운임	재고자산(적송품)에 가산한 뒤, 판매비율만큼 매출원가화

(1) 매출액

적송품은 수탁자가 판매하지만, 위탁자의 재고이다. 매출 관련 비용은 매출액에 영향을 미치지 않으므로, 판매수수료나 보관료 등은 별도 비용 처리하고, 매출액을 총액으로 인식한다.

(2) 적송운임

적송운임은 위탁자가 수탁자에게 재고자산을 인도하면서 발생하는 지출이다. IFRS상에 적송운임에 대한 명확한 언급은 없지만, 기출문제에서 이를 취득원가에 가산하여 계산했으므로 수험 목적상 적송운임도 취득 부대비용으로 기억하자. 적송운임은 취득원가로 자산화한 뒤, 팔린 비율만큼 매출원가로 비용화 된다.

위탁판매 심화

01 ㈜한국은 20X1년부터 상품 A(단위당 판매가 ₩100,000, 단위당 매입원가 ₩60,000)의 위탁판매를 시작하면서, 수탁자에게 단위당 ₩10,000의 판매수수료를 지급하기로 하였다. 20X1년 ㈜한국이 수탁자에게 적송한 상품 A는 100개이며, 적송운임 ₩40,000은 ㈜한국이 부담하였다. 수탁자는 이 중 50개를 20X1년에 판매하였다. 20X1년 ㈜한국이 상품 A의 위탁판매와 관련하여 인식할 당기이익은?

2019. 지방직 9급

① ₩1,460,000　　　　　　　② ₩1,480,000
③ ₩1,500,000　　　　　　　④ ₩2,960,000

 해설

- 매출액: 100,000 × 50개 = 5,000,000
- 매출원가: 60,000 × 50개 + 40,000 × 50개/100개 = 3,020,000
- 판관비: 10,000 × 50개 = 500,000
- 당기이익: 5,000,000 − 3,020,000 − 500,000 = 1,480,000

답 ②

02 ㈜대한은 ㈜민국에 TV를 위탁하여 판매하고 있다. 2016년 초 ㈜대한은 TV 10대(대당 판매가격 ₩1,000,000, 대당 원가 ₩800,000)를 ㈜민국에 발송하였으며, 운송업체에 발송비 ₩100,000을 지급하였다. ㈜민국은 ㈜대한으로부터 2016년 초 수탁한 TV 10대 중 8대를 2016년도에 판매하였다. ㈜민국의 위탁판매와 관련하여 ㈜대한이 2016년도에 인식할 매출원가는?

2016. 국가직 7급 심화

① ₩6,400,000　　　　　　　② ₩6,480,000
③ ₩6,500,000　　　　　　　④ ₩8,100,000

 해설

- 매출원가: 800,000 × 8대 + 100,000 × 8대/10대 = 6,480,000

답 ②

03 ㈜대한은 20X1년 12월 초 위탁판매를 위해 ㈜민국에게 단위당 원가 ₩1,200인 상품 500개를 적송하면서 운임 ₩30,000을 현금 지급하였다. 20X2년 1월 초 위탁판매와 관련하여 ㈜대한은 ㈜민국에서 다음과 같은 판매현황을 보고받았다.

• 매출액	400개 × @₩1,500 = ₩600,000
• 판매수수료	₩18,000
• 보관료	₩12,000 (₩30,000)
• ㈜대한에게 송금한 금액	₩570,000

㈜대한이 위탁판매와 관련하여 20X1년 재무제표에 인식할 매출액과 적송품 금액은? (단, ㈜대한은 계속기록법을 채택하고 있다)

2018. 국가직 7급 심화

	매출액	적송품 금액
①	₩570,000	₩120,000
②	₩570,000	₩126,000
③	₩600,000	₩120,000
④	₩600,000	₩126,000

해설

• 매출액: 600,000
• 적송품: 100개 × @1,200 + 30,000 × 100개/500개 = 126,000
적송품 500개에 대해서 적송운임 30,000을 현금 지급하였다. 따라서 이 중 400개분에 해당하는 24,000(= 30,000 × 400/500)은 매출원가로 비용화되고, 나머지 100개분에 해당하는 6,000(= 30,000 × 100/500)만 적송품에 가산한다.

답 ④

6 소매재고법 심화

1. 소매재고법이란?

소매재고법은 재고자산 및 매출원가를 계산하는 간편법으로, 판매 금액 기준 기말재고자산에 원가율을 곱해 기말재고자산 원가를 구한 뒤, 매출원가를 구하는 방식이다.

소매재고법은 이익률이 유사하고 품종변화가 심한 다품종 상품을 취급하는 유통업에서 실무적으로 다른 원가측정법을 사용할 수 없는 경우에 흔히 사용한다. 공무원 시험에는 종종 출제되지만 구조가 복잡하여 시간이 많이 소요되는 주제이다. 문제는 대부분 단순형으로 출제되지만, 아래의 일반형처럼 복잡한 형태로 출제된 경우도 간혹 있으므로 본인의 판단에 따라 일반형 대비 여부를 결정하자.

2. 소매재고법 풀이법

STEP 0 표 그리기: 〈순순비, 정종, 순비는 (−), 정종은 (+)〉

일반형 (모든 요소 포함)

	원가	매가		원가	매가
기초	XXX	XXX	매출	⑤	XXX
매입	XXX	XXX	정상		XXX
순인상		XXX	종업원할인		XXX
순인하		(XXX)			
비정상		(XXX)	기말	④ ←	③XXX
계	①XXX	①XXX	계	②XXX	②XXX

(1) 순순비, 정종, 순비는 (−), 정종은 (+)

소매재고법 문제가 등장하면 가장 먼저 할 일은 위와 같이 재고자산 T계정을 그리는 것이다. 일반적인 재고자산 T계정은 차변에 기초와 매입, 대변에 매출원가와 기말이 온다. 소매재고법은 여기에 '순순비, 정종'이 추가된다. 각각 순인상, 순인하, 비정상, 정상, 종업원할인을 의미한다. 여기에서 차변에 있는 순인하와 비정상은 음수(−)로 적고, 대변에 있는 정상과 종업원할인은 양수(+)로 적는다. 순인상, 순인하는 각각 인상액과 인하액에 취소액을 차감한 금액이다. 비정상과 정상은 각각 비정상감모손실과 정상감모손실을 의미하나, 공무원 회계학에서 아직까지 감모가 출제된 적은 없다. 각 항목들의 정의는 수험목적 상 중요하지 않으며, 각 항목의 부호와 위치만 제대로 기억하면 된다.

(2) 매출액과 매출원가

매출의 매가 자리에 오는 금액은 매출액이고, 원가 자리에 오는 금액은 매출원가이다.

(3) '순'수치 사용

매입, 매출과 관련하여 에누리, 할인 등 차감항목이 제시되었다면 차감 후 '순' 수치들을 표에 기록해야 한다.

STEP 1 차변 합계 구하기

문제에서 각 금액들을 원가와 매가로 나누어 제시할 것이다. 표를 그린 뒤 각 칸에 알맞게 숫자를 기입한 뒤, 차변 합계를 구하자. 모든 항목에 대해서 원가와 매가를 다 주는 것은 아니다. 문제에서 순순비, 정종은 매가 금액만 줄 것이다. 이때는 원가 칸을 비워두고, 매가 칸만 채우면 된다.

STEP 2 차변 합계를 대변 합계에 적기

위 표는 재고자산 T계정을 표시한 것으로, 대차가 일치해야 한다. Step 1에서 구한 차변 합계를 대변 합계에도 똑같이 적는다. ①원가 합계 금액을 ②원가 합계 금액에 똑같이 적고, ①매가 합계 금액을 ②매가 합계 금액에 똑같이 적는다.

STEP 3 기말 재고 매가 구하기

②매가 대변 합계에서 기말 재고 매가를 제외한 나머지 금액을 전부 차감하여, ③기말 매가 금액을 구한다.

STEP 4 기말 재고 원가 구하기

> ④기말 재고자산 원가 = ③기말 재고자산 매가 × 원가율

원가율은 매가 대비 원가의 비율이기 때문에 원가를 구하기 위해서는 매가에 원가율을 곱해주면 된다. 원가율은 다음과 같이 구한다.

|원가율 계산 공식|

평균법 원가율 — $\dfrac{①원가\ 총계}{①매가\ 총계}$

FIFO 원가율 — $\dfrac{①원가\ 총계 - 기초\ 원가}{①매가\ 총계 - 기초\ 매가}$

선입선출법(FIFO)는 기초 재고가 먼저 팔렸다고 가정하므로 원가율 계산 시 분자와 분모 모두에서 기초 재고 금액을 차감해주어야 한다. 문제에서 FIFO인지, 평균법인지 언급이 없다면 평균법으로 보고 풀어야 한다.

이외에도 저가법 적용 시 원가율이 있지만, 공무원 시험에 출제된 적이 없으므로 생략한다. 만약에 출제가 된다면 해당 문제를 과감하게 넘기자. 공부한 다른 수험생들도 제대로 알지 못해 틀리거나, 맞히더라도 엄청나게 많은 시간을 썼을 것이다.

문제에서 '기말 재고자산은?'이라고 묻는다면 원가를 의미한다. 문제에서 기말 재고자산 매가를 묻는 경우는 없다.

STEP 5 매출원가 구하기

> ⑤매출원가 = ②원가 합계 - ④기말 재고자산 원가

대변에 원가 합계 금액 중 기말 재고자산 원가를 제외한 금액은 매출원가이다. 매출원가를 '매출액 × 원가율'의 방식으로 구하지 않도록 주의하자. 소매재고법은 반드시 원가 합계 금액에서 기말 재고자산 원가를 차감해서 구해야 한다.

01 ㈜한국은 원가기준 소매재고법을 사용하고 있으며, 원가흐름은 선입선출법을 가정하고 있다. 다음 자료를 근거로 한 기말 재고자산 원가는?

2018. 국가직 9급

구분	원가	판매가
기초재고	₩1,200	₩3,000
당기매입액	₩14,900	₩19,900
매출액		₩20,000
인상액		₩270
인상취소액		₩50
인하액		₩180
인하취소액		₩60
종업원할인		₩200

① ₩1,890 ② ₩1,960
③ ₩2,086 ④ ₩2,235

 해설

	원가	매가		원가	매가
기초	₩1,200	₩3,000	매출		₩20,000
매입	₩14,900	₩19,900	종업원할인		₩200
순인상		₩220			
순인하		(₩120)	기말	④	③₩2,800
계	①₩16,100	①₩23,000	계		②₩23,000

- 원가율(FIFO): (16,100 − 1,200)/(23,000 − 3,000) = 74.5%
- 기말 재고자산 원가: 2,800 × 74.5% = 2,086

이 정도로 자료가 많은 소매재고법 문제가 출제된다면 실전에서는 넘기고, 시간이 남는다면 맨 마지막에 풀자. 원가율도 74.5%로 쉽게 계산되지 않아 계산기 없이 1분 안에 풀기 어려웠던 문제이다.

답 ③

소매재고법 – 일반형 (평균법) 심화

02 ㈜한국은 소매재고법을 적용하여 재고자산 회계처리를 하고 있다. 다음은 20X1년도 재고자산과 관련된 자료이다. 평균원가(원가기준 가중평균) 소매재고법을 적용한다고 가정할 경우 ㈜한국의 20X1년도 매출원가는 얼마인가? 　　　　　　　　　　　2016. 계리사 수정

	원가	매가
• 기초재고자산	₩200	₩500
• 당기매입액	17,800	29,000
• 매출액		25,000
• 순인상액		700
• 순인하액		200

① ₩14,000　　　　　　　　　　② ₩15,000

③ ₩15,700　　　　　　　　　　④ ₩16,400

	원가	매가		원가	매가
기초	200	500	매출	⑤15,000	25,000
매입	17,800	29,000	종업원할인		
순인상		700			
순인하		(200)	기말	④3,000	③5,000
계	①18,000	①30,000	계	②18,000	②30,000

- 원가율: 18,000/30,000 = 60%
- 기말 재고자산 원가: 5,000 × 60% = 3,000
- 매출원가: 18,000 – 3,000 = 15,000

답 ②

3. 소매재고법 단순형

	원가	매가		원가	매가
기초	XXX	XXX	매출	⑤	XXX
매입	XXX	XXX	기말	④	③XXX
계	①XXX	①XXX	계	②XXX	②XXX

소매재고법은 대부분 다른 요소 없이 '기초, 매입, 매출, 기말'의 4가지 요소만 제시되는 단순형의 형태로 출제된다. 이러한 형태를 눈에 익혀두고, 일반형이 계산하기 복잡한 형태로 나온다면 과감히 넘기자.

소매재고법이 단순형으로 출제된 경우 '순순비, 정종'이 없기 때문에 원가율을 계산하기 더 쉽다.

$$\text{평균법 원가율} = \frac{\text{①원가 총계}}{\text{①매가 총계}}$$

$$\text{FIFO 원가율} = \frac{\text{①원가 총계 - 기초 원가}}{\text{①매가 총계 - 기초 매가}} = \frac{\text{매입 원가}}{\text{매입 매가}}$$

평균법인 경우 원래 공식대로 원가율을 계산하면 된다. FIFO인 경우 원가 혹은 매가 총계에서 기초 재고 금액을 차감해야 하는데, 차변에 기초와 매입밖에 없으므로 기초를 차감하면 매입만 남는다. 따라서 매입 원가에서 매입 매가를 나누면 원가율을 쉽게 계산할 수 있다.

소매재고법 - 단순형 (FIFO)

01 선입선출소매재고법을 적용하여 추정한 기말재고자산은?

2013. 지방직 9급

	원가	판매가격
기초재고	₩30,000	₩40,000
당기매입	50,000	60,000
매출액		70,000

① ₩24,000 ② ₩25,000

③ ₩30,000 ④ ₩35,000

	원가	매가		원가	매가
기초	₩30,000	₩40,000	매출		₩70,000
매입	50,000	60,000	기말	④25,000	③30,000
계	①80,000	①100,000	계		②100,000

- 원가율(FIFO): 50,000/60,000 = 5/6
- 기말 재고자산: 30,000 × 5/6 = 25,000
- 문제에서 묻고 있는 '기말재고자산'은 매가가 아닌 원가를 의미한다.

답 ②

02 ㈜한국의 2017년도 재고자산과 관련된 자료는 다음과 같다. 선입선출법에 의한 소매재고법을 적용할 경우 기말재고자산 원가는?

2018. 관세직 9급

구분	원가	소매가
기초재고	₩48,000	₩80,000
당기매입	₩120,000	₩160,000
매출	–	₩150,000

① ₩54,000   ② ₩58,500
③ ₩63,000   ④ ₩67,500

	원가	매가		원가	매가
기초	₩48,000	₩80,000	매출		₩150,000
매입	₩120,000	₩160,000	기말	④67,500	③90,000
계	①168,000	①240,000	계		②240,000

• 원가율 = 120,000/160,000 = 75%
• 기말 재고자산: 90,000 × 75% = 67,500

답 ④

예제 소매재고법 – 단순형 (평균법)

03 소매재고법(매출가격환원법)을 적용하여 매출원가와 기말재고원가를 계산하면?

2011. 국가직 9급

구분	원가	매가
기초재고액	₩240,000	₩360,000
당기매입액	₩2,700,000	₩3,840,000
매출액	–	₩3,900,000

	매출원가	기말재고
①	₩2,640,000	₩210,000
②	₩2,640,000	₩300,000
③	₩2,730,000	₩210,000
④	₩2,730,000	₩300,000

 해설

	원가	매가		원가	매가
기초	₩240,000	₩360,000	매출	⑤	₩3,900,000
매입	₩2,700,000	₩3,840,000	기말	④	③₩300,000
계	①₩2,940,000	①₩4,200,000	계	②₩2,940,000	②₩4,200,000

문제에서 원가흐름의 가정에 대한 언급이 없는 경우 평균법으로 본다. FIFO라는 언급이 없으므로 평균법으로 문제를 풀면 된다.

- 원가율(평균법): 2,940,000/4,200,000 = 70%
- 기말 재고자산 원가: 300,000 × 70% = 210,000
- 매출원가: 2,940,000 – 210,000 = 2,730,000

답 ③

04 다음은 ㈜한국의 재고자산과 관련된 자료이다. 기말재고자산액은? (단, 평균원가소매재고법을 적용한다)

2013. 국가직 9급

구분	매출가격기준	원가기준
기초재고	₩200,000	₩150,000
당기 매입액	₩1,000,000	₩750,000
당기 매출액	₩900,000	

① ₩200,000 ② ₩210,000
③ ₩225,000 ④ ₩250,000

해설

	원가	매가		원가	매가
기초	₩150,000	₩200,000	매출		₩900,000
매입	₩750,000	₩1,000,000	기말	④	③₩300,000
계	①₩900,000	①₩1,200,000	계	₩900,000	②₩1,200,000

- 원가율(평균법): 900,000/1,200,000 = 75%
- 기말 재고자산 원가: 300,000 × 75% = 225,000

일반적으로 원가 자료가 왼쪽에, 매가 자료가 오른쪽에 제시되지만 반대로 제시되었던 것이 특징인 문제였다. 실전에서는 이와 같이 연습했던 것과 다른 방식으로 자료가 제시될 수 있음에 주의하자.

답 ③

이 장의 출제 뽀인트!

① 일괄취득
② 교환
③ 감가상각 ★중요!
④ 원가모형 손상차손 ★중요!
⑤ 재평가모형

공무원 시험에서 유형자산은 국가직, 지방직 모두 평균적으로 1문제 이상 출제되는 중요한 주제이다. 유형자산에서는 원가모형 손상차손, 감가상각이 가장 많이 출제되었으며, 이외에도 일괄취득, 재평가모형, 교환 등이 빈번히 출제되었다. 파워 회계학에서는 코어 회계학에서 다루지 않았던 차입원가 자본화, 복구충당부채, 정부보조금 회계처리 등 난이도가 다소 높은 주제들을 다룰 것이다. 심화 표시가 되어있는 주제들은 출제 빈도가 높지 않기 때문에, 일단 한 번 공부해보고, 너무 어렵다고 생각되는 9급 수험생은 해당 주제를 대비하지 않는 것도 전략이다.

05

유형자산

05 유형자산

1 유형자산의 취득원가

다음은 유형자산과 관련한 지출 가운데 취득원가에 가산하는 항목과 당기 비용 처리하는 항목이다. 문제에 각 항목이 등장했을 때 취득원가에 가산할지, 당기 비용 처리할 것인지 구분할 수만 있으면 된다.

취득원가 가산 항목	당기 비용 항목
(1) 관세 및 취등록세, 설치원가, 조립원가, 전문가에게 지급하는 수수료 (2) 설치장소 준비 원가 (3) 유형자산이 정상적으로 작동되는지 여부를 시험하는 과정에서 발생하는 원가 (4) 안전 또는 환경상의 이유로 취득하는 유형자산 (5) 복구예상비용 심화 (6) 국공채의 취득원가와 현재가치의 차이 심화	(1) 재산세, 수선유지비, 보험료, 교육훈련비, 광고선전비 (2) 새로운 시설을 개설하는 데 소요되는 원가 (3) 시제품의 원가 및 매각액 (4) 재배치, 재편성 원가, 초기 가동손실, 완전조업도에 미치지 못하는 원가 (5) 건설 시작 전에 건설용지를 주차장으로 사용하여 발생한 손익 (6) 장기후불조건 매입 시 총 지급액과 현금 구입 가격의 차이 심화

1. 취득원가 vs 비용의 대원칙: 취득 과정에서 발생 vs 취득 완료 이후 발생

- 취득 과정에서 발생한 지출은 취득원가에 포함되고, 취득 완료 이후에 발생한 지출은 비용화
- 취등록세와 설치원가 등: 취득 과정에서 발생하므로 취득원가에 가산
- 재산세와 수선유지비, 보험료 등: 취득 이후 보유 과정에서 매년 발생하므로 비용 처리
  (재산세: 매년 납부하므로 비용 처리 ↔ 취등록세: 취득 시에만 납부하므로 취득원가에 가산)
- 광고선전비와 교육훈련비: 대표적인 비용 항목

2. 설치장소 준비 원가 vs 새로운 시설 개설을 개설하는 데 소요되는 원가

- 두 개념의 뜻을 궁금해할 필요 없이, 어떤 항목이 자산인지 구분할 줄만 알면 됨
- '설치장소 준비원가 취득원가'

3. 시운전원가: 취득원가 가산, 시제품의 원가 및 매각액은 당기손익

- 시운전원가는 취득원가에 가산
- 시운전 과정에서 생산한 시제품의 원가 및 매각액은 당기손익으로 인식

4. 재배치, 재편성 원가, 초기 가동손실, 완전조업도에 미치지 못하는 원가: 당기비용

• 전부 취득이 완료된 후에 발생하는 원가이므로 비용 처리

5. 건설 시작 전에 건설용지를 주차장으로 사용하여 발생한 손익: 당기손익

• 별도의 주차장 사업이므로 토지의 취득원가에 반영하지 않고 당기손익으로 처리

6. 안전 또는 환경상의 이유로 취득하는 유형자산: 유형자산으로 인식

• 유형자산을 취득하지 않았을 경우보다 관련 자산으로부터 미래경제적효익을 더 많이 얻을 수 있게 해주기 때문에 자산으로 인식할 수 있다.

7. 복구예상비용 및 복구충당부채 심화

복구충당부채 회계처리는 계산기 없이 계산하기 어려워 공무원 회계학에서 자주 출제되는 주제는 아니다. 실전에서 출제되더라도 난이도가 높아 정답률이 낮기 때문에, 공격적으로 공부할 수험생은 대비하지 않고 넘어가도 좋다.

(1) 취득 시

구축물 등의 유형자산을 사용할 때에는 원상 복구의무가 수반될 수도 있다. 이러한 경우 내용연수 종료 시점에 복구비용이 드는데, 이 복구비용은 지출 시점에 비용화하는 것이 아니라, 예상되는 복구비용을 현재가치한 금액을 '복구충당부채'로 계상하고, 같은 금액을 유형자산의 취득원가에 가산한다. 복구충당부채 금액만큼 취득원가가 증가하여, 내용연수동안 감가상각비가 증가한다. 복구비용의 지출 시점은 미래이더라도 내용연수동안 유형자산을 사용하기 위한 비용이므로 수익 - 비용 대응을 실현하기 위한 것이다.

감가상각 ←	유형자산	XXX	현금	XXX
			복구충당부채	XXX → 유효이자율 상각

(2) 매년 말

취득 시점 이후에는 유형자산의 감가상각과 복구충당부채의 유효이자율 상각이 이루어진다. 감가상각은 복구충당부채가 가산된 금액을 취득원가로 하여 수행한다. 복구충당부채는 마지막에만 현금흐름이 있으므로 이자비용이 전부 복구충당부채의 장부금액에 가산된다.

감가상각비	XXX	감가상각누계액	XXX
이자비용	XXX	복구충당부채	XXX

복구충당부채 심화

01 ㈜한국은 20X1년 초 ₩720,000에 구축물을 취득(내용연수 5년, 잔존가치 ₩20,000, 정액법 상각)하였으며, 내용연수 종료 시점에 이를 해체하여 원상복구해야 할 의무가 있다. 20X1년 초 복구비용의 현재가치는 ₩124,180으로 추정되며 이는 충당부채의 요건을 충족한다. 복구비용의 현재가치 계산에 적용한 할인율이 10%일 때 옳지 않은 것은? (단, 소수점 발생 시 소수점 아래 첫째 자리에서 반올림한다) 2018. 국가직 9급

① 20X1년 초 구축물의 취득원가는 ₩844,180이다.
② 20X1년 말 복구충당부채전입액(또는 이자비용)은 ₩12,418이다.
③ 20X1년 말 복구충당부채는 ₩136,598이다.
④ 20X1년 말 인식할 비용 총액은 ₩156,418이다.

 해설

① 취득원가: 720,000 + 124,180 = 844,180
② 이자비용: 124,180 × 10% = 12,418
③ X1말 복구충당부채: 124,180 + 12,418 = 136,598
④ X1 비용 총액: 12,418(이자비용) + 164,836(감가상각비) = 177,254
 • 감가상각비: (844,180 − 20,000) × 1/5 = 164,836

계산기 없이 계산하기 까다로운 문제였다. ①~③이 맞는 선지이므로 ④을 체크 하고 넘어갔어야 주어진 시간에 풀 수 있었다. 복구충당부채는 유형자산의 취득원가에 가산한 뒤, 유효이자율 상각과 감가상각 회계처리를 한다는 것을 기억하자.

X1초	구축물	844,180	현금	720,000	
			복구충당부채	124,180	
X1말	감가비	164,836	감가상각누계액	164,836	⌐ 679,344
	이자비용	12,418	복구충당부채	12,418	⌐ 136,598

답 ④

02 ㈜한국은 당국의 허가를 받아서 자연보호구역 내의 소유토지에 주차장을 설치하였다. 이 때 당국의 주차장 설치 허가조건은 3년 후 주차장을 철거하고 토지를 원상복구하는 것이 다. 주차장은 2017년 1월 1일 ₩5,000,000에 설치가 완료되어 사용하기 시작하였으며, 동일자에 3년 후 복구비용으로 지출될 것으로 예상되는 금액은 ₩1,000,000으로 추정되 었다. 이런 복구의무는 충당부채에 해당한다. 주차장(구축물)은 원가모형을 적용하며, 내 용연수 3년, 잔존가치 ₩0, 정액법으로 감가상각한다. 2017년도 주차장(구축물)의 감가상 각비는? (단, 복구공사 소요액의 현재가치 계산에 적용할 유효이자율은 연 10%이며, 3년 후 ₩1의 현재가치는 0.7513이다) 2018. 관세직 9급 **심화**

① ₩1,917,100   ② ₩1,932,100
③ ₩1,992,230   ④ ₩2,000,000

 해설

복구충당부채: 1,000,000 × 0.7513 = 751,300
주차장의 취득원가: 5,000,000 + 751,300 = 5,751,300
17년 감가상각비: (5,751,300 − 0)/3 = 1,917,100

17초	구축물	5,751,300	현금	5,000,000	
			복구충당부채	751,300	
17말	감가비	1,917,100	감가상각누계액	1,917,100	⌐3,834,200
	이자비용	75,130	복구충당부채	75,130	⌐826,430

답 ①

03 유형자산의 원가를 구성하는 것은?

2022. 지방직 9급

① 새로운 시설을 개설하는 데 소요되는 원가

② 경영진이 의도한 방식으로 유형자산을 가동할 수 있는 장소와 상태에 이르게 하는 동안에 재화가 생산된다면 그러한 재화를 판매하여 얻은 매각금액과 그 재화의 원가

③ 유형자산이 경영진이 의도하는 방식으로 가동될 수 있으나 아직 실제로 사용되지는 않고 있는 경우 또는 가동수준이 완전조업도 수준에 미치지 못하는 경우에 발생하는 원가

④ 자산을 해체, 제거하거나 부지를 복구하는 데 소요될 것으로 최초에 추정되는 원가

복구예상비용은 현재가치만큼 복구충당부채를 계상하면서 유형자산의 취득원가에 가산한다.

② '경영진이 의도한 방식으로 유형자산을 가동할 수 있는 장소와 상태에 이를 때'까지는 취득 과정으로 보고, 그 동안 발생한 지출을 취득원가에 가산한다. 다만 이 과정에서 재화(시제품)가 생산된다면 그 원가와 매각액은 당기손익으로 처리한다.

③ 경영진이 의도하는 방식으로 가동될 수 있으므로, 취득이 완료된 것이다. 그 이후에 완전조업도 수준에 미치지 못하더라도 발생하는 원가는 비용으로 처리한다.

답 ④

8. 장기후불조건 매입 `심화`

자산을 장기후불조건으로 매입 시 자산의 취득원가는 현금 구입가격으로 한다. '현금 구입 가격'은 현재가치로 이해하면 된다. 수익 기준서에서 배웠듯, 할부판매상품은 인도 시점에 소유권이 이전된다. 따라서 대금 지급이 완료되지 않았더라도 구입 시점에 자산을 인식하게 된다. 장기후불조건 매입 시 대금 지급 기간이 1년 이상이므로 현재가치를 하여 부채를 계상한 뒤, 자산도 같은 금액으로 인식한다. 현재가치와 실제 현금 지급액의 차이는 유효이자율 상각을 통해 이자비용으로 인식한다.

> **예제** 장기후불조건 매입

01 ㈜김수석은 20X1년 1월 1일 차량운반구를 외상으로 구입하였다. 총 매입대금은 ₩3,000,000이며, 3년간 매년 말 ₩1,000,000씩 지급하는 조건이다. 3년간 감가상각을 제외한 회계처리를 수행하시오. (단, 시장이자율은 10%이며, 3기간 10% 연금현가계수는 2.48685이다.)

> **해설**
>
> \<20X1.01.01\>
> (차) 차량운반구   2,486,850   (대) 장기미지급금   2,486,850
> 현재가치 = 1,000,000 × 2.48685 = 2,486,850
>
> \<20X1.12.31\>
> (차) 이자비용   248,685   (대) 장기미지급금   248,685
> (차) 장기미지급금   1,000,000   (대) 현금   1,000,000 ┘ 1,735,535
>
> \<20X2.12.31\>
> (차) 이자비용   173,554   (대) 장기미지급금   173,554
> (차) 장기미지급금   1,000,000   (대) 현금   1,000,000 ┘ 909,089
>
> \<20X3.12.31\>
> (차) 이자비용   90,909   (대) 장기미지급금   90,909
> (차) 장기미지급금   1,000,000   (대) 현금   1,000,000 ┘ − 3(단수차이) → 0
> 위 회계처리대로 장기미지급금 잔액을 계산하면 −3이 나오는데, 단수차이이다. 0으로 보자.

02 유형자산의 인식, 측정 및 평가에 대한 설명으로 옳지 않은 것은? 2011. 국가직 7급 (심화)

① 유형자산에 대한 후속원가 중 유형자산이 제공하는 미래경제적효익이 증대되면 자산으로 인식한다.

② 석유화학공장에서 환경규제요건을 충족하기 위해 새로운 화학 처리공정설비를 설치하였을 경우 이를 관련증설원가로 보아 자산으로 인식한다.

③ 장기후불조건으로 구입하였을 경우 현금거래 가격보다 높지만 실제 구입하여 발생된 것이므로 실제 총지급액을 원가로 보아 자산으로 인식한다.

④ 자산의 장부금액이 재평가로 인해 증가될 경우 증가액을 기타포괄손익으로 인식하고 재평가잉여금과목으로 자본에 가산한다.

① 자본적 지출에 대한 설명이다. 자본적 지출은 자산의 취득원가에 가산한다.

② 공장을 운영하기 위해 필수적인 지출이므로 자산으로 인식한다.

③ 장기후불조건 매입 시 실제 총지급액이 아닌 현금 구입가격(= 현재가치)을 취득원가로 보고, 총 지급액과의 차이는 이자비용으로 계상한다.

④ 재평가모형에 대한 옳은 설명이다.

답 ③

9. 국공채의 의무 매입 （심화）

차량이나 건물 등을 구입할 때 국공채 등을 현재가치한 금액보다 비싼 금액으로 강제 매입해야 하는 경우가 있다. 이 경우 국공채의 취득원가와 현재가치의 차이는 유형자산을 취득하는데 드는 부대비용으로 보아 유형자산의 취득원가에 가산한다. 예를 들어, 차량운반구를 ₩500,000에 취득하면서 현재가치 ₩90,000의 국채를 ₩100,000에 취득하였다면, 차량운반구의 취득원가는 ₩510,000이 된다. 차량운반구는 ₩510,000에서 감가상각을 시작하고, 국채는 현재가치한 ₩90,000에서 유효이자율 상각을 시작해야 한다. 국공채 할인 취득도 계산기 없이 현재가치 및 유효이자율 상각을 하기 어렵기 때문에 공무원 회계학에서 자주 출제되지 않는 주제이다. 계산문제보다는 말문제 대비로 국공채의 취득원가와 현재가치의 차이가 취득원가에 가산된다는 점을 기억하자. 취득 시점의 회계처리는 다음과 같다.

감가상각 ←	차량운반구	510,000	현금	500,000
유효이자율 상각 ←	국채	90,000	현금	100,000

예제 **국공채의 의무 매입** （심화）

01 ㈜한국은 20X1년 초 차량 A(내용연수 4년, 잔존가치 ₩0, 연수합계법 적용)를 ₩900,000에 매입하면서 취득세 ₩90,000을 납부하였고, 의무적으로 매입해야 하는 국공채를 액면가 ₩100,000(현재가치 ₩90,000)에 매입하였다. 차량 A를 취득한 후 바로 영업활동에 사용하였을 때, 차량 A와 관련하여 ㈜한국이 인식할 20X2년 감가상각비는?　2019. 지방직 9급

① ₩300,000 　　　　　　　　② ₩324,000
③ ₩400,000 　　　　　　　　④ ₩432,000

해설

- 취득원가: 900,000 + 90,000(취득세) + 10,000(국공채의 취득원가와 현재가치의 차이) = 1,000,000
- X2년 감가상각비: (1,000,000 − 0) × 3/10 = 300,000
- 연수합계법은 X1년 감가상각을 할 필요 없이 바로 X2년 감가상각비를 구할 수 있다. 상각을 도식화하면 다음과 같다.

X0 1,000,000 n = 4, s = 0, 연수합계법
　↓　(400,000) = (1,000,000 − 0) × 4/10
X1 600,000
　↓　(300,000) = (1,000,000 − 0) × 3/10
X2 300,000

답 ①

05

02 (주)한국은 20X1년 초 본사 건물을 ₩5,000,000에 취득(내용연수 20년, 잔존가치 ₩50,000, 정액법, 월할 상각)하면서 다음 조건의 국채를 액면가액으로 의무매입하여 만기까지 보유할 목적이다. 다음 중 옳은 것은?

2022. 국가직 7급

- 액면가액:₩1,000,000(만기 5년, 만기 일시상환)
- 표시이자율:연 4%(매년 말 지급)
- 시장이자율:연 10%
- 이자율 10%, 5년 ₩1의 현가계수 0.6
- 이자율 10%, 5년 ₩1의 연금현가계수 3.8

① 건물 취득시 감가상각대상금액은 ₩5,722,000이다.

② 건물 취득원가는 ₩5,248,000이다.

③ 국채 취득시 현재가치할인차금은 ₩152,000이다.

④ 국채 취득원가는 ₩848,000이다.

해설

① 건물 취득시 감가상각대상금액: 5,248,000 − 50,000 = 5,198,000 (X)

② 건물 취득원가: 5,000,000 + 248,000 = 5,248,000 (O)

③ 국채 취득시 현재가치할인차금: 1,000,000 − 752,000 = 248,000 (X)

④ 국채 취득원가: 1,000,000/0.6 + 40,000/3.8 = 752,000 (X)

답 ②

2 일괄취득 및 토지에 대한 지출

1. 모두 사용 시: 공정가치 비율로 안분

2. 토지만 사용 시

(1) 건물을 즉시 철거: 취득가액 전부 토지에 배부! 〈중요!〉

> 토지의 취득원가 = 일괄구입가격 + 철거비용 - 폐자재 처분 수입

> ※주의 건물을 즉시 철거하기 위해 일괄취득하면서 공정가치가 제시된 경우-안분X!
>
> 기존 건물을 철거하고 신축하기 위해서 토지와 건물을 일괄취득한 경우 일괄구입가격은 전부 토지의 취득원가로 보므로, 공정가치 비율로 안분하지 않도록 주의하자.

(2) 건물을 사용하다가 철거: FV 비율로 취득원가 안분→건물 감가상각→철거 시 처분손실 인식

> 건물 처분손실 = 건물 미상각 잔액 + 철거비용 - 폐자재 처분 수입

🖐 **핵심콕!** 건물 철거 시점에 따른 철거비용의 처리방법

(1) 건물을 즉시 철거	토지 취득원가에 가산
(2) 건물을 사용하다가 철거	처분손실

(3) 토지의 취득원가에 가산하는 지출

  ① **구획정리비용**: 토지의 구획을 명확히 하기 위해서 발생하는 비용
  ② **토지정지비용**: 토지의 높이를 원하는 높이로 맞추는데 드는 비용

3. 토지에 대한 지출

(1) 내용연수 무한 or 지자체가 보수 담당: 토지로 회계처리

(2) 내용연수 유한 or 회사가 보수 담당: 구축물로 회계처리

일괄취득 – 말문제

01 유형자산의 취득원가에 대한 설명으로 옳지 않은 것은?   2016. 국가직 9급

① 지상 건물이 있는 토지를 일괄취득하여 구 건물을 계속 사용할 경우 일괄구입가격을 토지와 건물의 공정가액에 따라 배분한다.

② 토지의 취득 시 중개수수료, 취득세, 등록세와 같은 소유권 이전비용은 토지의 취득원가에 포함한다.

③ 기계장치를 취득하여 기계장치를 의도한 용도로 사용하기 적합한 상태로 만들기 위해서 지출한 시운전비는 기계장치의 취득원가에 포함한다.

④ 건물 신축을 목적으로 건물이 있는 토지를 일괄취득한 경우, 구 건물의 철거비용은 신축 건물의 취득원가에 가산한다.

 해설

④ 건물 신축을 목적으로 건물이 있는 토지를 일괄취득 후, 구 건물 철거 시 철거비용은 토지의 취득원가에 가산한다.

답 ④

02 다음은 유형자산의 취득원가 결정에 관한 설명이다. 가장 적절하지 않은 것은?   2010. 계리사

① 장기연불조건에 의해 취득하는 경우 명목가액과 현재가치의 차이가 중요한 경우에는 현재가치가 취득원가이다.

② 새건물을 신축하기 위해 사용중인 기존 건물을 철거하는 경우 철거비용은 전액 당기비용으로 처리한다.

③ 사용이 종료된 후에 원상회복을 위하여 자산을 해체하는 데 소요되는 비용은 현재가치를 계산하여 취득원가에 가산한다.

④ 새건물을 신축하기 위해 기존 건물이 있는 토지를 취득하는 경우 기존 건물의 철거비용은 새건물의 취득원가에 산입한다.

 해설

기존 건물을 취득하자마자 철거 시에는 철거비용을 '토지'의 취득원가에 가산(④)하고, 사용하다가 철거 시에는 당기비용(②)으로 처리한다.

③ 복구예상비용은 현재가치한 복구충당부채 금액을 유형자산의 취득원가에 가산한다. (O)

답 ④

03 유형자산의 취득원가에 관한 기업회계기준서의 설명으로 옳지 않은 것은? 2010. 국가직 7급 〈심화〉

① 자동차 취득 시 불가피하게 매입하는 국공채의 매입가액과 현재 가치평가액의 차액은 당해 자동차의 취득원가에 산입한다.

② 토지를 취득하여 건물을 신축하는 경우, 측량비와 정지비는 토지의 취득원가에 산입하고 건물 기초공사를 위한 굴착비는 신축건물의 취득원가에 산입한다.

③ 건물을 신축하기 위하여 사용 중인 기존건물을 철거하는 경우, 기존건물의 철거비용은 신축건물의 취득원가에 산입한다.

④ 유형자산을 장기후불조건으로 구입하거나, 대금지급기간이 일반적인 신용기간보다 긴 경우 취득원가는 취득시점의 현금 구입가격으로 한다.

> **해설**
>
> ② 토지 관련 비용은 토지에, 건물 관련 비용은 건물에 가산한다. (O)
> ③ 건물을 사용하다가 철거 시 철거비용은 처분손익에 반영한다. (X)
> ④ 장기후불조건 매입 시 현금 구입가격을 취득원가로 본다. (O)
>
> 답 ③

 일괄취득 – 계산문제

04 ㈜한국은 공장을 신축하기 위하여 기존건물이 서 있던 토지를 구입하고 즉시 기존건물을 철거하였다. 관련 자료가 〈보기〉와 같을 때, 토지의 취득원가는? 2019. 서울시 7급

〈보기〉

• 토지 구입가격	₩1,000,000	• 토지 취득세	₩100,000
• 토지 취득관련 중개수수료	₩100,000	• 신축공장 건축허가비용	₩20,000
• 신축공장건물 설계비용	₩50,000	• 기존건물 철거비용	₩100,000
• 토지의 구획정리비용	₩400,000	• 신축건물공사원가	₩800,000

① ₩1,450,000　　　　　　② ₩1,550,000
③ ₩1,650,000　　　　　　④ ₩1,700,000

> **해설**
>
> | | |
> |---|---|
> | 구입가격 | 1,000,000 |
> | 취득세 | 100,000 |
> | 중개수수료 | 100,000 |
> | 기존건물 철거비용 | 100,000 |
> | 구획정리비용 | 400,000 |
> | 토지 취득원가 | 1,700,000 |
>
> 구입하자마자 기존건물을 철거하므로 철거비용을 토지의 취득원가에 가산한다.
> 신축공장 건축허가비용, 설계비용, 공사원가는 신축공장의 취득원가에 가산한다.
>
> 답 ④

05 ㈜한국은 20X9년 공장을 신축하기 위해 토지를 취득하였다. 취득한 토지에는 철거예정인 건물이 있었으며 20X9년 관련 자료는 다음과 같다.

- 토지와 건물 일괄 취득가격 ₩1,000,000(토지와 건물의 상대적 공정가치 비율 3 : 1)
- 토지 취득세 및 등기비용 ₩100,000
- 공장신축 전 토지를 운영하여 발생한 수입 ₩80,000
- 건물 철거비용 ₩50,000
- 건물 철거 시 발생한 폐자재 처분수입 ₩40,000
- 영구적으로 사용 가능한 하수도 공사비 ₩100,000

㈜한국의 20X9년 토지 취득원가는?

2019. 국가직 7급

① ₩960,000　　　　　　② ₩1,110,000
③ ₩1,130,000　　　　　④ ₩1,210,000

해설

일괄구입대금	1,000,000
취득세 등	100,000
건물 철거비용	50,000
철거로 인한 폐자재 수입	(40,000)
영구적 공사비	100,000
	1,210,000

기존 건물을 철거하고 신축하기 위해서 토지와 건물을 일괄취득한 경우 철거될 건물에는 취득원가를 배부하지 않고, 전부 토지의 취득원가로 본다. 자산의 공정가치가 제시되더라도 공정가치 비율로 안분하지 않도록 주의하자. 공장신축 전 토지를 운영하여 발생한 손익은 취득원가에 가산하지 않는다.

🔑 ④

1. 상업적 실질이 있는 경우

	현금 지급 시	현금 수령 시
상황	나 → 너 1. 구 자산 FV 2. 현금 지급액 3. 신 자산 취득원가	나 ← 너 1. 구 자산 FV 2. 현금 수취액 3. 신 자산 취득원가
처분손익	구 자산 공정가치(FV) – 구 자산 장부금액(BV)	
신 자산의 취득원가	구 자산 FV + 현금 지급액	구 자산 FV – 현금 수취액

예제 ▶ **상업적 실질이 있는 경우 – 유형자산처분손익**

01 ㈜대한과 ㈜민국은 사용하고 있는 기계장치를 서로 교환하였으며 이 교환은 상업적 실질이 있다. 교환시점에서 기계장치와 관련된 자료는 다음과 같다.

구분	㈜대한	㈜민국
취득가액	₩700,000	₩600,000
장부가액	₩550,000	₩350,000

기계장치의 교환시점에서 ㈜대한의 공정가치가 ㈜민국의 공정가치보다 더 명백하다. 이 교환거래로 ㈜대한은 ₩100,000의 손실을, ㈜민국은 ₩50,000의 손실을 인식하였다. 동 교환거래는 공정가치 차이만큼 현금을 수수하는 조건이다. ㈜대한이 ㈜민국으로부터 현금을 수령하였다고 가정할 경우, ㈜대한이 수령한 현금액은? (단, 교환거래로 발생한 손익은 제시된 손익 이외에는 없다)

2018. 국가직 7급

① ₩100,000 ② ₩150,000
③ ₩400,000 ④ ₩450,000

해설

- ㈜대한의 처분손익: 공정가치 − 550,000 = (−)100,000 손실
  ㈜대한의 공정가치 = 450,000
- ㈜민국의 처분손익: 공정가치 − 350,000 = (−)50,000 손실
  ㈜민국의 공정가치 = 300,000
  현금 지급액 = 450,000 − 300,000 = 150,000

|참고| 회계처리

㈜대한

구 자산 빼고	감가상각누계액	①150,000	기계장치(구)	①700,000
현금 적고	현금	②150,000		
처분손익	처분손실	③100,000		
나머지 신자산	기계장치(신)	④300,000		

㈜민국

구 자산 빼고	감가상각누계액	①250,000	기계장치(구)	①600,000
현금 적고			현금	②150,000
처분손익	처분손실	③50,000		
나머지 신자산	기계장치(신)	④450,000		

目 ②

2. 상업적 실질이 결여 되었거나, 공정가치를 신뢰성 있게 측정할 수 없는 경우

	현금 지급 시	현금 수령 시
상황	나 → 너 (1. 구 자산 BV / 2. 현금 지급액 / 3. 신 자산 취득원가)	나 ← 너 (1. 구 자산 BV / 2. 현금 수취액 / 3. 신 자산 취득원가)
처분손익	0	
신 자산의 취득원가	구 자산 BV + 현금 지급액	구 자산 BV − 현금 수취액

상업적 실질이 결여되었거나, 공정가치를 신뢰성 있게 측정할 수 없는 경우에는 구 자산을 공정가치로 평가하지 않는다. 따라서 유형자산처분손익은 0이며, 구 자산의 장부금액에 현금 수수액을 반영해서 신 자산의 취득원가를 계산한다.

김수석의 핵심 콕! 교환 요약

	1. 상업적 실질이 있는 경우	2. 상업적 실질이 결여된 경우
(1) 처분손익	구자산 FV − 구자산 BV	0
(2) 신자산의 취득원가	구자산 FV±현금 수수액	구자산 BV±현금 수수액

3. FV의 신뢰성에 따른 교환 문제 풀이 심화

문제에서 '구 자산의 공정가치가 더 명백하다' 혹은, 두 자산의 공정가치가 '모두' 명백하거나, '동일하게' 명백하다고 제시하는 경우가 있다. 문제에 이 문장이 제시된 경우 신 자산의 FV를 무시하고 구 자산의 FV를 기준으로 유형자산처분손익과 신 자산의 취득원가를 구하면 된다.

FV의 신뢰성에 따른 교환 문제 풀이

01 ㈜서울은 영업부에서 사용하고 있는 차량운반구(장부금액 ₩50,000, 공정가치 ₩60,000)와 ㈜한성의 차량운반구(장부금액 ₩65,000, 공정가치 ₩70,000)를 교환하였다. 교환 시 ㈜서울은 현금 ₩15,000을 ㈜한성에 추가로 지급하였다. 동 자산의 교환 시 ㈜서울이 인식할 자산처분손익은? (단, 동 교환거래는 상업적 실질이 있으며, ㈜서울이 보유하던 차량운반구의 공정가치가 ㈜한성의 차량운반구 공정가치보다 더 명백하다.) 2018. 서울시 9급

① 손실 ₩10,000　　　　　　② 손실 ₩5,000
③ 이익 ₩5,000　　　　　　　④ 이익 ₩10,000

처분손익 = 구 자산의 FV − 구 자산의 BV = 60,000 − 50,000 = 10,000 이익

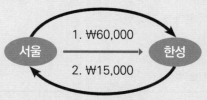

처분손익을 물어보았기 때문에 그림을 그릴 필요없이 바로 계산이 가능하다.
구 자산의 FV가 신 자산의 FV에 비해 더 명백하므로 60,000을 그대로 사용한다.

구 자산 빼고			유형자산(구)	①50,000
현금 적고			현금	②15,000
처분손익			처분이익	③10,000
나머지 신자산	유형자산(신)	④75,000		

目 ④

02 ㈜대한은 2016년 7월 1일 기계장치를 ㈜민국의 기계장치와 교환하면서 현금 ₩500,000을 추가로 지급하였다. 교환시점에서 두 기계장치의 공정가치는 명확하였으며, 기계장치에 대한 장부금액과 공정가치는 다음과 같다. ㈜대한이 교환시점에서 인식할 기계장치의 취득원가는? (단, 이 교환거래는 상업적 실질이 있다)

2016. 국가직 7급

구분	㈜대한	㈜민국
장부금액	₩2,000,000	₩5,000,000
공정가치	₩2,700,000	₩3,100,000

① ₩2,500,000   ②₩3,100,000
③ ₩3,200,000   ④₩3,600,000

해설

신 자산의 취득원가: 2,700,000 + 500,000 = 3,200,000

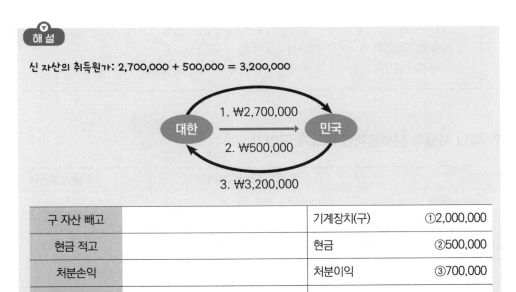

구 자산 빼고		기계장치(구)	①2,000,000
현금 적고		현금	②500,000
처분손익		처분이익	③700,000
나머지 신자산	기계장치(신) ④3,200,000		

두 공정가치의 신뢰성이 동일할 때는 신 자산의 공정가치를 무시하고, 구 자산의 공정가치를 이용한다. 따라서 신 자산의 취득원가는 대차차액인 3,200,000이 된다.

답 ③

4 감가상각

1. 감가상각방법 ★중요!

| 정액법, 연수합계법 | — | (취득원가 − 잔존가치) × 상각률 |

| 정률법, 이중체감법 | — | 기초 미상각잔액 × 상각률 |

> 1. 정액법: (취득원가 − 잔존가치) ÷ 내용연수
> 2. 연수합계법: (취득원가 − 잔존가치) × 내용연수를 역수로 표시한 당년도 수 ÷ 내용연수 합계
>   (1) 내용연수 합계 = $n(n + 1)/2$
>   (2) 내용연수가 4년인 경우 상각률의 분모(내용연수 합계): 10 (4/10, 3/10, 2/10, 1/10)
> 3. 정률법: (취득원가 − 기초 감가상각누계액) × 감가상각률
> 4. 이중체감법: (취득원가 − 기초 감가상각누계액) × 2/내용연수

2. 특정 시점의 장부금액을 빠르게 구하기

	X2말 감가상각누계액	X2말 장부금액
(1) 정액법	(취득원가 − 잔존가치) × 2/내용연수	취득원가 − X2말 감가상각누계액
(2) 연수합계법 (내용연수 4년 가정 시)	(취득원가 − 잔존가치) × (4 + 3)/10	
(3) 정률법, 이중체감법	취득원가 − X2말 장부금액	취득원가 × $(1 − 상각률)^2$

3. 기중 취득 및 기중 처분 자산의 감가상각 ★중요!

(1) 일반 사항 (정액법)

만약 자산을 기중에 취득하거나, 처분하는 경우에는 보유 기간 동안 상각을 해주어야 한다. 취득 시점이나 처분 시점이 1월 1일이 아닌 경우 취득한 해 혹은 처분한 해에는 감가비를 보유 기간만큼 월할 상각해야 한다.

기중 취득 자산의 감가상각 - 정액법

01 ㈜한국은 20X1년 7월 1일에 건물이 정착되어 있는 토지를 ₩900,000에 취득하였다. 취득 과정에서 발생한 수수료는 ₩100,000이었으며, 취득한 건물의 추정내용연수는 10년이다. 취득시점에서 토지 및 건물의 공정가치는 각각 ₩300,000과 ₩900,000이다. 건물의 잔존 가치는 ₩50,000으로 추정하였으며, 감가상각방법은 정액법을 사용하고, 기중 취득자산의 감가상각비는 월할 계산한다. 해당 건물의 20X1년도 감가상각비는 얼마인가? 2011. 국가직 7급

① ₩31,875 　　　② ₩35,000 　　　③ ₩42,500 　　　④ ₩63,750

 해설

- 건물의 취득원가: (900,000 + 100,000) × 900,000/1,200,000 = 750,000
- 20X1년도 감가상각비: (750,000 − 50,000) × 1/10 × 6/12 = 35,000

답 ②

(2) 연수합계법: 연도가 걸쳐 있으면 나눠서 계산할 것!

　　정액법과 달리 연수합계법은 4/10, 3/10, 2/10, 1/10과 같이 매년 상각률이 달라진다. 기중 취득 이나 기중 처분으로 인해 연도가 걸쳐져 있으면 기간을 나눠서 상각률을 계산해야 한다.

 기중 취득 자산의 감가상각 - 연수합계법

02 ㈜한국은 2015년 7월 1일 토지와 건물을 ₩2,000,000에 일괄 취득하였으며, 취득 당시 토지의 공정가치는 ₩1,000,000, 건물의 공정가치는 ₩1,500,000이었다. 건물의 경우 원가모형을 적용하며, 연수합계법(내용연수 3년, 잔존가치 ₩0)으로 상각한다. 건물에 대 해 2016년에 인식할 감가상각비는? (단, 감가상각비는 월할 상각한다) 2017. 국가직 9급

① ₩750,000 　　　② ₩625,000 　　　③ ₩600,000 　　　④ ₩500,000

해설

건물의 취득원가: 2,000,000 × 1,500,000/2,500,000 = 1,200,000
16년 감가상각비: (1,200,000 − 0) × (3/6 × 6/12 + 2/6 × 6/12) = 500,000
유형자산은 15년 7월에 취득했기 때문에 월할 상각해야 함에 주의한다.

답 ④

03 ㈜한국은 20×1년 10월 1일 기계장치를 ₩80,000(내용연수 5년, 잔존가치 ₩5,000, 연수합계법, 월할 상각)에 취득하였다. 동 기계장치를 20×3년 3월 31일 ₩40,000에 처분할 경우, 처분시점의 장부금액과 처분손익을 바르게 연결한 것은? (단, 기계장치는 원가모형을 적용하고 손상차손은 발생하지 않았다) 2022. 국가직 9급

	장부금액	처분손익
①	₩35,000	손실 ₩5,000
②	₩35,000	이익 ₩5,000
③	₩45,000	손실 ₩5,000
④	₩45,000	이익 ₩5,000

해설

X1.10.1	80,000	n = 5, s = 5,000, 연수합계법
	↓ (35,000)	= (80,000 − 5,000) × (5/15 + 4/15 × 6/12)
X3.3.31	45,000	

기계장치의 처분 시까지 보유기간은 1년 6개월이다. 내용연수가 5년이므로 첫해의 상각률은 5/15이며, 두 번째 해의 상각률은 4/15인데 6개월만 보유하였으므로 6/12를 곱한다.

X3.3.31 장부금액: 80,000 − 35,000 = 45,000
유형자산처분손익: 40,000 − 45,000 = (−)5,000 손실

답 ③

(3) 정률법 및 이중체감법: 기본식대로 풀 것! 심화

정률법과 이중체감법도 기중 취득 시에는 원칙적으로 연수합계법처럼 취득 시점으로부터 계산한 연차별 상각비를 구하고, 이를 각 회계연도에 배분해야 한다. 하지만 그렇게 할 필요 없이, 원래 감가상각비 계산식대로 '기초 장부금액 × 상각률'로 감가상각 해주어도 동일한 결과가 나온다. 기중 취득 및 기중 처분 문제가 정률법이나 이중체감법으로 출제된 적은 없으므로 넘어가도 좋다. 실제로 출제되더라도 계산이 워낙 복잡하여 풀지 않는 것이 유리할 수도 있다.

> ### 정률법의 기중 취득 시 감가상각
>
> 예제. ㈜김수석은 20X1년 10월 1일에 기계장치를 ₩1,100,000에 취득하였다. 내용연수는 4년으로 추정되며, 잔존가치는 ₩100,000이다. 상각률은 0.451이다.
>
> ㈜김수석은 동 기계장치를 정률법으로 상각할 때, 20X1년부터 20X3년까지 ㈜김수석이 연도별로 인식할 감가상각비는 얼마인가?

시점	원칙	기초 장부금액 × 상각률	감가상각비
X1말	1,100,000 × 0.451 × 3/12	1,100,000 × 0.451 × 3/12	124,025
X2말	1,100,000 × 0.451 × 9/12 + 1,100,000 × 0.549 × 0.451 × 3/12	975,975 × 0.451	440,165
X3말	1,100,000 × 0.549 × 0.451 × 9/12 + 1,100,000 × 0.549^2 × 0.451 × 3/12	535,810 × 0.451	241,650

기초 취득 가정 시 각 연차별 상각비는 다음과 같다.

1년차 상각비: 1,100,000 × 0.451

2년차 상각비: 1,100,000 × 0.549 × 0.451

3년차 상각비: 1,100,000 × 0.549^2 × 0.451

정률법의 장부금액을 빠르게 구하는 방법에서 서술한 것처럼, 취득원가에 (1 − 상각률)을 제곱하면 장부금액을 구할 수 있고, 여기에 다시 상각률을 곱하면 해당 연도 감가상각비를 구할 수 있다. 이를 월할 해준 것이 표 왼편에 있는 '원칙' 식이다.

하지만 이렇게 풀면 시간이 너무 오래 걸리고, 복잡하다. 계산기를 이용해서 '기초 장부금액 × 상각률'을 해도 동일한 결과가 나오는 것을 확인하고, 앞으로는 이 방법을 이용하자. 왜 두 방법이 동일한 지는 문제를 푸는 데 필요하지 않으므로 생략하겠다. 결과적으로는, 연수합계법만 상각률을 나누어 계산하면 된다.

4. 감가상각 말문제 출제 사항 심화

감가상각은 주로 계산문제로 출제되며, 말문제로는 거의 출제되지 않는다. 다음은 말문제로 출제될 수 있는 감가상각 내용이므로, 가볍게 읽고 넘어가자.

(1) 감가상각의 의의: 감가상각은 취득원가의 배분 과정이다.

회계상 감가상각은 실제 가치 변동과 무관하다.

(2) 감가상각비의 인식: 유형자산의 감가상각비는 다른 자산의 장부금액에 포함되는 경우가 아니라면 당기손익으로 인식한다.

다른 자산을 만들기 위해 유형자산을 사용하는 경우에는 유형자산의 감가상각비가 다른 자산의 장부금액에 계상된다. 가령, 재고자산을 만들기 위해 기계장치를 사용한다면 기계장치의 감가상각비는 당기비용 처리되는 것이 아니라 재고자산의 취득원가에 가산된다. 이처럼 다른 자산의 장부금액에 포함되는 경우를 제외하고는 감가상각비를 당기손익으로 인식한다.

(3) 감가상각의 구분: 유형자산을 구성하는 일부가 전체에 비해 유의적이라면, 그 부분은 별도로 구분하여 감가상각한다.

> 예 항공기의 엔진 – 엔진이 항공기에서 차지하는 비중이 유의적이라면 엔진만 따로 상각 가능

(4) 감가상각의 시작: 감가상각은 자산이 사용가능한 때부터 시작한다.

'사용가능한' 상태란 경영진이 자산을 가동하는 데 필요한 장소와 상태에 이르는 것을 의미한다.

(5) 감가상각의 중단: 자산이 운휴(작동 X) 중이거나 적극적인 사용상태가 아니어도 감가상각이 완전히 이루어지기 전까지는 감가상각을 중단하지 않는다.

(6) 감가상각방법: 감가상각방법은 해당 자산에 내재되어 있는 미래경제적효익의 예상 소비형태를 가장 잘 반영하는 방법에 따라 선택한다.

(7) 감가상각요소의 재검토: 잔존가치, 내용연수, 감가상각방법은 적어도 매 회계연도 말에 재검토해야 한다.

01 유형자산의 감가상각에 대한 설명 중 옳지 않은 것은? 2017. 국가직 9급 [심화]

① 유형자산의 기말 공정가치 변동을 반영하기 위해 감가상각한다.

② 감가상각방법은 자산의 미래경제적효익이 소비될 것으로 예상되는 형태를 반영한다.

③ 각 기간의 감가상각액은 다른 자산의 장부금액에 포함되는 경우가 아니라면 당기손익으로 인식한다.

④ 잔존가치, 내용연수, 감가상각방법은 적어도 매 회계연도 말에 재검토한다.

감가상각은 취득원가의 배분일 뿐, 공정가치 변동을 반영하는 것이 아니다.

 ①

02 자산의 감가상각 및 상각에 대한 설명으로 옳지 않은 것은? 2019. 관세직 9급 [심화]

① 유형자산을 구성하는 일부의 원가가 당해 유형자산의 전체 원가에 비교하여 유의적이라면, 해당 유형자산을 감가상각할 때 그 부분은 별도로 구분하여 감가상각한다.

② 내용연수가 유한한 무형자산의 상각기간과 상각방법은 적어도 매 회계연도 말에 검토한다.

③ 내용연수가 비한정적인 무형자산에 대해 상각비를 인식하지 않는다.

④ 정액법을 적용하여 상각하던 기계장치가 유휴상태가 되면 감가상각비를 인식하지 않는다

기계장치가 유휴상태이더라도 감가상각을 중단하지 않는다.
③ '무형자산' 장에서 배울 내용으로, 맞는 문장이다.

 ④

03 유형자산의 감가상각에 대한 설명으로 옳지 않은 것은?　　2013. 관세직 9급 심화

① 감가상각의 본질은 합리적이고 체계적인 원가의 배분과정이다.

② 한국채택국제회계기준은 감가상각방법으로 정액법, 체감잔액법, 생산량비례법 등을 예시하고 있다.

③ 감가상각방법은 자산에 내재된 미래 경제적 효익의 예상 소비형태를 반영하여야 한다.

④ 감가상각방법이 체계적이어야 한다는 것은 한번 결정된 방법은 매기 계속해서 적용하여야 한다는 의미이다.

해설

감가상각방법은 변경할 수 있다. 감가상각방법을 계속해서 적용해야 하는 것은 아니다.

답 ④

04 유형자산의 회계처리에 관한 다음 설명 중 옳지 않은 것은?　　2017. 계리사 심화

① 유형자산의 감가상각방법은 자산의 미래경제적효익이 소비되는 형태를 반영한다.

② 안전 또는 환경상의 이유로 취득하는 유형자산은 당해 유형자산을 취득하지 않았을 경우보다 관련 자산으로부터 미래경제적효익을 더 많이 얻을 수 있게 해주기 때문에 자산으로 인식할 수 있다.

③ 유형자산의 감가상각은 자산이 사용가능한 때부터 시작한다.

④ 유형자산을 사용하거나 이전하는 과정에서 발생하는 원가는 당해 유형자산의 장부금액에 포함하여 인식한다.

해설

② '규제로 인해 인해 설치하는 설비원가'에 해당한다. 취득원가 가산 항목이다.

④ 자산을 사용하거나, 이전하면서 발생하는 원가는 취득 완료 이후에 발생하는 원가이므로 당기비용 처리한다.

답 ④

5 감가상각의 변경 ★중요!

1. 자본적 지출 vs 수익적 지출

구분	처리 방법	키워드
자본적 지출	장부금액에 가산	'생산능력 증대', '대규모'
수익적 지출	당기비용 처리	'일상적인 수선 및 유지'

자본적 지출이 발생하는 경우 장부금액에 가산하고, 그 가산된 금액을 기준으로 감가상각한다. 문제에 일상적이라는 언급이 있을 때만 수익적 지출로 보고, 언급이 없다면 자본적 지출로 보자.

2. n(내용연수): '잔여'내용연수 확인!

내용연수가 바뀌는 경우, 이미 지나간 기간은 차감한 수정된 '잔여' 내용연수(=잔존내용연수)로 상각한다. 한편, 내용연수가 바뀌지 않더라도, 이미 지나간 기간이 있으므로 상각률이 바뀌니 주의하자.

3. s(잔존가치): 0이 아닌지 항상 확인!

잔존가치를 바꾸면 바꾼 잔존가치로 남은 기간동안 상각하면 된다. 잔존가치를 바꾸지 않았다면 취득 시 가정한 잔존가치를 계속해서 사용하면 된다. 잔존가치가 0이 아닐 수도 있으므로 잔존가치를 바꾸지 않더라도 잔존가치를 항상 확인하자.

4. 상각 방법

상각 도중에 상각 방법이 변경되는 경우, '남은 금액을, 남은 기간동안' 새로운 상각 방법으로 상각하면 된다.

감가상각의 변경

01 유형자산에 대한 후속 원가의 예로 그 성격이 다른 것은? (단, 후속 원가는 신뢰성 있게 측정할 수 있다)

2023. 관세직 9급

① 기계장치의 생산량을 증가시킬 것으로 기대되는 부품의 부착
② 내용연수를 연장시킬 것으로 기대되는 기존 부품의 교체
③ 기계설비의 성능을 증가시킬 것으로 기대되는 핵심 부품의 교체
④ 자동차의 성능을 유지시킬 것으로 기대되는 윤활유의 교체

 해설

④만 수익적 지출이고, 나머지는 전부 자본적 지출에 해당한다.

답 ②

02 ㈜서울은 2017년 3월 1일에 기계장치A(내용연수 5년, 잔존가치 ₩0)를 ₩3,600,000에 취득하여 원가모형을 적용하고 있다. 2018년 초 기계장치A에 대해 감가상각방법을 기존의 연수합계법에서 정액법으로 변경하였다면 2018년도 감가상각비는? (단, 감가상각은 월할계산한다.)

2019. 서울시 9급

① ₩540,000 ② ₩624,000
③ ₩864,000 ④ ₩960,000

 해설

17.3.1 3,600,000 n = 5, s = 0, 연수합계법
     ↓ (1,000,000) = (3,600,000 − 0) × 5/15 × 10/12
17   2,600,000 n = 50개월, s = 0, 정액법
     ↓ (624,000) = (2,600,000 − 0) × 12/50
18   1,976,000

답 ②

5. 감가상각요소 변경 후 연수합계법 적용 시 상각률: '남은 기간을 대상으로 변경 시점이 첫해인 것처럼'

연수합계법은 내용연수가 4년일 때 상각률이 4/10, 3/10… 순으로 감소한다. 1) 다른 방법으로 상각하다가 상각방법을 연수합계법으로 변경하거나, 2) 기존에도 연수합계법을 적용하는데 내용연수, 잔존가치 등의 감가상각요소를 변경한다면 상각률을 어떻게 계산할지 애매하다. 정답은 '남은 기간을 대상으로 변경 시점이 첫해인 것처럼' 상각하는 것이다.

예를 들어 내용연수가 5년이고, 정액법으로 상각하다가, 1년 후 연수합계법으로 상각방법을 변경했다고 하자. 그렇다면 변경 시점에서 잔존내용연수인 4년을 이용해서 변경 시점이 첫해인 것처럼 보고 4/10를 상각률로 사용하면 된다.

이번에는 연수합계법으로 상각하고, 내용연수가 4년인데, 1년 후 내용연수가 6년으로 증가했다고 하자. 그렇다면 변경 시점에서 잔존내용연수는 5(= 6 - 1)년이고, 기존 내용연수를 전혀 신경쓰지 말고 변경 시점이 첫해인 것처럼 보고 5/15를 상각률로 사용하면 된다.

05

 감가상각의 변경 – 연수합계법

01 ㈜한국은 2012년 초에 업무용 차량운반구를 ₩10,000(내용연수 5년, 잔존가치 ₩0)에 취득하여 정액법으로 감가상각하여 오다가 2013년부터 감가상각방법을 연수합계법으로 변경하였다. 다른 사항은 변화가 없고 원가모형을 적용한다고 가정할 경우, 2013년 말 재무상태표에 표시되는 동 차량운반구의 장부금액은?

2014. 국가직 9급

① ₩6,000　　　　　　　② ₩5,200
③ ₩4,800　　　　　　　④ ₩4,200

해설

11　10,000 n = 5, s = 0, 정액법

　↓　(2,000)

12　8,000 n = 4, s = 0, 연수합계법

　↓　(3,200) = (8,000 – 0) × 4/10

13　4,800

감가상각방법을 연수합계법으로 변경하는 경우 잔존내용연수(4년)를 기준으로 첫해인 것처럼 상각률(4/10)을 결정한다는 점에 주의하자.

답 ③

02 ㈜한국은 2012년 1월 1일 기계(내용연수 5년, 잔존가치 ₩100,000)를 ₩600,000에 취득하였다. ㈜한국은 당해 기계에 대하여 원가모형을 적용하고 있으며, 감가상각방법으로 정액법을 사용한다. ㈜한국은 2013년에 정당한 사유에 의하여 감가상각방법을 연수합계법으로 변경하였고, 잔존가치는 없는 것으로 재추정하였다. 당해 기계에 대하여 ㈜한국이 2013년 12월 31일에 인식할 감가상각비는?

2014. 국가직 7급

① ₩100,000　　　　　　　　② ₩125,000
③ ₩200,000　　　　　　　　④ ₩250,000

해설

```
11  600,000 n = 5, s = 100,000
     ↓  (100,000) = (600,000 − 100,000) × 1/5
12  500,000 n = 4, s = 0, 연수합계법
     ↓  (200,000) = (500,000 − 0) × 4/10
13  300,000
```

답 ③

03 다음은 ㈜한국의 기계장치와 관련된 자료이다. 2013년도 감가상각비는? 2013. 지방직 9급

> ㈜한국은 2011년 1월 1일에 기계장치를 ₩100,000(내용연수 4년, 잔존가액 ₩20,000)에 취득하여 정액법으로 상각하였다. 2013년 1월 1일에 이 기계에 부속장치를 설치하기 위하여 ₩40,000을 추가 지출하였으며, 이로 인하여 기계의 잔존 내용연수가 2년 증가하였고 2013년도부터 연수합계법을 적용하기로 하였다. (단, 감가상각방법 변경은 전진법으로 회계처리한다)

① ₩20,000　　　　　　　　② ₩24,000
③ ₩28,000　　　　　　　　④ ₩32,000

해설

```
10  100,000 n = 4, s = 20,000
11   ↓  (40,000)
12  60,000
     ↓
    100,000 n = 2 + 2 = 4, s = 20,000, 연수합계법

13년도 감가상각비: (100,000 − 20,000) × 4/10 = 32,000
```

답 ④

6 원가모형 손상차손 ★중요!

1. 원가모형 손상차손 풀이법: '상각 – 손상 – 상각 – 환입'

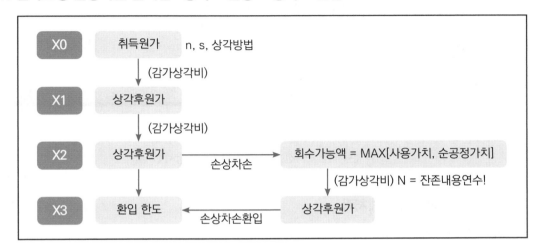

STEP
1 1차 상각

문제에 제시된 감가상각 요소에 따라 손상징후 발생 or 회수가능액 제시 시점 까지 상각

STEP
2 손상: 무조건 큰 거!

회수가능가액(=회수가능액) = MAX[사용가치, 순공정가치]

회수가능가액의 결정 방법
① 숫자 하나만 제시하면: 그 금액
② 숫자 두 개를 제시하면: 한글 읽을 필요 없이 무조건 큰 금액!

> ※주의 재고자산 저가법과의 비교
>
> 재고자산의 저가=min[순실현가능가치, 장부금액]
>
> 회수가능액=MAX[사용가치, 순공정가치]
>
> 회수가능가액 〉 상각 후 원가: 손상차손 X 심화
>
> 회수가능가액이 상각 후 원가보다 큰 해에는 손상징후가 없는 것이므로 손상차손을 인식하지 않는다. 더 감가상각하다가 회수가능가액이 상각 후 원가보다 작은 해에 손상차손을 인식하자.

2차 상각: 잔존내용연수, 잔존가치 주의!

(1) 잔존내용연수

　　손상 후 **2차 상각**에서는 지나간 기간은 차감하고 **상각률이 '1/잔존n'으로** 바뀐다.

(2) 잔존가치

　　잔존가치가 0이 아닐수도 있으니 잔존가치도 항상 주의하자.

STEP 4 **손상차손환입: 한도 주의!** ★중요!

> 손상차손환입 한도 = 손상을 인식하지 않았을 경우의 장부금액
> = 손상 인식 이전 금액에서 한 번 더 상각한 금액

2. 원가모형 손상차손 회계처리

(1) 손상: (차) 손상차손 XXX (대) 손상차손누계액 XXX

(2) 환입: (차) 손상차손누계액 XXX (대) 손상차손환입 XXX

 원가모형 손상차손 - 손상차손

01 ㈜한국은 2011년 7월 1일 건물을 ₩11,000에 취득하여 정액법(잔존가치는 ₩1,000이고 내용연수는 10년)으로 월할 상각하고 있다. ㈜한국은 당기 중 예상치 못한 금융위기로 인해 부동산 가격이 폭락함에 따라 손상징후가 있다고 판단하였다. 2011년 12월 31일 현재 동 건물의 순공정가치는 ₩2,000으로 추정되고 사용가치는 ₩2,500이다. ㈜한국이 2011년 12월 31일에 인식해야 할 손상차손은?　　　　　　　　　　2012. 국가직 7급

① ₩0　　　　　　② ₩8,000　　　　　③ ₩8,500　　　　　④ ₩9,000

11.7초 11,000 n = 10, s = 1,000, 정액법

　　　↓ (500) = (11,000 − 1,000) × 1/10 × 6/12

11　　　10,500　→　2,500(MAX)

　　　손상 (8,000)

답 ②

예제 원가모형 손상차손 - 유형자산처분손익

02 ㈜한국은 20X1년 초에 기계를 ₩200,000(내용연수 5년, 잔존가치 ₩0, 정액법 상각)
에 구입하고 원가모형을 채택하였다. 20X1년 말 기계의 순공정가치와 사용가치는 각각
₩120,000, ₩100,000이었다. 20X2년 7월 1일에 ₩90,000의 현금을 받고 처분하였다.
㈜한국이 인식할 유형자산처분손익은? (단, 감가상각비는 월할 상각한다.) 2017. 국가직 9급

① 처분이익 ₩50,000 　　　　　② 처분이익 ₩30,000

③ 처분손실 ₩15,000 　　　　　④ 처분손실 ₩12,000

X0 200,000 n = 5, s = 0

　　↓ (40,000) = (200,000 − 0) × 1/5

X1 160,000 → 120,000(MAX) n = 4

　　　　손상 (40,000) ↓ (15,000) = (120,000 − 0)/4 × 6/12

X2.7.1 　　　　　105,000

처분손익 = 90,000 − 105,000 = 손실 15,000

X2년에 기계를 처분하면서 기계가 없어지므로 X2년에 손상차손환입을 할 필요는 없으며, 7.1에 처분하므로
X2년도 감가상각비를 계산할 때 6/12를 곱해야 함에 주의하자.

답 ③

원가모형 손상차손 - 손상차손환입

03 ㈜한국은 20×1년 1월 1일에 기계장치를 ₩4,000,000(정액법 상각, 내용연수 5년, 잔존가치 ₩0, 원가모형 적용)에 취득하였다. 각 회계연도 말 기계장치에 대한 회수가능액은 다음과 같다.

• 20×1년 말	₩3,200,000
• 20×2년 말	₩1,800,000
• 20×3년 말	₩1,200,000
• 20×4년 말	₩2,000,000

㈜한국은 20×2년 말에 기계장치에 대해 손상차손이 발생하였고, 20×4년 말에 손상차손 환입이 발생하였다고 판단하였다. 20×4년에 계상될 손상차손환입액은? 2021. 국가직 7급

① ₩200,000 ② ₩600,000
③ ₩800,000 ④ ₩1,400,000

 해설

```
X0    4,000,000      n=5, s=0, 정액
      ↓ (800,000)
X1    3,200,000
      ↓ (800,000)
X2    2,400,000     — (600,000) →   1,800,000        n=3, s=0, 정액
      ↓ (800,000)                    ↓ (600,000)
X3    1,600,000                       1,200,000
      ↓ (800,000)                    ↓ (600,000)
X4    800,000(한도)   ← 200,000 —     600,000
```

X1말에는 회수가능액이 상각 후 장부금액보다 크며, X2말에 손상차손이 발생하였다는 단서가 있으므로 X1말에는 손상차손을 인식하지 않고, X2말에 최초로 손상차손을 인식한다.

답 ①

원가모형 손상차손 – 회계처리

04 ㈜한국은 2010년 1월 1일에 기계장치를 ₩1,000,000에 취득하였다. ㈜한국은 이 기계장치에 대하여 원가모형을 적용하며, 연수합계법(내용연수는 4년, 잔존가액은 0)으로 상각한다. 2010년 말, 2011년 말, 2012년 말 동 자산의 회수가능가액은 각각 ₩650,000, ₩180,000, ₩120,000이었다. 2012년 말 회계처리로 옳은 것은? 2013. 국가직 7급

① (차변) 손상차손누계액   ₩40,000   (대변) 손상차손환입액   ₩40,000
② (차변) 손상차손누계액   ₩60,000   (대변) 손상차손환입액   ₩60,000
③ (차변) 감가상각누계액   ₩40,000   (대변) 손상차손환입액   ₩40,000
④ (차변) 기계장치   ₩60,000   (대변) 손상차손환입액   ₩60,000

09 1,000,000 n = 4, s = 0, 연수합계
    ↓ (400,000) = (1,000,000 − 0) × 4/10
10 600,000
    ↓ (300,000) = (1,000,000 − 0) × 3/10
11 300,000 → 180,000 n = 4 − 2 = 2
    ↓ 손상 (120,000) ↓ (120,000) = (180,000 − 0) × 2/3
12 100,000(한도) ← 60,000
    환입 40,000

10년말에는 회수가능가액이 장부금액보다 크기 때문에 손상차손을 인식하지 않는다. 11년말에는 회수가능가액이 장부금액보다 작으므로 손상차손을 인식한다. 12년말에는 회수가능가액이 크게 회복되지만, 원가모형 손상차손환입 시 한도가 있으므로 100,000까지만 손상차손환입을 인식한다.

답 ①

 원가모형 손상차손 문제의 환입 후 장부금액

손상차손과 환입이 발생하지 않았다고 생각하고 바로 해당 연도의 장부금액을 구할 것!
문제에서 환입 후 장부금액을 묻는 경우가 있다. 이때는 손상차손과 환입이 발생하지 않았다고 생각하고 바로 해당 연도의 장부금액을 구하자. 어차피 환입 후 장부금액은 손상차손환입 한도일 것이다.

 원가모형 손상차손 - 환입 후 장부금액

05 ㈜한국은 2014년 초에 기계장치(잔존가치 ₩0, 내용연수 5년, 정액법 상각)를 ₩5,000에 취득하고, 원가모형을 사용하여 측정하고 있다. 2014년 말에 손상징후가 있어 손상검사를 실시한 결과, 기계장치의 순공정가치는 ₩2,500, 사용가치는 ₩2,800으로 판명되었다. 이후 2015년 말에 손상이 회복되어 기계장치의 회수가능액이 ₩4,000이 된 경우 기계장치의 장부금액은?

2015. 지방직 9급

① ₩2,100
② ₩3,000
③ ₩3,300
④ ₩4,000

```
13  5,000 n = 5, s = 0
      ↓ (1,000) = (5,000 - 0) × 1/5
14  4,000       →      2,800(MAX) n = 4
      ↓ 손상 (1,200)  ↓ (700)
15  3,000(한도)  ←    2,100
        환입 900
```

15년 말에 회수가능액이 4,000까지 회복되지만, 한도가 3,000이므로 장부금액은 3,000이다. 이처럼 원가모형 손상차손 문제에서는 대부분 환입 한도에 걸리게 출제하므로 환입 후 장부금액을 묻는다면 손상차손과 환입을 무시하고 바로 해당 연도의 장부금액을 구한다면 빠르게 문제를 풀 수 있다.
5,000 - (5,000 - 0) × 2/5 = 3,000

답 ②

06 다음은 20X1년 12월 31일 현재 기계(취득 20X1년 1월 1일, 내용연수 10년, 잔존가치 없음, 정액법 상각) 관련 부분 재무상태표이다. 20X2년 12월 31일의 기계의 회수가능액이 420억인 경우에 다음 중 옳지 않은 것은? (단, 언급된 기계는 원가모형을 적용하여 회계처리한다고 가정한다.)

2015. 서울시 9급

기계	₩500억
감가상각누계액	(₩50억)
손상차손누계액	(₩90억) ₩360억

① 20X2년 말의 기계 장부금액은 ₩420억이다.

② 20X2년의 감가상각비는 ₩40억이다.

③ 20X2년 말 현재 손상차손을 인식하지 않았다고 가정했을 경우, 기계의 장부금액은 ₩400억이다.

④ 20X2년에는 손상차손 환입으로 ₩80억을 계상해야 한다.

 해설

기계를 X1년 초에 취득했으므로 X1년 말 감가상각누계액과 손상차손누계액은 각각 X1년도 감가상각비와 손상차손을 의미한다.

X0 500 n = 10, s = 0, 정액법
     ↓ (50) = (500 − 0)/10
X1 450 → 360 n = 9, s = 0
     ↓   ↓ ② (40) = (360 − 0)/9
X2 400 ← 320
       ④ 80

③ 원가모형 손상차손환입 한도에 대한 설명이다. (O)

① 원가모형 적용 시 손상차손환입에 한도가 있으므로, X2년 말 장부금액은 400억이다. (X)

답 ①

7 재평가모형

1. 재평가모형의 적용 – 토지: 상각 없이 매년 평가만 ★중요!

토지는 상각할 필요가 없으므로 상각자산과 달리 상각하면서 아래로 뻗을 필요 없이, 오른쪽으로만 화살표를 뻗으며 매년 공정가치 평가만 수행해주면 된다.

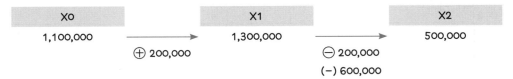

⊕: OCI 증가, ⊖: OCI 감소, (-): PL 감소

STEP 1 1차 평가

최초 평가에서 평가이익은 OCI(재평가잉여금 – 기타포괄손익)로, 평가손실은 PL(재평가손실 – 당기손실)로 인식한다.

STEP 2 2차 평가

재평가논리 – "올라가면 OCI, 내려가면 PL, 상대방 것이 있다면 제거 후 초과분만 인식"

1차 평가	2차 평가	
이익 (OCI)	이익	OCI
	손실	OCI 제거 후, 초과분 PL
손실 (PL)	이익	PL 제거 후, 초과분 OCI
	손실	PL

1차 평가와 같은 방향으로 평가가 이루어진다면 (이익 – 이익, 손실 – 손실) 1차 평가와 같은 방식으로 처리하면 된다. 만약 다른 방향이라면 (이익 – 손실, 손실 – 이익) 1차 평가에서 인식한 금액을 제거하고, 초과하는 부분만 원칙대로 인식한다.

01 ㈜한국은 보유하고 있는 토지에 대하여 2009년부터 매년 말 재평가모형을 적용하여 평가하고 있다. 다음은 ㈜한국이 보유하고 있는 토지의 장부가액과 공정가치에 대한 자료이다. 2012년 말 현재 ㈜한국의 토지와 관련된 기타포괄손익누계액은? 2012. 관세직 9급

연도	장부가액	공정가치
2009	₩28,000	₩30,000
2010	₩30,000	₩27,000
2011	₩27,000	₩35,000
2012	₩35,000	₩31,000

① ₩2,000   ② ₩3,000
③ ₩4,000   ④ ₩5,000

해설

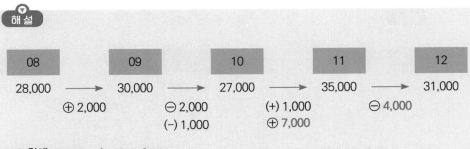

OCI 잔액: 7,000 - 4,000 = 3,000
09년말부터 재평가를 적용하였으므로, 09년 중에 취득했다고 보고 09년 장부가액은 '08'로 표시하였다.

|별해|
OCI 잔액: 31,000(12말 장부금액) - 28,000(취득원가) = 3,000
토지는 상각하지 않기 때문에 중간, 중간 OCI가 상계되므로 최초 취득원가과 최종 공정가치만 비교해도 OCI를 손쉽게 계산할 수 있다.

답 ②

재평가모형의 적용 – 토지: 회계처리

02 ㈜한국은 2014년 초 취득원가 ₩50,000의 토지를 매입하였으며, 재평가모형을 적용하고 있다. 해당 토지의 2014년 말 공정가치는 ₩45,000으로 추정되어 ₩5,000의 당기손실을 인식하였다. 2015년 말 토지의 공정가치는 ₩52,000으로 추정된다. ㈜한국의 2015년 말 토지에 대한 회계처리로 옳은 것은?

2015. 국가직 7급

① (차변) 토지   ₩7,000   (대변) 재평가이익   ₩5,000
                                           재평가잉여금   ₩2,000
② (차변) 토지   ₩7,000   (대변) 재평가이익   ₩7,000
③ (차변) 토지   ₩7,000   (대변) 재평가이익   ₩2,000
                                           재평가잉여금   ₩5,000
④ (차변) 토지   ₩7,000   (대변) 재평가잉여금   ₩7,000

해설

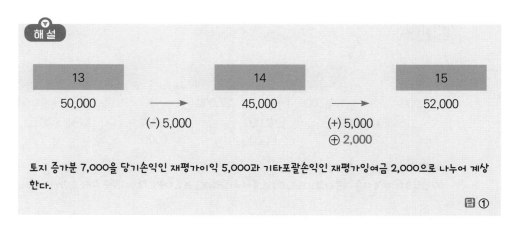

토지 증가분 7,000을 당기손익인 재평가이익 5,000과 기타포괄손익인 재평가잉여금 2,000으로 나누어 계상한다.

달 ①

03 ㈜한국은 취득원가 ₩100,000의 토지를 2010년 5월 3일에 처음으로 재평가하였다. 이 토지가 ₩150,000으로 재평가된 경우, 2010년 말 ㈜한국의 재무제표에 미치는 영향으로 옳은 것은?

2011. 지방직 9급 수정

① ₩50,000만큼 이익잉여금이 증가한다.
② ₩50,000은 포괄손익계산서에 보고되지 않는다.
③ ₩50,000만큼 당기순이익이 증가한다.
④ ₩50,000만큼 자본이 증가한다.

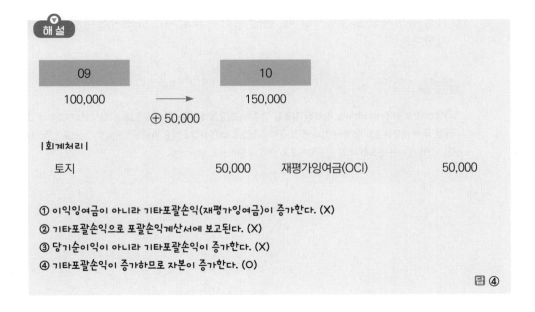

해설

09		10
100,000	→	150,000
	⊕ 50,000	

|회계처리|

| 토지 | 50,000 | 재평가잉여금(OCI) | 50,000 |

① 이익잉여금이 아니라 기타포괄손익(재평가잉여금)이 증가한다. (X)
② 기타포괄손익으로 포괄손익계산서에 보고된다. (X)
③ 당기순이익이 아니라 기타포괄손익이 증가한다. (X)
④ 기타포괄손익이 증가하므로 자본이 증가한다. (O)

답 ④

04 유형자산 재평가모형에 대한 설명으로 옳지 않은 것은?　2022. 국가직 9급

① 최초 인식 후에 공정가치를 신뢰성 있게 측정할 수 있는 유형자산은 재평가일의 공정가치에서 이후의 감가상각누계액과 손상차손누계액을 차감한 재평가금액을 장부금액으로 한다.

② 자산의 장부금액이 재평가로 인하여 증가된 경우에 그 증가액은 기타포괄손익으로 인식하고 재평가잉여금의 과목으로 자본에 가산한다. 그러나 동일한 자산에 대하여 이전에 당기손익으로 인식한 재평가감소액이 있다면 그 금액을 한도로 재평가증가액만큼 당기손익으로 인식한다.

③ 자산의 장부금액이 재평가로 인하여 감소된 경우에 그 감소액은 기타포괄손익으로 인식한다. 그러나 그 자산에 대한 재평가잉여금의 잔액이 있다면 그 금액을 한도로 재평가감소액을 당기손익으로 인식한다.

④ 특정 유형자산을 재평가할 때, 해당 자산이 포함되는 유형자산의 유형 전체를 재평가한다.

 해설

자산의 장부금액이 재평가로 인하여 감소된 경우에 그 감소액은 당기손익(PL)으로 인식한다. 그러나 그 자산에 대한 재평가잉여금의 잔액이 있다면 그 금액을 한도로 재평가감소액을 기타포괄손익(OCI)으로 인식한다.
①, ④번 선지는 중요하지 않은 문장이므로 가볍게 읽어보고 넘어가자.

답 ③

2. 재평가모형의 적용 – 상각자산 심화

상각자산도 재평가모형을 적용하는 경우 토지와 마찬가지로 매년 공정가치 평가를 한다. 다만, 토지와 달리 매년 감가상각을 해야 하며, 상각 이후에 재평가를 실시한다. 상각자산의 재평가모형은 다음과 같이 푼다.

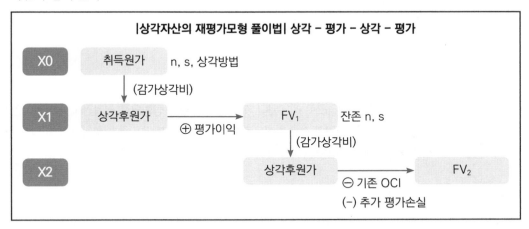

|상각자산의 재평가모형 풀이법| 상각 – 평가 – 상각 – 평가

STEP
1 1차 상각

문제에 제시된 방법으로 감가상각한다.

STEP
2 1차 평가

최초 평가에서 평가이익은 OCI(기타포괄손익)로, 평가손실은 PL(당기손실)로 인식한다.

> ※주의 **재평가이익의 넓은 의미** 심화
>
> '재평가이익'은 원칙적으로 당기손익(PL) 계정과목이다. 하지만 출제진들이 재평가이익을 단순히 '재평가로 인해 인식하는 이익'이라는 의미로 생각하여, 재평가이익(PL)분만 아니라 재평가잉여금(OCI)까지 포괄하는 용어로 사용하기도 한다. 따라서 문제에 등장한 재평가이익을 PL로만 생각하지 말고, 문제의 상황을 따지면서 PL인지, OCI인지를 결정해주어야 한다.

STEP
3 2차 상각: 잔존내용연수 주의!

재평가 완료 후, 다시 상각을 해야 한다. 원가모형에서 언급한 바와 같이, 잔존내용연수와 잔존가치를 주의하여 상각하자.

참고로, '재평가잉여금의 이익잉여금 대체'라는 회계처리가 있는데, 회계사 시험에서도 거의 출제되지 않을 정도로 지엽적인 주제이다. 공무원 수험 목적상 설명을 생략한다.

STEP 4 2차 평가

"올라가면 OCI, 내려가면 PL, 상대방 것이 있다면 제거 후 초과분만 인식"

1차 평가	2차 평가	
이익 (OCI)	이익	OCI
	손실	OCI 제거 후, 초과분 PL
손실 (PL)	이익	PL 제거 후, 초과분 OCI
	손실	PL

재평가논리는 토지와 같은 방식으로 적용된다. 1차 평가와 같은 방향으로 평가가 이루어진다면 (이익 – 이익, 손실 – 손실) 1차 평가와 같은 방식으로 처리하면 된다. 만약 다른 방향이라면 (이익 – 손실, 손실 – 이익) 1차 평가에서 인식한 금액을 제거하고, 초과하는 부분만 원칙대로 인식한다.

> **※주의** 감가상각비는 재평가손익의 분류(OCI/PL)에 영향을 안 미침!
>
> 기존 재평가손익을 PL로 인식했는지, OCI로 인식했느냐에 따라 이후에 재평가손익을 PL로 인식할지, OCI로 인식할지가 달라진다. 이때, 감가상각비는 재평가손익의 분류를 결정하는데 전혀 영향을 미치지 않는다. 감가상각비도 PL(당기손익)이긴 하지만, 재평가손익의 분류를 결정할 때에는 무시하자.

STEP 5 재평가모형을 적용하는 유형자산의 처분손익

유형자산처분손익(PL) = 처분가액 – 장부금액 (재평가잉여금은 재분류조정 X)

감누	감누	유형자산	취득원가
현금	처분가액		
처분 손익 = 처분가액 – 장부금액			
(재평가잉여금	XXX	이익잉여금	XXX)

• 유형자산이 제거되면서 OCI는 이익잉여금으로 직접 대체 가능 (선택)

> **※주의** 당기손익에 미치는 영향: 감가비를 빼먹지 말 것!
>
> | 당기손익에 미치는 영향 = 재평가이익 – 재평가손실 – 감가상각비 |
> |---|
>
> 유형자산 원가모형이든, 재평가모형이든 문제에서 당기손익에 미치는 영향을 물으면 대부분의 수험생은 손상차손(환입) 및 재평가 과정에 집중하게 된다. 하지만 당기손익에 미치는 영향은 이것이 다가 아니다. 바로 감가상각비가 있다. 평가 과정에서 인식한 손익에 감가상각비까지 차감해야 한다는 것을 주의하자.

재평가모형의 적용 – 상각자산: 손익에 미치는 영향 심화

01 ㈜서울은 20X1년 1월 1일에 건물을 ₩2,000,000에 취득하였다(내용연수 5년, 잔존가치 0, 정액법에 의한 감가상각). ㈜서울은 이 건물에 대하여 매년 말 공정가치로 재평가한다. 한편, 건물의 공정가치는 20X1년 12월 31일과 20X2년 12월 31일에 각각 ₩1,800,000 과 ₩1,050,000이다. 동 건물에 대한 회계처리가 ㈜서울의 20X2년 당기순손익에 미치는 영향은? (결산일은 매년 12월 31일이며, 재평가잉여금은 후속기간에 이익잉여금으로 대체하지 않는다.)

2019. 서울시 9급

① 순손실 ₩100,000 　　　　② 순손실 ₩300,000
③ 순손실 ₩450,000 　　　　④ 순손실 ₩550,000

해설

```
X0   2,000,000    n = 5, s = 0
        ↓ (400,000) = (2,000,000 − 0) × 1/5
X1   1,600,000        →        1,800,000      n = 4
        ⊕ 200,000   ↓ (450,000) = (1,800,000 − 0) × 1/4
X2                    1,350,000      →      1,050,000
                                   ⊖ 200,000
                                   (−) 100,000
```

당기순손익에 미치는 영향: (−)100,000 − 450,000 = (−)550,000
• '당기손익'에 미치는 영향을 묻는다면 감가상각비까지 포함해야 한다는 것을 유의하자.

답 ④

02 ㈜한국은 20×1년 초에 무형자산인 라이선스를 ₩500,000(정액법 상각, 내용연수 10년, 잔존가치 ₩0, 재평가모형 적용)에 취득하였다. 20X1년 말 라이선스의 공정가치가 ₩450,000, 20X2년 말 라이선스의 공정가치가 ₩525,000이라면, 20X2년 말 인식할 재평가이익은?

2021. 국가직 7급

① ₩25,000   ② ₩50,000

③ ₩75,000   ④ ₩125,000

 해설

```
X0   500,000        n=10, s=0, 정액
      ↓ (50,000)
X1   450,000
      ↓ (50,000)
X2   400,000    - ⊕ 125,000 OCI →   525,000
```

무형자산의 재평가모형도 유형자산과 같은 방식으로 적용한다.

문제에서 묻는 '재평가이익'은 원칙적으로 당기손익(PL) 계정과목이지만, 이 예제에서는 최초 평가증이 발생하는 상황이므로 재평가잉여금(OCI)로 해석해야 한다.

답 ④

03 ㈜서울은 2017년 1월 1일에 무형자산인 특허권을 ₩5,000,000에 취득하여 사용하기 시작하였다. 특허권의 잔존가치는 없으며, 내용연수는 5년, 정액법을 사용하여 상각하기로 하였다. 또한 특허권에 대한 활성시장이 존재하여 ㈜서울은 매 회계연도 말에 공정가치로 재평가하기로 하였다. 단, 재평가잉여금의 일부를 이익잉여금으로 대체하는 회계처리는 하지 않기로 하였다. 각 연도별 공정가치는 〈보기〉와 같을 때, 이 특허권과 관련하여 ㈜서울의 2018년 포괄손익계산서에 보고될 당기손익과 재무상태표에 보고될 재평가잉여금은?

2018. 서울시 9급 **심화**

〈보기〉

2017.12.31	2018.12.31
₩3,600,000	₩3,100,000

① 손실: ₩600,000 재평가잉여금: ₩0
② 손실: ₩500,000 재평가잉여금: ₩0
③ 손실: ₩900,000 재평가잉여금: ₩400,000
④ 이익: ₩300,000 재평가잉여금: ₩300,000

 해설

특허권은 매 회계연도 말에 공정가치로 재평가하기로 하였다. 특허권에 대하여 재평가모형을 적용한다는 의미이다. 무형자산의 재평가모형도 유형자산과 같은 방식으로 적용한다.
- 당기손익: − 900,000(감가비) + 400,000(재평가이익) = (−)500,000 손실
- B/S 상 재평가잉여금: 0

```
16   5,000,000   n = 5, s = 0
        ↓ (1,000,000) = (5,000,000 − 0) × 1/5
17   4,000,000        →        3,600,000        n = 4
        (−)400,000        ↓ (900,000) = (3,600,000 − 0) × 1/4
18                          2,700,000        →        3,100,000
                                  (+)400,000
```

답 ②

재평가모형의 적용 - 상각자산: 재평가잉여금 잔액 심화

04 다음 설비자산 자료를 이용한 20X2년 재평가잉여금 기말 잔액은? (단, 설비자산은 취득시부터 재평가모형을 적용하고, 재평가잉여금의 이익잉여금 대체를 고려하지 않는다)

2021. 지방직 9급

- 20X1년 1월 1일에 설비자산을 ₩30,000에 취득(정액법 상각, 내용연수 10년, 잔존가치 ₩5,000)
- 20X2년 1월 1일에 동 설비자산의 감가상각방법을 연수합계법으로 변경(잔존내용연수 4년, 잔존가치 ₩7,500)
- 공정가치:20X1년 말 ₩37,500, 20X2년 말 ₩25,000

① ₩0   ② ₩500

③ ₩9,500   ④ ₩10,000

해설

```
X0   30,000   n = 10, s = 5,000
        ↓ (2,500) = (30,000 − 5,000) × 1/10
X1   27,500          →          37,500      n = 4, s = 7,500, 연수합계법
             ⊕ 10,000   ↓ (12,000) = (37,500 − 7,500) × 4/10
X2               OCI    25,500          →              25,000
                                   ⊖ 500 OCI
```

X2년말 재평가잉여금(OCI) 잔액: 10,000 − 500 = 9,500

답 ③

예제 재평가모형의 적용-상각자산: 계산형 말문제 **심화**

05 ㈜한국은 20X1년 초 기계장치를 ₩10,000(정액법 상각, 내용연수 4년, 잔존가치 ₩2,000, 원가모형 적용)에 취득하였다. 기계장치 관련 자료가 다음과 같을 때 옳은 것은? 2021. 국가직 7급

> • 20X2년 중 최초로 기계장치에 대해 재평가모형으로 변경하였으며, 재평가 시 기존의 감가상각누계액은 전액 제거한 후 공정가치로 평가한다. (상각방법, 내용연수, 잔존가치의 변동은 없다)
> • 20X2년 말 기계장치의 공정가치는 ₩12,000이다.
> • 20X3년 말 기계장치를 현금 ₩8,000을 받고 처분하였다.

① 20×1년 감가상각비는 ₩2,500이다.
② 20×2년 재평가잉여금은 ₩4,000이다.
③ 20×3년 감가상각비는 ₩5,000이다.
④ 20×3년 기계장치 처분이익은 ₩2,000이다.

해설

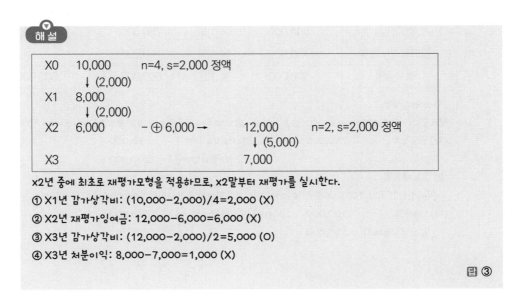

x2년 중에 최초로 재평가모형을 적용하므로, x2말부터 재평가를 실시한다.
① X1년 감가상각비: (10,000-2,000)/4=2,000 (X)
② X2년 재평가잉여금: 12,000-6,000=6,000 (X)
③ X3년 감가상각비: (12,000-2,000)/2=5,000 (O)
④ X3년 처분이익: 8,000-7,000=1,000 (X)

답 ③

3. 재평가모형의 회계처리 - 비례수정법과 감가상각누계액제거법: 무시할 것! 심화

> 비례수정법: 취득원가와 감가상각누계액을 비례하여 조정
> 감가상각누계액제거법: 감가상각누계액을 전액 제거하고, 취득원가를 공정가치와 일치시킴

재평가모형의 회계처리 방식에는 두 가지가 있다. 비례수정법은 취득원가와 감누를 비례적으로 변화시켜 장부금액을 공정가치에 일치시킨다. 반면, 감누제거법은 기존에 인식한 감누를 전부 제거한 뒤, 취득원가를 공정가치에 일치시킨다.

재평가모형 회계처리

㈜김수석은 20X1년 1월 1일 기계장치를 ₩500,000에 구입하였다. 내용연수는 5년, 잔존가치는 ₩0으로 추정되며, 정액법을 적용한다. ㈜김수석은 유형자산에 대해 재평가모형을 사용하며, 20X1년말의 공정가치는 ₩600,000이다. 비례수정법과 감가상각누계액제거법을 이용하여 20X1년 재평가 회계처리를 하시오.

해설

X0 500,000 n = 5, s = 0

　↓ (100,000) = (500,000 − 0) × 1/5

X1 400,000　→　600,000

　　⊕ 200,000

	조정 전		비례수정법	감누제거법
취득원가	500,000	× 1.5	750,000	600,000
감가상각누계액	(100,000)	× 1.5	(150,000)	–
장부금액	400,000	× 1.5	600,000	600,000

(1) 비례수정법

장부금액이 400,000에서 600,000으로 1.5배가 되기 때문에 취득원가와 감누 모두 1.5배가 되어야 한다.

(차) 기계장치　　　250,000　　(대) 감가상각누계액　　　50,000

　　　　　　　　　　　　　　　　OCI(재평가잉여금)　200,000

(2) 감누제거법

기존에 인식한 감누 100,000을 전부 제거한 뒤, 취득원가를 공정가치인 600,000에 일치시킨다.

(차) 기계장치　　　100,000　　(대) OCI(재평가잉여금)　200,000

　　감가상각누계액　100,000

目 ④

비례수정법과 감가상각누계액제거법은 취득원가와 감가상각누계액이 다르지만, 장부금액은 일치한다. 문제에서 회계처리 방법을 제시할 수도 있고, 제시하지 않을 수도 있다. 문제에서 감가상각을 직접 시킨 경우에는 회계처리 방법을 고려하지 말고 풀면 된다. 회계처리 방법과 무관하게 장부금액, 당기손익, 기타포괄손익은 동일하기 때문이다. 예제 1번처럼 감가상각을 수험생에게 시키지 않은 문제에서만 예외적으로 회계처리 방법을 의식하면서 문제를 풀면 된다. 정말 예외적인 문제이므로 다른 문제에서는 회계처리 방법이 어떻게 주어지든 앞에서 배운 풀이법대로 문제를 풀면 된다.

01 ㈜한국은 20X1년 초에 ₩15,000을 지급하고 항공기를 구입하였다. 20X1년 말 항공기의 감가상각누계액은 ₩1,000이며, 공정가치는 ₩16,000이다. 감가상각누계액을 전액 제거하는 방법인 재평가모형을 적용하고 있으며 매년 말 재평가를 실시하고 있다. 20X2년 말 항공기의 감가상각누계액은 ₩2,000이며, 공정가치는 ₩11,000이다. 상기의 자료만을 근거로 도출된 설명으로 옳지 않은 것은? (단, 재평가잉여금을 당해 자산을 사용하면서 이익잉여금으로 대체하는 방법은 선택하고 있지 않다)

2020. 지방직 9급

① 20X1년 말 재평가잉여금은 ₩2,000이다.

② 20X1년 말 항공기의 장부금액은 ₩16,000이다.

③ 20X2년에 인식하는 재평가손실은 ₩3,000이다.

④ 20X2년에 인식하는 재평가손실은 포괄손익계산서의 비용항목으로 당기순이익에 영향을 준다.

해설

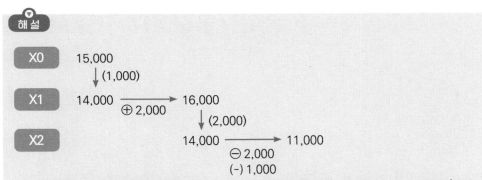

③ X2년 평가손실 3,000은 기타포괄손익 2,000과 당기손익 1,000으로 나뉜다. 따라서 재평가손실은 1,000이다.

이 문제의 경우 감가상각누계액제거법을 적용한다는 사실을 의식하면서 문제를 풀었어야 한다. X1년말 재평가 과정에서 감누를 전액 제거하였으므로 X2년말 감누 2,000이 X2년 감가상각비와 일치하기 때문이다. 이 문제를 제외하고는 감가상각누계액제거법이든, 비례수정법이든 고려하지 말고 문제를 풀면 된다.

	조정 전	조정 후 (감누제거법)
취득원가	15,000	16,000
감가상각누계액	(1,000)	–
장부금액	14,000	16,000

|X1말 회계처리|

X1말	감가상각비	1,000	감가상각누계액	1,000
	항공기	1,000	재평가잉여금(OCI)	2,000
	감가상각누계액	1,000		

답 ③

02 ㈜서울은 2018년 1월 초에 기계장치를 ₩1,000,000에 구입하였다. 동 기계장치의 내용 연수는 5년이고 잔존가치는 없으며 정액법으로 감가상각한다. ㈜서울은 당해 기계장치에 대해 재평가모형을 적용하고 있으며 매년도 말에 자산재평가를 한다. 2018년 말 기계장치의 공정가치는 ₩1,040,000이다. 기계장치와 관련하여 감가상각누계액 전액 제거 방법에 의할 경우 ㈜서울이 2018년도에 인식할 재평가잉여금은 얼마인가?   2017. 서울시 9급

① ₩40,000

② ₩100,000

③ ₩200,000

④ ₩240,000

17	1,000,000	n = 5, s = 0

↓ (200,000) = (1,000,000 − 0) × 1/5

18	800,000	→	1,040,000

⊕240,000

감가상각을 직접 했기 때문에, 회계처리 방법은 전혀 신경쓰지 말고 풀면 된다.

답 ④

8 차입원가 자본화 심화

차입원가 자본화란, 건설 또는 구입을 위해 차입을 한 경우, 차입으로 인한 이자비용도 취득부대 비용으로 보아 유형자산의 취득원가에 가산하는 것을 말한다. 차입원가 자본화는 그동안 7급에서만 출제되었지만, 최근에는 9급에서도 등장하기 시작한 주제이다.

난이도가 다소 어렵고, 9급에서는 출제될 가능성이 높지 않기 때문에 한 번 공부해보고 너무 어렵다고 느껴지는 수험생은 해당 주제를 넘겨도 좋다. 김수석도 수험생 때 차입원가 자본화는 무조건 넘긴 다음, 제일 마지막에 풀었다. 실전에서도 시간이 많이 걸리는 유형이므로 복잡하게 출제된다면 풀지 않는 것이 유리할 수도 있다.

1. 용어 설명

(1) 적격자산

차입원가 자본화는 모든 자산에 대해 실시하는 것이 아니다. 차입원가 자본화의 대상 자산을 '적격자산'이라고 부른다. 적격자산이란 취득 및 건설에 장기간이 소요되는 자산을 뜻한다. 금융자산이나 생물자산과 같이 공정가치 평가를 하는 자산, 단기간에 제조되는 재고자산은 적격자산에 해당하지 않는다.

(2) 특정차입금과 일반차입금

차입금에는 특정차입금과 일반차입금이 있다. 특정차입금은 적격자산을 취득하기 위해 차입한 차입금을, 일반차입금은 적격자산과의 직접적인 관련 없이 전체 사업에 필요한 자금을 조달하기 위한 차입금이다. 특정차입금이라고 문제에서 직접 제시할 수도 있고, '적격자산의 취득과 직접 관련이 있다'와 같이 설명으로 제시할 수도 있다.

2. 차입원가 자본화 풀이법

```
1. 연평균 지출액
   X1                         12.31 or 완공일
   1.1      지출액 × 월수/12  = XXX
   7.1      지출액 × 월수/12  = XXX
                              ─────────────
                              연평균 지출액


2. 특정:   차입금 × 월수/12  = XXX  (이자율)  → 특정차입금 자본화액
                                    ↓
4. 일반:  (연평균 지출액      – XXX)  (R)      → 일반차입금 자본화액  (한도: 이자비용 계)
                                              ─────────────────────────
                                              차입원가 자본화액


3. R      = 이자비용 계/연평균 차입금
   A      차입금 × 월수/12  = XXX  (이자율)  → 이자비용
   B      차입금 × 월수/12  = XXX  (이자율)  → 이자비용
   계                      연평균 차입금      이자비용 계
```

STEP 1 연평균 지출액

1. 연도와 12.31(or 완공일) 쓰기

X1	12.31 or 완공일

어느 연도의 차입원가를 자본화하는지 좌측 상단에 기재하고, 그 우측에 마감일을 쓴다. **당해연도에 공사가 마감되면 공사 완공일을, 마감되지 않으면 12.31을 쓴다.** 일반적으로 공무원 회계학에서는 문제에서 묻는 해에 공사가 마감되지 않으므로, 대부분 12.31을 쓴다.

2. 지출일과 지출액 쓰기

1.1	지출액
7.1	지출액

공사 지출일을 좌측에 쓰고, 그 옆에 일자별 지출액을 기재한다.

3. 연평균 지출액 구하기

```
X1                               12.31 or 완공일
1.1        지출액 × 월수/12  = XXX
7.1        지출액 × 월수/12  = XXX
                          ────────────────
                              연평균 지출액
```

일자별 지출액을 1번에서 쓴 12.31(or 완공일)까지 월할로 평균한다. 12.31을 썼다고 가정할 때 1.1에 지출했다면 12/12를, 7.1에 지출했다면 6/12를 곱해서 더한다. 이것이 연평균 지출액이다. 월수 계산 시 실수를 많이 하니 월수 계산에 주의하자.

STEP 2 특정차입금 자본화

05

```
차입금 × 월수/12 = 연평균 차입금(이자율) → 특정 차입금 자본화액
```

1. 차입금 × 월수/12 = 연평균 차입금

특정차입금 금액을 연평균 지출액과 동일한 방식으로 월할 계산한다. 단, 이 기간에 **차입 기간과 건설 기간이 겹치는 기간만 포함되어야 한다.** 특정차입금은 적격자산을 위해 차입한 것이므로 건설 기간과 겹치지 않는 기간은 일반차입금으로 본다.

	건설기간	특정차입금 차입기간	X1년 해당 월수
상황1	X1.4.1~X2.7.1	X1.1.1~X1.12.31	9개월
상황2	X1.1.1~X2.7.1	X1.1.1~X1.12.31	12개월

2. 특정차입금 자본화액: 연평균 차입금(이자율)→특정 차입금 자본화액

연평균차입금을 구했다면 옆에 괄호 열고 이자율을 쓴 뒤, 둘을 곱해서 특정 차입금 자본화액을 구한다.

STEP 3 일반차입금 가중평균차입이자율 및 한도 계산

R	= 이자비용 계/연평균 차입금
A	차입금 × 월수/12 = XXX (이자율) → 이자비용
B	차입금 × 월수/12 = XXX (이자율) → 이자비용
계	연평균 차입금　　　이자비용 계

1. 차입금 × 월수/12 = 연평균 일반차입금(이자율)→이자비용

   일반차입금도 특정차입금과 마찬가지로 연평균 차입금을 구한 뒤, 이자율을 곱해서 이자비용을 계산한다. 일반차입금은 특정차입금과 달리 건설기간을 고려하지 않고, 그해의 차입 기간 전체에 대해서 자본화를 한다.

2. R(일반차입금 가중평균차입이자율) = 이자비용 계/연평균 일반 차입금 계

   1.에서 구한 **이자비용 계**를 연평균 일반차입금 계로 나누면 일반차입금의 가중평균차입이자율이 계산된다. 김수석은 이 이자율을 R이라고 표시할 것이다.

STEP 4 일반차입금 자본화

특정	차입금 × 월수/12 = XXX (이자율) → 특정차입금 자본화액
	↓
일반	(연평균 지출액 − XXX) (R) → 일반차입금 자본화액 (한도: 이자비용 계)
	차입원가 자본화액

Step 1에서 구한 연평균 지출액에서 Step 2에서 구한 연평균 특정 차입금을 차감한 뒤, Step 3에서 구한 R을 곱하면 일반차입금 자본화액이 계산된다.

이때, 일반차입금 자본화액에는 한도가 존재한다. Step 3에서 구한 **이자비용 계**가 일반차입금 자본화액의 한도이다. 한도를 초과하지 않으면 일반차입금 자본화액을 특정차입금 자본화액과 더하면 되고, 한도를 초과한다면 한도를 특정차입금 자본화액과 더해야 한다. 일반차입금 자본화액 계산 시 한도에 주의하자.

01 ㈜대한은 20X1년 1월 1일에 자가사용 목적으로 공장을 착공하여 20X2년 9월 30일 완공하였다. 공사 관련 지출과 차입금에 대한 자료는 다음과 같다. ㈜대한이 20X1년에 자본화할 차입원가는? (단, 차입금의 일시적 운용수익은 없으며, 기간은 월할 계산한다) 2018. 국가직 7급

일자	금액
20X1. 1. 1.	₩3,000
20X1. 10. 1.	₩2,000

구분	금액	이자율(연)	기간
특정차입금	₩1,000	4%	20X0. 12. 1. ~ 20X3. 12. 31.
일반차입금A	₩1,000	5%	20X1. 1. 1. ~ 20X2. 11. 30.
일반차입금B	₩2,000	8%	20X0. 7. 1. ~ 20X3. 6. 30.

① ₩40
② ₩175
③ ₩215
④ ₩280

1. 연평균 지출액
   X1   12.31
   1.1   3,000 × 12/12 = 3,000
   10.1   2,000 × 3/12 = 500
                          3,500

2. 특정: 1,000 × 12/12 = 1,000 (4%) → 40
                        ↓
4. 일반: (3,500 − 1,000) (7%) → 175 (한도: 210)
                                         215

3. R   = 210/3,000 = 7%
   A   1,000 × 12/12 = 1,000 (5%) → 50
   B   2,000 × 12/12 = 2,000 (8%) → 160
   계   3,000   210

답 ③

02 ㈜한국은 20×1년 1월 1일부터 적격자산인 공장건물을 신축하기 시작하였으며, 20×2년 10월 31일 완공하였다. 공사대금 지출 및 신축공사와 관련되는 차입금의 자료는 다음과 같다.

구분	지출일·차입일	금액	상환일	연 이자율
공사대금 지출액	20×1년 1월 1일	₩100,000	–	–
특정목적 차입금	20×1년 1월 1일	₩80,000	20×1년 12월 31일	5%
일반목적 차입금	20×1년 1월 1일	₩200,000	20×2년 12월 31일	10%

㈜한국이 20×1년 공장건물 신축과 관련하여 자본화한 차입원가는? (단, 이자비용은 월할 계산한다)

2021. 국가직 7급

① ₩4,000   ② ₩6,000
③ ₩20,000   ④ ₩24,000

해설

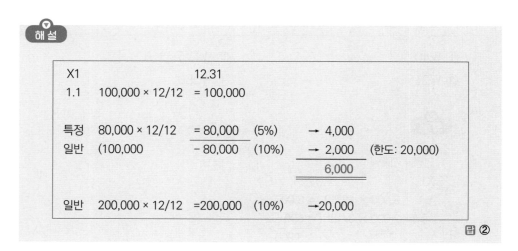

```
X1                    12.31
1.1    100,000 × 12/12  = 100,000

특정    80,000 × 12/12   = 80,000   (5%)    → 4,000
일반    (100,000        − 80,000   (10%)   → 2,000   (한도: 20,000)
                                            6,000

일반    200,000 × 12/12  = 200,000  (10%)   → 20,000
```

답 ②

03 ㈜한국은 20X1년 7월 1일부터 공장건물 신축공사를 시작하여 20X2년 4월 30일에 완공하였다. ㈜한국이 공장건물의 차입원가를 자본화하는 경우 20X1년도 포괄손익계산서상 당기손익으로 인식할 이자비용은? (단, 이자비용은 월할 계산한다) 2019. 국가직 9급 **심화**

[공사대금 지출]

20X1. 7. 1.	20X1. 10. 1.
₩50,000	₩40,000

[차입금 현황]

구분	금액	차입일	상환(예정)일	연이자율
특정차입금	₩50,000	20X1. 7. 1.	20X2. 4. 30.	8%
일반차입금	₩25,000	20X1. 1. 1.	20X2. 6. 30.	10%

① ₩1,000
② ₩1,500
③ ₩2,000
④ ₩2,500

 해설

1. 연평균 지출액

X1		12.31
7.1	50,000 × 6/12	= 25,000
10.1	40,000 × 3/12	= 10,000
		35,000

2. 특정: 50,000 × 6/12 = 25,000 (8%) → 2,000
         ↓
4. 일반: (35,000 − 25,000) (10%) → 1,000 (한도: 2,500)
                                        3,000

3. R = 2,500/25,000 = 10%
   일반 25,000 × 12/12 = 25,000 (10%) → 2,500
   계   25,000   2,500

차입원가 자본화액: 3,000
당기손익으로 인식할 이자비용 = 2,000(특정) + 2,500(일반) − 3,000(자본화액) = 1,500
특정 차입금 이자비용 2,000, 일반 차입금 이자비용 2,500이 발생했지만 이 중 3,000을 자본화했으므로 비용화되는 금액은 1,500이다.

답 ②

04 ㈜번영은 본사건물로 사용하기 위해 건물 A의 소유주와 2010년 초 매매계약 체결과 함께 계약금 ₩200,000을 지급하고, 2010년 말 취득완료하였다. ㈜번영은 기업회계기준에 따라 자산 취득 관련 금융비용을 자본화한다. 다음 자료를 이용하여 건물 A의 취득원가를 구하면?

2010. 지방직 9급 수정 **심화**

내역	금액
• 건물주에게 지급한 총 매입대금	₩1,000,000
• 취득 및 등록세	₩100,000
• 건물 A의 당기분 재산세	₩50,000
• ㈜번영의 건물 A 취득관련 평균지출액	₩500,000
• ㈜번영의 건물 A 취득관련 특정차입금 　(2010년 초 차입, 이자율 15%, 2012년 일시상환조건)	₩200,000
• ㈜번영의 일반차입금 자본화이자율	10%
• ㈜번영의 2010년 발생한 일반차입금 이자비용	₩50,000

① ₩1,110,000
② ₩1,130,000
③ ₩1,150,000
④ ₩1,160,000

해설

내역	금액(₩)
매입대금	1,000,000
취등록세	100,000
차입원가 자본화액	60,000
계	1,160,000

계약금이란, 취득원가의 일부를 미리 선급한 금액을 의미한다. 첫번째 줄에 등장하는 '2010년 초 매매계약 체결과 함께 지급한 계약금'은 건물주에게 지급한 총 매입대금 ₩1,000,000에 포함된 금액이므로 매입대금은 ₩1,200,000이 아닌 ₩1,000,000으로 보아야 한다.

재산세는 당기 비용 항목이며, 차입원가 자본화액은 다음과 같이 계산된다.

1. 연평균 지출액　　　　　　500,000

2. 특정: 200,000 × 12/12 = 200,000　(15%) → 30,000
↓
4. 일반:　　　　　(500,000 − 200,000) (10%) → 30,000 (한도: 50,000)
　　　　　　　　　　　　　　　　　　60,000

3. R　 = 10%, 일반차입금 이자비용 = 50,000 (문제에 제시)

답 ④

05 ㈜한국은 20X1년 초에 토지를 새로 구입한 후, 토지 위에 새로운 사옥을 건설하기로 하였다. 이를 위해 토지 취득 후 토지 위에 있는 창고건물을 철거하였다. 토지의 취득 후 바로 공사를 시작하였으며, 토지 취득 및 신축 공사와 관련된 지출내역은 다음과 같다. 20X1년 12월 31일 현재 사옥 신축공사가 계속 진행 중이라면 건설중인자산으로 계상할 금액은?

2021. 국가직 9급

• 토지의 구입가격	₩20,000
• 토지의 구입에 소요된 부대비용	₩1,300
• 토지 위의 창고 철거비용	₩900
• 새로운 사옥의 설계비	₩2,000
• 기초공사를 위한 땅 굴착비용	₩500
• 건설자재 구입비용	₩4,000
• 건설자재 구입과 직접 관련된 차입금에서 발생한 이자	₩150
• 건설 근로자 인건비	₩1,700

① ₩8,200   ② ₩8,350

③ ₩9,100   ④ ₩9,250

해설

새로운 사옥 설계비	2,000
땅 굴착비용	500
건설자재 구입비용	4,000
차입원가 자본화액	150
건설 근로자 인건비	1,700
계	8,350

- '건설중인자산'은 완성되지 않은 자산을 의미한다. 이 문제에서는 사옥을 건설하고 있기 때문에 사옥의 취득 원가에 포함될 항목을 묻는 것이다.
- 토지의 구입가격, 부대비용: 일괄취득하여 토지만 사용하는 상황이므로 공정가치 비율대로 창고에 취득원가를 안분하지 않고 전부 토지의 취득원가로 계상한다.
- 창고 철거비용: 건물을 바로 철거하는 상황이므로 토지의 취득원가에 가산한다.
- 땅 굴착비용: 토지의 취득원가인지, 건설중인 자산의 취득원가인지 다소 애매하나, 8,350에서 500을 뺐을 때 7,850으로 선지에 없으므로 8,350을 답으로 한다. 실전에서도 애매한 금액은 더하고, 빼보면서 선지에 있는 금액을 답으로 해야 한다.

답 ②

9 정부보조금 (심화)

정부보조금은 유형자산 등을 구입할 때 정부로부터 수령한 금액을 말한다. 정부보조금 회계처리는 자주 출제되는 주제는 아니므로 가볍게 보고 넘어가자.

1. 정부보조금 회계처리 방법

IFRS에서 인정하는 정부보조금의 회계처리 방법은 원가차감법과 이연수익법 두 가지가 있다.

(1) 원가차감법

원가차감법은 정부보조금을 유형자산의 차감적 평가계정으로 계상하는 방법이다. 정부보조금이 감가상각누계액과 같은 역할을 한다고 보면 된다. 유형자산을 100원에 취득 시 10원의 보조금을 받았다면 회사 입장에서는 90원을 지급하고 취득한 것이므로 취득원가를 90원으로 보는 관점이다. 감가상각비는 100원을 기준으로 계산하지만, 실질적인 취득원가는 90원이므로 정부보조금 10원에 해당하는 감가상각비는 취소시켜주어야 한다. 따라서 원가차감법에 따르면 정부보조금을 환입하면서 감가상각비를 감소시킨다.

자산 취득 시	유형자산	총 취득원가	현금	XXX
			정부보조금 (유형자산)	보조금
매기말	감가상각비	총 감가비	감누	총 감가비
	정부보조금	보조금 환입액	감가상각비	보조금 환입액

(2) 이연수익법

이연수익법은 정부보조금을 부채(선수수익)로 계상하는 방법이다. 보조금을 부채로 계상한 뒤, 보조금 환입액만큼 수익을 인식하면서 부채와 상계한다.

자산 취득 시	유형자산	총 취득원가	현금	XXX
			정부보조금 (선수수익)	보조금
매기말	감가상각비	총 감가비	감누	총 감가비
	정부보조금	보조금 환입액	기타수익	보조금 환입액

2. 정부보조금 풀이법

 STEP 1 감가상각하기

정부보조금을 수령하면서 취득한 자산을 문제의 조건에 따라 상각한다.

STEP 2 정부보조금 환입하기

> 정부보조금 환입액 = 정부보조금 × 감가상각비/(취득원가 − 잔존가치)

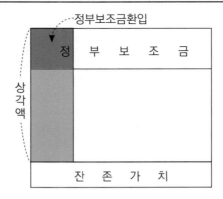

정부보조금 환입액은 정부보조금에 상각률을 곱해서 계산한다. 상각대상자산이 상각된 비율만큼 정부보조금도 제거해야 하기 때문이다. **상각률은 '감가상각비/(취득원가 − 잔존가치)'로 구한다.** 분모에 있는 '취득원가 − 잔존가치'가 상각대상금액이고, 그 중 감가상각비의 비율이기 때문이다.

STEP 3 장부금액 및 감가상각비 구하기

	원가차감법	이연수익법
장부금액	취득원가 − 감누 − 보조금 잔액	취득원가 − 감누
감가상각비	감가상각비 − 보조금 환입액	감가상각비

(1) 원가차감법

원가차감법은 정부보조금을 유형자산의 감소로 본다. 따라서 장부금액 계산 시 취득원가에서 감누를 차감한 뒤, 정부보조금 잔액까지 차감해야 한다. 감가비 계산 시에는 보조금 환입액을 감가비에서 차감한다.

(2) 이연수익법

이연수익법은 정부보조금을 부채로 본다. 따라서 장부금액 계산 시 정부보조금을 차감하지 않는다. 보조금 환입액은 수익으로 인식하므로, 감가비에서 차감하지 않는다.

STEP 4 처분손익: 무조건 정부보조금을 차감한 순액으로 구할 것!

> 처분손익 = 처분가액 − (취득원가 − 감누 − 보조금 잔액)

처분손익은 자산차감법을 적용하든, 이연수익법을 적용하든 동일하게 계산된다. 처분가액에서 **원가차감법**에 따른 장부금액을 차감하면 된다. 아래 회계처리를 보면 알 수 있듯, 정부보조금이 부채이든, 자산의 차감이든 성격만 다를 뿐 처분손익은 같은 금액으로 계산된다.

자산 처분 시	현금	처분가액	유형자산	총 취득원가
	감누	누적 감가비		
	정부보조금	보조금 잔액		
	처분손익 XXX (방법 무관)			

 **정부보조금 회계처리 방법에 따른 처리방법 요약**

	원가차감법	이연수익법
정부보조금 처리 방법	자산의 차감 → 감가비와 상계	부채 → 수익
장부금액	취득원가 − 감누 − 보조금 잔액	취득원가 − 감누
감가상각비	감가상각비 − 보조금 환입액	감가상각비
유형자산처분손익	처분가액 − (취득원가 − 감누 − 보조금 잔액)	

장부금액과 감가상각비는 회계처리 방법에 따라 달라지지만, 처분손익은 두 방법이 동일하다는 것을 기억하자.

 **원가차감법을 적용하고, 정액법이나 연수합계법으로 상각하는 경우 간편법**

: 정부보조금을 차감한 금액을 취득원가로 볼 것! **중요!**

> 취득원가 순액 = 취득원가 총액 − 정부보조금

정부보조금 문제는 주로 원가차감법을 적용하고, 정액법이나 연수합계법으로 상각하는 경우로 출제된다. 이 경우 취득원가 총액에서 정부보조금을 차감한 금액을 취득원가로 보고 감가상각비, 장부금액 등 문제의 요구사항을 구하면 된다.

가령, 유형자산을 100원에 취득 시 10원의 보조금을 받았다면 취득원가를 90원으로 보고 감가상각비, 장부금액, 처분손익을 구하면 된다. 이렇게 풀어도 되는 이유는 정액법이나 연수합계법의 경우 감가상각률과 정부보조금이 상각되는 비율이 같은 방식으로 계산되기 때문이다. 이유는 중요하지 않으므로 이해가 되지 않으면 결론만 기억하자.

01 ㈜한국은 2011년 7월 1일에 기계설비(내용연수 5년, 잔존가치 ₩2,000)를 ₩20,000에 취득하면서, '산업시설 및 기계 등의 설치 및 구입'으로 사용목적이 제한된 상환의무가 없는 정부보조금 ₩7,000을 받았다. 2013년 12월 31일 당해 기계설비의 장부금액(순액)은? (단, ㈜한국은 당해 기계설비에 대하여 정액법을 사용하여 월할 기준으로 감가상각하며, 정부보조금은 관련된 유형자산의 차감계정으로 표시하는 회계정책을 적용하고 있다)

2014. 국가직 7급

① ₩7,500

② ₩8,600

③ ₩11,000

④ ₩13,000

```
11.7.1  20,000      (7,000) n = 5, s = 2,000, 정액
11        ↓ (9,000)  ↓ 3,500
13        11,000     (3,500)
```

- 13년 말 감가상각누계액 = (20,000 − 2,000) × 2.5/5 = 9,000 (2년 반 경과)
- 정부보조금 환입액: 7,000 × 9,000/(20,000 − 2,000) = 3,500
- 13년 말 정부보조금 잔액: 7,000 − 3,500 = 3,500
- 13년 말 장부금액: 11,000 − 3,500 = 7,500

|간편법|
```
11.7.1  13,000 n = 5, s = 2,000, 정액법
        ↓ (13,000 − 2,000) × 2.5/5 = 5,500
13      7,500
```

취득원가 20,000에서 정부보조금 7,000을 차감한 13,000을 취득원가로 보고 계산해도 된다.

답 ①

02 ㈜서울은 20X1년 7월 1일 기계장치를 ₩120,000에 취득 (내용연수 4년, 잔존가치 ₩20,000, 연수합계법 상각)하면서 정부로부터 자산관련보조금 ₩40,000을 수령하였다. ㈜서울이 수령한 보조금을 기계장치의 장부금액에서 차감하는 방법으로 표시한다면 20X1년 말 재무상태표에 표시될 기계장치의 장부금액은? (단, 기계장치는 원가법을 적용하고, 손상차손은 없으며, 감가상각비는 월할 계산한다.) 2018. 서울시 7급

① ₩68,000　　　　　　　　　　② ₩88,000
③ ₩92,000　　　　　　　　　　④ ₩100,000

X1.7.1 120,000 (40,000) n = 4, s = 20,000, 연수합계

　　　↓　　　　↓ 8,000 = 40,000×20,000/(120,000 − 20,000)

X1　　100,000 (32,000)

- 감가상각비: (120,000 − 20,000) × 4/10 × 6/12 = 20,000
- X1말 장부금액: 100,000 − 32,000 = 68,000

|간편법|

X1.7.1 80,000 n = 4, s = 20,000, 연수합계

　　　↓ (80,000 − 20,000) × 4/10 × 6/12 = 12,000

X1　　68,000

답 ①

정부보조금 - 감가비 & 장부금액 (심화)

03 ㈜서울은 20X1년 10월 1일에 연구개발용 설비를 ₩100,000에 취득하면서 정부로부터 ₩40,000의 상환의무가 없는 정부보조금을 수령하였다. ㈜서울은 동 설비에 대해서 내용연수 5년, 잔존가치 ₩0, 정액법으로 감가상각을 하고 있다. 정부보조금을 관련 자산에서 차감하는 원가차감법으로 회계처리 할 경우에, 20X2년도 동 설비의 감가상각비와 기말장부금액은 각각 얼마인가?

2017. 서울시 9급

	감가상각비	기말장부금액
①	₩12,000	₩45,000
②	₩12,000	₩75,000
③	₩20,000	₩45,000
④	₩20,000	₩75,000

 해설

- 감가상각비: 20,000 − 8,000 = 12,000
- 기말 장부금액: 75,000 − 30,000 = 45,000

X1.10.1 100,000 (40,000) n = 5, s = 0

↓   ↓ 2,000 = 40,000×5,000/100,000

X1   95,000 (38,000)

↓   ↓ 8,000 = 40,000×20,000/100,000

X2   75,000 (30,000)

|간편법|

X1.10.1 60,000 n = 5, s = 0

↓ (3,000) = (60,000 − 0) × 1/5 × 3/12

X1   57,000

↓ (12,000) = (60,000 − 0) × 1/5

X2   45,000

취득원가 100,000에서 정부보조금 40,000을 차감한 60,000을 취득원가로 보고 계산해도 된다.

답 ①

정부보조금 - 처분손익 심화

04 ㈜한국은 20X1년 10월 1일 ₩100,000의 정부보조금을 받아 ₩1,000,000의 설비자산을 취득(내용연수 5년, 잔존가치 ₩0, 정액법 상각)하였다. 정부보조금은 설비자산을 6개월 이상 사용한다면 정부에 상환할 의무가 없다. 20X3년 4월 1일 동 자산을 ₩620,000에 처분한다면 이때 처분손익은? (단, 원가모형을 적용하며 손상차손은 없는 것으로 가정한다.)

2018. 국가직 9급

① 처분손실 ₩ 10,000   ② 처분이익 ₩ 10,000
③ 처분손실 ₩ 80,000   ④ 처분이익 ₩ 80,000

 해설

```
X1.10.1  1,000,000 (100,000) n = 5, s = 0

         ↓          ↓ 30,000 = 100,000 × 300,000/1,000,000
X3.4.1      700,000   (70,000)
```

- X3.4.1 감가상각누계액: (1,000,000 − 0) × 1.5/5 = 300,000
- X3.4.1 정부보조금 잔액: 100,000 − 30,000 = 70,000
- X3.4.1 장부금액: 700,000 − 70,000 = 630,000
- 처분손익: 620,000 − 630,000 = (−)10,000 손실

|간편법|
- 취득원가 순액: 1,000,000 − 100,000 = 900,000
- X3.4.1 감가상각누계액: (900,000 − 0) × 1.5/5 = 270,000
- X3.4.1 장부금액: 900,000 − 270,000 = 630,000
- 처분손익: 620,000 − 630,000 = 처분손실 10,000

답 ①

05 ㈜한국은 20×1년 1월 1일 기계장치를 ₩1,300,000(내용연수 4년, 잔존가치 ₩100,000, 정액법, 월할 상각)에 취득하면서, 정부로부터 상환의무 조건이 없는 정부보조금 ₩200,000을 수령하였다. 동 기계장치를 20×2년 12월 31일 ₩700,000에 처분한 경우 유형자산처분손익은? (단, ㈜한국은 정부보조금을 관련자산에서 차감하는 원가차감법으로 회계처리하고 있다)

2022. 국가직 9급

① 유형자산처분이익 ₩100,000
② 유형자산처분이익 ₩150,000
③ 유형자산처분손실 ₩100,000
④ 유형자산처분손실 ₩150,000

해설

X0	1,300,000	(200,000)	n=4, s=100,000, 정액법
	↓ (600,000)	↓ 100,000	= 200,000 × 600,000/(1,300,000−100,000)
X2	700,000	(100,000)	

X2말 기계장치 장부금액: 700,000 − 100,000 = 600,000
유형자산처분손익: 700,000 − 100,000 = 100,000 이익

|간편법|
취득원가 순액: 1,300,000 − 200,000 = 1,100,000
X2말 기계장치 장부금액: 1,100,000 − (1,100,000 − 100,000) × 2/4 = 600,000

답 ①

 이 장의 출제 뽀인트!

① 투자부동산의 측정 모형 ★중요!
② 투자부동산 계정 대체

투자부동산의 대부분의 문제는 투자부동산의 측정 모형으로 출제되며, 20년도 7급 시험에 투자부동산 계정 대체 문제가 처음으로 등장하였다. 투자부동산 계정 대체는 출제 빈도가 낮기 때문에 수험범위를 좁게 가져갈 수험생은 대비하지 않는 것도 전략이다.

06

투자부동산

1 투자부동산의 측정 모형

투자부동산이란: 임대수익이나 시세차익을 얻기 위하여 보유하고 있는 부동산

최초 인식 시 원가로 측정한 뒤, 공정가치모형과 원가모형 중 하나를 선택하여 모든 투자부동산에 적용

	감가상각	공정가치 평가
원가모형	O	X
공정가치모형	X	O(PL)

※주의 공정가치모형에서 감가상각요소가 제시되어도 상각하지 말 것!

예제 **투자부동산의 측정 모형 - 공정가치모형**

01 ㈜한국이 2018년 1월 초 건물을 취득하여 투자부동산으로 분류하였을 때, 다음 자료의 거래가 ㈜한국의 2018년 당기손익에 미치는 영향은? (단, 투자부동산에 대하여 공정가치모형을 적용하며, 감가상각비는 정액법으로 월할 계산한다)   2019. 관세직 9급

- 건물(내용연수 5년, 잔존가치 ₩0) 취득가액은 ₩2,000,000이며, 이와 별도로 취득세 ₩100,000을 납부하였다.
- 2018년 6월 말 건물의 리모델링을 위해 ₩1,000,000을 지출하였으며, 이로 인해 건물의 내용연수가 2년 증가하였다.
- 2018년 12월 말 건물의 공정가치는 ₩4,000,000이다.

① ₩900,000   ② ₩1,000,000
③ ₩1,900,000   ④ ₩2,000,000

 해설

투자부동산에 대해 공정가치모형을 적용하므로 감가상각은 하지 않으며, 공정가치평가만 수행한다.
평가손익: 4,000,000 - (2,000,000 + 100,000 + 1,000,000) = 900,000

답 ①

02 ㈜서울은 2017년 1월 1일에 취득한 건물(취득원가 ₩1,000,000, 잔존가치 ₩0, 내용연수 20년)을 투자부동산으로 분류하였다. 동 건물에 대하여 원가모형을 적용할 경우와 공정가치모형을 적용할 경우 2017년도 법인세비용차감전순이익에 미치는 영향의 차이(감가상각비와 평가손익 포함)를 올바르게 설명한 것은? (단, 2017년 말 동 건물의 공정가치는 ₩930,000이며 감가상각방법은 정액법이다.)   2017. 서울시 7급

① 원가모형 적용 시 법인세비용차감전순이익이 ₩20,000 더 많다.
② 원가모형 적용 시 법인세비용차감전순이익이 ₩30,000 더 많다.
③ 공정가치모형 적용 시 법인세비용차감전순이익이 ₩10,000 더 많다.
④ 공정가치모형 적용 시 법인세비용차감전순이익이 ₩30,000 더 많다.

 해설

(1) 원가모형: EBT 50,000 감소
   감가상각비: (1,000,000 − 0) × 1/20 = 50,000
(2) 공정가치모형: EBT 70,000 감소
   평가손익: 930,000 − 1,000,000 = (−)70,000 손실
   → 원가모형 적용 시 비용이 20,000 적으므로 이익은 20,000 더 크다.

| 17년말 회계처리 |

원가모형	감가상각비	50,000	감가상각누계액	50,000
공정가치모형	투자부동산평가손실	70,000	투자부동산	70,000

답 ①

투자부동산의 측정 모형-투자부동산 공정가치모형 vs 유형자산 재평가모형 (심화)

03 ㈜한국은 20X1년 초 건물을 ₩1,000,000에 취득하고 그 건물을 유형자산 또는 투자부동산으로 분류하고자 한다. 유형자산은 재평가모형을 적용하며 내용연수 10년, 잔존가치 ₩0, 정액법 상각하고, 투자부동산은 공정가치모형을 적용한다. 20X1년과 20X2년 기말 공정가치가 각각 ₩990,000, ₩750,000일 경우, 다음 설명 중 옳지 않은 것은? (단, 건물은 유형자산 또는 투자부동산의 분류요건을 충족하며, 내용연수 동안 재평가잉여금의 이익잉여금 대체는 없는 것으로 가정한다)

2018. 국가직 7급

① 건물을 유형자산으로 분류한다면, 20X1년 말 재평가잉여금(기타포괄손익)이 계상된다.
② 건물을 유형자산으로 분류한다면, 20X2년 말 재평가손실(당기손익)이 계상된다.
③ 건물을 투자부동산으로 분류한다면, 20X1년 말 투자부동산 평가이익(기타포괄손익)이 계상된다.
④ 건물을 투자부동산으로 분류한다면, 20X2년 말 투자부동산 평가손실(당기손익)이 계상된다.

 해설

투자부동산 분류 시, 평가손익은 전부 당기손익으로 계상한다. 구체적인 계산 필요없이 선지만 보고도 풀 수 있는 문제였다.

|참고|
(1) 유형자산으로 분류한 경우 (재평가모형)
　　X0　1,000,000 n = 10, s = 0
　　　　↓ (100,000) = (1,000,000 − 0) × 1/10
　　X1　　900,000　→　990,000 n = 9
　　　　　　⊕90,000　↓ (110,000)
　　X2　750,000　←　880,000
　　　　⊖90,000(OCI)
　　　　(−)40,000(PL)
(2) 투자부동산으로 분류한 경우 (공정가치모형)
　　X0 1,000,000 n = 10, s = 0
　　　↓ (−)10,000
　　X1 990,000
　　　↓ (−)240,000
　　X2 750,000

답 ③

04 투자부동산의 회계처리에 대한 설명 중 가장 옳지 않은 것은? 2019. 서울시 7급

① 투자부동산의 후속측정방법으로 공정가치모형을 선택할 경우, 변동된 공정가치 모형을 적용하여 감가상각비를 인식한다.

② 회사가 영업활동에 활용하지 않고, 단기적으로 판매하기 위하여 보유하지 않으며, 장기 시세차익을 얻을 목적으로 보유하는 토지는 투자부동산으로 분류한다.

③ 투자부동산에 대해서 공정가치 모형을 적용할 경우, 공정가치 변동은 당기손익으로 인식한다.

④ 투자부동산의 취득원가는 투자부동산의 구입금액과 취득에 직접적으로 관련된 지출을 포함한다.

공정가치모형을 선택할 경우 공정가치 평가만 수행할 뿐, 감가상각은 수행하지 않는다.

② 영업활동에 활용한다면 자가사용부동산이고, 단기적으로 판매하기 위하여 보유한다면 재고자산이다. 시세차익을 목적으로 보유한다면 투자부동산이다. (O)

답 ①

2 투자부동산의 분류 심화

투자부동산의 대부분의 문제는 투자부동산의 측정 모형으로 출제되며, 앞으로 배울 2. 투자부동산의 분류와 3. 투자부동산 계정 대체는 공무원 회계학에서 거의 출제되지 않는 지엽적인 주제이기 때문에 수험범위를 좁게 가져갈 수험생은 대비하지 않는 것도 전략이다.

투자부동산 O	투자부동산 X
임대 or 시세차익 목적	자가사용부동산 (유형자산)
장래 용도를 결정하지 못한 채로 보유한 토지	
(금융리스로 보유하여) 운용리스로 제공	금융리스로 제공 (처분임 – 내 자산 아님)
제공하는 용역이 부수적인 경우	제공하는 용역이 유의적인 경우 (호텔)
미래에 투자부동산으로 사용하기 위하여 건설중인 자산	미래에 자가사용하기 위하여 건설중인 자산(유형자산), 제3자를 위하여 건설중인 부동산 (재고자산)
일부 임대, 일부 자가사용: 부분별 매각 불가능시 '자가 사용부분이' 경미할 때만 전체를 투자부동산으로 분류 (그렇지 않으면 전체를 유형자산으로 분류.)	

1. 장래 용도를 결정하지 못한 채로 보유하고 있는 토지: 투자부동산

회사가 향후 시세차익을 얻기 위하여 토지를 보유하고 있을 수 있다. 하지만 회사가 해당 토지를 투자부동산으로 분류하면 정보이용자에게 땅 투기를 했다는 이미지가 심어질 수 있으므로, 회사는 토지가 투자부동산으로 분류되는 것을 기피하는 경향이 있다.

따라서 회사의 경영진은 토지의 장래 용도가 결정되지 않았다고 하며 자가사용부동산으로의 분류를 주장할 수 있다. 이를 막기 위해서 기준서는 장래 용도를 결정하지 못한 채로 보유하고 있는 토지를 투자부동산으로 분류한다고 규정한다.

2. 운용리스 (투자부동산) vs 금융리스 (내 자산이 아님)

공무원 회계학에서 리스는 시험 범위가 아니기 때문에 리스에 대한 자세한 설명은 하지 않을 것이다. 여러분은 리스의 종류만 기억하자. 리스에는 운용리스와 금융리스가 있다. 둘의 차이는 소유권 이전 여부이다. 운용리스는 임대라고 생각하면 된다. 빌려서 사용한 후에 반납하는 것이 운용리스이다. 반면, 금융리스는 장기할부판매이다. 리스료를 내다가 리스기간이 종료되면 반납하지 않고, 소유권이 이전된다.

운용리스로 제공한 자산은 임대목적으로 빌려준 것이므로 투자부동산에 해당한다. 반면, 금융리스로 제공한 자산은 소유권이 이전되므로 아예 내 자산이 아니다. 따라서 투자부동산으로 분류하지도 않는다.

3. 제공하는 용역이 유의적인 경우 (자가사용부동산 – 호텔) vs 부수적인 경우 (투자부동산)

앞에서 '임대목적'으로 부동산을 제공하는 경우 투자부동산으로 분류한다고 설명했다. 그렇다면 호텔도 부동산을 임대하는 것이므로 투자부동산의 정의에 따르면 호텔도 투자부동산으로 분류된다. 호텔의 입장에서는 명백하게 영업활동에 사용하는 자산인데 투자부동산으로 분류되는 어처구니없는 상황이 발생하므로 기준서에서는 '제공하는 용역'을 기준으로 예외 규정을 두었다.

제공하는 용역이 유의적인 경우에는 자가사용부동산으로 분류한다. 호텔의 경우 매일 청소, 세탁 등의 서비스를 제공하므로 이에 해당한다. 반면, 제공하는 용역이 부수적인 경우에는 투자부동산으로 분류한다. 예를 들면, 사무실 건물의 소유자가 이용자에게 보안과 관리용역을 제공하는 경우 제공하는 용역이 부수적이라고 보고, 투자부동산으로 분류한다.

4. 건설중인 자산: 완공 후 목적에 따라 분류

건설중인 자산은 완공 후 목적에 따라 분류한다. 미래에 투자부동산으로 사용하기 위하여 건설 또는 개발 중인 부동산은 투자부동산으로 분류하고, 통상적인 영업과정에서 판매하기 위한 부동산이나 이를 위하여 건설 또는 개발 중인 부동산은 재고자산으로 분류한다.

투자부동산으로 분류된 건설중인 자산이 완공되면 투자부동산으로 본 계정 대체를 한다. 투자부동산은 원가모형 혹은 공정가치모형을 적용하는데, 공정가치모형을 적용한다면 완공 후 본 계정 대체를 할 때 공정가치 평가하며, 평가손익을 당기손익(PL)으로 인식한다.

5. 일부 임대, 일부 자가사용: 분리 매각할 수 없다면 '자가 사용 부분이'경미한 경우에만 전체를 투자부동산으로 분류

부동산을 임대할 때에는 전부 임대하는 것이 아니라, 일부 자가사용 부분을 남기고 임대할 수도 있다. 분리 매각 가능하다면 각각 투자부동산과 자가사용부동산으로 회계처리하지만, 분리 매각이 불가능한 경우 회계처리하기가 애매하다. 이 경우, 분리 매각할 수 없다면 '자가 사용 부분이'경미한 경우에만 전체를 투자부동산으로 분류한다. 위 그림을 잘 기억하자. 어느 부분이 경미할 때, 전체를 어느 계정으로 분류하는지 정확히 알아야 한다. 자가사용 부분이 경미한 경우에만 전체를 투자부동산으로 분류하므로, 이 경우를 제외하고는 전체를 자가사용부동산으로 분류한다.

 투자부동산의 분류

01 다음 중 투자부동산으로 분류되지 않는 것은 어느 것인가?   2016. 계리사

① 제3자를 위하여 건설 또는 개발 중인 부동산
② 운용리스로 제공하기 위하여 보유하고 있는 미사용 건물
③ 직접 소유하고 운용리스로 제공하고 있는 건물
④ 장래 사용목적을 결정하지 못한 채로 보유하고 있는 토지

해설

제3자를 위하여 건설 또는 개발 중인 부동산은 재고자산으로 분류한다.

답 ①

02 투자부동산에 대한 설명으로 가장 옳지 않은 것은? 2020. 서울시 7급

① 장기 시세차익을 얻기 위하여 보유하고 있는 토지는 투자부동산으로 분류한다.

② 장래 자가사용할지, 통상적인 영업과정에서 단기간에 판매할지를 결정하지 못한 토지는 시세차익을 얻기 위하여 보유한다고 보아 투자부동산으로 분류한다.

③ 투자부동산은 기업이 보유하고 있는 다른 자산과는 거의 독립적으로 현금흐름을 창출한다는 점에서 자가사용부동산과 구별된다.

④ 부동산 중 일부분은 임대수익이나 시세차익을 얻기 위하여 보유하고, 일부분은 재화나 용역의 생산 또는 제공이나 관리목적에 사용하기 위하여 보유하는 경우 동 부동산은 모두 투자부동산으로 분류한다.

해설

③ 자가사용부동산은 회사가 부동산을 직접 이용해서 현금흐름을 창출하지만, 투자부동산은 임대하거나 시세차익을 통해 현금흐름을 창출하므로 부동산 그 자체로 현금흐름을 창출한다. (O)

④ 일부분은 투자부동산으로, 일부분은 자가사용한다면 '자가사용 부분이 경미한 경우에만' 전체를 투자부동산으로 분류한다. 문제에서 자가사용 부분이 경미하다는 언급이 없으므로 모두 자가사용부동산으로 분류한다. (X)

目 ④

3 투자부동산 계정 대체 심화

부동산은 보유 목적에 따라 투자부동산, 유형자산, 재고자산으로 분류할 수 있으며, 보유 목적이 달라지면 계정을 재분류하게 된다. 계정 재분류를 하면 공정가치로 평가하는데, 재분류 전후 계정에 따라 평가손익 처리 방법(PL or OCI)이 달라진다.

1. 투자부동산 → 유형자산(자가사용부동산), 투자부동산 ↔ 재고자산: 당기손익

위 그림에서 실선으로 표시된 재분류는 평가손익을 당기손익으로 인식한다.

2. 유형자산(자가사용부동산) → 투자부동산: 재평가모형 논리대로 회계처리

유일하게 유형자산에서 투자부동산으로 재분류하는 경우에만 재평가 회계처리와 동일한 방식으로 회계처리한다. 오르면 OCI, 내려가면 PL로 인식한다.

 계정 재분류 시 평가손익 처리방법 암기법: 변경 전 계정을 따라간다!

> 변경 전 계정의 원래 평가손익 처리 방법에 따라 계정 재분류 시 평가손익 처리방법이 결정된다. 투자부동산, 재고자산은 원래 평가손익을 당기손익으로 인식한다. 투자부동산의 공정가치모형, 재고자산의 저가법 모두 당기손익으로 인식한다. 따라서 투자부동산이나 재고자산에서 출발해서 타 계정으로 대체 시 평가손익도 당기손익으로 인식한다.
>
> 반면, 유형자산은 재평가모형 적용 시 재평가모형 논리를 적용하므로, 타 계정으로 대체 시 평가손익도 재평가모형 논리대로 인식한다. '유형자산에 원가모형도 있지 않음?'과 같은 의문이 들 수 있지만, 기존 유형자산에 대해서 원가모형을 적용하더라도 계정 재분류 시에는 재평가모형 논리를 적용한다. 규정이니 그냥 외우자.

투자부동산 계정 대체 심화

01 ㈜한국은 20X1년말에 취득한 건물(취득원가 ₩1,000,000, 내용연수 12년, 잔존가치 ₩0)을 투자부동산으로 분류하고 공정가치모형을 적용하기로 하였다. 그러나 20X2년 7월 1일에 ㈜한국은 동 건물을 유형자산으로 계정대체하고 즉시 사용하였다. 20X2년 7월 1일 현재 동 건물의 잔존내용연수는 10년이고, 잔존가치는 ₩0이며, 정액법(월할상각)으로 감가상각한다. 각 일자별 건물의 공정가치는 다음과 같다.

20X1. 12. 31	20X2. 7. 1	20X2. 12. 31
₩1,000,000	₩1,100,000	₩1,200,000

㈜한국이 유형자산으로 계정대체된 건물에 대하여 원가모형을 적용한다고 할 때, 동 건물과 관련한 회계처리가 20X2년도 ㈜한국의 당기순이익에 미치는 영향은 얼마인가? 2015. CPA

① ₩100,000 감소
② ₩55,000 감소
③ ₩10,000 감소
④ ₩45,000 증가
⑤ ₩200,000 증가

X1   1,000,000 n = 12, s = 0
         ↓ PL 100,000
X2.7.1 1,100,000 n = 10, s = 0
         ↓ (55,000) = (1,100,000 − 0) × 1/10 × 6/12
X2   1,045,000

• X2 PL: 100,000(재분류 평가손익) − 55,000(감가상각비) = 45,000
  −유형자산을 계정대체한 후, 원가모형을 적용하므로 X2말에는 공정가치 평가를 하지 않는다.

답 ④

02 다음 자료에 따른 건물 관련 손익이 20X2년 ㈜대한의 당기순이익에 미치는 영향은? (단, 감가상각은 월할상각한다)

2020. 국가직 7급 심화

- 20X1년 1월 1일 투자목적으로 건물(취득원가 ₩1,000, 잔존가치 ₩0, 내용연수 4년, 정액법 상각)을 취득한 후 공정가치 모형을 적용하였다.
- 20X2년 7월 1일 ㈜대한은 동 건물을 공장용 건물(잔존가치 ₩0, 내용연수 2.5년, 정액법 상각)로 대체하여 자가사용하기 시작하였으며 재평가모형을 적용하였다.
- 일자별 건물 공정가치

20X1년 말	20X2년 7월 1일	20X2년 말
₩1,200	₩1,400	₩1,500

① ₩300 증가 ② ₩280 감소
③ ₩180 증가 ④ ₩80 감소

해설

X0   1,000 n = 4, s = 0
          ↓ PL 200
X1   1,200
          ↓ PL 200
X2.7.1 1,400 n = 2.5, s = 0
          ↓ (280) = (1,400 − 0) × 1/2.5 × 6/12
X2   1,120 → 1,500
              OCI 380

- X2 PL: 200(재분류 평가손익) − 280(감가상각비) = (−)80

답 ④

해설

(1) 투자부동산 공정가치모형
회사는 건물을 투자목적으로 취득하였으므로 투자부동산으로 분류한다. 회사는 공정가치 모형을 적용하므로 감가상각하지 않고, 공정가치 평가만 수행한다. 따라서 X1년말에는 200의 평가이익만 인식한다.

(2) 계정 재분류 (투자부동산 → 유형자산)
X2년도에는 투자부동산에서 유형자산으로 계정 재분류가 이루어지는데, 투자부동산 계정 재분류에서는 변경 전 계정을 생각하면 된다. 변경 전이 투자부동산이므로 재분류 과정에서도 평가손익을 당기손익으로 인식한다. (PL 200)

(3) 감가상각
계정 재분류로 유형자산으로 분류하기 때문에 감가상각해야 한다. 이때, 잔존내용연수와 월할상각에 주의하자. 내용연수가 4년이지만 1년반이 경과하였으므로 잔존내용연수는 2.5년이고, X2년도에는 6개월치만 상각하므로 마지막에 6/12를 곱해야 한다.

(4) 재평가
재평가모형을 적용하므로 상각 후에는 재평가를 해야 하는데, 최초 평가증은 OCI로 인식하므로 당기순이익에 미치는 영향은 없다.

---

03 투자부동산에 대한 설명으로 옳지 않은 것은?
2022. 관세직 9급

① 장기 시세차익을 얻기 위하여 보유하고 있는 토지는 투자부동산으로 분류되나, 통상적인 영업과정에서 단기간에 판매하기 위하여 보유하는 토지는 투자부동산에서 제외한다.

② 재고자산을 공정가치로 평가하는 투자부동산으로 대체하는 경우, 재고자산의 장부금액과 대체시점의 공정가치의 차액은 당기손익으로 인식한다.

③ 투자부동산에 대하여 공정가치모형을 선택한 경우 감가상각하지 않으며, 공정가치 변동으로 발생하는 손익은 기타포괄손익으로 분류한다.

④ 장래 용도를 결정하지 못한 채로 보유하고 있는 토지는 투자부동산으로 분류한다.

 해설

투자부동산에 대하여 공정가치모형을 선택한 경우 공정가치 평가손익은 당기손익(PL)으로 분류한다.

답 ③

Memo

 **이 장의 출제 뽀인트!**

① 연구단계 VS 개발단계 ★중요!
② 무형자산의 인식

무형자산은 계산문제가 거의 나오지 않으며, 대부분 말문제로 출제된다. 무형자산에서는 연구단계와 개발단계의 구분이 가장 중요하다. 이외에도 무형자산으로 인식할 수 없는 항목이 빈번히 출제된다.

07

무형자산

1 연구단계 vs 개발단계

1. 연구단계: 비용, 개발단계: 조건부 자산 ★중요!

연구단계에서 발생한 지출은 비용으로, 개발단계에서 발생한 지출은 자산 인식요건을 모두 충족하는 경우 자산으로 인식한다.

 연구개발비(R&D)

연구(R)가 앞에 있으므로 초반단계, 개발(D)이 뒤에 있으므로 후반단계로 기억하면 쉽다. 연구단계는 초반단계이므로 비용화, 개발단계는 후반단계이므로 조건부 자산화한다고 기억하자.

2. 보수주의 규정

(1) 연구단계와 개발단계를 구분할 수 없는 경우에는 모두 연구단계로 본다. ★중요!
(2) 최초에 비용으로 인식한 무형항목에 대한 지출은 이후에 자산으로 인식할 수 없다.

3. 연구단계와 개발단계의 사례 심화

연구단계: 지식, 여러 가지 대체안	개발단계: 최종 선정안, 시제품, 시험공장
• 새로운 지식을 얻고자 하는 활동 • 연구결과나 기타 지식을 탐색, 평가, 최종 선택, 응용하는 활동 • 여러 가지 대체안을 탐색하는 활동 • 여러 가지 대체안을 최종 선택하는 활동	• 최종 선정안을 설계, 제작, 시험하는 활동 • 공구, 지그, 주형, 금형 등을 설계하는 활동 • 시제품과 모형을 설계, 제작, 시험하는 활동 • 경제적 규모가 아닌 시험공장을 설계, 건설, 가동하는 활동

위는 연구단계와 개발단계에 해당하는 기준서 상 사례들이다. 위 사례들이 출제되기 때문에 사례를 보고 연구단계인지, 개발단계인지 구분할 수 있어야 한다. 기준서 원문을 외우는 것은 어렵기 때문에 다음의 키워드로 구분하자. 아직 많이 진행이 되지 않았다면 연구단계, 많이 진행이 된 상태라면 개발단계로 보자.

(1) 지식 → 여러 가지 대체안 (연구) → 최종 선정안 (개발)

기준서를 보면 지식의 진화 과정을 알 수 있다. 처음에는 지식에서 출발해서 여러 가지 대체안을 거쳐 최종 선정안으로 좁힌다. 이 중 지식과 여러 가지 대체안까지는 연구단계, 최종 선정안은 개발단계에 해당한다.

(2) 공구, 지그, 주형, 금형 등: 개발

공구, 지그, 주형, 금형은 거푸집이라고 생각하면 된다. 쉽게 말해서 붕어빵을 찍어내는 기계라고 생각하면 된다. 붕어빵 기계가 있으면 밀가루랑 팥만 있으면 붕어빵을 만들 수 있다. 공구, 지그, 주형, 금형 등이 있다면 얼마든지 생산이 가능한 상태이기 때문에 상당히 진행이 많이 된 상태이고, 개발단계로 본다.

(3) 시제품, 시험공장

시제품, 시험공장은 공구, 지그, 주형, 금형보다 더 진행된 상태라고 생각하면 된다. 시제품은 기계가 잘 작동하는지 확인하기 위해서 시험 삼아 만들어보는 제품을 의미한다. 쉽게 생각하면 붕어빵 기계를 이용해서 붕어빵을 몇 개 만들어보는 것이다.

시험공장도 시제품과 같은 개념으로 생각하면 된다. 이번에는 시제품을 시험 생산하기 위해 아예 공장까지 만드는 것이다. 시제품, 시험공장 모두 공구, 지그, 주형, 금형보다 더 진행된 상태이므로 개발단계로 본다.

 연구단계 vs 개발단계 심화

01 무형자산의 개발비로 회계처리할 수 있는 활동은?   2013. 지방직 9급

① 새로운 지식을 얻고자 하는 활동
② 생산 전이나 사용 전의 시제품과 모형을 설계, 제작 및 시험하는 활동
③ 재료, 장치, 제품 등에 대한 여러 가지 대체안을 탐구하는 활동
④ 연구 결과 또는 기타 지식을 탐색, 평가, 최종 선택 및 응용하는 활동

①, ③, ④는 모두 연구 단계에 해당하는 지출이다. '지식', '여러 가지 대체안'이 있으므로 연구로 본다.

답 ②

02 「한국채택국제회계기준」에서 규정하고 있는 연구활동의 예가 아닌 것은?   2014. 관세직 9급

① 연구결과나 기타 지식을 응용하는 활동
② 공정이나 시스템 등에 대한 여러 가지 대체안을 탐색하는 활동
③ 새로운 공정이나 시스템 등에 대한 여러 가지 대체안을 평가 또는 최종 선택하는 활동
④ 생산 전의 시제품과 모형을 시험하는 활동

 해설

시제품은 개발단계에 해당한다.

답 ④

03 다음은 ㈜서울의 2015년도 연구 및 개발활동 지출내역이다. ㈜서울의 2015년 말 재무제표에서 당기비용으로 인식될 금액은 얼마인가? (단, 개발단계에 포함되는 활동은 식별가능성과 통제가능성 및 미래경제적 효익의 제공가능성이 확인되는 것으로 가정한다.)

2016. 서울시 9급

• 새로운 과학적 기술적 지식을 얻고자 탐구하는 활동	₩500,000
• 생산이나 사용 전의 시제품과 모형을 제작하는 활동	₩550,000
• 상업적 생산 목적으로 실현 가능한 경제적 규모가 아닌 시험 공장을 설계하는 활동	₩600,000
• 연구결과나 기타지식을 이용하여 신기술 개발가능성을 연구하는 활동	₩450,000

① ₩950,000   ② ₩1,050,000
③ ₩1,150,000   ④ ₩1,100,000

 해설

	연구단계	개발단계
새로운 지식	500,000	
시제품과 모형		550,000
경제적 규모가 아닌 시험 공장		600,000
연구결과나 기타지식	450,000	
계	950,000	1,150,000

개발비로 분류되는 지출이 전부 자산인식요건을 충족한다고 가정했으므로 연구단계 지출만 전부 비용화된다.

답 ①

04 〈보기〉는 ㈜서울의 연구, 개발과 관련된 자료이다. 〈보기〉와 관련하여 ㈜서울이 당기손익으로 인식할 연구비는? (단, 개발비로 분류되는 지출의 경우 개발비 자산인식요건을 충족한다고 가정한다)

2018. 서울시 7급

- 새로운 지식을 얻고자 하는 활동의 지출 ₩10,000
- 새롭거나 개선된 재료 장치, 제품, 공정, 시스템이나 용역에 대한 여러가지 대체안을 제안, 설계, 평가, 최종 선택하는 활동의 지출 ₩10,000
- 생산이나 사용 전의 시제품과 모형을 설계, 제작, 시험하는 활동의 지출 ₩10,000
- 상업적 생산 목적으로 실현가능한 경제적 규모가 아닌 시험 공장을 설계, 제작, 시험하는 활동의 지출 ₩10,000
- 무형자산을 창출하기 위한 내부 프로젝트를 연구단계와 개발단계로 구분할 수 없는 경우 그 프로젝트에서 발생한 지출 ₩10,000

① ₩20,000 ② ₩30,000
③ ₩40,000 ④ ₩50,000

해설

	연구단계	개발단계
새로운 지식	10,000	
여러 가지 대체안	10,000	
시제품과 모형		10,000
경제적 규모가 아닌 시험 공장		10,000
단계를 구분할 수 없는 지출	10,000	
계	30,000	20,000

연구단계와 개발단계를 구분할 수 없는 경우에는 모두 연구단계로 본다. 개발비로 분류되는 지출이 전부 자산인식요건을 충족한다고 가정했으므로 연구단계 지출만 전부 비용화된다.

답 ②

05 다음은 ㈜한국이 2015년 12월 31일에 지출한 연구 및 개발 활동 내역이다. ㈜한국이 2015년에 비용으로 인식할 총금액은? (단, 개발활동으로 분류되는 항목에 대해서는 지출 금액의 50%가 자산인식요건을 충족했다고 가정한다) 2015. 국가직 7급

• 새로운 지식을 얻고자 하는 활동	₩100,000
• 생산이나 사용 전의 시제품과 모형을 제작하는 활동	₩250,000
• 상업적 생산 목적으로 실현가능한 경제적 규모가 아닌 시험공장을 건설하는 활동	₩150,000
• 연구결과나 기타 지식을 탐색, 평가, 응용하는 활동	₩300,000
• 재료, 장치, 제품, 공정, 시스템이나 용역에 대한 여러 가지 대체안을 탐색하는 활동	₩50,000

① ₩450,000　　　　　　② ₩550,000

③ ₩650,000　　　　　　④ ₩700,000

 해설

	연구단계	개발단계
새로운 지식	100,000	
시제품과 모형		250,000
시험공장 건설		150,000
연구결과나 기타 지식	300,000	
여러 가지 대체안 탐색	50,000	
계	450,000	400,000

연구단계 지출은 전부 비용화, 개발단계 지출은 '조건부'자산화한다. 문제에서 개발단계 지출의 50%가 자산 요건을 충족시켰다고 했으므로, 연구단계 지출 전부와 개발단계 지출의 50%가 비용화된다.

비용으로 인식할 금액: 450,000 + 400,000 × 50% = 650,000

답 ③

2 무형자산의 인식

1. 무형자산의 정의

무형자산이란, 물리적 실체는 없지만 식별가능한 비화폐성자산을 말한다.

2. 무형자산의 인식조건

(1) 자산에서 발생하는 미래경제적효익이 기업에 유입될 가능성이 높고,

(2) 자산의 원가를 신뢰성 있게 측정할 수 있는 경우에만 무형자산을 인식한다.

3. 무형자산의 최초 인식

(1) 원칙: 원가 측정

무형자산을 최초로 인식할 때에는 원가로 측정한다.

(2) 사업결합 시: 공정가치 측정

사업결합으로 취득하는 무형자산의 원가는 취득일의 공정가치로 한다.

4. 무형자산으로 인식할 수 없는 항목: '내부창출~'은 자산 아님! 중요!

(1) 내부창출 영업권

내부적으로 창출한 영업권은 자산으로 인식하지 않는다.

(2) 내부창출 브랜드 등

내부적으로 창출한 브랜드, 제호, 출판표제, 고객 목록과 이와 실질이 유사한 항목은 무형자산으로 인식하지 않는다.

(3) 숙련된 종업원 예 손맛

3 무형자산의 평가 심화

1. 무형자산도 원가모형과 재평가모형 모두 적용 가능 (= 유형자산)

무형자산의 회계정책으로 유형자산과 동일하게 원가모형이나 재평가모형을 선택할 수 있다. 구체적인 회계처리 방법은 유형자산과 동일하다. 무형자산도 재평가모형을 적용할 수 있다는 것에 주의하자. '무형자산은 원가모형만 적용할 수 있다'라고 한다면 틀린 문장이다.

2. 재평가모형을 적용하는 경우 공정가치는 활성시장을 기초로 하여 결정

활성시장은 '활발하게 활성화되어 있는 시장'정도로 생각하면 된다. 활성시장이 무엇인지는 몰라도 상관없다. 공정가치는 시장에서 결정되는 가격이므로 어느 시장인진 모르겠지만 아무튼 시장에서 결정된다고 기억하자. 자주 나오는 문장은 아니다.

3. 무형자산의 상각: 답정너 정액법, 0

(1) 감가상각방법

> 내용연수가 유한한 무형자산의 상각대상금액은 내용연수동안 체계적인 방법으로 배분하여야 한다. / 무형자산의 상각방법은 자산의 경제적 효익이 소비될 것으로 예상되는 형태를 반영한 방법이어야 한다. / 다만, 그 형태를 신뢰성 있게 결정할 수 없는 경우에는 정액법을 사용한다.

위 단락에서 첫 두 문장은 감가상각에서 일반적으로 적용되는 문장이다. '다만'으로 시작하는 문장은 무형자산에만 적용되는 특이한 규정이다. 첫 번째 줄에서는 '체계적인 방법'으로 배분하라고 기업에게 재량권을 주고 있지만, 그 뒤에 '웬만하면 정액법을 사용해라'라는 규정이 달려 있다. 정확히 기억하자. '정액법만 사용해야 한다.'는 것을 얘기하고 있는 것은 아니다. 원칙적으로는 다른 방법을 사용할 수 있지만, 정액법을 사용하도록 유도하고 있다. 무형자산의 감가상각방법은 답정너로 정액법이라고 생각하면 쉽게 기억할 것이다.

(2) 잔존가치

> 내용연수가 유한한 무형자산의 잔존가치는 특별한 경우를 제외하고는 영(0)으로 본다.

기준서에는 어느 경우에 0으로 보지 않는지에 대한 설명들이 있지만, 수험 목적상 생략한다. 잔존가치도 답정너로 0이라고 생각하자.

01 무형자산에 대한 설명으로 옳지 않은 것은? 2012. 지방직 9급

① 연구단계에서 발생한 지출은 자산의 요건을 충족하는지를 합리적으로 판단하여 무형자산으로 인식 또는 발생한 기간의 비용으로 처리한다.

② 내부적으로 창출한 브랜드와 이와 실질이 유사한 항목은 무형자산으로 인식하지 아니한다.

③ 무형자산의 상각방법은 자산의 미래경제적 효익이 소비되는 형태를 반영한 합리적인 방법을 적용한다.

④ 무형자산은 물리적 실체는 없지만 식별가능한 비화폐성자산이다.

① 자산인식 요건 충족 시 자산화하는 것은 연구단계가 아닌 개발단계이다.

답 ①

02 무형자산의 회계처리에 대한 설명으로 옳지 않은 것은? 2017. 지방직 9급

① 무형자산의 회계정책으로 원가모형이나 재평가모형을 선택할 수 있으며, 재평가모형을 적용하는 경우 공정가치는 활성시장을 기초로 하여 결정한다.

② 내부적으로 창출한 영업권은 원가를 신뢰성 있게 측정할 수 없고 기업이 통제하고 있는 식별가능한 자원이 아니기 때문에 자산으로 인식하지 아니한다.

③ 내부 프로젝트의 연구단계에서는 미래경제적효익을 창출할 무형자산이 존재한다는 것을 제시할 수 있기 때문에, 내부 프로젝트의 연구단계에서 발생한 지출은 무형자산으로 인식할 수 있다.

④ 내용연수가 유한한 무형자산의 상각은 자산을 사용할 수 있는 때부터 시작하며, 상각대상금액은 내용연수 동안 체계적인 방법으로 배분하여야 한다.

① 무형자산은 원가모형과 재평가모형 모두 적용 가능하며, 공정가치는 활성시장을 기초로 결정된다.

② 옳은 문장이다. 내부창출 영업권을 자산으로 인식하지 않는 이유이므로 읽어보고 넘어가자.

③ 연구 단계에서 발생한 지출은 전부 비용화한다.

④ 감가상각에 대한 일반적인 설명이다. 무형자산뿐만 아니라 유형자산에도 해당한다.

답 ③

03 무형자산에 대한 설명으로 옳지 않은 것은?　　　　　　　　2022. 관세직 9급

① 내부적으로 창출한 브랜드, 제호, 출판표제, 고객 목록과 이와 실질이 유사한 항목은 무형자산으로 인식한다.

② 계약상 권리 또는 기타 법적 권리로부터 발생하는 무형자산의 내용연수는 그러한 계약상 권리 또는 기타 법적 권리의 기간을 초과할 수는 없지만, 자산의 예상사용기간에 따라 더 짧을 수는 있다.

③ 무형자산의 상각방법은 자산의 경제적 효익이 소비될 것으로 예상되는 형태를 반영한 방법이어야 한다. 다만, 그 형태를 신뢰성 있게 결정할 수 없는 경우에는 정액법을 사용한다.

④ 새로운 제품이나 용역의 홍보원가 그리고 새로운 계층의 고객을 대상으로 사업을 수행하는 데서 발생하는 원가는 무형자산의 원가에 포함하지 않는 지출이다.

내부적으로 창출한 브랜드 등은 무형자산으로 인식하지 않는다.

답 ①

04 자산별 회계처리에 대한 설명으로 옳지 않은 것은?　　　　　　　2022. 국가직 9급

① 무형자산의 상각방법은 자산의 경제적 효익이 소비될 것으로 예상되는 형태를 반영한 방법이어야 한다. 다만, 그 형태를 신뢰성 있게 결정할 수 없는 경우에는 정액법을 사용한다.

② 부동산 보유자가 부동산 사용자에게 부수적인 용역을 제공하는 경우가 있다. 전체 계약에서 그러한 용역의 비중이 경미하다면 부동산 보유자는 당해 부동산을 자가사용부동산으로 분류한다.

③ 정기적인 종합검사과정에서 발생하는 원가가 인식기준을 충족하는 경우에는 유형자산의 일부가 대체되는 것으로 보아 해당 유형자산의 장부금액에 포함하여 인식한다.

④ 재고자산을 순실현가능가치로 감액한 평가손실과 모든 감모손실은 감액이나 감모가 발생한 기간에 비용으로 인식한다.

부동산 보유자가 부동산 사용자에게 부수적인 용역을 제공하는 경우 전체 계약에서 그러한 용역의 비중이 경미하다면 부동산 보유자는 당해 부동산을 투자부동산으로 분류한다. 용역의 비중이 유의적인 경우 자가사용부동산으로 분류한다.

답 ②

05 ㈜한국은 내용연수가 유한한 무형자산에 대하여 정액법(내용연수 5년, 잔존가치 ₩0)으로 상각하여 비용처리한다. ㈜한국의 2016년 무형자산 관련 자료가 다음과 같을 때, 2016년에 인식할 무형자산상각비는? (단, 2016년 이전에 인식한 무형자산은 없으며, 무형자산상각비는 월할 상각한다)

2017. 관세직 9급 `심화`

- 1월 1일: 새로운 제품의 홍보를 위해 ₩10,000을 지출하였다.
- 4월 1일: 회계법인에 의뢰하여 평가한 '내부적으로 창출한 영업권'의 가치는 ₩200,000이었다.
- 7월 1일: 라이선스를 취득하기 위하여 ₩5,000을 지출하였다.

① ₩500 ② ₩2,500 ③ ₩30,500 ④ ₩32,000

해설

무형자산 상각비: (5,000 − 0) × 1/5 × 6/12 = 500
광고선전비(홍보)는 대표적인 비용항목이며, 내부적으로 창출한 영업권은 무형자산으로 인식할 수 없다. 따라서 라이선스만 무형자산으로 인식하여 취득 시점(7.1)부터 상각한다. 7.1에 취득하였으므로 월할상각에 주의하자.

目 ①

---

4 내용연수가 비한정인 무형자산 `심화`

1. 내용연수가 비한정인 무형자산은 상각하지 아니한다.

'비한정'이라는 용어는 계속기업 가정과 비슷한 용어이다. 계속기업은 '예측가능한 미래에 영업을 계속할 기업'을 의미한다. 비한정도 마찬가지이다. 비한정은 자산의 내용연수를 특정 연수(ex〉5년, 10년)로 추정할 수 없고, 예측가능한 미래에는 계속해서 자산이 순현금유입을 창출할 것으로 예상한다는 것을 의미한다. '비한정'의 개념은 중요하지 않다. 내용연수가 비한정인 무형자산은 내용연수를 몇 년으로 정할 수 없기 때문에 상각하지 않는다는 것만 기억하면 된다.

2. 내용연수가 비한정인 무형자산은 매년 그리고 손상징후가 있을 때 손상검사를 수행해야 한다.

내용연수가 비한정인 무형자산은 상각하지 않기 때문에 제거하는 방법이 손상차손밖에 없다. 따라서 내용연수가 비한정인 무형자산은 매년 그리고 손상징후가 있을 때 손상검사를 수행해야 한다. 영업권은 내용연수가 비한정인 무형자산의 사례에 해당한다. 따라서 영업권도 상각하지 않으며, 손상징후와 무관하게 매년 손상검사를 수행해야 한다.

3. 비한정 가정의 적정성 검토

내용연수가 비한정인 경우에는 비한정이라는 가정의 적정성을 매년 검토해야 하며, 비한정이라는 가정이 더 이상 적절하지 않으면 상각을 시작한다.

내용연수가 비한정인 무형자산

01 무형자산에 대한 설명으로 가장 옳지 않은 것은?   2019. 서울시 9급

① 내용연수가 비한정인 무형자산은 손상검사를 수행하지 않는다.

② 내부적으로 창출한 영업권은 자산으로 인식하지 아니한다.

③ 무형자산의 회계정책으로 원가모형이나 재평가모형을 선택할 수 있다.

④ 내용연수가 유한한 무형자산의 상각기간과 상각방법은 적어도 매 회계연도 말에 검토한다.

 해 설

내용연수가 비한정인 무형자산은 상각하지 않기 때문에 매년 손상징후와 관계없이 손상검사를 수행해야 한다.
④ 감가상각에 대한 일반적인 설명이다. 무형자산뿐만 아니라 유형자산에도 해당한다.

답 ①

02 무형자산의 회계처리에 대한 설명으로 옳지 않은 것은?   2011. 국가직 9급

① 내용연수가 비한정인 무형자산은 상각하지 않고, 매년 손상검사를 실시하여 손상차손(또는 손상차손환입)을 인식한다.

② 내부적으로 창출한 영업권은 무형자산으로 인식하지 않는다.

③ 연구개발활동과 관련하여 연구단계와 개발단계에서 발생한 지출은 무형자산의 취득원가로 처리한다.

④ 무형자산은 미래경제적효익이 기업에 유입될 가능성이 높고 취득원가를 신뢰성 있게 측정할 수 있을 때 인식한다.

해 설

③ 연구단계에서 발생한 지출은 비용 처리하며, 개발단계에서 발생한 지출은 '요건 충족 시'자산으로 인식한다.

답 ③

03 재무상태표 작성 시 무형자산으로 분류표시되는 항목에 대한 설명으로 옳지 않은 것은?

2014. 관세직 9급 심화

① 내부적으로 창출한 영업권은 무형자산으로 인식하지 않는다.
② 무형자산을 상각하는 경우 상각방법은 자산의 경제적 효익이 소비되는 방법을 반영하여 정액법, 체감잔액법, 생산량비례법 등을 선택하여 적용할 수 있다.
③ 숙련된 종업원은 미래경제적효익에 대한 충분한 통제능력을 갖고 있지 않으므로 무형자산의 정의를 충족시키지 못하여 재무상태표에 표시하지 않는다.
④ 영업권을 제외한 모든 무형자산은 보유기간 동안 상각하여 비용 또는 기타자산의 원가로 인식한다.

해설

④ 내용연수가 비한정인 무형자산은 상각하지 않는다.

답 ④

04 무형자산에 대한 설명으로 옳지 않은 것은?

2018. 관세직 9급 심화

① 무형자산으로 정의되기 위해서는 식별가능성, 자원에 대한 통제 및 미래 경제적 효익의 존재라는 조건을 모두 충족하여야 한다.
② 무형자산에는 특허권, 상표권, 저작권 등이 있다.
③ 사업결합으로 취득한 식별가능 무형자산의 취득원가는 취득일의 공정가치로 평가한다.
④ 비한정내용연수를 가지는 것으로 분류되었던 무형자산이 이후에 유한한 내용연수를 가지는 것으로 변경된 경우에도 상각을 하지 않는다.

해설

내용연수가 비한정이라는 가정이 더이상 충족되지 않아 유한한 내용연수를 가지는 것으로 변경한 경우 상각을 재개해야 한다.
① 무형자산의 인식조건에 대한 올바른 설명이다. 한 번 읽어보고 넘어가자.

답 ④

 이 장의 출제 뽀인트!

① 현금성자산 계산문제
② 은행계정조정표
③ 대손상각비

이 장의 주요 출제 주제는 현금성자산 계산문제, 은행계정조정표, 대손이다. 국가직 9급에서는 현금성자산을 계산하는 문제가, 지방직 9급에서는 은행계정조정표 문제가 자주 출제되었다. 대손상각비는 많은 수험생들이 어려워하는 주제이지만, 최근 들어 대손상각비의 출제 빈도가 높아지고 있기 때문에 반드시 정복해야 한다. 김수석이 개발한 대손상각비 풀이법을 숙지한다면 대손상각비 문제도 어렵지 않게 풀 수 있다.

08

현금성자산 및 대손

1 현금 및 현금성자산

현금성 자산: 즉시 현금화 가능	현금성이 아닌 항목: (즉시) 현금화 불가
타인발행수표, 자기앞수표 우편환, 송금환 보통예금, 당좌예금 통화 배당금지급통지표, 국공채이자표	선일자수표, 어음 우표, 수입인지 적금, 당좌차월, 당좌개설보증금 직원가불금, 차용증서
만기에 따라 달라지는 항목: 양도성예금증서, 환매채, 국공채, 상환우선주	

1. 수표 및 어음: 수표는 현금 O, 어음은 현금 X (예외 – 선일자수표: 현금 X)

2. 우편환, 송금환: 현금 O

3. 우표, 수입인지: 현금 X (선급비용)

4. 예금, 적금: 예금은 현금 O, 적금은 현금 X

5. 당좌차월(차입금) 및 당좌개설보증금(비유동자산): 현금 X

6. 통화: 현금 O

7. 배당금지급통지표, 국공채이자표: 현금 O

8. 직원가불금, 차용증서: 현금 X (대여금)

9. 양도성예금증서, 환매조건부채권(환매채), 국공채, 상환우선주 등

- 위 항목들 중 취득일(not 12.31)로부터 만기가 3개월 이내에 도래하는 항목은 현금성자산으로 분류

01 기말재무상태표에 현금및현금성자산으로 보고될 금액은?

2022. 관세직 9급

우표	₩4,000	당좌차월	₩50,000
당좌예금	₩10,000	타인발행 수표	₩20,000
지폐와 주화	₩12,000	우편환증서	₩5,000
수입인지	₩8,000	환매채	₩40,000
보통예금	₩16,000	(취득 당시 60일 이내 환매조건)	

① ₩98,000   ② ₩103,000

③ ₩116,000   ④ ₩166,000

해설

당좌예금	10,000
타인발행수표	20,000
지폐와 주화	12,000
우편환증서	5,000
환매조건부 채권	40,000
보통예금	16,000
계	103,000

답 ②

02 ㈜한국의 2018년 12월 31일 결산일 현재 다음의 현금 및 예금 등의 자료를 이용할 때, 2018년 재무상태표에 보고할 현금및현금성 자산 금액은?

2019. 관세직 9급

• 현금	₩30,000
• 우편환증서	₩100,000
• 우표와 수입인지	₩20,000
• 은행발행 자기앞수표	₩20,000
• 보통예금(사용제한 없음)	₩10,000
• 정기적금(만기 2022년 1월 31일)	₩200,000
• 당좌차월	₩50,000
• 당좌개설보증금	₩80,000
• 환매조건부 채권 (2018년 12월 1일 취득, 만기 2019년 1월 31일)	₩300,000

① ₩360,000   ② ₩440,000
③ ₩460,000   ④ ₩660,000

해설

현금	30,000
우편환증서	100,000
자기앞수표	20,000
보통예금	10,000
환매조건부 채권	300,000
계	460,000

환매조건부 채권은 취득 당시 만기가 3개월 미만이므로 현금성자산으로 분류한다.

답 ③

03 다음은 서울회사의 20X3년 12월 31일 결산일 현재의 현금 및 예금 등의 내역이다. 이 자료를 이용하여 현금및현금성자산으로 보고해야 할 금액을 구하시오.   2003. 세무사

• 지폐와 동전	₩30,000
• 수입인지	₩10,000
• 당좌개설보증금	₩80,000
• 당좌차월	₩50,000
• 타인발행수표	₩30,000
• 배당금지급통지표	₩20,000
• 만기가 2개월 이내인 국공채 (20X3년 12월 1일 취득)	₩150,000
• 양도성 예금증서 (120일 만기)	₩500,000
• 기일이 도래한 공채이자표	₩10,000
• 선일자수표	₩200,000
• 환매채 (20X3년 11월 1일 취득한 90일 환매조건)	₩300,000
• 정기적금 (2년후 만기도래)	₩400,000
• 정기적금 (1년 이내 만기도래)	₩300,000

① ₩540,000   ② ₩550,000

③ ₩740,000   ④ ₩750,000

해설

지폐와 동전	30,000
타인발행수표	30,000
배당금지급통지표	20,000
국공채	150,000
공채이자표	10,000
환매채	300,000
계	540,000

적금은 만기가 2년 후에 도래하든, 1년 이내에 도래하든 현금성자산으로 분류하지 않는다.

目 ①

2 은행계정조정표

1. 회사측 조정 사항

조정 사항	내용	회사 잔액에서
미통지예금	회사계좌에 입금되었으나 회사가 기록하지 않음	가산
받을어음 추심	어음을 회수하였으나 회사는 이를 누락함	
부도수표	회사 보유 수표가 부도처리되었으나 회사가 누락함	차감
은행수수료	은행수수료를 회사가 누락함	
이자손익	이자수익, 이자비용을 회사가 누락함	조정
회사측 오류	거래 금액을 잘못 기재함	

2. 은행측 조정 사항

조정 사항	내용	은행 잔액에서
미기입예금 (마감후 입금)	회사가 입금한 내역을 은행이 누락함	가산
기발행미인출수표 (미지급수표)	회사가 발행한 수표가 은행에서 출금되지 않음	차감
은행 측 오류	다른 회사의 거래를 본 회사의 거래로 잘못 반영함	조정

3. 조정 전 금액과 조정 후 금액의 명칭

	회사	은행
조정 전 금액	회사 측 당좌예금 잔액 ㈜한국의 당좌예금 잔액 ㈜한국의 수정 전 당좌예금 잔액 당좌예금 장부상 잔액 당좌예금계정 장부가액	은행계정명세서상의 잔액 예금잔액증명서상 당좌예금 잔액 은행 측 잔액증명서 은행계산서의 당좌예금 잔액
조정 후 금액	정확한 당좌예금 잔액, 정확한 당좌예금계정의 잔액	

 은행계정조정표 풀이법

유형 1: 조정 후 금액

	회사		은행
조정 전	X X X	조정 전	X X X
회사 측 조정	X X X X X X X X X X X X	은행 측 조정	X X X X X X X X X X X X
조정 후	①X X X	조정 후	①X X X

조정 후 금액을 묻는 경우 조정 전 금액에 조정 사항을 반영하여 조정 후 금액을 구한다.

유형 2: 조정 전 금액

	회사		은행
조정 전	X X X	조정 전	③X X X
회사 측 조정	X X X X X X X X X X X X	은행 측 조정	X X X X X X X X X X X X
조정 후	①X X X	조정 후	②X X X

① 문제에서 제시한 조정 전 금액에서 출발하여 조정 사항을 반영하여 올바른 예금 잔액을 먼저 구하자.

② 올바른 예금 잔액은 일치하므로 반대쪽에도 똑같이 적자.

③ 조정 사항을 '역으로 반영하여'조정 전 금액을 구한다.

'조정 전 + 조정 사항 = 조정 후'이므로 '조정 전 = 조정 후 − 조정 사항'의 방식으로 구해야 한다.

은행계정조정표 - 조정 후 금액

01 ㈜한국의 당좌예금계정 장부가액은 ₩1,500,000이다. 그러나 은행 계산서의 당좌예금 잔액은 ₩4,000,000이다. 이러한 불일치의 원인이 다음과 같을 때, ㈜한국의 당좌예금계정 수정에 관한 설명으로 옳지 않은 것은?   2010. 국가직 7급

• 기발행 미인출 당좌수표	₩2,600,000
• 부도처리 당좌수표	₩90,000
• 당좌차월에 대한 이자비용	₩10,000

① 기발행 미인출 당좌수표와 관련하여 당좌예금 ₩2,600,000을 증가시키는 수정이 필요하다.

② 부도처리된 당좌수표와 관련하여 당좌예금 ₩90,000을 감소시키는 수정이 필요하다.

③ 당좌예금과 관련된 수정으로 보고이익이 ₩10,000 감소한다.

④ 당좌예금계정의 수정 후 잔액은 ₩1,400,000이다.

	회사	은행
조정 전	1,500,000	4,000,000
기발행미인출수표		①(2,600,000)
부도수표	②(90,000)	
이자비용	③(10,000)	
올바른 잔액	④1,400,000	1,400,000

① 기발행미인출 당좌수표 2,600,000을 은행 잔액에서 '감소'시켜야 한다.

③ 이자비용으로 인해 당기손익이 10,000 감소한다.

답 ①

02 2013년 12월 31일 은행계정조정 후 ㈜대한의 장부상 정확한 당좌예금계정의 잔액은 ₩300,000이다. 이 금액은 거래은행이 보내온 2013년 12월 31일 은행계정명세서의 잔액과 차이가 있는데, 차이가 나는 원인은 다음과 같다.

> - ㈜대한이 발행한 수표 ₩5,000을 거래은행이 실수로 ₩500으로 처리하였다.
> - ㈜대한의 기발행미인출수표는 ₩20,000이다.
> - 거래은행이 미처 기입하지 못한 ㈜대한의 당좌예금 입금액이 ₩10,000이다.
> - ㈜민국이 발행한 수표 ₩4,000을 거래은행이 실수로 ㈜대한의 계정에서 차감하였다.

거래은행이 보내온 2013년 12월 31일 은행계정명세서의 잔액은?   2014. 국가직 7급

① ₩289,500   ② ₩290,500
③ ₩310,500   ④ ₩309,500

 해설

	회사	은행
조정 전		310,500
5,000→500		(4,500)
기발행미인출수표		(20,000)
미기입예금		10,000
잘못된 차감		4,000
올바른 잔액	300,000	300,000

(1) 5,000→500: ㈜대한이 발행한 수표는 예금 잔액에서 차감해야 하므로 은행 측 잔액에서 4,500을 더 차감해주어야 한다.

(2) 잘못된 차감: 다른 회사의 예금에서 차감해야 할 것을 ㈜대한의 예금에서 차감했으므로 다시 가산해주어야 한다.

답 ③

03 다음은 ㈜대한의 2010년 12월 31일 현재 은행계정조정표를 작성하기 위한 자료이다. 은행에서 보내온 2010년 12월 31일 현재 수정전 예금잔액증명서상의 잔액이 ₩30,000일 경우, ㈜대한의 2010년 12월 31일 현재 수정전 당좌예금계정 잔액은? 2011. 지방직 9급

> • 2010년 12월 중 ㈜대한에서 기발행되었으나, 기말 현재 은행에서 미인출된 수표는 ₩8,000이다.
> • 2010년 12월 31일 현재 은행의 예금잔액증명서에 반영된 부도수표 ₩9,000이 ㈜대한의 당좌예금계정에는 반영되지 않았다.
> • ㈜대한이 2010년 12월 31일 입금했으나, 은행에서는 2011년 1월 3일 입금처리된 금액은 ₩6,000이다.
> • 2010년 12월 말까지 ㈜대한에 통보되지 않은 매출채권 추심액은 ₩12,000이다.

① ₩13,000   ② ₩25,000

③ ₩28,000   ④ ₩41,000

 해설

	회사	은행
조정 전	25,000	30,000
기발행미인출수표		(8,000)
부도수표	(9,000)	
미기입예금		6,000
매출채권 추심	12,000	
올바른 잔액	28,000	28,000

'매출채권 추심액'은 매출채권을 회수한 금액을 의미한다. 매출채권을 현금으로 회수하였지만 회사에 통보되지 않았으므로 회사 잔액에 가산해야 한다.

답 ②

04 ㈜한국은 20X1년 6월 말 주거래 A은행 측 당좌예금 잔액 ₩13,000이 당사의 당좌예금 장부 잔액과 일치하지 않는 것을 확인하였다. 다음과 같은 차이를 조정한 후 ㈜한국과 A은행의 당좌예금 잔액은 ₩12,000으로 일치하였다. ㈜한국의 수정 전 당좌예금 잔액은?

2021. 지방직 9급

> - A은행이 ㈜한국의 당좌예금에서 ₩3,000을 잘못 출금하였다.
> - A은행이 ㈜한국의 받을어음을 추심하고 ₩3,000을 당좌예금에 입금하였으나, ㈜한국은 이를 모르고 있었다.
> - ㈜한국이 기발행한 ₩4,000의 수표가 A은행에 아직 제시되지 않았다.
> - ㈜한국이 ₩3,000의 수표를 발행하면서 장부에는 ₩8,000으로 잘못 기장하였다.
> - ㈜한국이 20X1년 6월 12일에 입금한 ₩1,000의 수표가 부도로 판명되었으나, ㈜한국은 이를 모르고 있었다.

① ₩5,000　　　　　　　　　② ₩8,000

③ ₩9,000　　　　　　　　　④ ₩10,000

 해설

	회사		은행
조정 전	5,000	조정 전	13,000
어음 추심	3,000	은행 측 오류	3,000
회사 측 오류	5,000	기발행미인출수표	(4,000)
부도수표	(1,000)		
조정 후	12,000	조정 후	12,000

(1) 어음 추심
　어음을 추심하여 당좌예금에 입금하였으나, 회사가 몰랐으므로 회사 측 잔액에 가산한다.
(2) 회사 측 오류
　수표를 '발행'한다는 것은 대금을 지급한다는 의미이다. 3,000의 수표를 발행했는데 8,000으로 기재하였으므로 회사 측 예금 잔액이 5,000이 과소 계상되어 있다. 따라서 회사 측 잔액에 5,000을 가산한다.
(3) 부도수표
　회사가 보유한 수표를 회사 측 잔액에 가산하였지만, 이것이 부도수표이므로 다시 차감해주어야 한다.

답 ①

3 대손 심화

대손은 많은 수험생들이 어려워하는 주제이다. 어려운 문제를 조금이나마 쉽게 풀 수 있게끔 김수석만의 풀이법을 제시할 것이다. 하지만 그럼에도 불구하고 대손이 정말 이해되지 않는 학생은 시간 낭비를 하기보다는, 해당 주제를 넘겨도 좋다.

대손이란, 채권 중 회수불가능액을 추정하여 채권을 감소시키는 것을 뜻한다. 대손이 발생한 경우 대손상각비를 인식하는 동시에 대손충당금을 설정한다. 대손충당금은 채권의 차감적 평가계정으로, 유형자산의 감가상각누계액과 동일한 역할을 한다. 가령, 기말 매출채권이 1,000,000인데 900,000만 회수 가능할 것이라고 예상하면 회수 불가능하다고 예상하는 100,000을 다음과 같이 대손충당금으로 설정한다.

재무상태표

매출채권	1,000,000
대손충당금	(100,000)
	900,000

1. 대손 회계처리

(1) 회수불능(= 대손 확정, 손상차손): 대손충당금 감소

(차) 대손충당금	XXX	(대) 매출채권	XXX

if〉 대손충당금이 부족하다면

(차) 대손충당금	XXX	(대) 매출채권	XXX
대손상각비	XXX		

회수하지 못할 것으로 예상하여 대손충당금을 설정한 매출채권이 실제로 회수 불가능해진 경우에는 대손충당금과 매출채권을 상계한다. 만약 상계할 대손충당금 잔액이 부족한 경우에는 다음과 같이 부족분을 대손상각비로 인식한다. 만약 대손충당금이 100,000인 상태에서 각각 80,000과 120,000의 매출채권이 대손 확정된 경우 회계처리는 다음과 같다.

(차) 대손충당금	80,000	(대) 매출채권	80,000

(차) 대손충당금	100,000	(대) 매출채권	120,000
대손상각비	20,000		

두 번째 상황에서 대손충당금을 120,000 상계해야 하는데 100,000밖에 없으므로 부족분 20,000을 대손상각비로 비용 처리한다.

(2) 대손 채권의 회수: 대손충당금 증가

(차) 현금   XXX   (대) 대손충당금   XXX

회수불능이라고 판단하여 매출채권과 대손충당금을 상계한 채권이 예상과 달리 회수되는 경우가 있다. 이때에는 현금 수령액을 대손상각비의 감소로 인식하는 것이 아니라, 현금 수령액만큼 대손충당금을 증가시킨다.

 김수석의 Why? **대손 채권 회수 시 대손충당금을 증가시키는 이유**

많은 학생들이 왜 대손 채권 회수 시 대손충당금을 증가시키고, 대손상각비의 감소로 인식하지 않는지 궁금해한다. 결론부터 말하자면, 그렇게 해도 상관은 없다. 다만, (3) 대손충당금 설정 시에 대손상각비가 발생하는데, 채권이 회수되었을 때에도 대손상각비를 건드리게 되면 대손상각비가 두 번 발생하기 때문에 대손상각비를 계산하는 과정에서 실수할 가능성이 크다. 따라서 편의를 위해 대손상각비를 건드리지 않는 것이다. 문제 풀이에서 이유는 중요하지 않으므로, 회계처리만 외우자.

(3) 대손충당금 설정

회수불능과 채권회수 회계처리를 통해 남은 대손충당금 잔액(설정 전 잔액)과 기말 대손충당금 잔액(기대신용손실)을 비교하여 대손충당금 금액을 조정해주어야 한다. 문제에서 '기대신용손실'이라는 표현이 등장할텐데, 못 받을 것으로 예상되는 금액을 의미한다. 쉽게 생각해서, '대손충당금 잔액'과 동의어라고 생각하면 된다.

일반적으로는 설정 전 잔액이 적으므로 대손상각비를 인식하면서 대손충당금을 증가시키지만, 반대의 경우 대손충당금환입을 인식하면서 대손충당금을 감소시킨다.

1) 기말 대손충당금 잔액 〉 설정 전 잔액: 대손충당금 증가
    (차) 대손상각비   XXX   (대) 대손충당금   XXX
2) 기말 대손충당금 잔액 〈 설정 전 잔액: 대손충당금 감소
    (차) 대손충당금   XXX   (대) 대손충당금환입   XXX

08

| 대손 회계처리 연습 1 |
- 기초 대손충당금 잔액이 40,000이며, 당기 중 25,000의 손상차손이 발생하였다.
- 대손처리하였던 매출채권 15,000을 현금으로 회수하였다.
- 기말 매출채권 총액에 대한 기대신용손실액은 50,000이다.

대손충당금	25,000	매출채권	25,000
현금	15,000	대손충당금	15,000
대손상각비	20,000	대손충당금	20,000

| 대손 회계처리 연습 2 |
- 기초 대손충당금 잔액이 40,000이며, 당기 중 45,000의 손상차손이 발생하였다.
- 대손처리하였던 매출채권 20,000을 현금으로 회수하였다.
- 기말 매출채권 총액에 대한 기대신용손실액은 15,000이다.

대손충당금 대손상각비	40,000 5,000	매출채권	45,000
현금	20,000	대손충당금	20,000
대손충당금	5,000	대손충당금환입	5,000

2. 대손상각비 풀이법 ★중요

대손 회계처리를 바탕으로 각 상황별 대손충당금 변화를 정리하면 이와 같다.

기말 대손충당금 = 기초 대손충당금 – 회수불능액 + 채권회수액 ± 대손상각비(환입)

이를 활용하여 대손상각비 문제는 다음의 표를 그려서 풀 것이다. 대손과 설정은 회계처리를 표현한 것이므로 대차가 일치해야 한다. 회수도 회계처리이지만 편의상 차변에 현금을 생략한 것이다. 대변에 대손충당금 증가만 표시하면 된다.

	(5) 대손상각비	매출채권	(1) 대손충당금	순액
기초		기초 매출채권	기초 대손충당금	추정 현금흐름
(2) 대손	충당금 부족액	(회수불능액)	(회수불능액)	
(3) 대손 채권 회수			채권회수액	
(4) 설정	설정액		설정액	
기말	대손상각비	기말 매출채권	기말 대손충당금	추정 현금흐름

(1) 기초, 기말 대손충당금 잔액

기초, 기말 대손충당금 잔액을 문제에서 직접 제시하면 바로 표에 쓰면 되지만, 그렇지 않은 경우에는 우리가 구해야 한다. 문제에서 제시한 자료에 따라 대손충당금 계산 방식은 다음과 같이 달라진다.

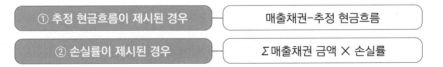

① 추정 현금흐름이 제시된 경우

문제에서 추정 현금흐름을 제시해준다면 표의 '순액'아래에 추정 현금흐름을 적자. 매출채권 중 추정 현금흐름을 제외한 부분은 못 받을 것으로 예상하는 금액이다. 따라서 매출채권에서 추정 현금흐름을 차감한 금액이 대손충당금 잔액이 된다.

② 손실률이 제시된 경우

문제에서 매출채권별 손실률을 제시해준다면 각 매출채권 금액에 손실률을 곱한 금액이 대손충당금 잔액이 된다. 가령, 매출채권 금액이 100,000인데 손실률이 10%라면, 못 받을 것으로 예상하는 금액은 10,000(= 100,000 × 10%)이며, 대손충당금 잔액은 10,000이 된다.

반대로 매출채권 금액 중 회수할 것으로 예상되는 금액의 비율이 제시되기도 한다. 가령 매출채권 금액이 100,000인데 90%를 회수할 것으로 예상한다면, 못 받을 것으로 예상하는 금액은 10,000(= 100,000 × 10%)이며, 대손충당금 잔액은 10,000이 된다.

(2) 대손

대손이 확정된 경우에는 대손충당금과 매출채권을 상계한다. 만약 상계할 대손충당금 잔액이 부족한 경우에는 부족분을 대손상각비로 인식하여 대차를 맞추자.

(3) 대손 채권 회수

회수불능이라고 판단하여 매출채권과 대손충당금을 상계한 채권이 예상과 달리 회수되는 경우에는 현금 수령액만큼 대손충당금을 증가시킨다.

(4) 설정

기초 대손충당금에서 회수불능액을 차감하고, 채권회수액을 증가시킨 후 남은 대손충당금 잔액(설정 전 잔액)과 기말 대손충당금 잔액을 비교하여 대손충당금 금액을 조정한다. 설정 전 잔액이 적다면 대손상각비를 인식하면서 대손충당금을 증가시키고, 설정 전 잔액이 크다면 대손충당금환

08

입을 인식하면서 대손충당금을 감소시킨다. 표에서 (1) 대손충당금 아래에 '설정액'위치에 쓴 금액을 (5) 대손상각비 아래 '설정액'위치에도 똑같이 적자.

한편, 대손충당금 설정은 기말수정분개에 해당한다. 따라서 '수정전시산표 상 대손충당금'은 설정 전 잔액에 해당한다.

(5) 대손상각비 = 충당금 부족액 + 설정액

대부분의 대손 문제에서는 1년간 인식한 대손상각비를 묻는다. 대손상각비는 (2)에서 계산한 충당금 부족액과 (4)에서 계산한 설정액의 합이다. 충당금 부족액과 설정액을 더해서 (5) 대손상각비 줄맨 아래 줄에 적자. 일반적으로는 충당금 부족액이 없기 때문에 설정액이 대손상각비와 일치한다.

 대손충당금 – 추정 현금흐름이 제시된 경우

01 ㈜한국의 매출채권과 그에 대한 미래현금흐름 추정액은 다음과 같다. 충당금설정법을 사용할 경우, 기말에 인식하여야 하는 대손상각비는? (단, 할인효과가 중요하지 않은 단기매출채권이며, 기중 대손충당금의 변동은 없다) 2016. 지방직 9급

	기초	기말
매출채권	₩26,000	₩30,000
추정 미래현금흐름	₩24,500	₩26,500

① ₩2,000   ② ₩3,000
③ ₩4,000   ④ ₩5,000

	대손상각비	매출채권	대손충당금	순액
기초		26,000	①1,500	24,500
대손				
설정	③2,000		③2,000	
기말	2,000	30,000	②3,500	26,500

수험생 중에서 '기중 대손충당금의 변동은 없다.'를 '대손충당금의 변동은 없다.'로 오해하는 경우가 있었는데, '기중'변동이 없다는 것은 대손 확정 및 채권 회수가 없었다는 것을 의미하지, 기말 대손충당금 설정까지 없었다는 것을 의미하지는 않는다.

답 ①

02 다음은 ㈜한국의 매출채권 및 대손에 대한 자료이다. 기말 매출채권 잔액에 대한 미래 현금흐름을 추정하여 ₩4,500이 회수될 것으로 예상하였다. 20X1년 ㈜한국이 매출채권에 대해 인식할 손상차손(대손상각비)은 얼마인가?

2020. 계리사

- 20X1년 1월 1일 대손충당금 기초잔액 ₩2,000
- 20X1년 3월 1일 회수불능으로 판단된 매출채권 ₩3,000
- 20X1년 7월 1일 전기 대손처리된 ₩1,500 매출채권 회수
- 20X1년 10월 1일 당기 대손처리된 매출채권 중 ₩500 회수
- 20X1년 12월 31일 기말수정분개 이전 매출채권 잔액 ₩8,000

① ₩2,000   ② ₩2,500

③ ₩3,000   ④ ₩3,500

 해설

	대손상각비	매출채권	대손충당금	순액
기초			2,000	
대손	1,000	(3,000)	(2,000)	
대손 채권 회수			1,500 500	
설정	②1,500		②1,500	
기말	③2,500	8,000	①3,500	4,500

(1) 대손: 회수불능으로 매출채권 3,000을 감소시키지만 기초 대손충당금이 2,000밖에 안 되므로 부족비 1,000은 대손상각비로 인식하면서 대차를 맞춘다.

(2) 대손 채권 회수: 전기 대손처리된 매출채권을 회수하든, 당기 대손처리된 매출채권을 회수하든 전부 현금을 회수하면서 대손충당금을 증가시킨다.

① 기말 대손충당금: 8,000(기말 매출채권) − 4,500(추정 현금흐름) = 3,500

② 설정액: 회수까지 반영했을 때 설정 전 대손충당금이 2,000이므로 1,500을 설정해야 기말 대손충당금이 3,500이 된다.

③ 대손상각비: 설정액 1,500에 기중에 대손 확정으로 인식한 1,000을 가산하여 총 2,500이 대손상각비이다.

目 ②

03 ㈜대한은 상품의 취득원가에 30%의 이익을 가산하여 외상으로 판매하며, 신용기간이 경과한 후 현금으로 회수하고 있다. 기초 대손충당금 잔액이 ₩40,000이며 당기 중 ₩25,000의 손상차손이 발생하였다. 기말 매출채권잔액의 손상차손 검사 결과, 매출채권 중 ₩48,000의 자산손상이 발생할 객관적 증거가 존재하는 경우의 적절한 기말 회계처리는?

2014. 지방직 9급

① (차) 대손상각비(손상차손) 58,000 (대) 대손충당금 58,000
② (차) 대손상각비(손상차손) 48,000 (대) 대손충당금 48,000
③ (차) 대손상각비(손상차손) 33,000 (대) 대손충당금 33,000
④ (차) 대손상각비(손상차손) 25,000 (대) 대손충당금 25,000

	대손상각비	매출채권	대손충당금	순액
기초			40,000	
대손		(25,000)	(25,000)	
설정	33,000		33,000	
기말	33,000		48,000	

기말 매출채권 중 48,000의 자산손상이 발생할 증거가 존재하므로 기말 대손충당금이 48,000이라는 뜻이다. 따라서 부족분인 33,000만큼 차변에 대손상각비를 인식하면서 대변에 대손충당금을 동액만큼 계상한다.

문제의 첫 두줄은 문제 풀이에 전혀 쓰이지 않는다. 첫 두줄은 매출채권의 증감과 관련된 자료로, 기말 매출채권을 추정할 때 필요한 자료이다. 우리는 기말 매출채권을 바탕으로 기말 대손충당금을 추정할 수 있으나, 문제에서 기말 대손충당금 잔액을 48,000으로 직접 제시하였으므로 첫 두줄을 이용할 필요가 없다.

답 ③

04 ㈜한국은 2016년 10월 1일 거래처의 파산으로 매출채권 ₩2,000을 회수할 수 없게 되었으며, 대손에 대한 회계처리는 충당금설정법을 적용하고 있다. 2015년과 2016년의 매출채권 관련 자료가 다음과 같을 때, 2016년 12월 31일 대손충당금 설정에 대한 분개로 옳은 것은? (단, 2015년 초 대손충당금 잔액은 없으며, 미래현금흐름 추정액의 명목금액과 현재가치의 차이는 중요하지 않다)

2016. 국가직 7급

구분	2015년 말	2016년 말
매출채권	₩100,000	₩120,000
추정 미래현금흐름	₩96,000	₩118,900

	차변		대변	
①	대손상각비	₩900	대손충당금	₩900
②	대손상각비	₩1,100	대손충당금	₩1,100
③	대손충당금	₩900	대손충당금환입	₩900
④	대손충당금	₩1,100	대손충당금환입	₩1,100

해설

	대손상각비	매출채권	대손충당금	순액
기초		100,000	4,000	96,000
대손		(2,000)	(2,000)	
설정	(900)		(900)	
기말	(900)	120,000	1,100	118,900

대손상각비가 음수로 계산되므로 대손충당금을 감소시키면서 대손충당금환입이 대변에 계상된다.

답 ③

대손충당금 – 손실률이 제시된 경우

05 ㈜서울의 매출채권과 관련된 다음의 자료를 이용하여 2017년의 대손상각비를 구하면 얼마인가?

2017. 서울시 9급

- 2017년 초의 매출채권 잔액은 ₩1,000,000이고, 대손충당금 잔액은 ₩40,000이다.
- 2017년 4월에 회수불가능 매출채권 ₩30,000을 대손처리하였다.
- 2016년에 대손처리하였던 매출채권 ₩15,000을 2017년 7월에 현금으로 회수하였다.
- 2017년 말의 매출채권 잔액은 ₩900,000이며, 이 중에서 5%는 미래에 회수가 불가능한 것으로 추정된다.

① ₩0
② ₩15,000
③ ₩20,000
④ ₩35,000

 해설

	대손상각비	매출채권	대손충당금	순액
기초		1,000,000	40,000	
대손		(30,000)	(30,000)	
대손 채권 회수			15,000	
설정	②20,000		②20,000	
기말	20,000	900,000	①45,000	

① 기말 대손충당금 잔액: 900,000 × 5% = 45,000
② 대손상각비: − 40,000 + 30,000 − 15,000 + 45,000 = 20,000

답 ③

06 ㈜한국은 회수불능채권에 대하여 대손충당금을 설정하고 있으며 기말 매출채권 잔액의 1%가 회수 불가능할 것으로 추정하고 있다. 다음 자료를 이용하여 ㈜한국이 20X2년 포괄손익계산서에 인식할 대손상각비는?

2021. 지방직 9급

- 매출채권, 대손충당금 장부상 자료

구분	20X1년 말	20X2년 말
매출채권	₩900,000	₩1,000,000
대손충당금	₩9,000	?

- 20X2년 중 매출채권 대손 및 회수 거래
  - 1월 10일: ㈜대한의 매출채권 ₩5,000이 회수불가능한 것으로 판명
  - 3월 10일: ㈜민국의 매출채권 ₩2,000이 회수불가능한 것으로 판명
  - 6월 10일: 1월 10일에 대손처리되었던 ㈜대한의 매출채권 ₩1,500 회수

① ₩1,000
② ₩6,500
③ ₩8,000
④ ₩10,000

해설

	대손상각비	매출채권	대손충당금	순액
기초		900,000	9,000	
대손		(5,000)	(5,000)	
		(2,000)	(2,000)	
대손 채권 회수			1,500	
설정	②6,500		②6,500	
기말		1,000,000	①10,000	

① 기말 대손충당금 잔액: 1,000,000 × 1% = 10,000
② X2년 대손상각비: 6,500

답 ②

07 ㈜갑은 매출채권의 회수불능액을 연령분석법에 의하여 추정한다. 2009년 12월 31일 매출채권에 관한 정보는 다음과 같다. 2009년 12월 31일 현재 수정전시산표상의 대손충당금잔액이 ₩450,000일 경우 기말에 계상할 대손상각비는?

2010. 관세직 9급

경과기간	매출채권 금액	대손추정률
30일 이하	₩2,000,000	5%
31~60일	₩1,500,000	10%
61~180일	₩1,000,000	30%
181일 이상	₩500,000	50%

① ₩350,000　　　　　　② ₩450,000

③ ₩800,000　　　　　　④ ₩1,250,000

해설

	대손상각비	매출채권	대손충당금	순액
기초				
대손			450,000	
회수				
설정	②350,000		②350,000	
기말	350,000		①800,000	

① 기말 대손충당금: 2,000,000 × 5% + 1,500,000 × 10% + 1,000,000 × 30% + 500,000 × 50% = 800,000

② 대손상각비: 800,000 − 450,000 = 350,000

설정 전에 대손충당금이 450,000 계상되어 있으므로 350,000을 추가로 계상해야 기말 대손충당금 800,000이 된다.

답 ①

08 ㈜한국은 고객에게 60일을 신용기간으로 외상매출을 하고 있으며, 연령분석법을 사용하여 기대신용손실을 산정하고 있다. 2017년 말 현재 ㈜한국은 매출채권의 기대신용손실을 산정하기 위해 다음과 같은 충당금설정률표를 작성하였다. 2017년 말 매출채권에 대한 손실충당금(대손충당금) 대변잔액 ₩20,000이 있을 때, 결산시 인식할 손상차손(대손상각비)은?

2018. 관세직 9급

구분	매출채권 금액	기대신용손실률
신용기간 이내	₩1,000,000	1%
1~30일 연체	₩400,000	4%
31~60일 연체	₩200,000	20%
60일 초과 연체	₩100,000	30%

① ₩66,000　　　　　　　② ₩76,000

③ ₩86,000　　　　　　　④ ₩96,000

 해설

	대손상각비	매출채권	대손충당금	순액
기초 대손			20,000	
설정	②76,000		②76,000	
기말	76,000		①96,000	

① 기말 대손충당금: 1,000,000 × 1% + 400,000 × 4% + 200,000 × 20% + 100,000 × 30% = 96,000
② 대손상각비: 96,000 − 20,000 = 76,000

문제의 '17년 말 매출채권에 대한 손실충당금 대변 잔액 20,000'은 기초 대손충당금에 대손, 회수 등까지 모두 반영한 설정 전 잔액이 20,000이라는 뜻이다. 설정 전에 대손충당금이 20,000 계상되어 있으므로 76,000을 추가로 계상해야 기말 대손충당금 96,000이 된다.

답 ②

09 ㈜한국의 20X8년 손실충당금(대손충당금) 기초잔액은 ₩30이고 20X8년 12월 31일에 매출채권 계정을 연령별로 채무불이행률을 검사하고, 다음의 연령분석표를 작성하였다.

결제일 경과기간	매출채권	채무불이행률
미경과	₩90,000	1%
1일 ~ 30일	₩18,000	2%
31일 ~ 60일	₩9,000	5%
61일 ~ 90일	₩6,000	15%
91일 이상	₩4,000	30%

20X9년 1월 10일에 거래처인 ㈜부도의 파산으로 인해 매출채권 ₩4,500의 회수불능이 확정되었다. ㈜한국이 20X9년 1월 10일 인식할 손상차손(대손상각비)은? 2019. 국가직 7급

① ₩630
② ₩660
③ ₩690
④ ₩720

해설

	대손상각비	매출채권	대손충당금	순액
기초			①3,810	
대손	②690	(4,500)	(3,810)	
기말				

① 기초 대손충당금 잔액: 90,000 × 1% + 18,000 × 2% + 9,000 × 5% + 6,000 × 15% + 4,000 × 30% = 3,810

- 문제에 제시된 매출채권 연령분석표는 'X8년 말' 매출채권에 대한 자료이다. 문제에서 X9년의 손상차손을 물었기 때문에 X8년 말 대손충당금은 '기초'대손충당금이다. 3,810은 대손충당금의 '증가액'이 아닌 '잔액'이므로, X8년 대손충당금 기초잔액 30을 가산하면 안 된다.

② 1월 10일 대손상각비: 4,500 − 3,810 = 690

- 기초 대손충당금 잔액에 비해 대손 확정 금액이 크므로 부족분은 상각비로 인식한다.

目 ③

대손충당금 – 응용문제 심화

10 ㈜한국의 결산일 현재 매출채권은 ₩6,150,000이다. 매출채권의 대손과 관련된 자료가 다음과 같을 때, 회수 가능한 매출채권 추정액은? 2010. 국가직 7급

• 기초 매출채권 대손충당금 잔액	₩300,000
• 당기 중 회수불능으로 대손처리한 매출채권	₩400,000
• 당기 매출채권의 대손상각비	₩950,000

① ₩5,100,000   ② ₩5,200,000

③ ₩5,300,000   ④ ₩7,000,000

 해설

	대손상각비	매출채권	대손충당금	순액
기초			300,000	
대손	100,000	(400,000)	(300,000)	
설정	②850,000		③850,000	
기말	①950,000	6,150,000	④850,000	⑤5,300,000

당기 매출채권의 대손상각비가 ①950,000이므로, 대손 시 발생한 100,000을 제외하고 기말 설정 시 발생한 상각비가 ②850,000이다. 기말 설정액이 ③850,000이고, 기중에 대손으로 남아 있는 대손충당금이 0이므로 기말 대손충당금은 ④850,000이다. 기말 매출채권에서 대손충당금을 차감하면 회수 가능한 매출채권 추정액은 ⑤5,300,000이다.

 답 ③

대손상각비 & 투자부동산 심화

11 제조업을 영위하는 ㈜한국의 20X1년 말 재무상태표에는 매출채권에 대한 손실충당금(대손충당금) 기초 잔액은 ₩200,000이며, 이익잉여금 기초 잔액은 ₩30,000이었다. 20X1년 중 발생한 다음 사항을 반영하기 전의 당기순이익은 ₩150,000이다.

> • 당기 중 거래처에 대한 매출채권 ₩70,000이 회수불능으로 확정되었다.
> • 20X1년 말 매출채권 총액에 대한 기대신용손실액은 ₩250,000이다.
> • 7월 1일 임대목적으로 ₩200,000의 건물을 취득하였다. 내용연수는 20년이고 잔존가치는 없다. ㈜한국은 투자부동산에 대해서 공정가치모형을 적용한다. 결산일 20X1년 말 건물의 공정가치는 ₩250,000이다.

㈜한국의 20X1년 당기순이익과 20X1년 말 이익잉여금은?

2021. 관세직 9급

	당기순이익	이익잉여금		당기순이익	이익잉여금
①	₩80,000	₩70,000	②	₩90,000	₩70,000
③	₩80,000	₩110,000	④	₩90,000	₩110,000

 해설

1. 대손상각비: 120,000

	대손상각비	매출채권	대손충당금
기초			200,000
대손 확정		(70,000)	(70,000)
설정	③120,000		②120,000
기말	120,000		①250,000

① 기대신용손실액이 250,000이므로 기말 대손충당금은 250,000이다.
② 기초 대손충당금에서 대손 확정으로 인해 대손충당금을 70,000 상계하면 잔액은 130,000이다. 따라서 120,000을 추가로 설정해야 기말 대손충당금이 250,000이 된다.
③ 대손상각비는 120,000이다.

2. 투자부동산으로 인해 당기손익에 미치는 영향: 50,000 증가 (평가이익)
공정가치모형을 적용하므로, 감가상각하지 않고, 공정가치 평가만 한다.
평가이익: 250,000 − 200,000 = 50,000 (PL)

3. 당기순이익 및 이익잉여금
(1) X1년 당기순이익: 150,000 − 120,000(대손상각비) + 50,000(평가이익) = 80,000
(2) X1년 말 이익잉여금: 30,000(기초 이잉) + 80,000(X1년 NI) = 110,000
— 기초 이잉이 30,000이므로 기말 이잉은 당기순이익보다 30,000 커야 한다. 이런 선지가 ③번밖에 없으므로 센스 있는 학생은 빠르게 답을 고를 수 있었다.

답 ③

Memo

 이 장의 출제 뽀인트!

① 할인발행 vs 액면발행 vs 할증발행 ★중요!
② 총 이자비용 ★중요!
③ 사채상환손익
④ 유효이자율법 계산형 말문제

금융부채는 거의 매년 출제되는 아주 중요한 장이다. 하지만 현재가치를 잘 해야 하기 때문에 난이도도 꽤 어렵다. 본 장을 공부하기에 앞서 회계원리에서 배운 현재가치 및 유효이자율 상 각 내용을 다시 복습하고 오자. 금융부채는 계산문제뿐만 아니라 말문제, 계산형 말문제까지 다양한 유형으로 출제되고 있다.

09

금융부채

1 할인발행 vs 액면발행 vs 할증발행 중요!

1. 액면금액과 발행금액의 비교: 유효이자율과 발행금액은 반비례

$$PV\downarrow = \Sigma \frac{CF_n}{(1 + R\uparrow)^n}$$

(1) 액면 발행: 발행가 = 액면가 (유효이자율 = 액면이자율)

(2) 할인 발행: 발행가 〈 액면가 (유효이자율 〉 액면이자율)

(3) 할증 발행: 발행가 〉 액면가 (유효이자율 〈 액면이자율)

2. 장부금액, 이자비용, 상각액 증감

	유효R = 액면R	유효R 〉 액면R	유효R 〈 액면R
액면가와 비교	발행가 = 액면가	발행가 〈 액면가	발행가 〉 액면가
	액면발행	할인발행	할증발행
장부금액	불변	점차 증가	점차 감소
이자비용			
상각액			점차 증가

(1) 상각 완료 후 장부금액=액면금액

최초 발행 시 발행가액은 액면금액과 다를 수 있지만, 상각 완료 후에는 사채의 장부가액이 반드시 액면금액이 된다.

(2) 장부금액(BV) 변화

발행금액과 무관하게 장부금액은 만기가 되면 모두 액면금액이 된다. 따라서 장부금액은 액면발행 시 불변, 할인발행 시 점차 증가, 할증발행 시 점차 감소한다.

(3) 이자비용 = 기초 장부금액 × 유효이자율

이자비용은 기초 장부금액에 유효이자율을 곱해서 계산하므로 장부금액 증감과 비례한다.

(4) 상각액 = |유효이자−액면이자(고정)| ★중요!

할인발행, 할증발행 모두 상각액은 점차 증가한다. 상각액 얘기가 나오면 할인인지, 할증인지 보지 말고 무조건 증가인지만 확인하자.

 장부금액, 이자비용, 상각액 증감 암기법 (혓바닥 그림)

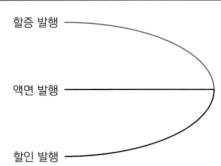

할증 발행

액면 발행

할인 발행

위 그림은 사채 장부금액이 시간이 지남에 따라 어떻게 변화하는지 표현한 것이다. 할증발행은 액면 금액보다 높은 위치에서, 할인발행은 액면 금액보다 낮은 위치에서 출발해 액면 금액에 다다른다. 관건은 액면 금액에 다다르는 '속도'이다. 할증발행, 할인발행 모두 초반에는 천천히 다가오다가 후반에 기울기가 급해지며 빠른 속도로 액면 금액에 가까워진다. 이것이 바로 상각액의 개념이다. 그림을 떠올리면서 상각액은 점차 증가한다는 것을 기억하자.

3. 사채발행비 및 취득부대비용이 유효이자율에 미치는 영향 심화

(1) 사채(금융부채): 사채발행비 존재 시 채무자의 유효이자율 상승

$$PV\downarrow = \Sigma \frac{CF_n}{(1 + R\uparrow)^n}$$

사채발행비가 존재한다면 채무자의 유효이자율은 상승한다. 채무자는 빌린 돈 중 일부를 사채발행비로 지출해야 하므로, 사채발행비를 사채의 발행금액에서 차감한다. 위 식에서는 사채발행비만큼 현금 수령액(PV)이 감소한다.. 미래 현금흐름(CF)은 고정인데, 차변에 있는 현금 수령액이 감소하였으므로, 등식을 맞추기 위해서는 이자율이 상승할 수 밖에 없다.

공무원 회계학에서는 계산기를 쓸 수 없기 때문에 새로운 유효이자율을 직접 구할 수가 없다. 따라서 사채발행비가 있는 경우 문제에서 사채발행비를 고려한 '새로운 유효이자율'을 제시해 줄 것이다. 시장이자율은 무시하고 새로운 유효이자율을 사용하면 된다.

(2) 채권(금융자산): 취득부대비용 존재 시 채권자의 유효이자율 하락

취득부대비용이 존재한다면 채권자의 유효이자율은 하락한다. 채권자는 채권 구입금액에 추가로 취득부대비용을 지출해야 하므로, 취득부대비용을 채권의 취득원가에 가산한다. 위 식에서는 취득부대비용만큼 현금 지급액(PV)이 증가한다. 미래 현금흐름(CF)은 고정인데, 차변에 있는 현금 지급액(PV)이 증가하였으므로, 등식을 맞추기 위해서는 이자율이 하락할 수 밖에 없다.

 비용 발생 시 투자자, 채무자 모두 불리!

사채발행비와 취득부대비용이 유효이자율에 미치는 영향은 각각 상승과 하락으로 정반대이다. 직관적으로 생각하면 **취득부대비용이든 사채발행비이든 투자자 및 채무자 입장에서 추가적인 지출이 발생하는 것이므로 불리한 것**이라고 기억하면 된다.

채권자는 이자율이 높은 것이 좋고, 채무자는 이자율이 낮은 것이 좋다. 하지만 취득부대비용으로 인해 투자자의 이자율은 낮아지고, 사채발행비로 인해 채무자의 이자율은 높아진다. 비용이 있다면 각자가 원하는 것과 반대 방향으로 이자율이 움직인다.

 할인발행 vs 액면발행 vs 할증발행

01 사채의 발행과 관련한 설명으로 옳은 것은? 2020. 계리사

① 유효이자율법에 의해 사채발행차금을 상각할 때, 할인발행이나 할증발행의 경우 모두 기간이 경과할수록 사채발행차금의 상각액은 증가한다.

② 할인발행은 사채의 표시이자율보다 시장이 기업에게 자금 대여의 대가로 요구하는 수익률이 낮은 상황에서 발생한다.

③ 할인발행의 경우 발행 기업이 인식하는 이자비용은 기간이 경과할수록 매기 감소한다.

④ 할증발행의 경우 발행 기업은 매기 현금이자 지급액보다 많은 이자비용을 인식한다.

할인발행이든, 할증발행이든 사채발행차금 상각액은 증가한다.

② '시장이 기업에게 자금 대여의 대가로 요구하는 수익률'이란 시장이자율, 혹은 유효이자율을 의미한다. 할인발행은 유효이자율이 표시이자율보다 높은 상황에서 발생한다.

③ 할인발행의 경우 이자비용은 기간이 경과할수록 매기 증가한다.

④ 할증발행의 경우 '이자비용 = 현금이자 지급액(액면이자) − 사채할증발행차금 상각액'이다. 기업은 매기 현금이자 지급액보다 적은 이자비용을 인식한다.

탑 ①

02 ㈜한국은 20X1년 1월 1일에 3년 만기, 액면금액 ₩100,000의 사채를 발행하였다. 액면이자율은 연 8%이고, 발행당시 유효이자율은 연 10%이다. ㈜한국은 사채 이자를 매년말 지급하기로 하였고, 사채발행차금은 매 회계연도말 유효이자율법으로 상각한다. 다음 중 옳지 않은 것은?   2017. 계리사

① 사채발행차금 상각액은 매년 증가한다.

② 이자비용은 매년 증가한다.

③ 사채의 장부금액은 매년 증가한다.

④ 2차연도말에 액면금액으로 조기상환시 사채상환이익이 발생한다.

해설

액면이자율보다 유효이자율이 크기 때문에 할인발행 상황이다. 사채의 장부금액은 매년 증가하지만 계속해서 액면금액 이하이기 때문에 액면금액으로 조기상환 시 사채상환손실이 발생한다.

답 ④

03 사채의 발행 및 발행 후 회계처리에 대한 설명으로 옳지 않은 것은?   2014. 국가직 7급 (심화)

① 상각후원가로 측정하는 사채의 경우 사채발행비가 발생한다면 액면발행, 할인발행, 할증발행 등 모든 상황에서 유효이자율은 사채발행비가 발생하지 않는 경우보다 높다.

② 사채를 할증발행한 경우 사채이자비용은 현금이자지급액에 사채할증발행차금 상각액을 가산하여 인식한다.

③ 사채의 할증발행 시 유효이자율법에 의해 상각하는 경우 기간 경과에 따라 매기 인식하는 할증발행차금의 상각액은 증가한다.

④ 사채의 할인발행 시 유효이자율법에 의해 상각하는 경우 기간 경과에 따라 매기 인식하는 할인발행차금의 상각액은 증가한다.

해설

① 사채발행비가 발생하면 사채의 현재가치가 낮아져 유효이자율은 높아진다. 액면발행, 할인발행, 할증발행 과 무관하다. (O)
  - '상각후원가로 측정하는 사채'는 우리가 알고 있는 유효이자율법으로 평가하는 사채를 의미한다. 전혀 신경 쓸 필요 없는 표현이다.
② 할증발행 시 '이자비용 = 액면이자 - 상각액'이다. 출제진은 사할증차 상각액을 양수로 생각하므로, 사할증차 상각액을 가산하는 것이 아니라, '차감'해야 한다. (X)
③, ④ 할인발행, 할증발행 모두 상각액은 매년 증가한다. (O)

답 ②

04 상각후원가측정금융부채로 분류하는 사채의 회계처리에 대한 설명으로 옳지 않은 것은?

2021. 국가직 9급 `심화`

① 사채발행시 사채발행비가 발생한 경우의 유효이자율은 사채발행비가 발생하지 않는 경우보다 높다.

② 사채의 액면이자율이 시장이자율보다 낮은 경우 사채를 할인발행하게 된다.

③ 사채를 할증발행한 경우 사채의 장부금액은 시간이 흐를수록 감소한다.

④ 사채의 할인발행과 할증발행의 경우 사채발행차금상각액이 모두 점차 감소한다.

해설

'상각후원가측정금융부채'는 우리가 알고 있는 유효이자율법으로 평가하는 사채를 의미한다. 전혀 신경 쓸 필요 없이, 우리가 배운대로 문제를 풀면 된다.

① 사채발행비가 발생하면 순현금유입액이 감소하여 유효이자율은 상승한다. (O)

② 시장이자율이 액면이자율보다 높으면 할인발행하게 된다. (O)

③ 할증발행 시 사채의 장부금액은 점차 감소하여 만기에 액면금액이 된다. (O)

④ 할인발행, 할증발행 모두 사채발행차금 상각액은 점차 증가한다. (X)

目 ④

2 유효이자율법 계산문제 출제 사항

1. 액면이자율과 유효이자율

(1) 액면이자율

액면이자율은 다음 순서로 구한다. 문제에서 기초와 기말 BV, 유효이자율은 제시해줄 것이다.

	유효이자	액면이자	상각액	장부금액
X1				기초 BV
X2	②기초 BV × 유효R	③유효이자 – 상각액	①기말 BV – 기초 BV	기말 BV

④ 액면이자율 = 액면이자÷액면금액

(2) 유효이자율

= 유효이자÷기초 장부금액

 **액면이자율이나 유효이자율을 묻는 문제 대처법**

액면이자율이나 유효이자율은 식이 복잡해 계산기 없이 계산하기 어렵다. 이자율을 묻는 문제는 넘긴 후에 마지막에 풀고, 찍을 때는 다음 내용을 참고하자.

(1) 액면이자율과 유효이자율은 다를 것이다.

찍는다면, 액면이자율과 유효이자율이 같은 선지는 제외하고 나머지 선지로 찍자.

(2) 계산형 말문제: 최대한 나머지 선지들로 정답을 파악하고 넘어가자.

(3) 최후의 수단: 5%나 10%로 찍고 넘어갈 것!

일단 계산이 쉬운 5%나 10%로 찍고 넘어간 뒤에, 시간이 남으면 계산해보자.

 유효이자율법 – 액면이자율

01 ㈜한국은 2011년 1월 1일에 액면금액이 ₩100,000, 만기가 3년, 이자지급일이 매년 12월 31일인 사채를 ₩92,269에 할인발행하였다. 이 사채의 2012년 1월 1일 장부금액이 ₩94,651일 때, 액면이자율은? (유효이자율은 연 8%이고, 문제풀이 과정 중에 계산되는 모든 금액은 소수점 이하 반올림한다)

2013. 국가직 7급

① 4% ② 5%

③ 6% ④ 7%

	유효이자(8%)	액면이자(5%)	상각액	장부금액
10				92,269
11	7,382	5,000	2,382	94,651

① 상각액 = 94,651 − 92,269 = 2,382

② 유효이자 = 92,269 × 8% = 7,382

 – 이 과정이 계산기 없이 풀기 어려웠다. 실전이었다면 풀지 말고 넘겨야 한다.

③ 액면이자 = 7,382 − 2,382 = 5,000

④ 액면이자율 = 5,000 ÷ 100,000 = 5%

답 ②

02 ㈜한국은 20X8년 1월 1일에 3년 만기 사채를 발행하였다. 매년 말 액면이자를 지급하고 유효이자율법에 따라 사채할인발행차금을 상각한다. 20X9년 말 이자와 관련된 회계처리는 〈보기〉와 같고, 〈보기〉의 거래가 반영된 20X9년 말 사채의 장부금액은 ₩430,000이다. 이 경우 사채의 유효이자율은?

2019. 서울시 7급

〈보기〉

차) 이자비용	60,000	대) 사채할인발행차금	30,000
		현금	30,000

---

① 14% ② 15%
③ 16% ④ 17%

해설

	유효이자(15%)	액면이자	상각액	장부금액
X7				
X8				①400,000
X9	60,000	30,000	30,000	430,000

(1) X8년 말 장부금액: 430,000 − 30,000(상각액) = 400,000
- 회계처리에 사채'할인'발행차금이 등장했다. 사채를 할인발행했다는 의미이다. 사채를 할인발행한 경우 사채의 장부금액은 '액면금액−사채할인발행차금'이다. X9년말 회계처리에 사할차가 대변에 30,000 계상되어 있으므로 사채의 장부금액은 30,000이 증가한다. 이를 반영한 X9년 말 장부금액이 430,000 이므로, X8년 말 장부금액은 400,000이다.

(2) 유효이자율: 60,000(유효이자)/400,000 = 15%

답 ②

2. 총 이자비용 ★중요!

(1) 총 현금 지급액 = 액면금액 + 만기 × 액면이자
(2) 총 이자비용 = ① 총 현금 지급액 − 총 현금 수령액
　　　　　　　 = ② 액면금액 + 만기 × 액면이자 − 발행금액
　　　　　　　 = ③ 상각액 합계 + 만기 × 액면이자

01 ㈜한국은 2015년 1월 1일에 액면금액 ₩100,000의 사채(표시이자율 연 10%, 이자지급일 매년 12월 31일, 만기 2년)를 ₩96,620에 발행하였다. 발행사채의 유효이자율이 연 12% 인 경우, 이 사채로 인하여 ㈜한국이 만기까지 부담해야 할 총이자비용은? 2015. 국가직 7급

① ₩20,000　　　　　　　　　　② ₩23,380

③ ₩25,380　　　　　　　　　　④ ₩27,380

총이자비용: 100,000 + 10,000 × 2년 − 96,620 = 23,380

|참고| 유효이자율 상각표

	유효이자(12%)	액면이자(10%)	상각액	장부금액
14				96,620
15	11,594	10,000	1,594	98,214
16	11,786	10,000	1,786	100,000

총 이자비용 = 11,594 + 11,786 = 23,380

답 ②

총 이자비용 - 할증발행

02 ㈜한국은 20X7년 1월 1일에 다음과 같은 조건으로 3년 만기 사채를 발행하였다.

> • 발행일: 20X7년 1월 1일
> • 액면금액: ₩100,000
> • 이자지급: 매년 12월 31일에 액면금액의 연 8% 이자 지급
> • 발행가액: ₩105,344

발행일 현재 유효이자율은 6%이며, 유효이자율법에 따라 이자를 인식하고 이자는 매년 12월 31일에 지급한다. 연도별 상각액은 20X7년도 ₩1,679, 20X8년도 ₩1,780, 20X9년도 ₩1,885이며, 상각액 합계액은 ₩5,344이다. 이 사채 발행 시부터 만기까지 인식할 총이자비용은? (단, 사채발행비는 발생하지 않았다)

2019. 국가직 7급

① ₩5,344   ② ₩18,656

③ ₩24,000   ④ ₩42,656

총이자비용: 18,656
(1) 액면금액 + 만기 × 액면이자 − 발행금액: 100,000 + 8,000 × 3년 − 105,344 = 18,656
(2) 상각액 합계 + 만기 × 액면이자: − 5,344 + 8,000 × 3년 = 18,656
이 문제에서 두 번째 공식을 사용하려면, 상각액 합계인 5,344를 '차감'해야 함에 주의하자. 유효이자율이 액면이자율에 비해 낮아서 할증발행된 상황이다. 발행가액이 105,344로 액면금액인 100,000보다 큰 것을 보면 알 수 있다. 이 경우 이자비용을 계산할 때 액면이자에서 상각액을 차감해야 한다. 따라서 할증발행 상황에서 헷갈리지 않으려면 (1)번 공식을 이용할 것을 추천한다.

|참고| 유효이자율 상각표

	유효이자(6%)	액면이자(8%)	상각액	장부금액
X6				105,344
X7	6,321	8,000	1,679	103,665
X8	6,220	8,000	1,780	101,885
X9	6,115	8,000	1,885	100,000

총 이자비용 = 6,321 + 6,220 + 6,115 = 18,656

답 ②

3. 사채상환손익

사채상환손익: 사채의 장부금액 – 상환금액

처분금액이 클수록 이익이 계상되는 자산의 처분과 달리 부채 상환의 경우 상환금액이 클수록 손실이 크게 계상된다. 직관적으로 보면, 돈을 많이 주고 갚으면 손실이 계상되고, 돈을 적게 주고 갚으면 이익이 계상되는 원리이다.

자산은 '처분가액 – 장부금액'의 방식으로 처분손익을 계산하지만, 사채는 부채이기 때문에 장부금액이 앞에 온다. 쉽게 생각해서, '현금이 들어오면 더하고, 현금이 나가면 뺀다'고 생각하면 된다. 위 방식으로 계산했을 때 결과값이 양수이면 이익, 음수이면 손실이다.

 사채상환손익

01 ㈜한국은 2014년 1월 1일 액면금액 ₩10,000인 사채(3년 만기, 표시이자율 5%)를 할인발행하였다. 2015년 1월 1일 동 사채의 장부금액은 ₩9,600이고, 2015년도에 발생한 이자비용은 ₩600이다. ㈜한국이 2016년 1월 1일 해당 사채를 ₩9,800에 조기상환하였다면, 이에 대한 분개로 옳은 것은?

2016. 국가직 7급

	차변		대변	
①	사채	₩10,000	현금	₩9,800
			사채상환이익	₩200
②	사채	₩10,000	현금	₩9,800
	사채상환손실	₩100	사채할인발행차금	₩300
③	사채	₩10,000	현금	₩9,800
	사채상환손실	₩700	사채할인발행차금	₩900
④	사채	₩10,000	현금	₩9,800
	사채상환손실	₩800	사채할인발행차금	₩1,000

 해설

사채상환손익: 9,700 – 9,800 = (–)100 손실

–각 선지별로 사채상환손익이 모두 다르기 때문에 사채상환손익만 제대로 구해도 답을 고를 수 있다.

	유효이자	액면이자	상각액	장부금액
14				9,600
15	600	500	100	9,700

16년 1월 1일 사할차 잔액: 10,000 – 9,700 = 300

답 ②

02 ㈜한국은 20X1년 1월 1일에 액면가 ₩10,000, 만기 3년, 표시이자율 8%, 이자지급일이 매년 12월 31일인 사채를 ₩9,503에 할인발행하였다. 이 사채를 20X2년 1월 1일에 ₩9,800을 지급하고 조기상환할 때, 사채상환손익은? (단, 발행일의 유효이자율은 10%이고, 금액은 소수점 첫째자리에서 반올림한다) 2021. 관세직 9급

① 사채상환손실 ₩18   ② 사채상환손실 ₩147
③ 사채상환이익 ₩18   ④ 사채상환이익 ₩147

 해설

사채상환손익: 9,653 − 9,800 = (−)147 손실

	유효이자(10%)	액면이자(8%)	상각액	장부금액
X0				9,503
X1	950	800	150	9,653

답 ②

 사채상환손익-액면이자를 포함하여 상환 심화

03 ㈜한국은 2012년 12월 31일 장부금액 ₩91,322(액면금액 ₩100,000, 액면이자율 5%, 이자지급일 매년 12월 31일 후급, 만기 2014년 12월 31일)인 사채를 2013년 12월 31일 현금이자를 포함하여 총 ₩101,000에 상환하였다. ㈜한국이 사채상환과 관련하여 인식할 손익은? (단, 발행 당시 사채의 유효이자율은 10%이고, 금액은 소수점 첫째자리에서 반올림한다) 2014. 관세직 9급

① 사채상환손실 ₩546   ② 사채상환손실 ₩684
③ 사채상환손실 ₩726   ④ 사채상환이익 ₩684

 해설

상환손익: 100,454 − 101,000 = (−)546 손실

	유효이자(10%)	액면이자(5%)	상각액	장부금액
12				91,322
13	9,132	5,000	4,132	95,454

회사가 현금이자를 '포함하여'상환하였기 때문에 상환가액 101,000을 장부금액인 95,454와 비교하는 것이 아니라 액면이자까지 포함한 100,454(= 95,454 + 5,000)와 비교해야 한다.

답 ①

4. 사채상환이 기중에 이루어지는 경우 (심화)

사채의 상환은 항상 기초(1.1)나 기말(12.31)에 이루어지는 것이 아니라, 기중에 이루어질 수도 있다. 사채의 상환이 기중에 이루어지는 경우 다음과 같이 사채상환손익을 계산한다. 자주 출제되는 주제는 아니니 넘길 수험생은 알아서 넘기자.

> 사채상환손익 = 상환 시 총부채 - 상환금액
> ① = 상환 시 사채의 BV + 미지급이자 - 상환금액
> ② = 기초 사채의 BV + 상각액 + 미지급이자 - 상환금액
> ③ = 기초 사채의 BV + 유효이자 - 상환금액
> ④ = 기초 사채의 BV × (1 + 유효R × 경과 월수/12) - 상환금액

① 사채상환손익은 총부채에서 상환금액을 차감하여 구한다. 그런데 상환이 기중에 이루어진다면 미지급이자가 존재한다. 문제에서 '경과이자를 포함하여 상환하였다.'는 언급이 없더라도, 기중 상환의 경우 미지급이자까지 상환하는 것이다. 상식적으로 빚을 갚을 때 이자도 같이 갚지, 원금만 갚으면 상환이 완료된 것이 아니기 때문이다. 따라서 '상환 시 사채의 장부금액 + 미지급이자'가 총부채가 되며, 이 금액에서 상환금액을 차감해야 상환손익을 계산할 수 있다.

② 상환 시에는 기초에서 시간이 경과했기 때문에 사채의 장부금액을 기초 장부금액과 상각액의 합으로 표현할 수 있다.

③ ②번식으로 계산하기 위해서는 유효이자를 먼저 구한 뒤 액면이자와 상각액을 따로 구해야 하는 번거로움이 있다. 따라서 ③번식을 이용한다. 상각액은 유효이자에서 미지급이자를 차감한 금액이므로, '상각액 + 미지급이자'를 유효이자로 대체할 수 있다.

④ 기중에 상환하는 것이기 때문에 유효이자가 1년치 이자가 아닌 상환 시점까지의 이자가 된다. 마지막 유효이자 계산 시 월할 상각하는 것에 유의하자.

이를 그림으로 표현하면 다음과 같다. 실전에서는 마지막 ④번식을 이용하여 사채상환손익을 계산하자. 상환손실을 가정하고 그린 그림이므로, 상환손실이 음수로 계산된다면 상환이익을 의미한다.

상환금액			
상환 시 총부채			상환손실
상환 시 사채 BV		미지급이자	상환손실
기초 사채 BV	상각액	미지급이자	상환손실
기초 사채 BV	유효이자(이자비용)		상환손실

사채상환이 기중에 이루어지는 경우 심화

01 ㈜한국은 2007년 1월 1일 3년 만기, 액면 ₩1,000의 사채를 발행하였다. 이 사채의 액면 이자율은 5%, 유효이자율은 10% 그리고 이자지급일은 매년 12월 31일이다. ㈜한국이 2009년 7월 1일 경과이자를 포함하여 현금 ₩950을 지급하고 이 사채를 조기 상환할 때, 사채상환손익은? (단, 2008년 12월 31일 현재 사채할인 발행차금의 미상각잔액은 ₩40 으로 가정한다) 2010. 국가직 7급

① ₩58 손실   ② ₩58 이익

③ ₩68 손실   ④ ₩68 이익

 해설

	유효이자(10%)	액면이자(5%)	상각액	장부금액
08말				960
09.7.1	48	25	23	983

08년 말 사할차 잔액이 40이므로, 08년 말 장부금액은 960(= 1,000 − 40)이다.
유효이자: 960 × 10% × 6/12 = 48

상환손익은 다음의 2가지 방식으로 구할 수 있다. ①번 방식은 유효이자만 구하면 되지만, ②번 방식은 상각액과 함께 상환 시점의 장부금액을 다시 구해야 하므로 ①번 방식으로 구하는 것이 편리하다.
① 기초 장부금액 + 유효이자 − 상환금액 = 960 + 960 × 10% × 6/12 − 950 = 58 이익
② 상환 시점의 장부금액 + 액면이자 − 상환금액 = 983 + 50 × 6/12 − 950 = 58 이익

|참고| 상환금액의 구성

상환금액 950				
상환 시 총부채 1,008				상환이익 (58)
상환 시 사채 BV 983			미지급이자 25	상환이익 (58)
기초 사채 BV 960	상각액 23		미지급이자 25	상환이익 (58)
기초 사채 BV 960	유효이자(이자비용) 48			상환이익 (58)

답 ②

02 ㈜한국은 2016년 1월 1일에 액면가액 ₩1,000, 액면이자율 연 8%, 유효이자율 연 10%, 만기 3년, 이자지급일 매년 12월 31일인 사채를 발행하였다. ㈜한국은 유효이자율법을 적용하여 사채할인발행차금을 상각하고 있으며, 2017년 12월 31일 사채의 장부금액은 ₩982이다. ㈜한국이 2018년 6월 30일 동 사채를 ₩1,020에 조기상환하였다면, 이때의 사채상환손익은? (단, 계산은 월할 계산하며, 소수점 발생 시 소수점 아래 첫째 자리에서 반올림한다)

2019. 관세직 9급

① ₩11 손실 　　　　　　　　② ₩11 이익
③ ₩29 손실 　　　　　　　　④ ₩29 이익

 해설

사채상환이익: 기초 장부금액 + 유효이자 − 상환금액 = 982 + 982 × 10% × 6/12 − 1,020 = 11 이익

	유효이자(10%)	액면이자(8%)	상각액	장부금액
17말				982
18.6.30	49	40	9	991

|참고| 상환금액의 구성

상환금액 1,020			
상환 시 총부채 1,031			상환이익 (11)
상환 시 사채 BV 991		미지급이자 40	상환이익 (11)
기초 사채 BV 982	상각액 9	미지급이자 40	상환이익 (11)
기초 사채 BV 982	유효이자(이자비용) 49		상환이익 (11)

예제 1번처럼 문제에 '경과이자를 포함하여'라는 표현은 없지만, 사채를 상환할 때는 경과이자를 포함해서 상환하는 것이라고 이해해야 한다.

답 ②

5. 유효이자율법 계산형 말문제

지금까지 배운 유효이자율법의 내용을 각 선지별로 하나씩 묻는 형태도 상당히 자주 출제된다. 하지만 선지의 옳고, 그름을 하나씩 판단하려면 상당히 시간이 많이 걸리므로 유효이자율법이 계산형 말문제로 출제된다면 넘긴 후에 시간이 남는다면 마지막에 풀자.

 유효이자율법 계산형 말문제

01 ㈜한국은 20X1년 1월 1일에 액면금액 ₩1,000,000, 표시이자율 연 8%, 이자지급일 매년 12월 31일, 만기 3년인 사채를 할인발행하였다. 만기까지 상각되는 연도별 사채할인발행차금 상각액은 다음과 같다.

20X1. 12. 31.	20X2. 12. 31.	20X3. 12. 31.
₩15,025	₩16,528	₩18,195

이에 대한 설명으로 옳지 않은 것은?   2020. 국가직 7급

① 20X2년 12월 31일에 인식할 이자비용은 ₩96,528이다.
② 20X1년 1월 1일 사채의 발행금액은 ₩950,252이다.
③ 이 사채의 표시이자율은 유효이자율보다 낮다.
④ 이 사채의 발행 기간에 매년 인식하는 이자비용은 동일한 금액이다.

 해설

① 20X2년 이자비용: 80,000(액면이자) + 16,528(상각액) = 96,528 (O)
② 20X1년 1월 1일 사채의 발행금액: 1,000,000 − (15,025 + 16,528 + 18,195) = 950,252 (O)
③ '할인' 발행하였으므로, 표시이자율은 유효이자율보다 낮다. (O)
④ '이자비용 = 액면이자 + 상각액'이다. 상각액이 매년 다르므로 이자비용도 매년 달라진다. (X)

답 ④

02 ㈜한국은 20X1년 1월 1일에 액면금액 ₩120,000, 만기 2년, 이자지급일이 매년 12월 31일인 사채를 발행하였다. ㈜한국의 회계담당자는 다음과 같은 유효이자율법에 의한 상각표를 작성하였다. ㈜한국의 동 사채에 대한 설명으로 옳은 것은? 2019. 국가직 9급

날짜	이자지급	유효이자	상각액	장부금액
20X1. 1. 1.				₩115,890
20X1. 12. 31.	₩10,800	₩12,748	₩1,948	₩117,838
20X2. 12. 31.	₩10,800	₩12,962	₩2,162	₩120,000

① 사채의 표시이자율은 연 8%이다.
② 20X1년 말 사채할인발행차금 상각액은 ₩2,162이다.
③ 20X2년 말 사채관련 유효이자비용은 ₩12,962이다.
④ 사채의 유효이자율은 연 12%이다.

해설

① 표시이자율: 10,800 ÷ 120,000(액면금액) = 9% (X)
② 20X1년 말 사채할인발행차금 상각액: ₩1,948 (X)
③ 20X2년 말 (유효)이자비용: ₩12,962이다. (O)
④ 유효이자율: 12,748 ÷ 115,890 = 2,162 ÷ 1,948 − 1 = 11% (X)

④번 선지의 유효이자율은 식이 복잡해 계산기 없이 계산하기 어렵다. 본 문제의 경우 ③이 맞는 선지이므로 답을 체크하고 넘어갔어야 한다. 이처럼 이자율을 묻는 선지가 있다면 최대한 다른 선지들로 정답을 파악하자.

답 ③

• • • •
이 장의 출제 뽀인트!

① 지분상품 회계처리 (중요!)
② 채무상품 회계처리

금융자산은 2018년 새로운 기준서가 도입된 이후, 아직 기출문제가 많이 쌓이진 않았다. 지분상품과 채무상품 중 채무상품 위주로 출제되다가 20년도에 처음으로 지분상품이 출제되기 시작했다. 채무상품 회계처리는 난이도가 높기 때문에 김수석은 앞으로 채무상품보다 지분상품의 출제가 빈번할 것이라 예상한다.

10

금융자산

1 지분상품의 분류

구분	계정과목(영문)	계정과목(국문)	사업모형(보유목적)
지분상품 (주식)	FVPL 금융자산	당기손익 – 공정가치 측정 금융자산	원칙
	FVOCI선택 금융자산	기타포괄손익 – 공정가치 측정 선택 금융자산	단기매매항목이 아님

1. FVPL 금융자산 (당기손익 – 공정가치 측정 금융자산): 원칙

모든 지분상품은 원칙적으로 FVPL 금융자산으로 분류한다.

2. FVOCI 선택 금융자산 (기타포괄손익 – 공정가치 측정 선택 금융자산): 선택, 취소 불가능

지분상품 중 단기매매 이외의 목적으로 취득한 경우 FVOCI 금융자산으로 '선택'할 수 있다. FVOCI 선택은 최초 인식 시에만 가능하며, 선택 이후에 취소할 수 없다.

2 지분상품 회계처리 ★중요

구분	계정과목	취득부대비용	FV 평가손익	처분손익
지분상품	FVPL	당기비용	PL	PL
	FVOCI선택	취득원가에 가산	OCI (재분류 조정 X)	N/A (OCI로 평가)

1. 최초 인식: FV

모든 금융자산은 최초 취득 시 공정가치로 평가한다. 말문제로 출제되었던 사항이므로 기억해두자. 계산문제에서는 신경 쓸 필요 없다.

2. 취득부대비용: FVPL만 당기비용, 나머지는 취득원가에 가산 ★중요!

(1) FVPL 금융자산: 당기비용 처리
(2) FVOCI 선택 금융자산: 취득원가에 가산

 '취득부대비용 XXX을 포함하여 총 XXX을 지급하였다.'

계정 분류	취득원가
FVPL	총 지급 대가 – 취득부대비용
FVOCI	총 지급 대가

3. 공정가치 평가손익: 계정 이름 따라서!

(1) FVPL 금융자산: 당기손익(PL)
(2) FVOCI 선택 금융자산: 기타포괄손익(OCI)

> ※주의 FVOCI 선택 금융자산 평가손익(OCI)의 주의 사항
>
> FVOCI 선택 금융자산의 평가손익은 당기손익이 아닌 기타포괄손익으로 인식한다. 이로 인해 다음 두 가지를 주의해야 한다.
> ① 누적액이 B/S에 계상
>   FVOCI 선택 금융자산의 평가손익은 기타포괄손익으로 '잔액(= 누적액)'이 재무상태표에 계상된다. '포괄손익계산서 상 금융자산평가손익'혹은 아무 언급 없이 '금융자산평가손익'이라면 변동분을 의미하지만, '재무상태표 상 금융자산평가손익'은 평가손익의 누적액을 의미한다.
> ② 상대방 것이 있다면 상계 후 초과분만 인식
>   재무상태표에는 평가손익이 누적액으로 계상되기 때문에 전기 이전에 인식한 손익이 있다면 그를 가산해주어야 한다. 이때, 평가손실과 평가이익이 동시에 재무상태표에 계상될 수 없으므로 부호가 반대인 손익이 있다면 상계 후 초과분만 인식해야 한다. 재무상태표에 주발초와 주할차가 동시에 계상될 수 없으므로, 주할차가 있다면 주할차를 상계 후 초과분만 주발초로 인식하는 것과 같은 원리이다.

10

지분상품의 평가 – FVOCI 선택 금융자산

01 ㈜한국은 20×1년 1월 초 A사 지분상품을 ₩10,000에 매입하면서 매입수수료 ₩500을 현금으로 지급하고, 기타포괄손익 – 공정가치 측정 금융자산으로 분류하였다. 20×1년 12월 말 A사 지분상품의 공정가치가 ₩8,000이라면, 20×1년 말 (주)한국이 인식할 A사 지분상품 관련 평가손익은?

2023. 지방직 9급

① 금융자산평가손실(당기손익) ₩2,000
② 금융자산평가손실(기타포괄손익) ₩2,000
③ 금융자산평가손실(당기손익) ₩2,500
④ 금융자산평가손실(기타포괄손익) ₩2,500

취득원가: 10,000+500=10,500
평가손익: 8,000-10,500=(-)2,500 손실(OCI)

답 ④

4. 지분상품 처분손익

(1) FVPL 금융자산: 당기손익

(2) FVOCI 선택 금융자산: 평가 후 처분, 처분손익 = 0 (평가손익 재분류조정 X) ★중요!

FVOCI 지분상품은 매 보고기간 말뿐 아니라 처분 시에도 공정가치 평가를 한다. 처분 시에는 처분금액이 곧 공정가치이므로 항상 처분손익이 0이다. 지분상품의 평가손익은 OCI이며 재분류조정 대상이 아니므로 손익화되지 않는다. 대신, 이익잉여금으로 직접 대체는 가능하다.

지분상품의 처분 - FVPL 금융자산

02 ㈜서울은 20X1년 초에 ㈜한국의 주식을 거래원가 ₩10,000을 포함하여 ₩510,000에 취득하고, 당기손익 – 공정가치 측정 금융자산으로 분류하였다. 20X1년 말과 20X2년 말 공정가치는 각각 ₩530,000과 ₩480,000이고, 20X3년에 ₩490,000에 처분하였을 때, 주식 처분으로 당기손익에 미치는 영향은? 2019. 서울시 7급

① 손익 영향 없음　　　　　　　　② ₩8,000 이익
③ ₩10,000 이익　　　　　　　　④ ₩12,000 이익

처분손익: 490,000 – 480,000 = 10,000 이익

X3년에 처분하기 때문에 처분가액과 X2년 말 장부금액(= 공정가치)의 차이만 계산하면 된다.
참고로, FVPL이므로 동 주식의 취득원가는 거래원가를 제외한 500,000이 된다.

답 ③

 지분상품의 처분 - FVOCI 선택 금융자산

03 ㈜한국은 20X1년 중에 ㈜민국의 지분상품을 ₩80,000에 취득하고, 이를 기타포괄손익 – 공정가치측정금융자산으로 선택분류하였다. 이 지분상품의 20X1년 말, 20X2년 말 공정가치는 각각 ₩70,000, ₩110,000이다. ㈜한국이 20X3년에 이 지분상품을 ₩90,000에 모두 처분하였을 경우 처분손익은? (단, 거래원가는 없다) 2021. 지방직 9급

① ₩0　　　　　　　　　　　　② 처분손실 ₩10,000
③ 처분이익 ₩10,000　　　　　　④ 처분손실 ₩20,000

회사가 지분상품을 FVOCI 선택 금융자산으로 분류하였으므로 처분손익은 0이다. 취득원가, 공정가치 등의 자료를 볼 필요가 없는 문제였다.

답 ①

10

04 다음의 ㈜민국 주식에 대한 ㈜한국의 회계처리로 옳지 않은 것은? 2013. 국가직 9급 수정

> • ㈜한국은 2010년 1월 15일 ㈜민국의 주식을 취득부대비용 ₩100,000을 포함하여 ₩1,000,000에 취득하면서 기타포괄손익 – 공정가치 측정 금융자산으로 선택하였다.
> • ㈜민국 주식의 공정가치는 2010년 12월 31일 ₩900,000이고 2011년 12월 31일 ₩1,200,000이다.
> • 2012년 1월 10일에 ㈜민국 주식을 ₩1,300,000에 처분하였다.

① 2010년 포괄손익계산서상 금융자산평가손실(기타포괄손익)이 ₩100,000 계상된다.

② 2011년 12월 31일 현재 재무상태표상 금융자산평가이익(기타포괄손익)이 ₩300,000 계상된다.

③ 2011년 12월 31일 현재 기타포괄손익 – 공정가치 측정 선택 금융자산의 장부가액은 ₩1,200,000이다.

④ 2012년 포괄손익계산서상 기타포괄손익이 ₩100,000 계상된다.

해설

① 10년도 평가손익 = 900,000 – 1,000,000 = (–)100,000 손실 (O)

② 11년도 (손익계산서상) 평가손익 = 1,200,000 – 900,000 = 300,000 이익
   11년말 재무상태표상 평가손익 = 300,000 – 100,000 = 200,000 이익 (X)
   '재무상태표상' 평가손익을 물었기 때문에 평가손익의 누적액을 구해야 한다.

③ FVOCI 선택 금융자산은 공정가치 평가하므로 공정가치로 계상된다. (O)

④ 평가손익 = 1,300,000 – 1,200,000 = 100,000 이익 (기타포괄손익)
   FVOCI 선택 금융자산은 처분손익을 계상하지 않는다. (O)

답 ②

 **김수석의 꿀팁!** X2말 기타포괄손익누계액(=OCI 잔액): X2말 FV–취득원가

> ① X1년 금융자산평가손익: X1년말 공정가치 – 취득원가
> ② X2년 금융자산평가손익: X2년말 공정가치 – X1년말 공정가치
> ③ X2년 말 금융자산평가손익: ② + ①
>   = (X2년말 공정가치 – X1년말 공정가치) + (X1년말 공정가치 – 취득원가)
>   = X2년말 공정가치 – 취득원가

FVOCI 선택 금융자산의 평가손익은 OCI(기타포괄손익)로 인식한다. OCI는 자본 항목이기 때문에 PL(당기손익)과 같이 기말에 제거되는 것이 아니라, 재무상태표에 계속해서 누적된다. 따라서 기말 재무상태표상에 표시되는 금융자산평가손익(잔액)을 구하기 위해서는 각 연도별 평가손익을 구한 뒤, 더해야 한다. 하지만 이럴 필요 없이 금융자산의 기말 공정가치에서 취득원가를 차감하면 된다.

위 예제의 ②번 선지의 경우 10년도와 11년도의 평가손익을 각각 구한 뒤 더해도 되지만, '1,200,000–1,000,000=200,000 이익'의 방식으로 바로 구해도 된다.

5. FVOCI과 FVPL의 연도별 손익 효과 ★중요

X1년	FVOCI 선택	FVPL	X2년	FVOCI 선택	FVPL
NI	–	1,000	NI	–	3,000
OCI	1,000	–	OCI	3,000	–
CI	1,000	1,000	CI	3,000	3,000

(1) FVOCI 선택의 NI = FVPL의 OCI = 0

지분상품을 FVOCI 선택으로 분류할 경우에는 OCI만 인식하고, FVPL로 분류할 경우에는 NI만 인식한다. 예외적으로, FVOCI 선택으로 분류할 경우 배당금수익만 NI로 인식한다.

(2) FVOCI 선택의 OCI = FVPL의 NI

FVPL과 FVOCI의 손익은 PL과 OCI로 계정 구분은 다르지만, 금액이 같다. FVOCI 선택과 FVPL는 보유목적에 따라 계정을 다르게 분류했을 뿐 실질은 같기 때문이다.

(3) FVOCI 선택의 CI = FVPL의 CI

FVOCI 선택과 FVPL의 총포괄손익(CI)은 동일하다. CI는 NI와 OCI를 합한 이익인데, '(2) FVOCI 선택의 OCI = FVPL의 NI'성질 때문에 총포괄손익은 일치할 수 밖에 없다.

10

FVOCI과 FVPL의 손익 비교

05 ㈜한국은 2013년 10월 초에 주식 10주를 주당 ₩2,000에 취득하고 수수료로 ₩1,000의 현금을 지급하였다. 2013년 12월 31일 주식의 공정가치는 주당 ₩2,200이었다. 2014년 1월 2일에 ㈜한국은 동 주식을 주당 ₩2,150에 모두 처분하였다. ㈜한국은 취득한 주식을 기타포괄손익 – 공정가치 측정 금융자산으로 선택하였다. 다음 중 옳지 않은 것은? (단, 법인세는 무시한다)

2015. 국가직 9급 수정

① 2013년 포괄손익계산서에 계상될 금융자산평가이익은 ₩1,000이다.

② 당기손익 – 공정가치 측정 금융자산으로 분류하여도 2013년도의 총포괄손익에 미치는 영향은 동일하다.

③ 당기손익 – 공정가치 측정 금융자산으로 분류하면 동 주식으로 인해 2013년도의 당기손익은 ₩1,000 증가한다.

④ 2014년 1월 2일 주식 처분으로 인해 당기순이익은 ₩500 감소한다.

 해설

① 13년도 평가이익: 2,200 × 10주 − 21,000 = 1,000 (OCI) (O)

② FVPL 금융자산과 FVOCI 선택 금융자산의 '총포괄손익'은 동일하다. (O)

③ FVPL로 분류 시 당기손익: (−)1,000(수수료비용) + 2,000(평가이익) = 1,000 증가 (O)
  • ①에서 FVOCI로 분류 시 OCI가 1,000 증가했으므로, FVPL로 분류 시 NI도 1,000 증가한다.

④ 처분 시 평가손익: (2,150 − 2,200) × 10주 = (−)500 (OCI)

FVOCI 선택 금융자산은 주식 처분 시 평가이익을 OCI로 인식한다. 당기순이익이 아니라 기타포괄손익이 500 감소한다. (X)

답 ④

06 다음은 ㈜한국이 20×1년과 20×2년에 ㈜대한의 지분상품을 거래한 내용이다.

20×1년			20×2년
취득금액	매입수수료	기말 공정가치	처분금액
₩1,000	₩50	₩1,100	₩1,080

동 지분상품을 당기손익 – 공정가치 측정 금융자산 또는 기타포괄손익 – 공정가치 측정 금융자산으로 분류하였을 경우, 옳지 않은 것은? 2022. 국가직 9급

① 당기손익 – 공정가치 측정 금융자산으로 분류할 경우, 20X1년 당기이익이 ₩50 증가한다.

② 기타포괄손익 – 공정가치 측정 금융자산으로 분류할 경우, 20X1년 기타포괄손익누계액이 ₩50 증가한다.

③ 당기손익 – 공정가치 측정 금융자산으로 분류할 경우, 20X2년 당기이익이 ₩20 감소한다.

④ 기타포괄손익 – 공정가치 측정 금융자산으로 분류할 경우, 20X2년 기타포괄손익누계액이 ₩30 감소한다.

10

해설

① FVPL 금융자산으로 분류한 경우 X1년 NI: -50(취득부대비용)+100(평가이익)=50 증가 (O)
 - 공정가치 평가손익: 1,100-1,000=100 이익
  FVPL 금융자산 취득 시 발생한 취득부대비용은 당기비용 처리하므로 금융자산의 취득원가는 1,000이다.
② FVOCI 금융자산으로 분류한 경우 X1년 OCI: 50 증가 (O)
 - 공정가치 평가손익: 1,100-1,050=50 이익
  FVOCI 금융자산은 FVPL 금융자산과 달리 취득부대비용을 취득원가에 가산하므로 금융자산의 취득원가는 1,050이다.
③ FVPL 금융자산으로 분류한 경우 X2년 NI: 20 감소 (O)
 - 금융자산 처분손익: 1,080-1,100=20 손실
  X1년말에 공정가치인 1,100으로 평가하였으므로 처분금액과의 차이를 처분손실(PL)로 인식한다.
④ FVOCI 금융자산으로 분류한 경우 X2년 OCI: 20 감소 (X)
 - 금융자산 평가손익: 1,080-1,100=20 손실
  X1년말에 공정가치인 1,100으로 평가하였으므로 처분금액과의 차이를 평가손실(OCI)로 인식한다.
  문제에 기타포괄손익 '누계액'이 등장하지만, 감소액을 물었으므로 잔액이 아닌 변동분을 계산해야 한다.

|참고| FVPL 금융자산의 NI=FVOCI 금융자산의 OCI
배당금수익이 없는 경우 FVPL 금융자산의 당기순이익과 FVOCI 금융자산의 기타포괄손익은 일치한다. 문제에서 배당금에 대한 언급이 없으므로, 이 성질을 이용할 수 있다. 따라서 ①번과 ②번이, 그리고 ③번과 ④번이 금액이 같아야 한다. ①번과 ②번은 금액이 같기 때문에(50 증가) 답이 될 수 없으며, ③번과 ④번은 금액이 다르므로(20 감소≠30 감소), 실전에서 ①, ②번은 넘어가고, ③, ④번만 확인하여 답을 골랐어야 한다.

FVPL 금융자산으로 분류한 경우 회계처리

X1년 취득 시	(차) FVPL 금융자산 PL	1,000 50	(대) 현금	1,050
X1.12.31	(차) FVPL 금융자산	100	(대) PL	100
X2년 처분 시	(차) 현금 PL	1,080 20	(대) FVPL 금융자산	1,100

FVOCI 금융자산으로 분류한 경우 회계처리

X1년 취득 시	(차) FVOCI 금융자산	1,050	(대) 현금	1,050
X1.12.31	(차) FVOCI 금융자산	50	(대) OCI(평가이익)	50
X2년 처분 시	(차) OCI(평가이익)	20	(대) FVOCI 금융자산	20
	(차) 현금	1,080	(대) FVOCI 금융자산	1,080

답 ④

6. 배당금수익

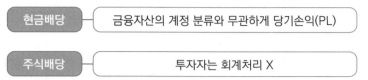

| 현금배당 | 금융자산의 계정 분류와 무관하게 당기손익(PL) |
| 주식배당 | 투자자는 회계처리 X |

3 채무상품의 분류

구분	계정과목(영문)	계정과목(국문)	사업모형(보유목적)
채무상품 (채권)	AC 금융자산	상각후원가 측정 금융자산	계약상 현금흐름 수취
	FVOCI 금융자산	기타포괄손익 – 공정가치 측정 금융자산	계약상 현금흐름 수취 & 매도
	FVPL 금융자산	당기손익 – 공정가치 측정 금융자산	위 둘이 아닌 경우 (매도만)

1. AC 금융자산 (상각후원가 측정 금융자산): 계약상 현금흐름 수취

채무상품의 원리금 수취를 목적으로 취득하는 경우 AC 금융자산으로 분류한다. AC 금융자산은 금융자산 중 유일하게 공정가치 평가를 하지 않는 계정이다. AC가 상각후 원가를 뜻하기 때문에 유효이자율 상각에 의한 상각후 원가로 계상한다. 상각후 원가는 개념체계에서 배웠던 역사적 원가와 관련 있는 측정 기준이다.

2. FVOCI 금융자산 (기타포괄손익 – 공정가치 측정 금융자산): 계약상 현금흐름 수취 & 매도

채무상품의 원리금 수취와 동시에 매도를 목적으로 취득하는 경우 FVOCI 금융자산으로 분류한다. FVOCI 금융자산은 원리금 수취와 매도 모두를 표현해야 하기 때문에 AC 금융자산의 회계처리에 공정가치 평가가 추가되었을 뿐, 완벽히 동일하다. 후술할 것이지만, FVOCI 금융자산과 AC 금융자산의 당기손익은 항상 일치한다. 따라서 금융자산처분손익도 일치한다.

3. FVPL 금융자산 (당기손익 – 공정가치 측정 금융자산): 위 둘이 아닌 경우 (매도만)

채무상품이 위 두 가지 분류에 해당하지 않는 경우 FVPL 금융자산으로 분류한다. 위 둘이 아니기 때문에 매도만을 목적으로 한다고 생각하면 된다.

01 금융자산에 대한 설명으로 옳은 것은? 2022. 관세직 9급

① 금융자산은 상각후원가로 측정하거나 기타포괄손익 – 공정가치로 측정하는 경우가 아니라면, 당기손익 – 공정가치로 측정한다.

② 계약상 현금흐름을 수취하기 위해 보유하는 것이 목적인 사업모형 하에서 금융자산을 보유하고, 계약 조건에 따라 특정일에 원금과 원금잔액에 대한 이자 지급만으로 구성되어 있는 현금흐름이 발생한다면 금융자산을 기타포괄손익 – 공정가치로 측정한다.

③ 계약상 현금흐름의 수취와 금융자산의 매도 둘 다를 통해 목적을 이루는 사업모형 하에서 금융자산을 보유하고, 계약조건에 따라 특정일에 원리금 지급만으로 구성되어 있는 현금흐름이 발생한다면 금융자산을 상각후원가로 측정한다.

④ 당기손익 – 공정가치로 측정되는 지분상품에 대한 특정 투자에 대하여는 후속적인 공정가치 변동을 기타포괄손익으로 표시하도록 최초 인식시점에 선택할 수도 있다. 다만, 한번 선택했더라도 이를 취소할 수 있다.

해설

② 상각후원가(AC)로 측정해야 한다. 원금과 이자 지급만으로 구성되어 있는 현금흐름이 발생한다는 것은 채무 상품이라는 것을 의미한다.

③ 기타포괄손익–공정가치(FVOCI)로 측정한다. ②번과 서로 설명이 뒤바뀌어 있다.

④ 지분상품을 기타포괄손익–공정가치(FVOCI) 금융자산으로 선택하는 것은 최초 인식시점에만 가능하며, 이후에 취소할 수 없다.

目 ①

4 채무상품 회계처리 (심화)

채무상품 회계처리를 표 하나로 정리하면 다음과 같다. 빈 종이에 아래 표를 반복해서 그려서 반드시 숙지하자.

채무상품	FVPL 금융자산	AC 금융자산	FVOCI 금융자산
취득부대비용	당기비용	취득원가에 가산→유효R 하락	
이자수익	액면이자	유효이자율 상각	
FV 평가손익	PL	X	OCI
처분손익	PL		PL(재분류 조정 O)

1. 취득부대비용: FVPL만 당기비용, 나머지는 취득원가에 가산

취득부대비용은 지분상품과 동일하게 FVPL 금융자산만 당기비용 처리하고, AC 금융자산과 FVOCI 금융자산은 취득원가에 가산한다.

9장 금융부채에서 취득부대비용이든 사채발행비이든 투자자 및 채무자 입장에서 추가적인 지출이 발생하는 것이므로 불리한 것이라고 설명했다. 따라서 취득부대비용 발생 시 투자자의 유효이자율은 낮아진다.

2. 이자수익: AC와 FVOCI는 유효이자율 상각, FVPL은 액면이자

(1) FVPL 금융자산

FVPL금융자산은 보유 목적이 시세차익이므로 기말에 공정가치 평가를 하고, 그 평가손익을 당기손익으로 인식한다. 이자수익과 평가손익 모두 당기손익 항목으로, 구분의 실익이 없으므로 복잡하게 유효이자율 상각하지 않고 액면이자만 이자수익으로 인식한다.

(2) AC 금융자산

AC금융자산은 보유 목적이 시세차익이 아닌 정해진 현금흐름 수취이므로 공정가치 평가를 하지 않는다. 공정가치 평가를 하지 않는 대신, 유효이자율 상각하여 상각후원가로 계상한다. 금융부채에서 배운 사채의 유효이자율법에서 이자비용만 이자수익으로 바꿔서 상각하면 된다.

(3) FVOCI 금융자산

FVOCI금융자산은 보유 목적이 정해진 현금흐름 수취와 시세차익이므로 기본적으로 현금흐름 수취를 보여주기 위해 AC금융자산과 동일하게 유효이자율 상각을 한다.

10

3. 공정가치 평가손익: 계정 이름 따라서!

AC금융자산을 제외한 모든 금융자산은 매 보고기간 말 평가를 한다. FV 뒤에는 OCI 혹은 PL이 붙어 있는데, 이는 평가손익을 어느 손익으로 인식할지 의미한다. OCI가 붙어 있는 FVOCI 금융자산은 평가손익을 기타포괄손익(OCI)으로, PL이 붙어 있는 FVPL 금융자산은 평가손익을 당기손익(PL)으로 인식한다.

4. 처분손익: FVPL과 AC는 PL로, FVOCI는 재분류조정

(1) FVPL 금융자산, AC 금융자산

> 처분손익(PL) = 처분가액 − 장부금액

FVPL 금융자산과 AC 금융자산 처분 시에는 일반적인 자산 처분손익과 같은 방법으로 처분손익을 계산한다.

(2) FVOCI 금융자산: AC와 당기손익 일치!

FVOCI 금융자산과 AC 금융자산의 당기손익은 항상 일치한다. 어느 계정으로 분류하든 당기손익에 미치는 영향이 동일하도록 하기 위함이다. 따라서 FVOCI와 처분손익은 AC와 일치한다. 이는 FVOCI 금융자산 (채무상품)의 평가이익을 재분류 조정하기 때문이다. 구체적으로 왜 재분류 조정을 하면 AC와 처분손익이 같아지는지는 아래 예제를 통해 설명한다.

5. 채무상품의 계정별 회계처리

> 예제. ㈜김수석은 X1년 1월 1일에 액면금액 ₩1,000,000, 액면이자율 8%, 만기 3년인 ㈜대한의 회사채를 ₩903,927에 취득하면서 거래비용 ₩46,331를 지출하였다. X1년 1월 1일 시장이자율은 12%이고, 거래비용을 고려한 유효이자율은 10%이다. 동 회사채의 공정가치는 X1년말 ₩1,050,000, X2년말 ₩970,000이다. ㈜김수석이 회사채를 각각 (1)FVPL 금융자산, (2)AC 금융자산, (3)FVOCI 금융자산으로 분류한 경우 X1년초부터 X2년말까지 회계처리를 수행하시오.

(1) FVPL 금융자산

FVPL금융자산은 취득부대비용을 당기비용 처리하여 취득원가는 903,927이 된다. 매기 말에는 액면이자만큼 이자수익을 인식하고, 공정가치로 평가하면서 평가손익을 당기손익으로 인식한다.

X1.1.1 – 취득	FVPL 903,927 PL 46,331	현금 950,258
X1.12.31 – 이자	현금 80,000	이자수익 80,000
X1.12.31 – 평가	FVPL 146,073	PL 146,073
X2.12.31 – 이자	현금 80,000	이자수익 80,000
X2.12.31 – 평가	PL 80,000	FVPL 80,000

(2) AC 금융자산

AC 금융자산은 유효이자율 상각을 하므로 회계처리를 하기 위해서 가장 먼저 할 일은 유효이자율 상각표를 그리는 것이다. AC 금융자산은 취득부대비용을 취득원가에 가산하므로 취득원가는 950,258이 되고, 유효이자율 10%로 상각을 하면 된다.

| 유효이자율 상각표 |

	유효이자(10%)	액면이자(8%)	상각액	장부금액
X0			903,927 + 46,331 =	950,258
X1	95,026	80,000	15,026	965,284
X2	96,528	80,000	16,528	981,812

X1.1.1 – 취득	AC 950,258		현금 950,258
X1.12.31 – 상각	현금 80,000 AC 15,026		이자수익 95,026
X2.12.31 – 상각	현금 80,000 AC 16,528		이자수익 96,528

(3) FVOCI 금융자산: 취소 – 상각 – 평가

앞서 언급했듯이, AC금융자산과 FVOCI금융자산의 당기손익은 일치한다. 따라서 두 계정의 처분손익도 일치한다. 두 계정의 처분손익을 일치시키기 위해서 FVOCI 금융자산의 평가손익(OCI)은 재분류 조정한다. 이 재분류 조정을 쉽게 하기 위해서 FVOCI금융자산은 '취소 – 상각 – 평가'라는 방법으로 회계처리 한다. 회계처리 방법은 다음과 같다. 채무상품은 주로 AC 금융자산으로 출제되었다. FVOCI의 회계처리가 어려운 수험생은 과감히 버려도 좋다.

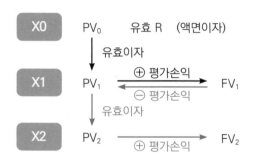

STEP 1 상각: 유효이자율 상각

가장 먼저 할 일은 발행일의 현재가치(PV_0)를 구하는 것이다. X0은 X1년초를, PV_0은 X1년초의 현재가치를 의미한다. PV_0 옆에 유효이자율과 액면이자를 적어두면 편하게 상각을 할 수 있다.

PV_0에서 유효이자율 상각을 수행하여 PV_1을 만든다. 이때 화살표를 아래로 뻗으면서 옆에 유효이자를 적자. 당기손익에 미치는 영향을 물었을 때 이자수익을 빠트리는 실수를 방지할 수 있다.

STEP 2 평가: 공정가치 평가

PV_1을 기말 공정가치(FV_1)로 평가한다. 이때 **평가손익은 기타포괄손익(OCI)으로 인식한다.**
(차) FVOCI 금융자산　　XXX　　　　　(대) OCI　　XXX

STEP 3 취소: 전기말 평가 역분개

X2년 초가 되면 X1년 말에 인식한 평가 회계처리를 대차가 반대로 역분개하여 제거한다. 본서에서는 이 역분개를 '취소'라고 부르겠다. 이 취소를 통해 사채의 장부금액이 FV_1에서 PV_1으로 다시 돌아간다.

(차) OCI X X X (대) FVOCI 금융자산 X X X

STEP 4 상각: 유효이자율 상각

취소 이후에는 다시 유효이자율 상각을 하여 PV_2로 간다. 취소를 통해 PV_1으로 되돌아왔기 때문에 기존 상각표를 이용하면 된다.

STEP 5 평가: 공정가치 평가

X1년과 동일한 방법으로 다시 공정가치(FV_2)로 평가하면서 평가손익을 OCI로 인식하면 된다.

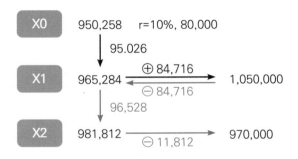

	AC 금융자산		FVOCI 금융자산	
X1.1.1 – 취득	AC 950,258	현금 950,258	FVOCI 950,258	현금 950,258
X1.12.31 – 상각	현금 80,000 AC 15,026	이자수익 95,026	현금 80,000 FVOCI 15,026	이자수익 95,026
X1.12.31 – 평가	– 회계처리 없음 –		FVOCI 84,716	OCI 84,716
X2.1.1 – 취소	– 회계처리 없음 –		OCI 84,716	FVOCI 84,716
X2.12.31 – 상각	현금 80,000 AC 16,528	이자수익 96,528	현금 80,000 FVOCI 16,528	이자수익 96,528
X2.12.31 – 평가	– 회계처리 없음 –		OCI 11,812	FVOCI 11,812

유효이자율 상각 회계처리는 AC 금융자산과 FVOCI 금융자산 모두 상각표에 따라 인식하므로 동일하다. AC 금융자산은 상각 후에 공정가치 평가를 하지 않지만, FVOCI 금융자산은 12.31에 평가를 한후에 1.1에 공정가치 평가 회계처리를 역분개한다. 이것이 바로 '취소'이다. 취소 이후에는 X2년도에도 상각, 평가 회계처리를 수행한다.

 김수석의 **Why?** FVOCI금융자산이 '취소' 회계처리를 하면 재분류 조정이 되는 이유

예제의 회사채 전부를 X3년 1월 1일에 ₩1,000,000에 처분하였다고 가정하면 회계처리는 다음과 같다.

	FVOCI 금융자산 (취소 X)		FVOCI 금융자산 (취소 O)	
X3.1.1-취소	현금 1,000,000	FVOCI 970,000	FVOCI 11,812	OCI 11,812
X3.1.1-처분		OCI 11,812 처분이익 18,188	현금 1,000,000	FVOCI 981,812 처분이익 18,188

왼쪽 회계처리가 기준서 상 회계처리이고, 취소를 하면 오른쪽의 회계처리가 된다. 회계처리 방법의 차이일 뿐, 둘은 동일한 회계처리이다. 평가손익은 재분류 조정 대상이므로 금융자산 처분 시 OCI가 제거되면서 처분이익에 반영된다. 하지만 왼쪽처럼 회계처리를 하게 되면 처분 시 재분류조정을 하지 않는 실수를 저지를 가능성이 높다. 반대로 취소 분개를 하면 자동으로 재분류조정이 되므로 실수의 가능성을 줄일 수 있다.

6. FVOCI 금융자산 출제요소

(1) FVOCI 금융자산의 당기손익(이자수익, 처분손익)

> FVOCI금융자산의 당기손익 = AC금융자산의 당기손익

두 계정의 당기손익은 일치하기 때문에 FVOCI금융자산의 당기손익(이자수익, 처분손익)을 묻는 문제에서는 취소 및 평가 회계처리를 생략하고 AC금융자산 기준으로 계산해서 답해도 된다.

① 이자수익: 같은 유효이자율 상각표 사용

AC금융자산과 FVOCI금융자산은 같은 유효이자율 상각표를 사용하기 때문에 이자수익이 같다.

② 처분손익

다음은 예제의 회사채를 AC금융자산으로 분류한 경우 처분 시 회계처리이다.

	AC 금융자산	
X3.1.1 - 취소	- 회계처리 없음 -	
X3.1.1 - 처분	현금 1,000,000	AC 981,812 처분이익 18,188

X2년말(= X3년초) 장부금액이 981,812이므로 처분이익은 18,188로 계상된다. 이는 FVOCI금융자산으로 분류할 때의 처분이익과 일치한다. 이는 취소 분개를 통해 OCI를 재분류 조정했기 때문이다.

(2) FVOCI 금융자산의 기타포괄손익: 취소, 평가 수행

위에서 설명했듯이, 당기손익을 묻는 문제에서는 취소 및 평가 회계처리 없이 AC금융자산 기준으로 계산하므로, FVOCI 금융자산의 OCI를 물어볼 때만 취소, 평가를 수행하면 된다.

① 당기말 재무상태표 상 기타포괄손익누계액(잔액) = 당기말 평가 OCI

기초에 취소를 통해 전기 OCI를 제거했기 때문에 기말에 평가 회계처리로 인식한 OCI 금액이 곧 기말 OCI 잔액이 된다.

② 손익계산서상 기타포괄손익(변동분) = 당기말 OCI − 전기말 OCI

손익계산서 상 기타포괄손익(변동분)은 당기말에 인식한 OCI 금액에서 기초에 취소를 통해 제거한 전기말 OCI를 차감하면 된다.

(3) FVOCI 금융자산의 재무상태표상 기말 잔액 = 공정가치

FVOCI 금융자산은 재무상태표에 공정가치로 계상된다. 공정가치는 문제에서 제시할 것이므로 계산할 필요 없이 문제에 주어진 숫자를 보고 답하면 된다.

김수석의 핵심 콕! FVOCI 지분상품 vs FVOCI 채무상품: 평가손익(OCI) 재분류조정 여부

구분	계정	처분 회계처리	재분류 조정
채무상품	FVOCI 금융자산	평가이익까지 전부 손익화	O
지분상품	FVOCI 선택 금융자산	평가 후 처분, 처분손익 = 0	X

채무상품은 처분될 때 OCI를 재분류 조정하지만, 지분상품은 재분류 조정하지 않는다.

(1) FVOCI 금융자산 (채무상품)

채무상품은 AC 금융자산과의 당기손익을 일치시키기 위해 재분류 조정한다.

(2) FVOCI선택 금융자산 (지분상품)

반대로 지분상품의 경우에는 FVPL 금융자산과 당기손익을 일치시키지 않기 위해서 재분류조정을 인정하지 않는다. FVOCI 선택 금융자산은 최초 인식 시 선택하며, 이후 취소가 불가능하다. 만약 FVPL 금융자산과 손익효과가 일치하면 FVOCI 선택이 무의미해진다. 따라서 FVOCI 선택 금융자산은 처분 시 '평가'손익을 기타포괄손익으로 인식할 뿐, 재분류 조정을 통해 처분손익을 인식하지 않는다.

10

 금융상품 회계처리 요약 ★중요!

구분	계정과목	취득부대비용	FV 평가손익	처분손익
지분상품	FVOCI선택	취득원가에 가산	OCI (재분류 조정 X)	X (OCI로 평가)
	FVPL	당기비용	PL	PL
채무상품	AC	취득원가에 가산	X	PL (처분손익 동일)
	FVOCI		OCI (재분류 조정 O)	
	FVPL	당기비용	PL	PL

(1) 취득부대비용: FVPL만 당기비용 처리, 나머지는 취득원가에 가산

(2) FV 평가손익: 계정 이름 따라

    ① AC: FV 평가 X, 유효이자율법 상각에 따른 상각후원가 평가

    ② FVOCI (선택): FV 평가, 평가손익 OCI로 인식

    ③ FVPL: FV 평가, 평가손익 PL로 인식

(3) 처분손익

    ① AC, FVPL: 처분가액−장부금액 (PL)

    ② FVOCI 선택 (지분상품): 처분 시에도 FV로 평가(OCI), 평가손익 재분류 조정 X

    ③ FVOCI (채무상품): AC와 처분손익(PL) 동일, 평가손익 재분류 조정 O

AC금융자산 - 처분

01 ㈜한국은 20X1년 초 채무상품 A를 ₩950,000에 취득하고, 상각후원가 측정 금융자산으로 분류하였다. 채무상품 A로부터 매년 말 ₩80,000의 현금이자를 수령하며, 취득일 현재 유효이자율은 10%이다. 채무상품 A의 20X1년 말 공정가치는 ₩980,000이며, 20X2년 초 해당 채무상품 A의 50%를 ₩490,000에 처분하였을 때 ㈜한국이 인식할 처분손익은?

2019. 지방직 9급

① 처분손실 ₩7,500 ② 처분손익 ₩0
③ 처분이익 ₩7,500 ④ 처분이익 ₩15,000

	유효이자(10%)	액면이자	상각액	장부금액
X0				950,000
X1	95,000	80,000	15,000	965,000

처분손익: 490,000 − 965,000 × 50% = 7,500 이익
회사가 채무상품을 AC 금융자산으로 분류하였으므로, 공정가치 평가는 하지 않는다.

📖 ③

사채 & AC금융자산

02 ㈜한국은 20X1년 1월 1일에 액면금액 ₩1,000,000 (액면이자율 연 8%, 유효이자율 연 10%, 이자지급일 매년 12월 31일, 만기 3년)의 사채를 ₩950,258에 발행하였다. ㈜민국은 이 사채를 발행과 동시에 전액 매입하여 상각후원가 측정 금융자산으로 분류하였다. 다음 설명 중 옳지 않은 것은? (단, 거래비용은 없고 유효이자율법을 적용하며, 소수점 발생 시 소수점 아래 첫째 자리에서 반올림한다)

2019. 관세직 9급

① ㈜한국의 20X1년 12월 31일 재무상태표상 사채할인발행차금 잔액은 ₩34,716이다.

② ㈜민국이 20X2년 1월 1일에 현금 ₩970,000에 동 사채 전부를 처분할 경우 금융자산 처분이익 ₩19,742을 인식한다.

③ ㈜민국은 20X1년 12월 31일 인식할 이자수익 중 ₩15,026을 상각후원가 측정 금융자산으로 인식한다.

④ ㈜한국이 20X1년 12월 31일 인식할 이자비용은 ₩95,026이다.

 해설

	유효이자(10%)	액면이자(8%)	상각액	장부금액
X0				950,258
X1	④95,026	80,000	③15,026	965,284

① X1말 사할차 잔액: 1,000,000 − 965,284 = 34,716 (O)
② 처분이익: 970,000 − 965,284 = 4,716 (X)

답 ②

예제 FVOCI 선택 & AC 금융자산

03 ㈜한국은 2016년 1월 1일 A주식 100주를 주당 ₩10,000에 취득하여 기타포괄손익 – 공정가치 측정 금융자산으로 선택하였으며, 2016년 1월 1일 3년 만기 회사채(2016년 1월 1일 액면발행, 액면가액 ₩1,000,000, 표시이자율 연 4%, 매년 말 이자지급)를 ₩1,000,000에 취득하여 상각후원가측정 금융자산으로 분류하였다. 2016년 말 A주식의 공정가치는 주당 ₩9,500이고, B회사채의 공정가치는 ₩1,050,000이다. ㈜한국의 A주식과 B회사채 보유가 2016년도 당기손익 및 기타포괄손익에 미치는 영향은?

2017. 국가직 9급 수정

① 당기손익 ₩40,000 증가, 기타포괄손익 불변
② 당기손익 ₩40,000 증가, 기타포괄손익 ₩50,000 감소
③ 당기손익 ₩90,000 증가, 기타포괄손익 불변
④ 당기손익 ₩90,000 증가, 기타포괄손익 ₩50,000 감소

 해설

(1) A주식 평가손익: (9,500 − 10,000) × 100주 = (−)50,000 손실 (OCI)

(2) B회사채 이자수익: 1,000,000 × 4% = 40,000 (PL)

	유효이자(4%)	액면이자(4%)	상각액	장부금액
15				1,000,000
16	40,000	40,000	0	1,000,000

B회사채는 액면가액과 취득가액이 일치한다. 이처럼 액면발행한 경우에는 액면이자율과 시장이자율이 일치한다. 따라서 시장이자율이 4%이고, 취득가액에 4%를 곱해서 이자수익을 구한다. B회사채는 AC금융자산으로 분류하였으므로 공정가치 평가를 하지 않는다는 점을 주의하자.

📋 ②

FVOCI 금융자산 - 평가이익

04 ㈜서울은 2016년 초에 발행된 ㈜한양의 사채(액면금액 ₩1,000,000)를 ₩946,800에 취득하여 기타포괄손익 – 공정가치 측정 금융자산으로 분류하였다. 2016년 말 사채의 공정가치가 ₩960,000일 때, ㈜서울이 인식할 금융자산평가손익은 얼마인가? (단, 사채의 표시이자율은 연 4%로 매년 말에 지급되는 조건이며, 유효이자율은 연 6%이다.)

2016. 서울시 7급 수정

① 평가이익 ₩13,200   ② 평가이익 ₩16,808
③ 평가손실 ₩3,608   ④ 평가손실 ₩5,808

계산기 없이 계산하는 것이 현실적으로 불가능한 문제였다. 식만 보고 넘어가자.

	유효이자(6%)	액면이자(4%)	상각액	장부금액
15				946,800
16	56,808	40,000	16,808	963,608

평가손익: 960,000 – 963,608 = (–)3,608 손실

15   946,800   R=6% (40,000)

      ↓ 56,808

16   963,608 ⟶ 960,000
    ⊖ 3,608

답 ③

예제 **FVOCI 금융자산 – 평가이익 & 처분이익**

05 ㈜한국은 20X1년 초 타사발행 사채A(액면금액 ₩500,000, 액면이자율 연 8%, 유효이 자율 연 10%, 이자 매년 말 후급)를 ₩460,000에 취득하고, 이를 '기타포괄손익 – 공정가 치 측정 금융자산'으로 분류하였다. 사채A의 20X1년 기말 공정가치는 ₩520,000이며, 20X2년 초 사채A의 50%를 ₩290,000에 처분하였다. 사채A와 관련하여 ㈜한국이 인식 할 20X1년 평가이익과 20X2년 처분이익은?

2018. 국가직 7급

① 평가이익 ₩54,000, 처분이익 ₩30,000
② 평가이익 ₩54,000, 처분이익 ₩57,000
③ 평가이익 ₩60,000, 처분이익 ₩30,000
④ 평가이익 ₩60,000, 처분이익 ₩57,000

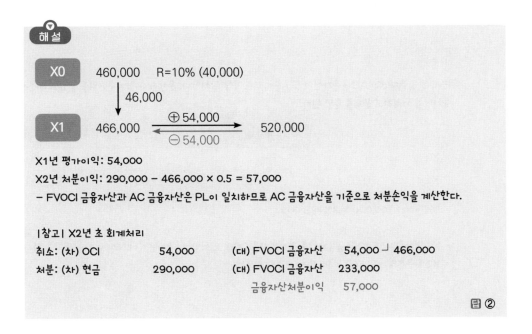

해설

X0   460,000   R=10% (40,000)

↓ 46,000

X1   466,000   ⊕ 54,000   520,000
            ⊖ 54,000

X1년 평가이익: 54,000
X2년 처분이익: 290,000 − 466,000 × 0.5 = 57,000
– FVOCI 금융자산과 AC 금융자산은 PL이 일치하므로 AC 금융자산을 기준으로 처분손익을 계산한다.

|참고| X2년 초 회계처리

취소: (차) OCI	54,000	(대) FVOCI 금융자산	54,000 ⌐ 466,000
처분: (차) 현금	290,000	(대) FVOCI 금융자산	233,000
		금융자산처분이익	57,000

답 ②

06 ㈜서울은 20X1년 초에 액면금액 ₩100,000(액면이자율 8%, 만기 3년, 매년 말 이자지급 조건)의 회사채를 ₩95,000에 취득하여 기타포괄손익 – 공정가치 측정 금융자산으로 분류하였다. 20X1년 말에 동 회사채에 대해서 현금으로 이자를 수취하였으며 이자수익으로는 ₩9,500을 인식하였다. 동 회사채의 20X1년 말 공정가치는 ₩97,000이었으며, ㈜서울은 이 회사채를 20X2년 초에 ₩97,500에 매각하였다. 이 회사채의 20X1년 기말 평가손익과 20X2년 초 처분손익이 두 회계기간의 당기순이익에 미치는 영향으로 옳은 것은?

2017. 서울시 7급

	20X1년	20X2년
①	영향 없음	₩500 증가
②	영향 없음	₩1,000 증가
③	₩500 증가	₩500 증가
④	₩500 증가	₩1,000 증가

해설

FVOCI 금융자산과 AC 금융자산의 당기순이익은 항상 일치한다. 문제에서 당기순이익을 물었기 때문에 AC금융자산을 가정하고 문제를 풀면 된다.

	유효이자	액면이자(8%)	상각액	장부금액
X0				95,000
X1	9,500	8,000	1,500	96,500

- 액면이자: 100,000 × 8% = 8,000

- X1 평가손익: FVOCI 금융자산은 평가손익을 OCI로 인식한다. 평가손익이 NI에 미치는 영향은 없다.
- X2 처분손익: 97,500 – 96,500 = 1,000 이익

답 ②

예제 FVOCI 금융자산 - 종합문제

07 2008년 1월 1일 ㈜한국은 5년 만기, 액면가 ₩1,000,000, 액면이자율 8%(매년 말 이자 지급)의 회사채를 ₩850,000에 취득하였다. 취득 당시의 유효이자율은 10%이고 ㈜한국은 이 회사채를 FVOCI 금융자산으로 분류하였다. 이 회사채의 2008년 말과 2009년 말 공정가치가 각각 ₩860,000과 ₩865,000이라고 할 때, 이 회사채의 2009년도 회계처리에 관한 설명으로 옳지 않은 것은? 2010. 국가직 7급 수정

① 손익계산서에 보고되는 이자수익은 ₩85,500이다.
② 재무상태표(대차대조표)에 보고되는 FVOCI 금융자산은 ₩865,000이다.
③ 재무상태표(대차대조표)에 보고되는 FVOCI 금융자산 평가이익은 ₩5,000이다.
④ FVOCI 금융자산 평가이익을 ₩500 감소시키는 수정이 필요하다.

해설

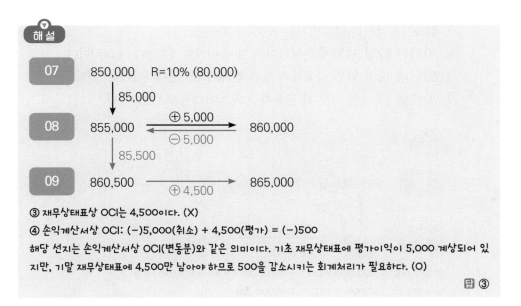

07 850,000   R=10% (80,000)
    ↓ 85,000
08 855,000   ⊕ 5,000 / ⊖ 5,000 → 860,000
    ↓ 85,500
09 860,500   ⊕ 4,500 → 865,000

③ 재무상태표상 OCI는 4,500이다. (X)
④ 손익계산서상 OCI: (-)5,000(취소) + 4,500(평가) = (-)500
해당 선지는 손익계산서상 OCI(변동분)와 같은 의미이다. 기초 재무상태표에 평가이익이 5,000 계상되어 있지만, 기말 재무상태표에 4,500만 남아야 하므로 500을 감소시키는 회계처리가 필요하다. (O)

답 ③

08 ㈜대한은 2011년 1월 1일 액면금액이 ₩1,000,000(액면이자율은 10%이고 유효이자율이 12%이며 매년 말 이자 지급)이고 만기가 3년인 시장성 있는 사채를 투자목적으로 취득하였다. 2011년 12월 31일 이 사채의 공정가치는 ₩970,000이었고 2012년 1월 1일 ₩974,000에 처분하였다. 취득 시 기타포괄손익 – 공정가치 측정 금융자산으로 분류할 경우 이에 대한 회계처리로 옳지 않은 것은? (단, 현재가치이자요소는 다음 표를 이용한다)

2012. 국가직 7급 수정

기간	이자율(10%)	이자율(12%)
1년	0.91	0.89
2년	0.83	0.80
3년	0.75	0.71
합계	2.49	2.40

① 취득시점에서의 공정가치는 ₩950,000이다.

② 2011년 12월 31일에 인식하여야 할 총이자수익은 ₩114,000이다.

③ 2011년 12월 31일 공정가치 평가 전 장부금액은 ₩964,000이다.

④ 2012년 1월 1일 처분 시 금융자산 처분이익은 ₩4,000이다.

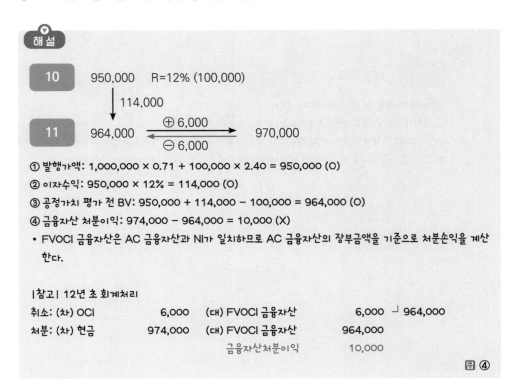

해설

| 10 | 950,000 | R=12% (100,000) |

114,000

| 11 | 964,000 | ⊕ 6,000 ⟶ ⟵ ⊖ 6,000 | 970,000 |

① 발행가액: 1,000,000 × 0.71 + 100,000 × 2.40 = 950,000 (O)

② 이자수익: 950,000 × 12% = 114,000 (O)

③ 공정가치 평가 전 BV: 950,000 + 114,000 – 100,000 = 964,000 (O)

④ 금융자산 처분이익: 974,000 – 964,000 = 10,000 (X)

- FVOCI 금융자산은 AC 금융자산과 NI가 일치하므로 AC 금융자산의 장부금액을 기준으로 처분손익을 계산한다.

|참고| 12년 초 회계처리

취소: (차) OCI   6,000   (대) FVOCI 금융자산   6,000 ⌐ 964,000

처분: (차) 현금   974,000   (대) FVOCI 금융자산   964,000

　　　　　　　　　　　　　　　　　　금융자산처분이익   10,000

目 ④

Memo

 이 장의 출제 뽀인트!

① 자본의 구성요소
② 현금출자 ★중요!
③ 자본이 불변인 자본 거래 ★중요!
④ 자본의 증감 ★중요!

자본은 계산문제뿐만 아니라 말문제도 상당히 많이 출제되는 주제로, 매년 평균적으로 1문제
가량 출제되는 중요한 주제이다.

11

자본

11 자본

1 자본의 구성요소

- 자본(= 순자산): 자산에서 부채를 차감한 잔여지분
- 자본은 주식의 시가와 동일하지 않음

 자본 요소별 세부 계정 중요!

자본 요소		세부 계정
자본금		보통주자본금, 우선주자본금
자본잉여금		주식발행초과금, 자기주식처분이익, 감자차익 등
자본조정	차감 항목	주식할인발행차금, 자기주식, 자기주식처분손실, 감자차손 등
	가산 항목	미교부주식배당금
기타포괄손익누계액		잉지재, 채해위 XO
이익잉여금		법정적립금, 임의적립금, 미처분이익잉여금

	구분	증자	자기주식 처분	감자
이익	자본잉여금	주식발행초과금	자기주식처분이익	감자차익
손실	자본조정	주식할인발행차금	자기주식처분손실	감자차손

– 이익 계정은 자본잉여금 계정, 손실 계정은 자본조정 계정에 해당

1. 자본금

자본금 = (주당)액면금액 × 발행주식 수

2. 자본잉여금과 자본조정

(1) 주식발행초과금: 발행금액 – 액면금액

주식발행초과금이란, 주식 발행 시 발행금액이 액면금액을 초과하는 부분을 뜻한다. 액면금액이 발행금액을 초과하면 '주식할인발행차금'을 계상한다.

자본금은 보통주자본금과 우선주자본금으로 나누어 계상하지만, 주식발행초과금은 보통주 주발초와 우선주 주발초로 구분하지 않고 하나로 계상한다.

(2) 자기주식: 회사가 보유하고 있는 자사의 주식

자기주식은 자산이 아닌 자본의 차감으로 분류한다.

(3) 자기주식처분손익: 처분이익은 자본잉여금, 처분손실은 자본조정 (당기손익 X)

자기주식처분손익은 자본잉여금 혹은 자본조정으로 인식하지, 당기손익으로 인식하지 않는다.

(4) 감자차손익

감자(자본금을 감소시키는 것)할 때 발생한 이익을 감자차익, 손실을 감자차손이라고 부른다.

(5) 미교부주식배당금: 자본조정 중 자본 가산 항목

자본조정은 대부분 자본의 차감 계정이나, 미교부주식배당금만 가산 계정이다. 미교부주식배당금은 주식배당 시 일시적으로 계상되는 자본조정 계정이다.

3. 기타포괄손익누계액: 잉지재, 채해위 OCI XO ★중요!

공무원 회계학에 출제되었던 기타포괄손익은 다음의 여섯 가지이다. 이 중 재평가잉여금, 재측정요소는 재분류조정 대상이 아니고, 해외사업장환산차이와 위험회피적립금은 재분류조정 대상이다. 금융자산에서 배웠듯이 FVOCI 선택 금융자산 (지분상품)의 평가손익은 재분류조정 대상이 아닌 반면, FVOCI 금융자산 (채무상품)의 평가손익은 재분류조정 대상이다.

구분	재분류조정 여부
재평가잉여금: 유무형자산의 재평가모형	X
FVOCI 선택 금융자산 지분상품 평가손익	
재측정요소: 확정급여제도(DB형)의 보험수리적손익	
FVOCI 금융자산 채무상품 평가손익	O
해외사업장환산차이: 기능통화 재무제표의 표시통화로 환산 ※주의: 화폐성항목의 외화환산손익은 당기손익 항목임!	
위험회피적립금: 현금흐름위험회피 파생상품평가손익(효과적인 부분)	

기타포괄손익누계액

01 당기순손익과 총포괄손익간의 차이를 발생시키는 항목을 모두 고른 것은? 2011. 지방직 9급 수정

> ㄱ. 기타포괄손익 - 공정가치 측정 금융자산평가이익
> ㄴ. 자기주식처분이익
> ㄷ. 관계기업투자이익
> ㄹ. 현금흐름위험회피 파생상품평가손익
> ㅁ. 주식할인발행차금
> ㅂ. 해외사업장외화환산손익

① ㄱ, ㄴ, ㄹ
② ㄱ, ㄹ, ㅂ
③ ㄴ, ㄷ, ㅁ
④ ㄹ, ㅁ, ㅂ

 해설

'총포괄손익(CI) = 당기순이익(NI) + 기타포괄손익(OCI)'의 관계가 있다. 따라서 문제에서 묻는 '당기순손익과 총포괄손익간의 차이를 발생시키는 항목'은 기타포괄손익을 의미한다.
ㄴ. 자본잉여금 항목이다.
ㄷ. 본서의 마지막 장 '기타회계'에서 지분법을 다룰 때 배울 내용이다. PL 항목이다.
ㅁ. 자본조정 항목이다.
ㄹ, ㅂ. '잉지재채해위 OCI' 중 위와 해에 해당하는 항목들이다.

답 ②

02 포괄손익계산서에서 당기순손익과 총포괄손익 간에 차이를 발생시키는 항목은?

2018. 관세직 9급

① 확정급여제도 재측정요소
② 감자차손
③ 자기주식처분이익
④ 사채상환손실

 해설

'총포괄손익(CI) = 당기순이익(NI) + 기타포괄손익(OCI)'의 관계가 있다. 따라서 문제에서 묻는 '당기순손익과 총포괄손익간의 차이를 발생시키는 항목'은 기타포괄손익을 의미한다.
② 자본조정에 해당한다.
③ 자본잉여금에 해당한다.
④ 당기손익(PL)에 해당한다.

답 ①

다음 자료를 이용한 ㈜한국의 당기순이익은?

- 매출액 ₩60,000
- 매출원가 ₩20,000
- 급여 ₩10,000
- 감가상각비 ₩6,000
- 대손상각비 ₩2,000
- 자기주식처분이익 ₩3,000
- 기타포괄손익 – 공정가치 측정 금융자산평가손실 ₩5,000

- 임대료수익 ₩1,000
- 미지급급여 ₩500
- 선급비용 ₩3,000
- 선수수익 ₩6,000
- 미지급 배당금 ₩1,000
- 유형자산처분이익 ₩30,000

① ₩48,000
② ₩50,000
③ ₩52,000
④ ₩53,000

 해설

매출액	60,000
매출원가	(20,000)
급여	(10,000)
감가상각비	(6,000)
대손상각비	(2,000)
임대료수익	1,000
유형자산처분이익	30,000
당기순이익	53,000

자기주식처분이익은 자본잉여금이고, FVOCI 금융자산평가손실은 기타포괄이익이므로 반영하지 않는다.

미지급급여/선수수익/미지급배당금은 부채이고, 선급비용은 자산이다. 비용과 수익이 아니므로 당기순이익과 무관하다.

 ④

재분류조정

04 기타포괄손익 중 재분류조정이 가능한 것은? 2019. 서울시 7급

① 유형자산의 재평가잉여금

② 확정급여제도의 재측정요소

③ 기타포괄손익 - 공정가치 측정항목으로 지정한 지분상품의 평가손익

④ 기타포괄손익 - 공정가치 측정 채무상품의 평가손익

같은 FVOCI 금융자산이라 하더라도 ③번의 지분상품과 달리 ④번의 채무상품의 OCI는 재분류조정이 가능하다.

답 ④

4. 이익잉여금

이익잉여금은 크게 처분이 완료된 기처분이익잉여금과 아직 처분되지 않은 미처분이익잉여금으로 나뉜다. 기처분이익잉여금은 다시 법정적립금과 임의적립금으로 나뉜다.

		법정적립금
이익잉여금	기처분이익잉여금 (적립금 등)	임의적립금
	미처분이익잉여금	

(1) 법정적립금

법정적립금은 법으로 강제한 적립금으로, 배당의 재원으로 사용할 수 없으며, 자본전입이나 결손보전의 목적으로만 사용할 수 있다. 대표적인 예로 이익준비금이 있다. 회계학에서는 이익준비금과 법정적립금을 동의어로 기억해도 무방하다.

(2) 임의적립금

임의적립금은 기업의 목적에 따라 임의로 적립한 이익잉여금을 말한다. 회사가 임의로 적립한 것이기 때문에 실제 문제에서도 다양한 계정으로 제시되며, 개별 계정을 외우는 것은 무의미하다. 법정적립금인 이익준비금을 제외한 '~적립금', '~준비금', '~기금'등의 계정은 임의적립금(이익잉여금) 항목으로 보자.

(3) 미처분이익잉여금

미처분이익잉여금이란, 이익잉여금 중 아직 처분되지 않은 금액을 의미한다. 미처분이익잉여금은 배당, 적립금 적립 등에 사용된다.

5. 이익잉여금의 마감 심화

'이익잉여금'을 묻는 문제에서 손익 계정이 같이 제시되는 경우가 있다. 이익잉여금은 당기순이익의 누적액이며, 문제에서 묻는 이익잉여금은 '기말' 이익잉여금을 의미한다. 따라서 손익 계정이 같이 등장한다면 손익 계정들을 모아서 당기순이익을 계산하여 이익잉여금에 반영해야 한다.

(1) 문제 자료에 이잉이 없다면: 기말 이잉(답) = 당기순이익

문제에서 제시한 자료에 이익잉여금이 없다면 당기순이익을 이익잉여금으로 답하면 된다.

(2) 문제 자료에 이잉이 있다면: 기말 이잉(답) = 자료 상 이잉(기초 이잉) + 당기순이익

만약 자료에 이익잉여금이 있다면 이는 기초 이익잉여금을 의미한다. 이 이익잉여금에 당기순이익을 가산한 금액이 기말 이익잉여금이 되며, 이 기말 이익잉여금으로 답해야 한다.

(3) 중간배당이 제시된 경우: 기말 이잉(답) = 자료 상 이잉(기초 이잉) + 당기순이익 - 중간배당

이익잉여금을 묻는 문제에서 중간배당이 등장한다면 이익잉여금에서 차감해야 한다. 주총을 거쳐 차기에 지급되는 기말배당과 달리 중간배당은 기중에 지급되므로 기말 이익잉여금 계산 시 차감해야 한다.

이익잉여금의 마감

01 다음 자료에 따른 이익잉여금과 자본잉여금은?

2013. 지방직 9급 수정

• 매출원가	₩500	• 감자차익	₩100
• 자본금	2,000	• 사채	1,000
• 매출	2,500	• 사채할증발행차금	250
• 기부금	500	• 감가상각비	500
• 주식발행초과금	500	• 현금성자산	2,750
• 재고자산	2,000	• 배당금수익	100
• FVOCI 금융자산평가이익	800		

	이익잉여금	자본잉여금
①	₩1,100	₩600
②	₩1,100	₩500
③	₩1,900	₩600
④	₩1,900	₩500

 해 설

매출원가	(₩500)
매출	2,500
기 부 금	(500)
감가상각비	(500)
배당금수익	100
당기순이익	1,100

기초 이익잉여금이 제시되지 않았으므로 당기순이익이 곧 기말 이익잉여금이 된다. 배당금 '수익'은 회사가 수령한 금액을 의미한다. 배당 '지급액'과 헷갈리지 말자.

자본잉여금: 100(감자차익) + 500(주식발행초과금) = 600

답 ①

02 ㈜한국은 2012년 1월 1일에 영업을 시작하여 2012년 12월 31일 다음과 같은 재무정보를 보고하였다. 재무제표의 설명으로 옳지 않은 것은?

2013. 국가직 9급

• 현금	₩500,000	• 자본금	₩200,000
• 사무용 가구	₩1,000,000	• 재고자산	₩350,000
• 매출	₩3,000,000	• 미지급금	₩200,000
• 잡비	₩50,000	• 매출원가	₩2,000,000
• 매입채무	₩600,000	• 감가상각비	₩100,000

① 재무상태표에 보고된 총자산은 ₩1,850,000이다.

② 재무상태표에 보고된 총부채는 ₩800,000이다.

③ 손익계산서에 보고된 당기순이익은 ₩800,000이다.

④ 재무상태표에 보고된 총자본은 ₩1,050,000이다.

 해설

① 총자산: 500,000(현금) + 1,000,000(사무용 가구) + 350,000(재고자산) = 1,850,000

② 총부채: 200,000(미지급금) + 600,000(매입채무) = 800,000

③ 당기순이익: 3,000,000(매출) − 50,000(잡비) − 2,000,000(매출원가) − 100,000(감가상각비)
= 850,000 (X)

④ 총자본: 1,850,000(자산) − 800,000(부채) = 200,000(자본금) + 850,000(이익잉여금) = 1,050,000

문제에 이익잉여금이 제시되지 않았기 때문에 당기순이익이 곧 이익잉여금이 된다.

답 ③

03 다음의 장부마감 전 자료를 토대로 계산한 기말 자본은? (단, 수익과 비용에는 기타포괄손익 항목이 포함되어 있지 않다)

2016. 관세직 9급

• 수익 합계	₩2,000,000	• 비용 합계	₩1,000,000
• 자본금	₩1,000,000	• 주식발행초과금	₩500,000
• 이익잉여금	₩500,000	• 자기주식	₩100,000
• 감자차익	₩100,000	• 재평가잉여금	₩200,000

① ₩3,500,000 ② ₩3,300,000

③ ₩3,200,000 ④ ₩3,000,000

 해 설

• 당기순이익: 2,000,000 − 1,000,000 = 1,000,000
• 기말 이익잉여금: 500,000 + 1,000,000 = 1,500,000
− 장부 마감 전 이익잉여금에 당기순이익을 가산해야 기말 이익잉여금이 계산된다는 점을 주의하자.

자본금	1,000,000
자본잉여금	500,000 + 100,000 = 600,000
자본조정	(100,000)
기타포괄손익	200,000
이익잉여금	1,500,000
자본 총계	3,200,000

• 자기주식: 자기주식은 자본조정으로, 자본 차감 항목이므로 계산 시 자본을 감소시켜야 한다.
• 재평가잉여금: 대표적인 기타포괄손익(OCI) 항목이다.

답 ③

04 다음은 ㈜한국의 20X1년 12월 31일 현재의 수정후시산표잔액이다.

계정과목	차변	계정과목	대변
현금	₩20,000	매입채무	₩20,000
매출채권	₩10,000	차입금	₩100,000
재고자산	₩5,000	감가상각누계액	₩50,000
토지	₩100,000	대손충당금	₩2,000
건물	₩200,000	자본금	?
매출원가	₩10,000	이익잉여금	₩9,000
감가상각비	₩5,000	매출	₩20,000
급여	₩1,000		
합계	₩351,000	합계	₩351,000

㈜한국의 20X1년 12월 31일 현재 재무상태표의 이익잉여금과 자본총계는? 2020. 관세직 9급

	이익잉여금	자본총계
①	₩13,000	₩163,000
②	₩13,000	₩150,000
③	₩10,000	₩150,000
④	₩10,000	₩163,000

 해설

당기순이익: 20,000(매출) − 10,000(매출원가) − 5,000(감가상각비) − 1,000(급여) = 4,000

기말 이익잉여금: 9,000(기초 이잉) + 4,000 = 13,000

- 문제에 제시된 이잉 9,000은 '기초' 이잉이다. 기중에 수익, 비용이 발생할 때 이잉은 건드리지 않고 매출, 매출원가와 같이 수익, 비용을 계상하므로 시산표 상의 이잉은 기초 이잉이다. 여기에 수익과 비용을 마감하여 이잉에 집계해야 문제에서 묻는 기말 이잉이 나오는 것이다.

자본금: 351,000 − 201,000(자본금을 제외한 대변 합계) = 150,000

자본 = 자본금 + 이잉 = 150,000 + 13,000 = 163,000

|별해| 자본 = 자산 − 부채

자산: 20,000 + 10,000 + 5,000 + 100,000 + 200,000 = 335,000

부채: 20,000 + 100,000 + 50,000 + 2,000 = 172,000

자본: 335,000 − 172,000 = 163,000

답 ①

이익잉여금의 마감 - 중간배당

05 ㈜갑의 2009년도 수정후시산표의 계정잔액은 다음과 같다. ㈜갑의 2009년도 말 자본의 총계를 계산하면?

2010. 관세직 9급

• 매출채권	₩3,600	• 매입채무	₩3,450
• 건물	89,800	• 현금	7,800
• 자본금	30,000	• 보험료	3,300
• 급여	18,000	• 용역매출	95,250
• 중간배당	5,000	• 이익잉여금(기초)	6,800
• 감가상각비	22,000	• 단기차입금	14,000

① ₩76,950　　　　　　　　② ₩80,450

③ ₩83,750　　　　　　　　④ ₩85,250

 해설

• 당기순이익: − 18,000 − 22,000 − 3,300 + 95,250 = 51,950
• 기말 이익잉여금: 6,800 − 5,000 + 51,950 = 53,750
• 자본: 30,000(자본금) + 53,750 = 83,750

|별해| 자본 = 자산 − 부채
• 자산: 3,600 + 89,800 + 7,800 = 101,200
• 부채: 3,450 + 14,000 = 17,450
• 자본: 101,200 − 17,450 = 83,750

답 ③

2 유상증자

1. 증자와 감자

	증자: 자본금 증가	감자: 자본금 감소
유상: 자본 변동 O	유상증자	유상감자
무상: 자본 변동 X	무상증자	무상감자

(1) 증자, 감자: 자본'금'변동 (≠자본 변동 여부)

(2) 유상, 무상: 자산 유출입 여부 (= 자본 변동 여부)

2. 현금출자 ★중요!

```
현금출자 회계처리〉
(차) 현금              발행가액      (대) 자본금              액면금액
                                      주식할인발행차금        기존 주할차
                                      주식발행초과금          XXX
(차) 주식발행초과금    직접원가           현금                발행원가
     손실(PL)         간접원가
```

(1) **발행원가:** 직접원가는 주발초 차감. 간접원가는 당기비용

발행원가가 직접원가라면 주식발행초과금을 차감하거나 주식할인발행차금에 가산하고, 간접원가라면 당기비용으로 인식한다.

만약 문제에서 '간접원가'라는 언급이 없다면 직접원가로 보자. 마치 유형자산 관련 지출에 대해서 '일상적'이라는 언급이 없는 경우 자본적 지출로 보는 것과 같은 원리이다.

(2) 주식발행초과금과 주식할인발행차금 상계

주식발행초과금과 주식할인발행차금은 재무상태표에 동시에 계상될 수가 없다. 따라서 주할차가 계상되어 있었다면 상계 후, 초과분만 주발초로 계상해야 한다.

주식발행초과금 증가액 = 발행가액 – 액면금액 – 직접발행원가 – 주식할인발행차금

(3) 자본 증가액 = 현금 수령액 = 발행금액 − 직접발행원가 − 간접발행원가

자본 증감액은 현금 유출입액과 일치한다. 이때, 발행원가에는 간접발행원가도 포함된다는 것을 주의하자.

 현금출자 − 계산형 말문제

01 ㈜한국은 2016년 초 보통주 200주(주당 액면금액 ₩5,000, 주당 발행금액 ₩6,000)를 발행하였으며, 주식 발행과 관련된 직접원가 ₩80,000과 간접원가 ₩10,000이 발생하였다. ㈜한국의 주식 발행에 대한 설명으로 옳은 것은? (단, 기초 주식할인발행차금은 없다고 가정한다) 　　　　　　　　　　　　　　　　　　　　　　　　　　　2017. 국가직 9급

① 자본의 증가는 ₩1,200,000이다.
② 자본잉여금의 증가는 ₩120,000이다.
③ 주식발행초과금의 증가는 ₩110,000이다.
④ 주식발행과 관련된 직·간접원가 ₩90,000은 비용으로 인식한다.

 해설

① 자본 증가: 6,000 × 200 − 80,000 − 10,000 = 1,110,000
②,③ 주식발행초과금(= 자본잉여금): 1,000 × 200 − 80,000 = 120,000
주발초는 자본잉여금의 항목이고, 유상증자 시 증가하는 자본잉여금은 주발초밖에 없기 때문에 주발초 증가액이 곧 자본잉여금 증가액이다. 따라서 ②번은 맞는 문장이고, ③번은 틀린 문장이다.
④ 직접원가는 주발초를 차감하고, 간접원가만 비용으로 인식한다.

　　　　　　　　　　　　　　　　　　　　　　　　　　　　　　　　　　답 ②

02 ㈜한국은 액면금액 ₩500인 주식 10주를 주당 ₩600에 발행하였는데, 주식발행비로 ₩500이 지출되었다. 위의 주식발행이 ㈜한국의 재무제표에 미치는 영향에 대한 설명으로 옳은 것은? (단, 법인세 효과는 무시한다) 2014. 국가직 9급

① 순이익이 ₩500 감소한다.
② 이익잉여금이 ₩500 감소한다.
③ 자산총액이 ₩6,000 증가한다.
④ 자본총액이 ₩5,500 증가한다.

① 주식발행비가 '간접원가'라는 언급이 없으므로 '직접원가'로 본다. 직접원가는 주식발행초과금 차감 항목이지, 당기손익 항목이 아니다.
② 순이익에 영향이 없으므로 이익잉여금도 불변이다.
③, ④ 자본 증감액 = 현금(자산) 증감액: 10주 × 600 − 500 = 5,500 증가

답 ④

03 ㈜한국은 2016년 초 보통주 10주(주당 액면금액 ₩500, 주당 발행금액 ₩600)를 발행하였으며, 주식발행과 직접 관련된 원가 ₩100이 발생하였다. ㈜한국의 주식발행에 대한 설명으로 옳은 것은? (단, 기초 주식할인발행차금은 없다고 가정한다) 2017. 관세직 9급

① 자본은 ₩6,000 증가한다.
② 자본금은 ₩5,900 증가한다.
③ 자본잉여금은 ₩900 증가한다.
④ 주식발행과 직접 관련된 원가 ₩100은 당기비용으로 인식한다.

① 자본 증가액: 10주 × 600 − 100 = 5,900 (X)
② 자본금 증가액: 10주 × 500 = 5,000 (X)
③ 자본잉여금(= 주식발행초과금) 증가액
  : 6,000(발행가액) − 5,000(액면가액) − 100(직접원가) = 900 (O)
④ 주식발행과 관련된 직접원가는 당기비용이 아닌 주발초의 차감으로 인식한다. (X)

답 ③

04 20×1년 1월 1일 설립한 ㈜한국의 자본관련 거래는 다음과 같다.

일자	거래 내역
1월 1일	보통주 1,000주를 주당₩120(액면금액 ₩100)에 발행하고, 주식발행과 관련된 직접비용 ₩700을 현금 지급하였다.
7월 1일	보통주 1,000주를 주당₩90(액면금액 ₩100)에 발행하고, 주식발행과 관련된 직접비용은 발생하지 않았다.

이와 관련된 설명으로 옳은 것은?

2022. 국가직 9급

① 1월 1일 현금 ₩120,000이 증가한다.

② 1월 1일 주식발행과 관련된 직접비용 ₩700을 비용으로 계상한다.

③ 7월 1일 자본금 ₩90,000이 증가한다.

④ 12월 31일 재무상태표에 주식발행초과금으로 표시될 금액은 ₩9,300이다.

해설

① 1.1 현금 증가액: 1,000 × @120 – 700 = 119,300 (X)

② 주식발행 시 발생하는 직접비용은 주발초에서 차감한다. (X)

③ 7.1 자본금 증가액: 1,000 × @100 = 100,000 (X)

-자본금은 액면금액에 발행 주식 수를 곱한 만큼 증가한다.

④ 12.31 주발초 잔액: 0(기초) + 19,300(1.1) – 10,000(7.1) = 9,300 (O)

-1.1 주발초 증가액: (120 – 100) × 1,000주 – 700 = 19,300

-7.1 주발초 감소액: (90 – 100) × 1,000주 = (–)10,000

-20X1년 1월 1일에 설립하였으므로 기초 주발초 잔액은 0이다. 기초에 주발초가 없는 상태에서 1년간 9,300 증가하였으므로 기말 잔액은 9,300이다.

|회계처리|

1.1	(차)	현금	120,000	(대)	자본금	100,000
					주발초	20,000
	(차)	주발초	700	(대)	현금	700
7.1	(차)	현금	90,000	(대)	자본금	100,000
		주발초	10,000			

답 ④

3. 현물출자 심화

현물출자란, 현금이 아닌 현물을 받고 주식을 발행하는 것을 말한다. 현금출자 시에는 주식 발행시 수령하는 금액이 정해져 있기 때문에 발행금액을 따로 결정할 필요가 없다. 하지만 현물출자시에는 현금을 받는 것이 아니기 때문에 주식의 발행금액이 애매하다. 현물출자 시 주식 발행금액에 대해서 기준서는 다음과 같이 규정하고 있다.

| 현물출자 시 주식 발행금액 (= 현물출자로 취득한 자산의 취득원가) |

현물출자 시 주식의 발행금액은 자산의 공정가치를 이용하되, 주식의 공정가치가 더 신뢰성 있는경우 주식의 공정가치를 이용한다.

1순위	(차) 자산	자산 FV	(대) 자본금 주식발행초과금	액면금액 자산 FV − 액면금액
2순위	(차) 자산	주식 FV	(대) 자본금 주식발행초과금	액면금액 주식 FV − 액면금액

회계처리를 보다시피 주식의 발행금액이 곧 자산의 취득원가가 되므로 위 순서를 현물출자로 취득한 자산의 취득원가 결정 방식으로 보아도 무방하다.

현물출자 심화

01 ㈜한국의 20X1년 자본 관련 거래가 다음과 같을 때, 20X1년에 증가한 주식발행초과금은? (단, 기초 주식할인발행차금은 없다고 가정한다.)

2017. 국가직 9급

> • 3월 2일: 보통주 100주(주당 액면금액 ₩500)를 주당 ₩700에 발행하였다.
> • 5월 10일: 우선주 200주(주당 액면금액 ₩500)를 주당 ₩600에 발행하였다.
> • 9월 25일: 보통주 50주(주당 액면금액 ₩500)를 발행하면서 그 대가로 건물을 취득하였다. 취득 당시 보통주 주당 공정가치는 ₩1,000이었다.

① ₩20,000 ② ₩40,000
③ ₩45,000 ④ ₩65,000

 해설

3.2: (700 − 500) × 100주 = 20,000
5.10: (600 − 500) × 200주 = 20,000
9.25: (1,000 − 500) × 50 = 25,000
합계: 65,000

(1) 우선주의 주발초: 자본금은 보통주자본금과 우선주자본금으로 나누어 계상하지만, 주식발행초과금은 보통주와 우선주로 구분하지 않고 계상한다. 따라서 5.10에 우선주 발행 시 발생한 주식발행초과금도 같이 계산한다.

(2) 현물출자: 9.25의 신주 발행은 현물출자이므로 원칙적으로 건물의 공정가치를 1순위로 사용해야 한다. 하지만 문제에서 건물의 공정가치를 제시하지 않았으므로, 2순위인 주식의 공정가치를 주식의 발행금액으로 사용한다.

| 회계처리 |

3.2	(차) 현금	70,000	(대) 보통주 자본금	50,000	
			주발초	20,000	
5.10	(차) 현금	120,000	(대) 우선주 자본금	100,000	
			주발초	20,000	
9.25	(차) 건물	50,000	(대) 보통주 자본금	25,000	
			주발초	25,000	

답 ④

02 유형자산의 회계처리에 대한 설명으로 옳지 않은 것은? 2014. 국가직 9급 심화

① 주식을 발행하여 유형자산을 취득하는 경우 해당 주식의 발행가액이 액면가액 이상이면 액면가액에 해당되는 금액은 자본금으로, 액면가액을 초과하는 금액은 주식발행초과금으로 계상한다.

② 취득한 기계장치에 대한 취득세와 등록세 및 보유기간 중 발생된 화재보험료는 기계장치의 취득원가에 포함하여 감가상각한다.

③ 건설회사가 보유하고 있는 중장비의 주요 구성부품(예를 들면 궤도, 엔진, 굴삭기에 부착된 삽 등)의 내용연수와 경제적 효익의 소비행태가 다르다면, 해당 구성부품은 별도의 자산으로 계상하고 감가상각할 수 있다.

④ 유형자산의 내용연수가 경과되어 철거하거나 해체하게 될 경우 원상대로 회복시키는 데 소요될 복구비용(현재가치로 할인한 금액)은 유형자산의 취득원가에 포함한다.

① 자산의 취득원가는 자산의 FV일수도 있고, 주식의 FV일수도 있다. 어느 경우이든, 액면가액은 자본금이 되고, 액면가액 초과분은 주발초로 계상한다.

② 유형자산 취득 시 취득세와 등록세 등의 취득부대비용은 취득원가에 가산하나, 보유 기간 중 발생한 재산세, 보험료 등은 당기비용으로 처리한다. (X)

③ 맞는 문장이다. 지엽적인 문장이므로 한 번만 읽어보고 넘어가자.

④ 복구충당부채에 대한 내용이다. 복구충당부채는 유형자산의 취득원가에 가산한다.

답 ②

3 자본이 불변인 자본거래 ⭐중요!

자본이 불변인 자본 거래에는 무상증자, 주식배당, 주식분할, 주식병합 등이 있다. 이 거래들은 주식 수에는 영향을 미치지만 자본은 불변이다.

1. 무상증자(=준비금의 자본전입, 형식적 증자): 자본잉여금 or 법정적립금(이잉)→자본금

- 무상증자: 자본잉여금이나 이익잉여금 항목인 법정적립금을 재원으로 증자하는 것
- 자본금 증가 (주식 수가 증가하므로)
- 자본 불변 (자본금은 증가하지만, 재원이 된 자본잉여금이나 이익잉여금이 감소하므로)

2. 주식배당: 미처분이익잉여금(이잉)→자본금

- 주식배당: 신주를 발행하여 배당으로 지급하는 것
- 자본금 증가 (= 무상증자)
- 자본 불변 (자본금은 증가하지만, 재원이 된 이익잉여금이 감소하므로)
- 주식배당을 받은 주주: 회계처리 없음 (주식 수가 늘어나지만, 주가가 하락하여 주주의 부에는 영향이 없으므로)

 김수석의 꿀팁! **무상증자 vs 주식배당: 자본금의 재원이 다름**

무상증자와 주식배당의 차이점은 자본금의 재원이다. 무상증자는 자본잉여금 혹은 법정적립금을 재원으로 하지만, 주식배당은 미처분이익잉여금을 재원으로 한다. 재원 이외에 무상증자와 주식배당은 동일하다.

3. 주식분할과 주식병합

- 주식분할: 하나의 주식을 여러 개의 주식으로 나누는 것
- 주식병합: 여러 개의 주식을 하나로 합하는 것
- 주식 수와 액면가만 달라질 뿐 자본총계와 자본금 모두 불변
  → 주식분할과 주식병합은 회계처리가 없음

	무상증자	주식배당	주식분할	주식병합
자본금	도착	도착	이 안에서 나누고, 합치고	
자본잉여금	출발			
자본조정				
OCI				
이잉 법정	출발			
이잉 미처분		출발		

무상증자와 주식배당은 주식을 액면발행하므로 주발초(자본잉여금)가 발생하지 않는다.

김수석의 **핵심콕!** 자본이 불변인 자본거래의 효과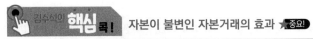

	자본	자본금 =	주식수 ×액면가	
무상증자	불변	↑	↑	–
주식배당	불변	↑	↑	–
주식분할	불변	–	↑	↓
주식병합	불변	–	↓	↑

• 자본금 = 주식수 × 액면가
• 무상증자, 주식배당: 액면가가 불변인 상태로 주식수가 증가하므로 자본금 증가
• 주식분할, 주식병합: 액면가가 변하므로 자본금 고정

예제 자본이 불변인 자본 거래

01 다음 각 항목이 재무상태표의 자본금, 이익잉여금 및 자본총계에 미치는 영향으로 옳지 않은 것은?

2011. 국가직 9급

항목	자본금	이익잉여금	자본총계
① 무상증자	증가	증가	증가
② 주식배당	증가	감소	불변
③ 주식분할	불변	불변	불변
④ 유상증자	증가	불변	증가

해설

항목	자본금	이익잉여금	자본총계
① 무상증자	증가	감소 혹은 불변	불변

이처럼 수정해야 한다. 무상증자를 하더라도 자본총계는 불변이다. 법정적립금을 재원으로 하는 경우 이잉은 감소하고, 자본잉여금을 재원으로 하는 경우 이잉은 불변이다.

目 ①

02 주식배당, 무상증자, 주식분할, 주식병합에 대한 설명으로 가장 옳지 않은 것은?

2019. 서울시 7급

① 주식배당, 무상증자의 경우 총자본은 변하지 않는다.
② 무상증자, 주식분할의 경우 자본금이 증가한다.
③ 주식병합의 경우 발행주식수가 감소하지만 주식분할의 경우 발행주식수가 증가한다.
④ 주식분할의 경우 주당 액면금액이 감소하지만 주식배당, 무상증자의 경우 주당 액면금액은 변하지 않는다.

무상증자와 달리 주식분할의 경우 자본금이 불변이다.

답 ②

03 자본에 관한 다음 설명으로 옳은 것을 모두 고르면?

2014. 국가직 9급

> ㄱ. 이익잉여금은 당기순이익의 발생으로 증가하고 다른 요인으로는 증가하지 않는다.
> ㄴ. 주식배당을 실시하면 자본금은 증가하지만 이익잉여금은 감소한다.
> ㄷ. 무상증자를 실시하면 발행주식수는 증가하지만 자본총액은 변동하지 않는다.
> ㄹ. 주식분할을 실시하면 발행주식수는 증가하지만 이익잉여금과 자본금은 변동하지 않는다.

① ㄱ, ㄴ, ㄷ   ② ㄱ, ㄴ, ㄹ
③ ㄱ, ㄷ, ㄹ   ④ ㄴ, ㄷ, ㄹ

ㄱ. 재평가잉여금 등의 기타포괄손익을 이익잉여금으로 직접 대체하는 경우 이익잉여금이 증가한다.
ㄱ이 틀린 선지인 것을 판단하기 어려웠지만 나머지 선지가 명백하게 옳은 선지이므로 답을 고를 수 있었다.

답 ④

04

다음은 2011년 초 ㈜한국의 부분재무상태표이다.

• 자본금(액면금액 ₩5,000)	₩5,000,000
• 주식발행초과금	₩2,500,000
• 이익준비금	₩1,000,000
• 미처분이익잉여금	₩3,000,000

㈜한국은 2011년 2월 25일에 주주총회를 개최할 예정이고 주주총회에서 다음의 네 개 안 중 하나를 선택할 예정이다.

ㄱ. 미처분이익잉여금을 기초로 주식 500주를 배당하기로 결정한다.
ㄴ. 주식발행초과금을 기초로 주식 500주를 발행하여 무상증자한다.
ㄷ. 주식을 1 : 2로 분할한다.
ㄹ. 주식을 3 : 1로 병합한다.

각 경우의 액면금액으로 옳은 것은?

2012. 국가직 7급

	ㄱ	ㄴ	ㄷ	ㄹ
①	₩5,000	₩5,000	₩2,500	₩15,000
②	₩2,500	₩2,500	₩5,000	₩5,000
③	₩5,000	₩5,000	₩5,000	₩5,000
④	₩2,500	₩2,500	₩2,500	₩15,000

해설

ㄱ, ㄴ : 5,000 (주식배당 및 무상증자 시 주식 '수'가 증가하는 것이지, 액면금액은 불변이다.)
ㄷ : 5,000 ÷ 2 = 2,500
ㄹ : 5,000 × 3 = 15,000

답 ①

05 ㈜한국은 20X1년 1월 1일 영업을 시작하였다. 20X1년과 20X2년에 발생한 다음 거래들을 참고하여 20X2년 말 재무제표에 자산으로 계상하여야 할 금액은? (단, 일자는 월할 계산하며, 금액 정보가 없는 자산항목은 계산에 반영하지 않는다) 2017. 국가직 7급 심화

일자	내용
20X1. 3. 1.	제품 제작용 기기를 ₩10,000에 구입하면서 운반비 ₩500과 설치비 ₩1,500을 함께 지급하였다. 감가상각은 내용연수 5년, 잔존가액 ₩0으로 정액법을 사용한다.
20X2. 1. 7.	20X1년 말에 주차장으로 사용할 목적으로 토지를 ₩100,000에 구입하고 구입한 토지 위의 사용하지 못하는 건물에 대한 철거 비용으로 ₩20,000을 지급하였다. 철거에서 파생된 고철은 ₩5,000에 처분하였다.
20X2. 6. 1.	₩6,000 상당의 소모품을 구입하여 20X2년 12월 31일까지 3/4을 사용하였다.
20X2. 7. 1.	₩100,000 상당의 상품을 매입하여 이 중 ₩10,000 상당의 상품은 불량으로 인하여 반품하고 나머지 상품 중 90%는 20X2년 12월 31일까지 판매하였다.
20X2. 10. 1.	₩20,000의 무상증자를 실시하였다.

① ₩128,100
② ₩133,100
③ ₩134,100
④ ₩153,100

해설

자산 총계: 7,600 + 115,000 + 1,500 + 9,000 = 133,100

3.1 기계장치: 12,000 - (12,000 - 0) × 22/60 = 7,600
- 운반비와 설치비: 취득 부대비용이므로 취득원가에 가산하여, 취득원가는 총 12,000이다.
- 감가상각비: X1.3.1 ~ X2말까지 22개월이 경과하였으므로 상각대상금액에 22/60을 곱한다.

1.7 토지: 100,000 + 20,000 - 5,000 = 115,000
- 철거 시 발생한 고철 매각액은 토지의 취득원가에서 차감한다. 시제품 매각액과 처리 방법이 다르니 주의하자.
- '주차장을 사용할 목적으로' 토지를 취득하긴 했지만, 주차장 영업에서 발생한 수입과 지출이 등장하지 않았으므로 당기손익으로 인식할 부분은 없다.

6.1 소모품: 6,000 × 1/4 = 1,500

7.1 상품: (100,000 - 10,000) × 10% = 9,000
- 매입한 뒤 반품한 나머지 상품 90,000 중 90%를 판매하고 남은 10%인 9,000이 X2년말 자산으로 계상된다.

10.1 무상증자: 자산에 미치는 영향 없음.

답 ②

4 자기주식 거래

1. 자기주식 취득: 자기주식은 취득원가로 계상

자기주식은 자본조정 항목으로, 자본의 차감 계정에 해당함. (not 자산 계정)

2. 자기주식 처분: 자기주식처분손익 = 처분가액 − 취득원가 (액면금액 X)

(차) 현금	처분가액		(대) 자기주식	취득원가
자기주식처분손실	X X X	or	자기주식처분이익	X X X

참고로, '자기주식 재발행'은 자기주식 처분과 같은 말이다. 재발행하더라도 자기주식을 이전하면서 돈을 받게 되는데, 처분과 똑같다.

3. 자기주식 소각: 감자차손익 = 액면금액 − 취득원가

(차) 자본금	액면금액		(대) 자기주식	취득원가
감자차손	X X X	or	감자차익	X X X

5 감자 심화

증자와 달리 감자는 주식 수를 줄여 자본금을 감소시키는 것이다. 증자에 유상증자와 무상증자가 있듯이, 감자에도 유상감자와 무상감자가 있다.

1. 유상감자

유상감자는 주주에게 자기주식을 유상으로 취득하여 소각함에 따라, 자본금을 감소시키는 것을 말한다. 실질적으로 주주에게 대가를 지급하면서 자본금을 감소시키므로, '실질적 감자'라고도 부른다.

자기주식 취득	(차) 자기주식	취득원가	(대) 현금	취득원가
감자	(차) 자본금	액면금액	(대) 자기주식	취득원가
(= 자기주식 소각)	감자차손	X X X	or 감자차익	X X X

2. 무상감자

무상감자는 주주에게 대가를 지급하지 않고, 자본금을 감소시키는 것을 말한다. 주주에게 지급하는 대가 없이 자본금을 감소시키므로, '형식적 감자'라고도 부른다. 일반적으로 무상감자는 결손법인이 이월결손금(음수인 이익잉여금)을 상계하기 위해 실시한다. 이월결손금을 상계하고 남은 자본금은 자본잉여금 항목인 감자차익으로 계상한다.

(차) 자본금	액면금액	(대) 이월결손금	결손금
		감자차익	X X X

무상감자는 감자차익만 발생할 수 있고, 감자차손은 발생할 수 없다. 감자차손이 발생할 수 있게 허용하면 다음과 같은 회계처리가 가능해진다.

(차) 자본금	1,000	(대) 이월결손금	1,000,000
감자차손	999,000		

이월결손금은 이익잉여금이 음수일 때 사용하는 계정이다. 이월결손금이 재무상태표에 계상되어 있다는 것은 경영진의 영업 성과가 좋지 않았다는 것을 의미하므로 경영진은 이월결손금을 숨기려는 유인이 있다. 만약 무상감자 시 감자차손이 인정된다면 위의 회계처리처럼 경영진은 무상감자를 통해 자본금은 조금만 줄이면서 이월결손금을 감자차손으로 계정 재분류할 수 있게 된다. 이러한 문제를 막기 위해 무상감자 시 감자차손은 발생할 수 없게 규정하고 있다.

유상감자 (심화)

01 ㈜한국은 액면가액 ₩5,000인 주식 10,000주를 주당 ₩5,000에 발행하였다. ㈜한국은 유통주식수의 과다로 인한 주가관리 차원에서 20X1년에 1,000주를 매입소각하기로 주주총회에서 결의하였다. ㈜한국은 두 번에 걸쳐 유통주식을 매입하여 소각하였는데 20X1년 6월 1일에 주당 ₩4,000에 500주를 매입한 후 소각했고, 20X1년 9월 1일에 주당 ₩7,000에 500주를 매입한 후 소각했다고 한다면 20X1년 9월 1일의 감자차손익 잔액은?

2011. 국가직 7급

① 감자차익 ₩500,000　　　　　　② 감자차손 ₩1,000,000

③ 감자차손 ₩500,000　　　　　　④ 감자차익 ₩1,000,000

 해설

감자차손익 잔액: 5,000 × 1,000주 − (4,000 × 500주 + 7,000 × 500주) = (−) 500,000 차손

| 회계처리 |

6.1	(차) 자본금	2,500,000	(대) 현금	2,000,000
			감자차익	500,000

9.1	(차) 자본금	2,500,000	(대) 현금	3,500,000
	감자차익	500,000		
	감자차손	500,000		

현금으로 자기주식을 취득한 뒤, 바로 소각하였으므로 자기주식 취득 회계처리를 별도 회계처리로 분리하지 않았다.

답 ③

무상감자 (심화)

02 자본에 대한 설명으로 옳지 않은 것은? (자기주식의 회계처리는 원가법을 따른다)

2019. 국가직 7급

① 자기주식을 취득원가보다 낮은 금액으로 매각한 경우 자기주식처분손실이 발생하며 포괄손익계산서에 비용으로 계상한다.

② 감자 시 주주에게 지급하는 대가가 감소하는 주식의 액면금액보다 적을 때에는 차액을 감자차익으로 기록한다.

③ 실질적 감자의 경우 자본금과 자산이 감소하며, 감자차익 또는 감자차손이 발생할 수 있다.

④ 결손을 보전하기 위한 목적으로 형식적 감자를 실시하는 경우 자본금 감소가 이월결손금보다 큰 경우에는 감자차익이 발생한다.

 해 설

① 자기주식처분손실은 당기비용이 아닌 자본조정으로 계상한다.

답 ①

11

6 이익잉여금의 처분

1. 미처분이익잉여금의 흐름

X1년 초 미처분이익잉여금	X1.01.01
- X0년 처분	X0기 주총 (X1년 3월 경)
X1 전기이월미처분이익잉여금	(= X0 차기이월미처분이익잉여금)
- 중간배당	
+ OCI의 직접 대체 등	
+ X1년 당기순이익	
X1년 말 미처분이익잉여금	X1.12.31
- X1년 처분	X1기 주총 (X2년 3월 경)
X1 차기이월미처분이익잉여금	(= X2 전기이월미처분이익잉여금)

기초, 기말의 기준일: 회계기간 종료일(12.31)

전기이월, 차기이월의 기준일: 주주총회 결의일

X1.12.31일 자 재무상태표에 계상된 미처분이익잉여금은 기말 미처분이익잉여금이고, 여기에 주총에서 처분된 금액을 가감해야 차기이월미처분이익잉여금이 된다. 이는 X2년 관점에서 볼 때에는 다시 전기이월미처분이익잉여금이 된다.

2. 이익잉여금 처분 내용

(1) 적립금의 적립 및 이입: 이잉은 불변!

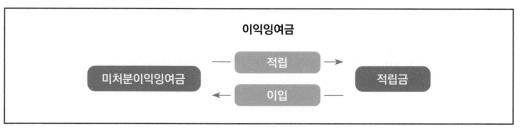

적립: 미처분이익잉여금을 목적에 따라 적립금으로 구분해놓는 것

이입: 적립금을 미처분이익잉여금으로 다시 돌려놓는 것

적립금의 적립 및 이입이 이루어지더라도 이익잉여금은 불변!

(2) 배당: 현금배당과 주식배당

① 현금배당

결의 시	(차) 이익잉여금	XXX	(대) 미지급배당금(부채)	XXX
지급 시	(차) 미지급배당금	XXX	(대) 현금	XXX

② 주식배당

결의 시	(차) 이익잉여금	XXX	(대) 미교부주식배당금(자본조정)	XXX
지급 시	(차) 미교부주식배당금	XXX	(대) 자본금	XXX

주식배당 결의 시에는 미교부주식배당금이라는 자본조정 계정 계상 (자본조정 중 유일한 가산 계정)

이익잉여금의 처분

01 주당 액면가액이 ₩500인 보통주 500,000주를 발행하고 있고, 이익잉여금 잔액이 ₩100,000,000인 ㈜한국은 20X1년 2월에 5%의 주식배당과 주당 ₩15의 현금배당을 선언하였다. 이러한 배당 선언이 회사의 자본에 미치는 영향으로 옳지 않은 것은?

2011. 국가직 7급

① 이익잉여금 ₩20,000,000이 배당의 재원으로 사용되었다.
② 현금배당액은 ₩7,500,000이 될 예정이다.
③ 주식배당액은 ₩7,500,000이 될 예정이다.
④ 배당 선언으로 부채 ₩7,500,000이 증가한다.

해설

배당을 '선언'하였을 뿐, '지급'한 것이 아니므로, 현금배당액은 미지급배당금으로, 주식배당액은 미교부주식배당금으로 계상된다.

③ 주식배당액: 500,000주 × @500 × 5% = 12,500,000 (미교부주식배당금 – 자본조정) (X)
②, ④ 현금배당액: 500,000 × @15 = 7,500,000 (미지급배당금 – 부채) (O)
① 배당의 재원(이익잉여금): 12,500,000 + 7,500,000 = 20,000,000 (O)

|회계처리|
(차) 이익잉여금   20,000,000   (대) 미지급배당금   7,500,000
                                          미교부주식배당금   12,500,000

답 ③

02 ㈜한국의 20X1년 1월 1일 자본의 내역은 다음과 같다.

• 보통주 자본금(100주×₩500) ₩ 50,000	• 주식발행초과금 ₩ 32,000
• 이익준비금 ₩ 20,000	• 미처분이익잉여금 ₩100,000

㈜한국은 20X1년 3월 15일 20x0년 재무제표를 확정하고 20x0년 12월 28일을 배당기준일로 하여 1주당 ₩200의 현금배당을 결의하였다. ㈜한국은 현금배당의 10%를 이익준비금으로 적립하고 있으며, 20X1년 당기순이익은 ₩50,000이다. 20X1년 12월 31일 미처분이익잉여금은 얼마인가?

2019. 계리사

① ₩ 78,000　　　　　　　② ₩128,000

③ ₩130,000　　　　　　　④ ₩150,000

 해설

기초 미처분이익	100,000
배당	100주 × @200 = (20,000)
이익준비금 적립	20,000 × 10% = (2,000)
NI	50,000
기말 미처분이익	128,000

X0년 배당은 X1년 3월경에 주총을 통해 지급되므로 기초 미처분이익에서 차감해야 한다.

답 ②

---

7 자본거래가 자본에 미치는 영향 : 현금 유출입 + NI + OCI

1. 현금 유출입

자본거래로 인한 자본 증감액은 현금수수액과 일치한다. 자본거래에서 발생한 손익(주식발행초과금, 주식할인발행차금, 자기주식처분손익, 감자차손익)은 무시하자.

(1) 증자	'발행가액 – 발행원가'만큼 자본 증가
(2) 자기주식 취득	취득가액만큼 자본 감소
(3) 자기주식 처분	처분가액만큼 자본 증가
(4) 자기주식 소각	자본 불변
(5) 이익잉여금의 적립 및 이입	
(6) 배당	현금배당은 자본 감소, 주식배당은 자본 불변

> ※주의 할인발행이라고 해서 자본이 감소하는 것이 아님!
>
> 할인발행은 발행가가 액면가보다 작게 발행하는 것을 의미한다. 자본 증감액은 현금 유출입액과 일치한다.
> 할인발행을 하더라도 돈이 나가는 것은 아니므로 자본은 감소하지 않는다. 자본이 적게 늘지만 늘긴 한다.

2. 당기순이익과 기타포괄이익

문제에 당기순이익(NI)와 기타포괄이익(OCI)이 제시된 경우 그 금액도 자본에 더해주어야 한다.

예제 ▶ **자본거래가 자본에 미치는 영향**

01 ㈜서울의 2016년 초 자본은 ₩600,000이다. 2016년의 다음 자료에 따른 2016년 말의
자본은 얼마인가? (단, 법인세효과는 고려하지 않는다.)   2016. 서울시 9급 수정

- 2016년 당기순이익은 ₩20,000이다.
- 액면금액 ₩500인 주식 40주를 주당 ₩1,000에 발행하였는데, 신주발행비로 ₩2,000을 지출
  하였다.
- 자기주식 3주를 주당 ₩3,000에 취득하여 1주는 주당 ₩1,000에 처분하였고, 나머지는 전부 소
  각하였다.
- 이익처분으로 현금배당 ₩3,000, 주식배당 ₩2,000을 실시하였으며, ₩2,000을 이익준비금(법
  정적립금)으로 적립하였다.

① ₩645,000   ② ₩647,000
③ ₩649,000   ④ ₩655,000

해설

기초 자본		600,000
당기순이익		20,000
유상증자	40주 × @1,000 − 2,000	= 38,000
자기주식 취득	3주 × @3,000	= (9,000)
자기주식 매각	1주 × @1,000	= 1,000
현금배당		(3,000)
기말 자본		647,000

자기주식 처분과 달리 소각 시에는 현금 수수액이 없으므로 자본이 불변이다.
주식배당 및 이익준비금 적립은 자본에 영향을 미치지 않는다.

目 ②

02 다음 거래로 인한 당기총자본의 증가 금액은 얼마인가? 2017. 서울시 9급

> • 주식 100주를 주당 ₩10,000에 현금 발행하였다.
> • 자기주식 10주를 주당 ₩9,000에 현금 취득하였다.
> • 위 자기주식 가운데 5주를 주당 ₩10,000에 현금 재발행하고 나머지는 전부 소각하였다.
> • 주식발행초과금 ₩100,000을 자본금으로 전입하고 주식을 발행하였다.

① ₩910,000 ② ₩960,000
③ ₩1,010,000 ④ ₩1,060,000

해설

유상증자	100주 × @10,000	= 1,000,000
자기주식 취득	10주 × @9,000	= (90,000)
자기주식 처분	5주 × @10,000	= 50,000
자본 증가액		960,000

자기주식 처분과 달리 소각 시에는 현금 수수액이 없으므로 자본이 불변이다. 무상증자(주발초 자본전입) 시에도 자본 변동이 없다.

답 ②

8 자본의 변동을 가져오는 거래

: 한 변에만 자본이 계상되어 있어야 자본이 변동함!

1. 자본이 계상된 변의 수로 자본 변동 여부 판단하기

자본이 계상된 변의 수	자본 변동 여부
0	X
1	O
2	X

자본(당기손익 포함)이 계상된 변의 수가 1이어야 자본이 변동하고, 0이나 2이면 자본은 변동하지 않는다.

2. 무상취득: 자본 증가 심화

무상취득이란, 대가의 지급 없이 공짜로 물건을 받는 것을 말한다. 무상취득 시 지급한 대가가 없다고 해서 자산의 취득원가를 0으로 측정하면 정보이용자들이 자산의 존재를 파악할 수 없다. 따라서 대다수의 학자들은 무상으로 취득한 자산의 취득원가는 취득 자산의 공정가치로 계상해야 한다고 주장한다. 이에 따른 무상취득의 회계처리는 다음과 같으며, 무상취득 시 자본은 증가한다.

(차) 자산 자산의 FV   (대) 무상수증이익(PL) 자산의 FV

자본의 변동을 가져오는 거래 심화

01 주식회사의 자본을 실질적으로 증가시키는 거래는?　　　　　2015. 관세직 9급

① 임의적립금을 적립하다.
② 이익준비금을 재원으로 무상증자를 실시하다.
③ 주식배당을 실시하다.
④ 주주로부터 자산을 무상으로 기부받다.

 해설

무상 취득 시 자산의 공정가치만큼 자본이 증가한다.

답 ④

02 자본총액에 영향을 주지 않는 거래는?　　　　　2018. 서울시 9급

① 당기손익인식금융자산에 대하여 평가손실이 발생하다.
② 이익준비금을 자본금으로 전입하다.
③ 주주로부터 자산을 기부받다.
④ 자기주식을 재발행하다.

 해설

무상 취득 시 자산의 공정가치만큼 자본이 증가한다.

답 ②

11

9 자본의 증감 ★중요!

1. 자본의 증감 풀이법

기초 자본	+ NI	+ 유상증자	− 현금배당	= 기말 자본
자산	수익			자산
부채	비용			부채

※ 주의 무상증자, 주식배당은 자본에 영향을 미치지 않음!

무상증자와 주식배당은 자본에 영향을 미치지 않으므로, 자본의 증감 문제에서는 유상증자와 현금배당만 고려해야 한다.

2. 기타포괄손익이 제시된 경우: NI 자리를 CI로 대체! 심화

기초 자본	+ CI	+ 유상증자	− 현금배당	= 기말 자본
자산	NI			자산
부채	OCI			부채

위의 풀이법에서는 기초 자본에 당기순이익을 가산했지만, 문제에서 기타포괄손익을 제시한 경우에는 당기순이익이 아닌 총포괄손익을 가산해야 한다. 이때는 위 표처럼 수익, 비용 자리를 NI와 OCI로 채우자.

 **김수석의 꿀팁!** 자본의 증감 실전 풀이법

문제에서 OCI가 있을지, 없을지는 문제를 읽어봐야 한다. 따라서 자본의 증감 문제라는 것을 파악하고 나서는 다음 줄을 쓴 뒤, 문제를 더 읽어보자.

기초 자본	+ CI	+ 유상증자	− 현금배당	= 기말 자본

문제에서 OCI가 있다면 '2. 기타포괄손익이 제시된 경우'의 표대로 풀고, 문제에 OCI가 없다면 CI 아래에 수익과 비용을 채워 넣어 다음과 같이 풀자.

기초 자본	+ CI	+ 유상증자	− 현금배당	= 기말 자본
자산	수익			자산
부채	비용			부채

대부분 문제에서는 이처럼 기타포괄손익이 없다. 총포괄손익은 당기순이익과 기타포괄손익의 합이므로 기타포괄손익이 없는 경우 당기순이익이 곧 총포괄손익이 된다.

예제 ▶ **자본의 증감**

01 ㈜서울의 2018년 초와 2018년 말의 총자산은 각각 ₩150,000과 ₩270,000이며, 2018년 초와 2018년 말의 총부채는 각각 ₩80,000과 ₩120,000이다. ㈜서울은 2018년 중 ₩50,000의 유상증자를 실시하고 현금배당 ₩10,000과 주식배당 ₩7,000을 실시하였다. ㈜서울의 2018년 기타포괄손익이 ₩10,000인 경우 2018년 포괄손익계산서의 당기순이익은?

2018. 서울시 9급

① ₩30,000   ② ₩37,000   ③ ₩40,000   ④ ₩47,000

 해설

기초	+ CI	+ 유상증자	− 현금배당	= 기말
자산 150,000	NI 30,000			자산 270,000
부채 80,000	OCI 10,000			부채 120,000
70,000	40,000	50,000	10,000	150,000

冒 ①

02 12월 결산법인인 ㈜한국의 2015년 기초 재무상태표상의 자산총계는 ₩300,000, 부채총계는 ₩100,000이었고, 자본항목 중 기타포괄손익누계액은 없었다. 2015년 결산마감분개 직전 재무상태표상의 자산총계는 ₩350,000, 부채총계는 ₩120,000이었고, 포괄손익계산서상의 기타포괄이익이 ₩1,000이었다. 2015년 결산 마감분개 직전까지 본 문제에 기술된 사항을 제외한 자본항목의 변동은 없었고 2015 회계연도 중 현금배당금 지급액이 ₩3,000이었다면, ㈜한국의 2015 회계연도 당기순이익은?

2015. 국가직 7급

① ₩26,000   ② ₩29,000   ③ ₩32,000   ④ ₩33,000

 해설

기초	+ CI	+ 유상증자	− 현금배당	= 기말
자산 300,000	NI 32,000			자산 350,000
부채 100,000	OCI 1,000			부채 120,000
200,000	33,000		3,000	230,000

冒 ③

03 다음은 ㈜한국의 20X1년도 및 20X2년도 말 부분재무제표이다.

구분	20X1년	20X2년
자산 총계	₩45,000	₩47,000
부채 총계	₩15,000	₩14,600
당기순이익	₩4,000	₩1,500

20X2년도 중에 ㈜한국은 ₩2,000을 유상증자하였고 현금배당 ₩3,000, 주식배당을 ₩1,000 하였다. ㈜한국의 20X2년도 포괄손익계산서상 기타포괄손익은? 2019. 국가직 7급

① ₩1,600 　　② ₩1,700 　　③ ₩1,800 　　④ ₩1,900

 해설

기초	+ CI	+ 유상증자	− 현금배당	= 기말
자산 45,000	NI 1,500			자산 47,000
부채 15,000	OCI 1,900			부채 14,600
30,000	3,400	2,000	3,000	32,400

X2년 자본의 증감을 분석하는 것이므로 X2년 당기순이익만 사용해야 한다.

답 ④

04 ㈜한국의 다음 재무자료를 이용한 기타포괄이익은? 2021. 지방직 9급

• 기초자산　₩15,000	• 기초부채　₩8,000	• 기말자산　₩18,000
• 기말부채　₩5,000	• 당기순이익　₩3,000	• 유상증자　₩2,000
• 현금배당　₩1,000	• 기타포괄이익　？	

① ₩0 　　② ₩1,000 　　③ ₩2,000 　　④ ₩3,000

 해설

기초	+ CI	+ 유상증자	− 현금배당	= 기말
자산 15,000	NI 3,000			자산 18,000
부채 8,000	OCI 2,000			부채 5,000
7,000	5,000	2,000	1,000	13,000

답 ③

05 ㈜한국의 당기 포괄손익계산서에 보고할 당기순이익은? 2019. 관세직 9급

- 기초자본은 자본금과 이익잉여금으로만 구성되어 있다.
- 기말자산은 기초자산에 비해 ₩500,000 증가하였고, 기말부채는 기초부채에 비해 ₩200,000 증가하였다.
- 당기 중 유상증자 ₩100,000이 있었다.
- 당기 중 기타포괄손익 – 공정가치 측정 금융자산의 평가손실 ₩10,000을 인식하였다.
- 당기 중 재평가모형을 적용하는 유형자산의 재평가이익 ₩20,000을 인식하였다. (단, 전기 재평가손실은 없다)

① ₩180,000   ② ₩190,000

③ ₩200,000   ④ ₩300,000

해설

기초	+ CI	+ 유상증자	– 현금배당	= 기말
자산	NI 190,000			자산 500,000
부채	OCI 10,000			부채 200,000
	200,000	100,000	–	300,000

OCI: (–)10,000(금융자산 평가손실) + 20,000(재평가잉여금) = 10,000

– 전기 재평가손실이 없으므로, 재평가이익은 전부 OCI(재평가잉여금)로 인식한다.

문제에서 기초, 기말의 자산, 부채의 금액을 준 것이 아니라 기초 대비 기말의 증가액을 제시해주었다. 따라서 기초를 0으로 보고, 기말 자리에 증가액을 넣고 문제를 풀었다.

답 ②

10 배당액의 배분 심화

배당액의 배분은 자주 출제되는 주제는 아니지만 많은 계산이 필요해 꽤 까다로운 문제이다. 문제에서 배당 총액을 제시하고, 우선주와 보통주의 배당 조건을 바탕으로 우선주 배당금과 보통주 배당금을 각각 계산하는 형태로 출제된다. 풀이 순서는 다음과 같다.

Step 1. 누적적/비누적적 고려하여 우선주 배당금 구하기
Step 2. 보통주 배당금 구하기
Step 3. 참가적/비참가적 고려하여 잔여 배당금 분배하기

예제. 20X1년 초에 영업을 개시한 ㈜김수석의 20X3년 말 자본금 구조는 다음과 같다.

- 보통주 자본금 (배당률 5%) 1,000,000
- 우선주 자본금 (배당률 6%) 500,000
- 우선주에 대한 배당은 영업을 개시한 이래로 지급되지 않았으며, ㈜김수석은 20X4년 초 200,000 의 현금배당을 결의하였다.

STEP 1 누적적/비누적적 고려하여 우선주 배당금 구하기

기본적으로 배당금은 '자본금 × 배당률'의 방식으로 계산된다. 다만, 우선주 배당금은 누적적인지, 비누적적인지에 의해 달라진다. 각각의 경우 우선주 배당금은 다음과 같이 계산된다.

(1) 누적적 우선주: 배당 미지급 시 누적되어 차후에 지급해야 함.

  우선주 배당금 = 우선주자본금 × 배당률 × 누적 횟수

(2) 비누적적 우선주: 배당 미지급 시 누적되지 않아 이후 배당 시에도 1년 치 배당만 지급함.

  우선주 배당금 = 우선주자본금 × 배당률

  예제에서 우선주가 비누적적 우선주라면 '500,000 × 6% = 30,000'만 지급하면 되지만, 누적적 우선주라면 '500,000 × 6% × 3회 = 90,000'을 지급해야 한다. 과거 2년 치가 쌓였기 때문에 당기분까지 총 3년 치를 지급해야 한다.

STEP 2 보통주 배당금 구하기 = 보통주 자본금 × 배당률

보통주 배당금은 위의 식대로 구하면 된다. 예제의 보통주 배당금은 1,000,000 × 5% = 50,000이다. 예제에서는 보통주 배당률을 제시했지만, 문제에서 보통주 배당률을 제시하지 않는 경우가 많다. 이때에는 우선주 배당률을 보통주 배당률로 사용하면 된다.

STEP 3 잔여 배당금 분배하기 – 참가적/비참가적

회사에서 결의한 배당 총액 중 우선주 배당금이 1순위로, 보통주 배당금이 2순위로 지급된 후, 남은 배당액이 있다. 이 남은 배당액을 우선주의 참가 여부에 따라 우선주와 보통주에 배분한다. '참가'라 함은 '우선주가 남은 배당액을 배분받을 것인지' 여부를 의미한다.

(1) 참가적 우선주: 남은 배당액을 우선주와 보통주의 '자본금 비율로' 배분

  참가적 우선주는 남은 배당액 중 일부를 배분받는다. 이때 배분 비율은 자본금 비율이다. 예제의 우선주가 참가적 우선주라면 남은 배당금 중 1/3(= 500,000/1,500,000)을 배분받는다.

(2) 비참가적 우선주: 남은 배당액은 전부 보통주에게 지급

비참가적 우선주는 남은 배당액을 전혀 배분받지 않고, 전부 보통주에게 지급한다. 참고로, '부분참가적' 우선주가 있지만, 공무원 시험에서 출제된 적이 없으므로 본서에서는 다루지 않는다.

위의 풀이법을 다음의 표로 정리할 수 있다. 실제 문제 풀이는 아래 표를 채워나가면서 이루어진다.

우선주	보통주
① 우선주자본금 × 배당률 × 횟수	② 보통주자본금 × 배당률
③ 남은 배당금 안분	③ 남은 배당금 안분
④ 합계	④ 합계

 비참가적 우선주일 때 보통주 배당금 = 배당 총액 − Step 1 우선주 배당금

우선주가 비참가적이라면 Step 1에서 계산한 배당금이 곧 우선주 배당금이다. Step 3에서 우선주가 잔여 배당금을 지급받지 못하기 때문이다. 따라서 비참가적 우선주의 경우 Step 1 우선주 배당금을 구한 뒤, 배당 총액에서 차감한 금액이 바로 보통주 배당금이 된다.

우선주가 각각 다음의 상황일 때, 예제의 우선주와 보통주 배당금은 다음과 같다.

(1) 누적적, 완전참가적 우선주

	우선주	보통주
누적	500,000 × 6% × 3 = 90,000	1,000,000 × 5% = 50,000
완전참가	(200,000 − 140,000) × 1/3 = 20,000	(200,000 − 140,000) × 2/3 = 40,000
계	110,000	90,000

(2) 누적적, 비참가적 우선주

	우선주	보통주
누적	500,000 × 6% × 3 = 90,000	1,000,000 × 5% = 50,000
비참가		200,000 − 140,000 = 60,000
계	90,000	110,000

|비참가적 우선주 활용|

	우선주	보통주
누적	500,000 × 6% × 3 = 90,000	200,000 − 90,000 = 110,000
비참가		
계	90,000	110,000

(3) 비누적적, 완전참가적 우선주

	우선주	보통주
비누적	500,000 × 6% = 30,000	1,000,000 × 5% = 50,000
완전참가	(200,000 − 80,000) × 1/3 = 40,000	(200,000 − 80,000) × 2/3 = 80,000
계	70,000	130,000

(4) 비누적적, 비참가적 우선주

	우선주	보통주
비누적	500,000 × 6% = 30,000	1,000,000 × 5% = 50,000
비참가		200,000 − 80,000 = 120,000
계	30,000	170,000

|비참가적 우선주 활용|

	우선주	보통주
비누적	500,000 × 6% = 30,000	200,000 − 30,000 = 170,000
비참가		
계	30,000	170,000

 '우선주 배당금+보통주 배당금=배당 총액'이 되는지 확인!

배분이 끝나고, 우선주 배당금과 보통주 배당금을 더해서 배당 총액(200,000)과 일치하는지 항상 확인하는 습관을 갖자.

예제 배당액의 배분

01 ㈜서울의 2015년 12월 31일 현재 자본계정은 아래와 같다. ㈜서울은 2012년 1월 1일에 설립되었으며 당기까지 배당은 없었다. 2016년 2월 3일 개최예정인 주주총회에서 ₩240,000의 배당을 선언할 예정이다. 우선주의 배당률이 5%라고 가정할 때, 우선주의 유형에 따른 배당금과 관련된 다음의 설명 중 옳지 않은 것은? *2016. 서울시 9급 수정*

• 보통주자본금(액면 @₩100, 주식 수 8,000주)	₩800,000
• 우선주자본금(액면 @₩100, 주식 수 4,000주)	₩400,000
• 이익잉여금	₩1,000,000

① 누적적이고 완전참가적 우선주의 경우, 보통주 배당금은 ₩120,000이고 우선주 배당금은 ₩120,000이다.

② 누적적이고 비참가적 우선주의 경우, 보통주 배당금은 ₩160,000이고 우선주 배당금은 ₩80,000이다.

③ 비누적적이고 완전참가적 우선주의 경우, 보통주 배당금은 ₩160,000이고 우선주 배당금은 ₩80,000이다.

④ 비누적적이고 비참가적 우선주의 경우, 보통주 배당금은 ₩216,000이고 우선주 배당금은 ₩24,000이다.

 해설

① 누적적, 완전참가적 우선주

	우선주	보통주
누적	400,000 × 5% × 4회 = 80,000	800,000 × 5% = 40,000
참가	120,000 × 1/3 = 40,000	120,000 × 2/3 = 80,000
계	120,000	120,000

② 누적적, 비참가적 우선주

	우선주	보통주
누적	400,000 × 5% × 4회 = 80,000	800,000 × 5% = 40,000
참가		120,000
계	80,000	160,000

③ 비누적적, 완전참가적 우선주

	우선주	보통주
누적	400,000 × 5% × 1회 = 20,000	800,000 × 5% = 40,000
참가	180,000 × 1/3 = 60,000	180,000 × 2/3 = 120,000
계	80,000	160,000

④ 비누적적, 비참가적 우선주

	우선주	보통주
누적	400,000 × 5% × 1회 = 20,000	800,000 × 5% = 40,000
참가	–	180,000
계	20,000	220,000

답 ④

02 ㈜한국은 2012년 1월 1일 영업을 개시하였으며, 2016년 12월 31일 현재 자본금은 다음과 같다. 모든 주식은 영업개시와 동시에 발행되었으며, 현재까지 배당을 실시한 적이 없다. 2017년 3월 정기주주총회에서 2016년 12월 31일을 배당기준일로 하여 ₩95,000의 현금배당을 선언하였다. ㈜한국의 보통주 주주에게 귀속될 배당금액은? 2018. 관세직 9급

- 보통주(주당액면 ₩5,000, 발행주식수 60주) ₩300,000
- 우선주(5%, 비누적적, 비참가적; 주당액면 ₩5,000, 발행주식수 20주) ₩100,000
- 우선주(5%, 누적적, 완전참가적; 주당액면 ₩5,000, 발행주식수 40주) ₩200,000

① ₩15,000　　　② ₩25,000　　　③ ₩30,000　　　④ ₩50,000

 해설

	우선주	보통주
누적	100,000 × 5% × 1회 = 5,000 200,000 × 5% × 5회 = 50,000	300,000 × 5% = 15,000
참가	25,000 × 2/5 = 10,000	25,000 × 3/5 = 15,000
계	65,000	30,000

보통주의 배당률을 제시하지 않았으므로, 우선주의 배당률 5%를 이용한다.
보통주 자본금 300,000과 완전참가적인 우선주 자본금 200,000을 가중평균하여 남은 배당금 25,000을 안분한다.

답 ③

03 다음은 2011년 12월 31일 ㈜한국의 자본계정에 관한 정보이다. 보통주 1주당 배당액은?

2013. 국가직 9급

• 자본금내역	
보통주	₩10,000,000
우선주 A(배당률 5%, 비누적적 · 비참가적)	₩5,000,000
우선주 B(배당률 5%, 누적적 · 완전참가적)	₩5,000,000

- 모든 주식은 개업시 발행하였으며 발행한 모든 주식의 주당 액면금액은 ₩5,000이다.
- 우선주에 대한 1년분 배당이 연체되었다.
- 정관에 의하여 이사회는 ₩1,550,000의 현금배당을 결의하였다.

① ₩400   ② ₩350

③ ₩300   ④ ₩250

해설

	우선주	보통주
누적	A: 5,000,000 × 5% = 250,000 B: 5,000,000 × 5% × 2회 = 500,000	10,000,000 × 5% = 500,000
참가	B: 300,000 × 1/3 = 100,000	300,000 × 2/3 = 200,000
계	A: 250,000 B: 600,000	700,000

보통주식수: 10,000,000(자본금)/5,000(액면금액) = 2,000주
보통주 1주당 배당액: 700,000/2,000주 = 350

답 ②

04 ㈜한국은 20X1년 1월 1일 영업을 시작하였으며, 20X2년 말 현재 자본금 계정은 다음과 같다.

- 보통주(배당률 5%, 주당 액면가액 ₩5,000, 발행주식수 80주) ₩400,000
- 우선주A(배당률 10%, 비누적적·비참가적; 주당 액면가액 ₩5,000, 발행주식수 40주) ₩200,000
- 우선주B(배당률 5%, 누적적·완전참가적; 주당 액면가액 ₩5,000, 발행주식수 80주) ₩400,000

모든 주식은 영업개시와 동시에 발행하였으며, 그 이후 아직 배당을 한 적이 없다. 20X3년 초 ₩100,000의 배당을 선언하였다면 배당금 배분과 관련하여 옳은 것은? 2018. 국가직 9급 수정

① 보통주 소유주에게 배당금 ₩20,000 지급
② 보통주 소유주에게 배당금 우선 지급 후 우선주A 소유주에게 배당금 지급
③ 우선주A 소유주에게 배당금 ₩30,000 지급
④ 우선주B 소유주에게 배당금 ₩50,000 지급

 해 설

	우선주	보통주
누적	A: 200,000 × 10% = 20,000 B: 400,000 × 5% × 2회 = 40,000	400,000 × 5% = 20,000
참가	B: 20,000 × 1/2 = 10,000	20,000 × 1/2 = 10,000

① 보통주 배당금: ₩30,000 (X)
② 우선주는 명칭에 포함되어 있듯, 배당금을 보통주보다 '우선'지급한다. (X)
③ 우선주A 배당금 : ₩20,000 (X)
④ 우선주B 배당금 : ₩50,000 (O)

원 문제에서는 보통주의 배당률을 제시해주지 않았다. 보통주의 배당률을 제시하지 않는 경우 우선주의 배당률과 일치한다고 보는데, 우선주의 배당률이 10%와 5%로 나뉘어 있어 어느 배당률을 써야 하는지 알 수 없었다. 만약 이처럼 보통주의 배당률을 제시하지 않는다면, '참가적' 우선주의 배당률을 보통주의 배당률로 보자. 이런 배당금 계산법은 존재하지 않는 계산법인데, 공무원 회계학 기출문제에만 존재하는 특이한 계산법이다. 김수석도 왜 이렇게 하는지 모르겠다. 출제진이 이렇게 풀었으니 수험생도 그냥 이렇게 풀어야 할 뿐이다.

目 ④

11 상환우선주 심화

상환우선주는 기업이 상환하는 우선주를 의미한다. 일반적으로 주식을 발행한 기업은 주식을 자본으로 분류하지만, 상환우선주는 기업이 상환해야 하므로 부채로 분류하기도 한다. 상환우선주는 공무원 회계학에서 출제 빈도도 낮고, 심도 있게 출제되지 않으므로, 넘어가도 된다.

	분류	배당금		부채의 발행금액
의무 상환 or 보유자 요구 시 상환	부채	누적적	이자	상환금액 × 단순현가 + 배당금 × 연금현가
		비누적적	배당	상환금액 × 단순현가
발행자 임의 상환	자본	무조건 배당		0 (액면금액만큼 우선주자본금 계상)

1. 상환우선주의 분류: 부채 vs 자본

상환우선주는 원금 상환 의무 유무에 따라 부채 혹은 자본으로 분류한다.

(1) 의무 상환 or 보유자 요구 시 상환: 부채

발행자(기업)가 의무적으로 상환해야 하거나, 우선주의 보유자(투자자)가 발행자에게 상환을 청구할 수 있는 상환우선주는 부채로 분류한다.

(2) 발행자 임의 상환: 자본

발행자(기업)가 임의 상환하는 상환우선주는 자본으로 분류한다. 부채는 '기업이 경제적자원을 이전해야 하는 현재의무'인데, 임의 상환 시에는 기업에게 반드시 현금을 지급할 '의무'가 없기 때문에 부채의 정의를 충족하지 못한다.

2. 배당금의 분류

(1) 부채로 분류하는 상환우선주: 누적적 vs 비누적적

부채로 분류하는 상환우선주는 배당금이 누적적인지, 비누적적인지에 따라 배당금을 이자 또는 배당으로 분류한다.

① 누적적 상환우선주: 이자 → 부채에 가산

배당금이 누적적이라면 배당금을 이자비용으로 보고 부채의 발행금액에 가산한다. 배당금이 누적적이라면 회사는 배당금을 당기에 지급하지 않더라도 이후에 반드시 지급해야 하므로 부채로 본다.

② 비누적적 상환우선주: 배당

배당금이 비누적적이라면 배당금은 이익의 배분으로 보고 발행금액에 가산하지 않는다. 비누적적이라면 회사 입장에서는 배당금을 반드시 지급할 '의무'가 없기 때문에 배당으로 본다.

(2) 자본으로 분류하는 상환우선주: 무조건 배당

자본로 분류하는 상환우선주(발행자 임의 상환)는 배당금이 누적적인지, 비누적적인지 관계없이 배당금을 배당으로 본다.

3. 부채의 발행금액 및 회계처리

(1) 부채로 분류하는 상환우선주

부채로 분류하는 상환우선주는 부채로 보는 부분의 현재가치가 발행금액이 되며, 매년 말 부채를 유효이자율 상각한다. 아래 2018년 국가직 7급 문제를 각 상황에 맞추어 가정할 경우 X1년 초와 X1년 말의 회계처리는 다음과 같다.

> • 20X1년 1월 1일에 상환우선주 100주 발행 (주당 액면금액 ₩5,000, 연 배당률 6%, 매년 말 배당금 지급)
> • 20X3년 12월 31일에 주당 ₩6,000에 상환
> • 유효이자율은 연 10%, 3년간 ₩1의 현가계수 및 연금현가계수는 각각 0.75, 2.5

① 누적적 상환우선주: 상환금액, 배당금 모두 부채
  • 상환금액: 100주 × @6,000 = 600,000
  • 배당금: 100주 × @5,000 × 6% = 30,000
  • 발행금액: 600,000 × 0.75 + 30,000 × 2.5 = 525,000

X1초	(차)	현금	525,000	(대)	부채	525,000
X1말	(차)	이자비용	52,500	(대)	부채	52,500
	(차)	부채	30,000	(대)	현금	30,000

② 비누적적 상환우선주: 상환금액만 부채
  • 부채: 600,000 × 0.75 = 450,000

X1초	(차)	현금	450,000	(대)	부채	450,000
X1말	(차)	이자비용	45,000	(대)	부채	45,000
	(차)	이익잉여금	30,000	(대)	현금	30,000

배당금을 이자의 지급이 아닌 배당으로 보기 때문에 배당 지급 시 이익잉여금을 감소시킨다.

(2) 자본으로 분류하는 상환우선주

우선주 자본금: 5,000 × 100주 = 500,000

아래 1번 문제는 부채를 가정하고 발행가액을 제시하지 않았는데, 액면발행하였다고 가정한다면 회계처리는 다음과 같다.

X1초	(차)	현금	500,000	(대)	우선주자본금	500,000
X1말	(차)	이익잉여금	30,000	(대)	현금	30,000

 상환우선주 심화

01 ㈜한국은 20X1년 1월 1일에 상환우선주 100주(주당 액면금액 ₩5,000, 연 배당률 6%, 누적적 상환우선주)를 발행하였다. ㈜한국은 보유자의 청구에 따라 상환우선주를 20X3년 12월 31일에 주당 ₩6,000에 의무적으로 상환해야 한다. 배당금은 매년 말 지급하며, 상환우선주 발행 시 유효이자율은 연 10 %이다. 상환우선주 발행이 ㈜한국의 재무제표에 미치는 영향으로 옳지 않은 것은? (단, 이자율 10%, 3년간 ₩1의 현가계수 및 연금현가계수는 각각 0.75, 2.5라 가정하며, 현가계수 가정에 따른 상환우선주 발행가와 유효이자율에 의한 만기상환장부금액의 차이는 무시한다)
2018. 국가직 7급

① 20X1년 1월 1일 상환우선주의 발행가액은 ₩525,000이다.

② 20X1년 12월 31일 상환우선주의 장부가액은 ₩547,500이다.

③ 상환우선주의 발행으로 20X1년 당기순이익이 ₩52,500 감소한다.

④ 20X1년 배당금 ₩30,000은 자본요소와 관련되므로 당기손익의 분배로 인식한다.

 해설

① X1년초 상환우선주의 발행가액: 600,000 × 0.75 + 30,000 × 2.5 = 525,000 (O)
   • 의무 상환이므로 부채로 분류하고, 누적적 상환우선주이므로 배당금도 부채에 포함된다.
② X1년말 상환우선주의 장부가액: 525,000 × 1.1 – 30,000 = 547,500 (O)
③ X1년 PL: 525,000 × 10% = 52,500 감소 (이자비용) (O)
④ 부채로 분류하는 상환우선주가 지급하는 배당은 이자로 본다. 따라서 '당기손익의 분배'(= 배당)로 인식하지 않는다. (X)

🔲 ④

02 자본에 관한 설명 중 옳지 않은 것은?

2021. 국가직 9급 심화

① 자본조정은 당해 항목의 성격상 자본거래에 해당하지만, 자본의 차감 성격을 가지는 것으로 자본금이나 자본잉여금으로 처리할 수 없는 누적적 적립금의 성격을 갖는 계정이다.

② 상환우선주의 보유자가 발행자에게 상환을 청구할 수 있는 권리를 보유하고 있는 경우, 이 상환우선주는 자본으로 분류하지 않는다.

③ 자본잉여금은 납입된 자본 중에서 액면금액을 초과하는 금액 또는 주주와의 자본거래에서 발생하는 잉여금을 처리하는 계정이다.

④ 기타포괄손익누계액 중 일부는 당기손익으로의 재분류조정 과정을 거치지 않고 직접 이익잉여금으로 대체할 수 있다.

해설

① 자본조정은 대부분 자본의 차감 계정이지만, 미교부주식배당금은 자본의 가산 계정이다. 자본조정이 '자본의 차감 성격을 가지는 것'이라고 언급했기 때문에 틀린 선지이다.

② 상환우선주의 보유자가 발행자에게 상환을 청구할 수 있다면, 부채로 분류한다. (O)

답 ①

Memo

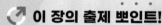 **이 장의 출제 뽀인트!**

① 수익 인식의 5단계 (중요!)

수익 기준서는 2018년 개정 이후에 평균적으로 매년 1문제가 출제되었다. 앞으로도 수익은 1문제가 출제된다고 보고 대비하는 것이 좋을 듯하다.

수익 기준서는 내용이 상당히 방대하다. 다른 교재들을 보면 수익 기준서의 모든 내용을 다루지만, 김수석은 '시험에 나왔던 내용 위주로'다룰 것이다. 아직 기출문제가 많진 않지만 그 안에서도 자주 출제되었던 문장들을 중요 표시해두었으니 반드시 기억해야 한다.

파워 회계학에서는 시험에서 출제되지 않았던 문장들에 심화 표시해두었다. 수험범위를 좁게 가져가고 싶은 수험생이라면 심화 표시된 내용을 보지 않아도 좋다. 물론 실제 출제될 문제의 4개 선지 중에 못 본 선지가 포함될 수 있다. 하지만 당황하지 말자. 새로운 문장이 출제되면 나만 처음 보는 것이 아니라 다른 수험생도 처음 보는 것이다. 상식적으로만 봐도 걸러낼 수 있는 선지가 많으며, 답은 다룬 내용에서 나올 가능성이 높다.

본서에서는 건설계약을 다루지 않는 것이 특징이다. 기존 기준서에는 건설계약에 대한 규정들이 자세히 기술되어 있어, 기준서 개정 전에는 자주 출제되었지만, 개정 기준서에는 건설계약에 대한 별도 규정이 없다. 따라서 기준서 개정 이후에는 건설계약이 아직까지 단 한 번도 출제되지 않았다. 앞으로도 건설계약은 출제되지 않을 가능성이 크므로 본서에서는 생략하겠다.

12

수익

12 수익

1 수익의 정의

수익은 자산의 증가 또는 부채의 감소로서 자본의 증가를 가져오며, 자본청구권 보유자의 출자와 관련된 것은 제외한다.

2 수익인식의 5단계 ★중요!

> 1단계 – 계약의 식별
> 2단계 – 수행의무의 식별
> 3단계 – 거래가격의 산정
> 4단계 – 거래가격의 배분
> 5단계 – 수익인식

수익인식의 5단계 암기법: 계의산배수 (거의3배수)

1. 계약의 식별 조건: 조권의상회

계약이란 둘 이상의 당사자 사이에 집행 가능한 권리와 의무가 생기게 하는 합의이다.

(1) 계약 승인 및 의무 확약	계약을 승인하고 각자의 의무를 수행하기로 확약한다. : 계약의 승인이 반드시 서면으로 이루어질 필요는 없으며, 구두 혹은 그 밖의 사업 관행에 따라 이루어져도 된다.
(2) 권리 식별	각 당사자의 권리를 식별할 수 있다.
(3) 지급조건 식별	이전할 재화나 용역의 지급조건을 식별할 수 있다.
(4) 상업적 실질	계약에 상업적 실질이 있다. (not 상업적 실질 결여)
(5) 회수가능성	이전할 재화나 용역에 대한 대가의 회수 가능성이 높다. (not 회수가능성이 낮다.)

5가지 식별 조건을 모두 충족시켜야 함: 하나라도 충족하지 못한다면 계약으로 식별 X

 수익 인식 1단계 – 계약의 식별

01 다음 중 고객과의 계약으로 회계처리하기 위한 충족기준에 해당되지 않는 것은? 2019. 계리사

① 계약 당사자들이 계약을 서면으로, 구두로, 그 밖의 사업 관행에 따라 승인하고 각자의 의무를 수행하기로 확약한다.

② 이전할 재화나 용역의 지급조건을 식별할 수 있다.

③ 고객에게 이전할 재화나 용역에 대하여 받을 권리를 갖게 될 대가의 회수 가능성이 높다.

④ 계약 당사자들이 그 활동이나 과정에서 생기는 위험과 효익을 공유한다.

해설

④번을 제외한 나머지 선지는 계약의 식별 조건에 해당한다. 계약의 식별 조건 5가지는 반드시 숙지하자.

답 ④

2. 계약변경: 별도 계약 VS 기존 계약 _{심화}

계약변경이란 계약의 범위나 계약가격의 변경을 말한다. 계약이 변경된 경우 이를 별도 계약으로 볼 것인지, 기존 계약으로 볼 것인지가 중요하다. 계약변경은 아래 사례로 설명한다.

> 사례. ㈜김수석은 제품 100개를 고객에게 판매하기로 약속하였다. 이 중 60개에 대해서만 통제를 고객에게 이전한 후, 계약을 변경하여 제품 50개를 추가로 고객에게 납품하기로 하였다. 이로 인하여 총 150개의 제품이 고객에게 이전된다.

개별 판매가격 반영	별도 계약에 해당하지 않는 경우	
	기존과는 구별되는 경우	기존과도 구별되지 않는 경우
기존 잔여 / 추가	기존 / 잔여 추가	기존 잔여 추가
별도 계약으로	기존 계약을 종료하고 새로운 계약을 체결한 것처럼	기존 계약의 일부인 것처럼 (누적효과 일괄조정기준)

기존: 기존 계약으로 이미 이전한 60개
잔여: 기존 계약으로 아직 이전하지 않은 40개
추가: 계약 변경으로 추가되는 50개

(1) 별도 계약으로 보는 경우

계약 변경 시 아래 두 조건을 모두 충족한다면 위 그림의 '추가'를 별도 계약으로 회계처리한다. 아래 조건 중 '개별 판매가격을 반영'한다는 것이 중요하다.

> ① 구별되는 약속한 재화나 용역이 추가되어 계약의 범위가 확장된다.
> ② 계약가격이 추가로 약속한 재화나 용역의 개별 판매가격을 반영하여 적절히 상승한다.

(2) 계약변경이 별도 계약에 해당하지 않는 경우 (기존 계약에 해당하는 경우)

계약변경이 별도 계약에 해당하지 않는 경우, 즉 기존 계약에 해당하는 경우에는 다음 중 하나의 방법으로 회계처리한다.

> ① 나머지 재화나 용역이 그 전에 이전한 재화나 용역과 구별되는 경우: 기존 계약을 종료하고 새로운 계약을 체결한 것처럼 회계처리
> ② 나머지 재화나 용역이 그 전에 이전한 재화나 용역과 구별되지 않는 경우: 기존 계약의 일부 인 것처럼 회계처리 (누적효과 일괄조정기준)

'추가'부분이 개별 판매가격을 반영하지 않는다면 별도 계약에 해당하지 않으므로, '추가'를 앞에 있는 '잔여'나 '기존'과 묶어서 봐야 한다. 조건에 따라 '잔여'만 묶어서 볼 수도 있고, '기존'까지 전 부 묶어서 볼 수도 있다.

① '기존'과는 구별된다면 기존 계약을 종료하고 '잔여'와 '추가'만으로 새로운 계약을 체결한 것처 럼 회계처리한다.

② '기존'과도 구별되지 않는다면 기존 계약의 일부인 것처럼 회계처리한다. 이때 발생하는 차이를 '누적효과 일괄조정기준'이라는 방식으로 조정하는데, 구체적으로 어떤 방식인지는 수험 목적 상 생략한다.

4 2단계 – 수행의무의 식별 심화

수행의무란 고객과의 계약에서 재화나 용역을 이전하기로 한 약속을 말한다. 수행의무를 식별할 때는 수행의무가 하나인지, 여러 개인지 구분하는 것이 중요하다.

1. 구별되는 수행의무 (여러 개)	2. 구별되지 않는 수행의무 (한 개)
(1) 그 자체로, 혹은 다른 자원과 함께하여 효익을 얻을 수 있다. (2) 계약 내에서 별도로 식별할 수 있다.	(1) 통합, 결합산출물 (2) 고객 맞춤화 (3) 상호의존도, 상호관련성이 매우 높다

1. 재화나 용역이 구별되는 경우 (수행의무가 여러 개)

다음의 조건을 모두 충족한다면 고객에게 약속한 재화나 용역은 구별되는 것이다.

(1) 고객이 재화나 용역 그 자체로, 혹은 다른 자원과 함께하여 효익을 얻을 수 있다. 예 모의고사

가령, 김수석이 강의와 모의고사를 세트로 팔고 있으며, 김수석의 모의고사는 그 자체로도 활용할 수 있고, 다른 강사의 강의와도 호환된다고 해보자. 이 경우 모의고사는 강의와 구별되는 수행의 무로 분류한다.

(2) 약속을 계약 내의 다른 약속과 별도로 식별해 낼 수 있다

기준서 자체에서도 '별도로 식별할 수 있다'고 얘기하므로 구별되는 것으로 기억하자.

2. 재화나 용역이 구별되지 않는 경우 (수행의무가 한 개)

(1) 기업은 다른 재화나 용역을 **통합**하는 용역(**결합산출물**)을 제공한다. 예 햄버거

결합산출물의 예로 햄버거를 들 수 있다. 햄버거에는 빵과 패티가 들어있다. 하지만 우리는 햄버거를 하나의 재화로 보고 햄버거 값을 지불하지, 빵과 패티를 각각의 재화로 보지 않는다. 이런 결합산출물은 하나의 수행의무로 본다.

(2) 다른 재화나 용역을 유의적으로 변형 또는 **고객 맞춤화**한다. 예 맞춤 정장

고객 맞춤화의 예로 맞춤 정장을 들 수 있다. 맞춤 정장은 고객의 치수에 맞게 제작한 것이기 때문에 주문한 고객에게만 가치가 있을 뿐, 자켓 따로, 바지 따로 팔 수 없다. 따라서 고객 맞춤화한 재화나 용역은 하나의 수행의무로 본다.

(3) **상호의존도**나 **상호관련성**이 매우 높다. 예 오른쪽 신발과 왼쪽 신발

신발을 생각해보자. 오른쪽 신발과 왼쪽 신발은 항상 같이 신지, 한쪽만 신지 않는다. 우리는 신발을 살 때도 항상 양쪽을 같이 산다. 이처럼 상호의존도나 상호관련성이 높은 재화는 하나의 수행의무로 본다. 강의와 모의고사처럼 따로 효익을 얻을 수 있는 경우와 반대되는 사례이다.

3. 준비활동: 수행의무 X 예 강의 준비

계약을 이행하기 위해 해야 하지만 고객에게 재화나 용역을 이전하는 활동이 아니라면 그 활동은 수행의무에 포함되지 않는다.

가령, 김수석의 강의 준비는 수행의무에 포함되지 않는다. 강의 준비만 마친 상태에서 실제 강의를 듣지 않고 학생이 환불을 했다고 치자. 상식적으로 강의를 듣지 않았기 때문에 전액을 환불해주는 것이 맞다. 만약 강의 준비가 수행의무에 포함된다면, 학생은 강의 준비에 대한 대가를 제외하고 환불을 받는 문제가 생긴다. 고객이 실제로 기업으로부터 재화나 용역을 이전받아야 대가를 지급하므로 준비활동은 수행의무로 보지 않는다.

4. 의제의무: 수행의무 O

계약에 명시한 재화나 용역뿐만 아니라 의제의무도 수행의무로 간주할 수 있다. 따라서 수행의무에는 구두 혹은 사업 관행 등으로 동의한 것도 포함된다.

5 3단계 - 거래가격의 산정

1. 거래가격에 제삼자를 대신해서 회수한 금액은 제외한다. ★중요!

거래가격은 고객에게 재화나 용역을 이전하고 그 대가로 기업이 받을 것으로 예상하는 금액이며, 제삼자를 대신해서 회수한 금액은 제외한다. 기준서 개정 이후 자주 출제된 문장이니 반드시 기억하자.

2. 변동대가 ★중요!

고객과의 계약에서 약속한 대가는 고정금액, 변동금액 또는 둘 다를 포함할 수 있다. 변동대가란, 고객으로부터 받을 대가가 고정되어 있지 않고 변동하는 것을 의미한다.

(1) 변동대가 추정 방법

계약에서 약속한 대가에 변동금액이 포함된 경우에 고객에게 약속한 재화나 용역을 이전하고 그 대가로 받을 권리를 갖게 될 금액을 추정한다. 변동대가는 각 상황별로 다음의 두 가지 방법을 사용하여 추정한다.

| 기댓값 | 특성이 비슷한 계약이 많은 경우 |
| 가능성이 가장 높은 금액 | 가능한 결과치가 두 가지인 경우 |

(2) 변동대가 추정치의 제약

위의 방법으로 변동대가를 추정하지만 불확실성이 너무 높아 추정이 불가능할 수 있다. 이 경우에는 변동대가를 거래대가에 포함시키지 않는다. 변동대가와 관련된 불확실성이 해소될 때, 이미 인식한 누적 수익 금액 중 유의적인 부분을 되돌리지 않을 가능성이 '매우 높은'정도까지만 거래가격에 포함한다.

3. 비현금 대가: 공정가치 측정 ★중요!

고객이 현금 외의 형태로 대가를 지급하는 경우 비현금 대가를 공정가치로 측정한다.

4. 유의적인 금융요소 심화

(1) 고객에게 재화나 용역을 이전하면서 유의적인 금융 효익이 제공되는 경우: 화폐의 시간가치를 반영하여 대가를 조정 (수익을 현금판매가격으로 인식하기 위함)

기업이 고객에게 수행의무를 이행하는 시점과 고객이 대가를 지급하는 시점 사이에 차이가 있는 경우에는 화폐의 시간가치를 반영해야 한다. 화폐의 시간가치란 쉽게 생각해서 현재가치라고 이해하면 된다.

이처럼 화폐의 시간가치를 반영하는 이유는 수익을 '현금판매가격'으로 인식하기 위함이다. 현금 판매가격이란 현재 현금을 받고 팔았을 때 받을 가격을 의미한다. 외상 판매를 하는 경우 이자가 붙어 총 대가가 증가하기도 한다. 같은 물건을 팔고 현금 판매를 하든, 외상 판매를 하든 매출액은 같아야 되기 때문에 유의적인 금융 효익이 제공되는 경우에는 화폐의 시간가치를 반영하여 현금 판매가격으로 수익을 인식한다.

(2) but, 기업이 재화나 용역 이전 시점과 대가 지급 시점 간의 기간이 1년 이내라면

: 유의적인 금융요소를 반영하지 않는 실무적 간편법 사용 가능

수행의무 이행 시점과 대가 지급 시점 사이의 시차가 1년 이내라면 현재가치를 하더라도 금액 차이가 크지 않기 때문에 간편법을 사용할 수 있다.

(3) 계약 개시 후에는 이자율 등이 달라져도 할인율을 새로 수정하지 않음!

최초 계약 시점의 이자율을 계속해서 사용하지, 그 이후에 이자율이 달라지더라도 바뀐 이자율을 사용하지 않는다는 뜻이다. 사채 유효이자율법 상각 시 후속 이자율 변동을 반영하지 않고 최초에 사용한 유효이자율을 사용하는 것과 같은 원리이다. 이해되지 않는다면 그냥 외우자.

5. 고객에게 지급할 대가 심화

기업에게 이전하는 재화나 용역의 대가 X		거래가격에서 차감
기업에게 이전하는 재화나 용역의 대가 O	FV 초과 O	
	FV 초과 X	별도 거래로 인식

(1) 고객에게 지급할 대가가 고객이 기업에게 이전하는 **구별되는 재화나 용역의 대가**로 지급하는 것이 아니라면: 거래가격에서 차감

별도 거래 없이 기존 거래로 인해 지급하는 것으로 보아 리베이트와 동일하게 거래가격에서 차감한다.

(2) 고객에게 지급할 대가가 고객에게서 받은 구별되는 재화나 용역의 공정가치를 초과한다면: 그 초과액을 거래가격에서 차감

공정가치에 비해 더 지급하였으므로, 이 또한 리베이트와 동일하게 처리한다.

(3) 고객에게 지급할 대가가 고객에게서 받은 구별되는 재화나 용역에 대한 지급이라면: 다른 공급자에게서 구매한 경우와 같은 방법으로 회계처리

고객에게서 받은 것에 대한 지급이라면 별도 거래이므로 '다른 공급자에게서 구매한 경우'와 같은 방법으로 처리한다.

 예제 **고객에게 지급할 대가** 심화

02 ㈜한국은 ㈜대한에게 ₩100,000의 제품을 판매하였고, 계약 개시 시점에 ₩5,000을 지급하였다. 이 거래에 대한 설명 중 옳은 문장을 모두 고르면?

> ㄱ. ㈜대한이 ㈜한국에게 구별되는 재화나 용역을 이전하지 않은 경우 ㈜한국이 인식할 매출액은 ₩95,000이다.
> ㄴ. ㈜대한이 ㈜한국에게 구별되는 제품을 이전하였으며, 해당 제품의 공정가치가 ₩5,000인 경우 ㈜한국이 인식할 매출액은 ₩95,000이다.
> ㄷ. ㈜대한이 ㈜한국에게 구별되는 제품을 이전하였으며, 해당 제품의 공정가치가 ₩3,000인 경우 ㈜한국이 인식할 매출액은 ₩98,000이다.

① ㄱ, ㄴ
② ㄴ, ㄷ
③ ㄱ, ㄷ
④ ㄱ, ㄴ, ㄷ

 해설

> ㄱ. 고객이 판매자에게 별도의 재화나 용역을 제공하지 않았는데도 불구하고 판매자가 고객에게 대가를 지급하였으므로 리베이트로 보아 매출액에서 차감한다.
> 매출액 = 100,000 − 5,000 = 95,000
> ㄴ. 판매자가 고객에게 대가를 지급한 것은 고객으로부터 받은 별도 제품에 대한 대가이므로 별도 거래로 보고 매출액에 반영하지 않는다.
> 매출액 = 100,000
> ㄷ. 판매자가 고객에게 대가를 지급한 것은 고객으로부터 받은 별도 제품에 대한 대가이긴 하지만 공정가치를 초과하므로 공정가치 초과분(5,000 − 3,000)을 리베이트로 보고 매출액에서 차감한다.
> 매출액 = 100,000 − (5,000 − 3,000) = 98,000

답 ③

12

수익 인식 3단계 - 거래가격의 산정

03 '고객과의 계약에서 생기는 수익'의 측정에 대한 설명으로 옳지 않은 것은? 2019. 국가직 7급

① 거래가격은 고객에게 약속한 재화나 용역을 이전하고 그 대가로 기업이 받을 권리를 갖게 될 것으로 예상하는 금액이며, 제삼자를 대신하여 회수한 금액(예: 일부 판매세)도 포함한다.

② 계약에서 약속한 대가에 변동금액이 포함된 경우에 고객에게 약속한 재화나 용역을 이전하고 그 대가로 받을 권리를 갖게 될 금액을 추정한다.

③ 고객이 현금 외의 형태로 대가를 약속한 계약의 경우에 거래가격을 산정하기 위하여 비현금 대가를 공정가치로 측정한다.

④ 고객에게 지급할 대가에는 기업이 고객에게 지급하거나 지급할 것으로 예상하는 현금 금액을 포함한다.

거래가격에 제삼자를 대신하여 회수한 금액은 제외한다.

② 변동대가는 기댓값이나 가능성이 가장 높은 금액 등으로 금액을 추정한다. (O)

③ 비현금 대가는 공정가치로 측정한다. (O)

④ '고객에게 지급할 대가'는 기업이 고객에게 지급하는 금액을 의미한다. 기업이 고객에게 지급할 (것으로 예상하는) 현금을 당연히 포함한다. (O)

답 ①

04 고객과의 계약에서 생기는 수익의 거래가격 산정에 대한 설명으로 옳지 않은 것은? 2023. 국가직 7급

① 유의적인 금융요소를 반영하여 약속한 대가를 조정할 때에는 계약 개시시점에 기업과 고객이 별도 금융거래를 한다면 반영하게 될 할인율을 사용한다.

② 유의적인 금융요소를 반영한 계약의 개시 후에 이자율이나 그 밖의 상황이 달라지는 경우, 할인율을 새로 수정한다.

③ 고객에게서 받은 대가의 일부나 전부를 고객에게 환불할 것으로 예상하는 경우에는 환불부채를 인식한다.

④ 고객에게 지급할 대가가 고객에게서 받은 구별되는 재화나 용역에 대한 지급이라면, 다른 공급자에게서 구매한 경우와 같은 방법으로 회계처리한다.

계약 개시 후에는 이자율이나 그 밖의 상황이 달라져도(예: 고객의 신용위험 평가의 변동) 그 할인율을 새로 수정하지 않는다.

답 ②

05 회계기준에 제시된 거래가격 산정에 대한 설명으로 옳지 않은 것은? 2018. 계리사

① 거래가격은 제삼자를 대신해서 회수한 금액을 포함한다.

② 대가(금액)는 할인(discount), 리베이트, 환불, 공제(credits), 가격할인(price concessions), 장려금(incentives), 성과보너스, 위약금이나 그 밖의 비슷한 항목 때문에 변동될 수 있다.

③ 고객에게서 받은 대가의 일부나 전부를 고객에게 환불할 것으로 예상하는 경우에는 환불부채를 인식한다.

④ 고객이 현금 외의 형태로 대가를 약속한 계약의 경우에 거래가격을 산정하기 위하여 비현금 대가(또는 비현금 대가의 약속)를 공정가치로 측정한다.

해설

거래가격에서 제삼자를 대신해서 회수한 금액은 제외한다.

② 변동대가에 대한 설명이다. 올바른 설명이다.

③ 계리사 문제이기 때문에 출제된 문장이다. 환불부채는 수험 목적상 다루지 않았으므로 넘어가자. 올바른 설명이다.

답 ①

6 4단계 – 거래가격의 배분 심화

1. 거래가격의 배부 기준: 상대적 개별 판매가격

수행의무가 여러 개인 경우, 거래가격을 상대적 개별 판매가격을 기준으로 각 수행의무에 배분한다.

 예제 수익 인식 4단계 – 거래가격의 배분

01 회계기준에 제시된 수익 인식 단계에 대한 설명으로 옳지 않은 것은? 2018. 계리사

① 핵심 원칙에 따라 수익을 인식하기 위해서는 1단계 '고객과의 계약을 식별'부터 5단계 '수행의무를 이행할 때 수익을 인식'까지의 단계를 적용해야 한다.

② 고객이 재화나 용역 그 자체에서나 쉽게 구할 수 있는 다른 자원과 함께하여 효익을 얻을 수 있고, 그 약속을 계약 내의 다른 약속과 별도로 식별해 낼 수 있다면 재화나 용역은 구별된다.

③ 거래가격은 고객에게 약속한 재화나 용역을 이전하고 그 대가로 기업이 받을 권리를 갖게 될 고정금액이다.

④ 거래가격은 일반적으로 계약에서 약속한 각 구별되는 재화나 용역의 상대적 개별 판매가격을 기준으로 배분한다.

 해설

거래가격에는 변동대가도 포함되므로 고정금액이라고 할 수 없다.

답 ③

2. 개별 판매가격 추정 방법

20년도 7급 시험에 출제되었던 내용이다. 이름만 봐도 어떤 방법인지 유추할 수 있으므로 가볍게 보고 넘어가자.

(1) **시장평가 조정 접근법**: 재화와 용역을 판매하는 시장의 가격을 추정

(2) **예상원가** 이윤 가산 접근법: 예상원가를 예측하고, 적정 이윤을 더함

(3) **잔여접근법**: 총 거래가격에서 다른 재화나 용역의 개별 판매가격을 차감하여 추정

3. 할인액의 배분 심화

(1) 기업이 재화나 용역의 묶음을 보통 따로 판매하고 & 그 묶음의 할인액이 계약의 전체 할인액과 같은 경우: 할인액을 일부 수행의무들에만 배분

(2) 할인액 전체가 일부 수행의무에만 관련된다는 증거가 없는 경우: **할인액을 모든 수행의무에 배분**

4. 거래가격의 변동 심화

거래가격의 후속 변동은 계약 개시시점과 같은 기준으로 계약상 수행의무에 배분한다. 따라서 계약을 개시한 후의 개별 판매가격 변동을 반영하기 위해 거래가격을 다시 배분하지는 않는다.

'3. 할인액의 배분'과 '4. 거래가격의 변동'의 기준서 문장을 이해하기 위해 예제를 만들어보았다. 예제처럼 계산문제로 나올 가능성은 거의 없다. 예제는 말문제 대비용으로 '기준서 문장을 이해하기 위해'만든 것이므로 위 문장이 이해가 되었다면 더 이상 예제를 보지 않아도 좋다.

할인액의 배분

㈜김수석은 보통 제품 A,B,C를 개별 판매하는데, 개별 판매가격은 다음과 같다.

	개별 판매가격
A	₩100
B	50
C	30
계	₩180

㈜김수석은 ₩150에 제품 A,B,C를 판매하기로 고객과 계약을 체결하였다. 이 경우 각 제품 A,B,C에 배분될 거래가격을 구하시오. 단, ㈜김수석은 보통 제품 A와 B를 함께 ₩120에 판매한다.

해설

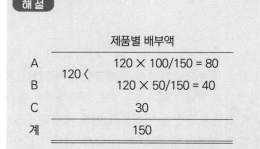

		제품별 배부액
A		120 × 100/150 = 80
	120 <	
B		120 × 50/150 = 40
C		30
계		150

1) 기업이 재화나 용역의 묶음(A&B)을 보통 따로 판매하고
2) 그 묶음의 할인액(100 + 50 - 120 = 30)이 계약의 전체 할인액(180 - 150 = 30)과 일치
   → 할인액을 일부 수행의무(A&B)들에만 배분

🔲 A: 80, B: 40, C: 30

거래가격의 변동

㈜김수석은 A, B, C를 묶어서 ₩100에 판매하였다. 각 제품의 개별 판매가격은 다음과 같다. 아래 각 물음에 답하시오. 각 물음은 독립적이다.

	개별 판매가격
A	75
B	45
C	30

물음 1. 각 제품에 배분되는 거래가격을 구하시오.

물음 2. 계약 이후에 개별 판매가격이 다음과 같이 변경되었을 때, 각 제품에 배분되는 거래가격을 구하시오.

	개별 판매가격
A	70
B	50
C	40

물음 3. 계약체결 이후, 개별 판매가격의 상승으로 인해 총 거래가격을 ₩200으로 인상하기로 합의하였다. 최초 계약 시점과 가격 상승 이후 개별 판매가격이 각각 다음과 같을 때, 가격 상승 이후 각 제품에 배분되는 거래가격을 구하시오.

	개별 판매가격	가격 상승 이후 개별 판매가격
A	75	120
B	45	105
C	30	75

해설

물음 1

수행의무가 여러 개인 경우, 거래가격을 상대적 개별 판매가격을 기준으로 배분한다.

	배분된 거래가격
A	100 × 75/150 = 50
B	100 × 45/150 = 30
C	100 × 30/150 = 20

물음 2

계약 개시 후의 개별 판매가격 변동을 반영하기 위해 재배분하지 않으므로, 각 제품에 배분되는 거래가격은 불변이다. (A: 50, B: 30, C: 20)

물음 3.

거래가격의 후속 변동은 계약 개시시점과 같은 기준으로 배분한다. 각 제품의 개별 판매가격이 변경되었지만, 거래가격 배분은 계약 개시시점의 개별 판매가격 비율로 이루어진다.

	배분된 거래가격
A	200 × 75/150 = 100
B	200 × 45/150 = 60
C	200 × 30/150 = 40

탑 ④

02 ㈜한국은 20X1년 제품A, B, C를 인도하고 거래가격 ₩1,000의 대가를 받는 계약을 체결하였고, 고객과의 계약에서 생기는 수익을 인식하기 위한 모든 조건을 충족하였다. 제품A와 제품B는 20X1년 11월 1일에 인도하였고, 제품C는 20X2년 2월 1일에 인도하였다. 20X1년 말에 제품의 개별판매가격이 변동하여 거래가격도 ₩900으로 변경되었다. 개별판매가격의 자료가 다음과 같을 때, ㈜한국이 20X1년에 인식할 수익은 얼마인가?   2020. 계리사

구분	제품A	제품B	제품C
20X1년 계약 개시시점 개별판매가격	₩360	₩240	₩600
20X1년 말 개별판매가격	₩350	₩200	₩450

① ₩450   ② ₩495
③ ₩500   ④ ₩550

 해설

거래가격의 후속 변동은 계약 개시시점(20X1년)과 같은 기준으로 배분한다. 계약 개시 후(20X1년 말)의 개별판매가격 변동은 반영하지 않는다. 따라서 총 거래가격 900을 계약 개시시점의 개별판매가격을 기준으로 배분한다.

	제품A	제품B	제품C
거래가격 배분액	900 × 360/1,200 = 270	900 × 240/1,200 = 180	900 × 600/1,200 = 450

x1년도에는 A와 B만 인도하였으므로 x1년도에 인식할 수익은 450(= 270 + 180)이다.

제품 C의 거래가격을 먼저 계산한 뒤, 900에서 차감했다면 보다 빠르게 풀 수 있는 문제였다.

답 ①

03 「고객과의 계약에서 생기는 수익」에 대한 설명으로 옳지 않은 것은? 2020. 국가직 7급

① 거래가격을 배분하는 목적은 기업이 고객에게 약속한 재화나 용역을 이전하고 그 대가로 받을 권리를 갖게 될 금액을 나타내는 금액으로 각 수행의무에 거래가격을 배분하는 것이다.

② 개별 판매가격을 추정하기 위해 시장평가 조정 접근법을 적용하는 경우 개별 판매가격은 총 거래가격에서 계약에서 약속한 그 밖의 재화나 용역의 관측 가능한 개별 판매가격의 합계를 차감하여 추정한다.

③ 할인액 전체가 계약상 하나 이상의 일부 수행의무에만 관련된다는 관측 가능한 증거가 있는 때 외에는, 할인액을 계약상 모든 수행의무에 비례하여 배분한다.

④ 거래가격의 후속 변동은 계약 개시시점과 같은 기준으로 계약상 수행의무에 배분하므로, 계약을 개시한 후의 개별 판매가격 변동을 반영하기 위해 거래가격을 다시 배분하지 않는다.

해 설

시장평가 조정 접근법은 재화와 용역을 판매하는 시장의 가격을 추정하는 방법을 의미한다. 총 거래가격에서 계약에서 약속한 그 밖의 재화나 용역의 관측 가능한 개별 판매가격의 합계를 차감하여 추정하는 방법은 잔여 접근법이다.

① 문장을 다음과 같이 요약할 수 있다. '거래가격을 배분하는 목적은 ~~ 거래가격을 배분하는 것이다.' 너무나 당연한 문장이다. 지엽적인 문장이므로 한 번만 읽어보고 넘어가자. (O)

③ 할인액 전체가 일부 수행의무에만 관련이 있다면 그 일부 수행의무에만 할인액을 배분한다. 이 경우 외에는, 할인액을 계약상 모든 수행의무에 비례하여 배분한다. (O)

④ 맞는 문장이다. (O)

답 ②

04 기업회계기준서 제1115호 '고객과의 계약에서 생기는 수익'에 대한 다음 설명 중 옳은 것은?

2019. CPA

① 일반적으로 고객과의 계약에는 기업이 고객에게 이전하기로 약속하는 재화나 용역을 분명히 기재한다. 따라서 고객과의 계약에서 식별되는 수행의무는 계약에 분명히 기재한 재화나 용역에만 한정된다.

② 고객에게 재화나 용역을 이전하는 활동은 아니지만 계약을 이행하기 위해 수행해야 한다면, 그 활동은 수행의무에 포함된다.

③ 수행의무를 이행할 때(또는 이행하는 대로), 그 수행의무에 배분된 거래가격(변동대가 추정치 중 제약받는 금액을 포함)을 수익으로 인식한다.

④ 거래가격은 고객에게 약속한 재화나 용역을 이전하고 그 대가로 기업이 받을 권리를 갖게 될 것으로 예상하는 금액이며, 제삼자를 대신해서 회수한 금액도 포함한다.

⑤ 거래가격의 후속 변동은 계약 개시시점과 같은 기준으로 계약상 수행의무에 배분한다. 따라서 계약을 개시한 후의 개별 판매가격 변동을 반영하기 위해 거래가격을 다시 배분하지는 않는다.

 해설

① 수행의무에는 계약에 명시한 재화나 용역뿐만 아니라 구두 혹은 사업 관행 등으로 동의한 것도 포함된다.

② 계약을 이행하기 위해 수행해야 하지만 고객에게 재화나 용역을 이전하는 활동이 아니라면 그 활동은 수행의무에 포함되지 않는다. (준비활동)

③ 수행의무에 배분된 거래가격에는 변동대가 추정치의 제약이 있는 금액이 제외된다.

④ 거래가격은 제삼자를 대신해서 회수한 금액은 제외한다.

⑤ 맞는 선지이다. 계약 이후 각 수행의무의 개별 판매가격이 변동하더라도 거래가격을 재배분하지 않는다.

답 ⑤

05 기업회계기준서 제1115호 '고객과의 계약에서 생기는 수익'의 측정에 대한 다음 설명 중 옳은 것은? 2020. CPA 수정

① 거래가격의 후속변동은 계약 개시시점과 같은 기준으로 계약상 수행의무에 배분한다. 따라서 계약을 개시한 후의 개별 판매가격 변동을 반영하기 위해 거래가격을 다시 배분해야 한다.

② 계약을 개시할 때 기업이 고객에게 약속한 재화나 용역을 이전하는 시점과 고객이 그에 대한 대가를 지급하는 시점 간의 기간이 1년 이내일 것이라고 예상한다면 유의적인 금융요소의 영향을 반영하여 약속한 대가를 조정하지 않는 실무적 간편법을 쓸 수 있다.

③ 고객이 현금 외의 형태의 대가를 약속한 계약의 경우, 거래가격은 그 대가와 교환하여 고객에게 약속한 재화나 용역의 개별판매가격으로 측정하는 것을 원칙으로 한다.

④ 변동대가는 가능한 대가의 범위 중 가능성이 가장 높은 금액으로 측정하며 기댓값 방식은 적용할 수 없다.

⑤ 기업이 고객에게 대가를 지급하는 경우, 고객에게 지급할 대가가 고객에게서 받은 구별되는 재화나 용역에 대한 지급이 아니라면 그 대가는 판매비로 회계처리한다.

> **해설**
>
> ① 계약 이후 각 수행의무의 개별 판매가격이 변동하더라도 거래가격을 재배분하지 않는다.
> ② 맞는 선지이다. 일반적으로 유의적인 금융요소를 고려하여 현재가치 평가하지만, 1년 이내의 단기 할부판매라면 현재가치 평가를 생략할 수 있다.
> ③ 비현금 대가의 경우 공정가치 측정이 원칙이다.
> ④ 변동대가는 특성이 비슷한 계약이 많은 경우 기댓값을, 가능한 결과치가 두 가지인 경우 가능성이 가장 높은 금액으로 측정한다.
> ⑤ 고객에게 지급한 대가가 고객에게서 받은 구별되는 재화나 용역에 대한 지급이 아니라면, 거래가격에서 차감한다.
>
> 답 ②

7 5단계 – 수익의 인식

1. 수익 인식 시점: 현금 지급 시기와 무관!

재화나 용역을 고객에게 이전하여, 고객이 재화나 용역을 통제할 때 수익을 인식한다. 따라서 자산 이전 시기와 현금 수령 시기가 다른 경우에는 자산을 이전할 때 수익을 인식한다.

상황	매출액
장기할부 판매	PV(현금 수령액)
선수금 판매	현금수령액 $\times (1 + R)^n$

(1) 장기할부 판매: 현금을 나중에 받는 경우

장기할부 판매 시 매출은 자산 이전 시기에 인식하지만, 현금을 나중에 받기 때문에 현금 수령액을 현재가치한 금액을 매출액으로 인식한다. 현재가치와 총 현금 수령액의 차이는 이자수익으로 인식하여 매출채권을 키운 다음에 현금을 수령할 때 매출채권과 상계한다.

(2) 선수금 판매: 현금을 먼저 받는 경우

선수금 판매 시 현금 수령액을 선수금으로 계상한 뒤, 이자비용을 인식하여 선수금을 키운 다음에 자산을 이전할 때 매출액으로 인식한다.

 수익 인식 5단계 - 수익의 인식

01 '고객과의 계약에서 생기는 수익'에 대한 설명으로 옳지 않은 것은?   2018. 국가직 7급

① 기댓값으로 변동대가를 추정하는 경우 가능한 대가의 범위에서 가능성이 가장 높은 단일 금액으로 추정한다.

② 변동대가와 관련된 불확실성이 나중에 해소될 때, 이미 인식한 누적 수익 금액 중 유의적인 부분을 되돌리지 않을 가능성이 매우 높을지를 평가할 때는 수익의 환원 가능성 및 크기를 모두 고려한다.

③ 비현금 대가의 공정가치를 합리적으로 추정할 수 없는 경우에는, 그 대가와 교환하여 고객에게 약속한 재화나 용역의 개별 판매 가격을 참조하여 간접적으로 그 대가를 측정한다.

④ 고객에게 약속한 재화나 용역, 즉 자산을 이전하여 수행의무를 이행할 때 수익을 인식한다.

기댓값이 아니라 '가능한 결과치가 두 가지뿐일 경우'에 가능성이 가장 높은 금액으로 추정한다.

②, ③번은 중요한 문장이 아니니 넘어가자. 다른 선지로 충분히 답을 골라낼 수 있는 문제였다.

④ 수익 인식 시점은 재화나 용역을 고객에게 이전하여, 고객이 재화나 용역을 통제할 때이다. (O)

目 ①

02 ㈜한국은 20X1년 초에 고객과의 계약을 체결하였다. 계약에 따르면 ㈜한국은 20X1년 초에 고객으로부터 ₩200,000을 수령하고 20X2년 말에 재고자산을 인도한다. 재고자산의 인도와 동시에 통제권이 이전되며 수행의무도 이행된다. 20X2년 말에 인도한 재고자산의 원가가 ₩150,000인 경우, 20X2년 ㈜한국이 인식할 매출총이익은 얼마인가? (단, 해당 거래에 적용되는 할인율(이자율)은 연 5%이다.)

2019. 계리사

① ₩50,000

② ₩55,125

③ ₩60,000

④ ₩70,500

해설

수익 인식 시점은 재고자산 인도 시점인 20X2년 말이다. 현금 수령 시점에는 현금 수령액을 선수금으로 계상한 뒤, 재고자산 인도 시점에 수익으로 인식한다. 현금 수령 시점과 수익 인식 시점까지 기간이 2년이므로 시간가치를 고려해주어야 한다.

매출액 = 200,000 × 1.05² = 220,500

매출총이익 = 220,500 - 150,000 = 70,500

X1초	현금 200,000	선수금(부채) 200,000
X1말	이자비용 10,000	선수금 10,000
X2말	이자비용 10,500 선수금 220,500 매출원가 150,000	선수금 10,500 매출 220,500 재고자산 150,000

답 ④

2. 기간에 걸쳐 이행 vs 한 시점에 이행 심화

수익 인식 시점은 수행의무가 기간에 걸쳐 이행하는지, 한 시점에 이행하는지에 따라 달라진다. 수행의무가 기간에 걸쳐 이행되지 않는다면, 그 수행의무는 한 시점에 이행되는 것이다.

기간에 걸쳐: 만드는 데 오래 걸림	한 시점에: 이미 고객의 자산
'완료한 부분에 대해 지급청구권O'	'현재 지급청구권O'
'수행하는 대로 통제, 효익을 얻음'	'위험과 보상은 고객에게' '고객이 자산 인수'

(1) 기간에 걸쳐 이행하는 수행의무

① 기업 자체에는 대체 용도가 없고, 수행을 완료한 부분에 대해 지급청구권이 있다.
② 기업이 수행하는 대로 고객이 통제하는 자산이다.
③ 고객은 기업이 수행하는 대로 효익을 동시에 얻는다.

(2) 한 시점에 이행하는 수행의무

① 기업은 자산에 대해 현재 지급청구권이 있다.
② 자산의 소유에 따른 유의적인 위험과 보상이 고객에게 있다.
③ 기업이 자산의 물리적 점유를 이전하였다.
④ 고객이 자산을 인수하였다.
⑤ 고객에게 자산의 법적 소유권이 있다.

수익 인식 5단계 - 수익의 인식

03 다음 중 기간에 걸쳐 수익을 인식하기 위한 기준에 포함되지 않는 것은? 2020. 계리사

① 기업이 수행의무를 이행하거나 구별되는 재화나 용역을 이전하는 기업의 노력과 변동 지급조건이 명백하게 관련되어 있다.

② 고객은 기업이 수행하는 대로 기업의 수행에서 제공하는 효익을 동시에 얻고 소비한다.

③ 기업이 수행하여 만들어지거나 가치가 높아지는 대로 고객이 통제하는 자산을 기업이 만들거나 그 자산 가치를 높인다.

④ 기업이 수행하여 만든 자산이 기업 자체에는 대체 용도가 없고, 지금까지 수행을 완료한 부분에 대해 집행 가능한 지급청구권이 기업에 있다.

②~④번은 모두 기간에 걸쳐 이행하는 수행의무의 내용이다. ①번은 그에 해당하지 않는다.

답 ①

04 기업회계기준서 제1115호 '고객과의 계약에서 생기는 수익'에 대한 다음 설명 중 옳지 않은 것은?

2018. CPA 수정

① 계약이란 둘 이상의 당사자 사이에 집행 가능한 권리와 의무가 생기게 하는 합의이다.

② 거래가격은 고객이 지급하는 고정된 금액을 의미하며, 변동대가는 포함하지 않는다.

③ 거래가격은 일반적으로 계약에서 약속한 각 구별되는 재화나 용역의 상대적 개별 판매가격을 기준으로 배분한다.

④ 기업이 약속한 재화나 용역을 고객에게 이전하여 수행의무를 이행할 때(또는 기간에 걸쳐 이행하는 대로) 수익을 인식한다.

해설

고객과의 계약에서 약속한 대가는 고정금액, 변동금액 또는 둘 다를 포함할 수 있다.

① 계약에 대한 정의이니 한 번 읽고 넘어가자.

③ 거래가격은 '상대적 개별 판매가격'을 기준으로 배분한다. (O)

④ 수익은 수행의무를 이행할 때(= 한 시점에) 또는 기간에 걸쳐 인식한다. (O)

目 ②

 이 장의 출제 뽀인트!

① 회계추정의 변경 ★**중요!**
② 자동조정오류 - 발생주의 ★**중요!**
③ 비자동조정오류 - 소모품

회계변경과 오류수정은 매년 공무원 시험에서 평균적으로 1문제가량 출제되는 중요한 주제이
지만 동시에 많은 수험생들이 어려워하는 주제이다. 반드시 많은 연습을 통해 숙달하자. 본 장
에서는 정책변경보다는 회계추정변경과 오류수정의 출제 빈도가 높으며, 오류수정 가운데에
서도 비자동조정오류보다는 난이도가 상대적으로 낮은 자동조정오류의 출제 빈도가 높다. 비
자동조정오류 가운데에서는 회계원리 때부터 배운 소모품 회계처리가 가장 많이 출제된다.

13

회계변경 및 오류수정

13 회계변경 및 오류수정

1 회계변경 및 오류수정

구분		처리방법	사례
회계변경	회계추정의 변경	전진법	감가상각요소의 변경
	회계정책의 변경	소급법	원가흐름의 가정(재고) 변경
오류수정	자동조정오류		발생주의 회계처리, 재고 오류
	비자동조정오류		감가상각 오류

2 회계추정의 변경: 전진법

- 회계추정의 변경: 이전에 추정했던 사항들이 새로운 정보나 상황에 따라 변경되는 것
- 회계추정의 변경은 전진법 적용
  - 예 감가상각요소(취득원가, 내용연수, 잔존가치, 상각방법)의 변경

3 회계정책의 변경: 소급법

- 회계정책의 변경: 기업이 적용하던 회계정책을 바꾸는 것
- 회계기준이 개정된 경우나, 변경이 더욱 목적적합한 정보를 제공하는 경우 이루어짐.
- 회계정책의 변경은 원칙적으로 소급법 적용
  - 예 재고자산 원가흐름의 가정 변경

1. 소급법 풀이법

예제. ㈜김수석은 X2년까지 선입선출법을 적용하다가 X3년부터 평균법을 적용하기로 결정하였다. 각 방법을 적용할 경우 연도별 기말 재고자산은 다음과 같다.

	X1	X2
선입선출법	10,000	35,000
평균법	20,000	15,000

STEP 1 연도별 손익 변동표 그리기: 손익은 자산 변동과 동일

	X1	X2	X3
X1	10,000	(10,000)	
X2		(20,000)	20,000

당기순이익은 자산과 비례하므로 자산 변동액 해당 내용을 변동이 발생한 해당 연도에 표시한다. X1년 변동분은 X1 바로 아래에, X2년 변동분은 X2 아래에 한 칸 띄워 적는다.

STEP 2 변동액은 부호만 반대로 다음 해에 적기

당기말 재고는 차기초 재고와 같기 때문에, 차기 매출원가에 영향을 미친다. 매출원가와 당기순이익은 반비례하므로, 당기말 재고 변동이 금액은 그대로, 부호만 반대로 다음 해의 당기순이익에 영향을 미친다. 따라서 재고 변동액은 부호만 반대로 다음 해에 적으면 된다.

요구사항 구하기 ★중요!

	X1	X2	X3(당기)
X1	10,000	(10,000)	
X2		(20,000)	20,000
	기초 이익잉여금		당기순이익
	기말 이익잉여금		

- 표에 표시된 것은 '변동액'이다. '조정 후 금액'을 물었다면 변동액에 문제에서 제시한 조정 전 금액을 더해야 한다.

| 연도별 변동액 |

	X1	X2	X3
당기순이익	10,000	(30,000)	20,000
매출원가	(10,000)	30,000	(20,000)
기말 이익잉여금	10,000	10,000 − 30,000 = (−)20,000	10,000 − 30,000 + 20,000 = 0

(1) 당기순이익: 해당 연도만 세로로 더하기

당기가 X3년도라고 할 때, X3 아래에 있는 조정 사항을 전부 더하면 X3 당기순이익 변동분을 구할 수 있다. 20,000 증가이다.

(2) 매출원가: 당기순이익 부호만 반대로

매출원가는 당기순이익과 반비례한다. X3 아래에 있는 조정 사항을 전부 더한 뒤, 부호를 반대로 하면 X3 매출원가 변동분을 구할 수 있다. 20,000 감소이다.

(3) 이익잉여금: Σ당기순이익 ★중요!

이익잉여금은 당기순이익의 누적액이다. X3년초(= X2년말) 이익잉여금 변동액은 X2년까지 변동액을 전부 더하면 된다. 마찬가지로, X3말 이익잉여금 변동액은 X3년까지 변동액을 전부 더하면 된다.

정책변경 - 당기순이익

01 ㈜한국은 20X2년도에 재고자산평가방법을 가중평균법에서 선입선출법으로 변경하였다. 그 결과 20X2년도의 기초 재고자산과 기말재고자산이 각각 ₩35,000과 ₩42,000만큼 증가하였다. 이는 한국채택국제회계기준의 회계정책 변경의 요건을 충족한다. 만일 회계 정책변경을 하지 않았다면 ㈜한국의 20X2년 당기순이익은 ₩200,000이다. 회계정책변경 후 ㈜한국의 20X2년 당기순이익을 계산하면 얼마인가? 2017. 계리사

① ₩193,000   ② ₩207,000
③ ₩235,000   ④ ₩242,000

	X1	X2
변경 전 NI		200,000
X1	35,000	(35,000)
X2		42,000
변경 후 NI		207,000

답 ②

정책변경 – 매출원가 & 기말 이익잉여금

02 ㈜세무는 20X1년 설립이후 재고자산 단위원가 결정방법으로 가중평균법을 사용하여 왔다. 그러나 선입선출법이 보다 목적적합하고 신뢰성있는 정보를 제공할 수 있다고 판단하여, 20X4년 초에 단위원가 결정방법을 선입선출법으로 변경하였다. ㈜세무가 재고자산 단위원가 결정방법을 선입선출법으로 변경하는 경우, 다음 자료를 이용하여 20X4년도 재무제표에 비교정보로 공시될 20X3년 매출원가와 20X3년 기말이익잉여금은? 2016. 세무사

	20X1년	20X2년	20X3년
가중평균법적용 기말재고자산	₩10,000	₩11,000	₩12,000
선입선출법적용 기말재고자산	12,000	14,000	16,000
회계정책 변경 전 매출원가	₩50,000	₩60,000	₩70,000
회계정책 변경 전 기말이익잉여금	100,000	300,000	600,000

	매출원가	기말이익잉여금		매출원가	기말이익잉여금
①	₩61,000	₩607,000	②	₩61,000	₩604,000
③	₩69,000	₩599,000	④	₩69,000	₩604,000
⑤	₩71,000	₩599,000			

 해설

	20X1년	20X2년	20X3년	누적
X1년	2,000	(2,000)		–
X2년		3,000	(3,000)	–
X3년			4,000	4,000
계			1,000	4,000

당기순이익에 미치는 영향: 1,000 증가
→ 매출원가에 미치는 영향: 1,000 감소 (부호만 반대로)
기말 이익잉여금에 미치는 영향: 4,000 증가

수정 후 매출원가: 70,000 – 1,000 = 69,000
수정 후 이익잉여금: 600,000 + 4,000 = 604,000

답 ④

4 자동조정오류

1. 오류수정: 자동조정오류와 비자동조정오류

구분			수정분개없어도 오류가 자동으로 조정됨?	오류있는자산, 부채가 내년에 사라짐?
오류 수정	자동조정오류	소급법	O	O (재고자산, 발생주의)
	비자동조정오류		X	X (소모품, 상각자산)

자동조정오류는 정책변경과 마찬가지로 차기에 부호만 반대로 알아서 손익화되므로 수정분개를 하지 않아도 알아서 오류가 수정된다. 자동조정오류로는 재고자산의 평가 오류와 발생주의 회계처리에 대해 다룰 것이다. 이익잉여금이나 당기순이익에 미치는 영향과 같이 금액을 묻는 형태의 문제와 수정분개를 하는 형태의 문제가 자주 출제된다.

비자동조정오류는 별도로 수정분개를 하지 않으면 오류가 수정되지 않는다. 비자동조정오류로는 소모품 회계처리와 상각자산의 오류 위주로 다룰 것이다.

2. 자동조정오류 – 재고자산 평가 오류

오류수정은 정책변경과 마찬가지로 소급법을 적용한다. 소급법은 앞서 정책변경에서 설명한 방식대로 이루어진다. 이처럼 정책변경과 오류수정은 문제 풀이 방법이 일치하므로 두 개념을 동일한 것으로 이해해도 무방하다. 자동조정오류로 재고자산 평가 오류가 종종 출제되는데, 정책변경에서 배운 재고자산 원가흐름의 가정 변경과 동일하게 풀면 된다.

13

예제 **자동조정오류-재고자산 평가 오류**

01 12월 결산법인 ㈜서울은 2014년 기말재고자산을 ₩3,000 과대계상하였고, 2015년 기말재고자산을 ₩2,000 과소계상 하였음을 2015년 말 장부마감 전에 발견하였다. 이러한 오류들을 수정하기 전의 2015년 당기순이익이 ₩10,000이라면, 오류수정 후 2015년 당기순이익은 얼마인가? (단, 법인세효과는 고려하지 않는다.) 2016. 서울시 9급

① ₩5,000 ② ₩9,000

③ ₩11,000 ④ ₩15,000

 해 설

	14	15
수정 전 당기순이익		10,000
14	(3,000)	3,000
15		2,000
수정 후 당기순이익		15,000

답 ④

3. 자동조정오류 – 발생주의

선수수익, 미수수익, 미지급비용, 선급비용 등의 이연항목들을 발생주의에 따라 인식하지 않고, 현금주의 등으로 손익을 인식한 경우 오류가 발생한다. 발생주의 회계처리는 회계원리에서 다뤘으므로 자세한 설명은 생략한다.

(1) 시산표 및 재무제표에 미치는 영향 (심화)

발생주의 오류와 관련하여 오류 혹은 기말수정분개가 시산표 및 재무제표에 미치는 영향을 묻는 문제가 자주 출제되었다. 이 유형의 문제는 발생주의만 알면 풀 수 있기 때문에 난이도가 어려운 문제는 아니다. 하지만 막상 풀려면 수정분개를 한 뒤, 4개의 선지를 일일이 비교해야 하기 때문에 시간이 많이 소요된다. 따라서 실전에서 이 유형의 문제를 만난다면 넘긴 뒤에 마지막에 풀어야 한다.

예제. 다음은 ㈜한국과 관련된 거래이다. 기말 수정분개가 재무제표에 미치는 영향으로 옳은 것은? (단, 기간은 월할 계산한다)

2021. 국가직 9급

- 8월 1일 건물을 1년간 임대하기로 하고, 현금 ₩2,400을 수취하면서 임대수익으로 기록하였다.
- 10월 1일 거래처에 현금 ₩10,000을 대여하고, 1년 후 원금과 이자(연 이자율 4%)를 회수하기로 하였다.
- 11월 1일 보험료 2년분 ₩2,400을 현금지급하고, 보험료로 회계처리하였다.

① 자산이 ₩2,100만큼 증가한다.
② 비용이 ₩200만큼 증가한다.
③ 수익이 ₩100만큼 증가한다.
④ 당기순이익이 ₩900만큼 증가한다.

 STEP 1 수정분개

단순히 순이익에 미치는 영향을 묻는다면 수정분개 없이 손익변동표만 그려서 풀면 되지만, 자산, 부채, 순이익 등에 미치는 영향을 모두 묻는다면 수정분개를 해야 한다. 따라서 문제에 제시된 오류를 보고 수정분개를 먼저 한다.

회사 회계처리				기말 수정분개			
현금	2,400	임대수익	2,400	임대수익	1,400	선수수익	1,400
−회계처리 없음−				미수수익	100	이자수익	100
보험료	2,400	현금	2,400	선급비용	2,200	보험료	2,200

(1) 임대수익

   1년 치 임대료를 전부 수익으로 계상하였으므로 7개월 치 임대료는 선수수익으로 대체한다.

(2) 이자수익

   미수이자를 계상하였다는 언급이 없으므로 3개월 치 미수이자($100 = 10,000 \times 4\% \times 3/12$)를 계상한다.

(3) 보험료비용

   2년 치 보험료를 전부 비용으로 계상하였으므로 22개월 치 보험료는 선급비용으로 대체한다.

13

STEP 2 시산표에 미치는 영향 표시하기

	시산표			
	차변		대변	
	자산	비용	수익	부채
임대수익			(1,400)	1,400
이자수익	100		100	
보험료비용	2,200	(2,200)		
합계	2,300	(2,200)	(1,300)	1,400
순이익		900		
시산표	100		100	

(1) 시산표 그리기

시산표를 이용하여 수정분개가 재무제표에 미치는 영향을 표시한다. **시산표는 '자산 + 비용 = 수익 + 부채 + 자본'의 형태**이다. 이때, 수정분개가 자본을 직접 건드리지는 않으므로 대변에 자본을 표시할 필요는 없다.

(2) 수정분개 표시하기

각 줄은 회계처리를 표시한 것이기 때문에 대차가 일치해야 한다. 가령, '임대수익 1,400 / 선수수익 1,400'은 수익이 1,400 감소하고, 부채가 1,400 증가하는 회계처리이므로 수익 아래에 (1,400)을 적고, 부채 아래에 1,400을 적는다.

(3) 자산, 비용, 수익, 부채에 미치는 영향

수정분개가 자산, 비용, 수익, 부채에 미치는 영향을 전부 더해서 '합계'줄에 적자.

(4) 순이익에 미치는 영향=수익-비용=자산-부채

순이익에 미치는 영향은 '수익 - 비용' 혹은 '자산 - 부채'의 방식으로 계산한다. 해당 유형에서 수정분개가 자본을 직접 건드리지는 않기 때문에 어느 방식으로 계산해도 무방하다. 예제의 경우 당기순이익에 미치는 영향은 다음과 같다.

- 수익-비용: (1,300)-(2,200)=(-)1,300+2,200=900 증가
- 자산-부채: 2,300-1,400=900 증가

문제에서 '당기순이익' 또는 '법인세비용차감전순이익'에 미치는 영향을 묻는데, 공무원 회계학에 출제되는 오류수정 문제에서는 법인세에 대한 언급이 없으므로 둘은 같은 것이라고 생각하면 된다.

(5) 수정후시산표의 차변합계 or 대변합계 증감

수정후시산표의 차변합계나 대변합계에 미치는 영향을 물을 땐 우리가 그린 시산표를 이용하면 된다. 차변합계를 물었다면 '자산+비용'을, 대변합계를 물었다면 '수익+부채'를 계산하면 된다. 어차피 시산표의 대차는 일치해야 하므로 차변합계와 대변합계 중 더 계산하기 편한 것을 이용하면 된다. 예제의 경우 수정후시산표의 차변, 대변 합계에 미치는 영향은 다음과 같다.

- 수정후시산표의 차변합계: 2,300-2,200=100 증가
- 수정후시산표의 대변합계: (1,300)+1,400=100 증가

STEP 3 답 구하기

(1) 기말 수정분개가 미치는 영향

재무제표와 시산표에 미치는 영향을 전부 계산했기 때문에 각 선지별로 정오를 판단하면 된다. 예제의 경우 각 선지를 판단하면 다음과 같다.

① 자산: 2,300 증가 (X)

② 비용: 2,200 감소 (X)

③ 수익: 1,300 감소 (X)

④ 당기순이익: 900 증가 (O)

(2) 오류가 미치는 영향: 부호 반대로!

지금까지 우리가 만든 시산표는 '수정분개가' 재무제표에 미치는 영향을 표시한 것이다. 반대로 '수정분개를 반영하지 못할 경우' 재무제표에 미치는 영향을 묻기도 한다. 이때에는 우리가 표시한 영향을 부호 반대로 답해주어야 한다.

답 ④

 수정분개는 생략해야 함!

처음에는 수정분개를 한 다음 수정분개를 보고 시산표를 그리지만, 나중에 익숙해진다면 수정분개는 머리로만 떠올리고 시산표를 그릴 수 있어야 한다. 수정분개까지 일일이 다 하면 시간이 너무 오래 걸리기 때문에 수정분개 없이 시산표를 그릴 수 있는 실력이 되지 않는다면 실전에서는 해당 문제를 풀지 않는 것이 낫다. 많은 훈련을 통해 오류를 보자마자 시산표를 그릴 수 있도록 만들자.

13

자동조정오류 – 시산표 및 재무제표에 미치는 영향

01 ㈜한국은 20X1년 9월 1일에 1년분 보험료로 ₩1,200을 지급하고 선급비용으로 회계처리하였다. ㈜한국이 20X1년 말 동 보험료와 관련한 수정분개를 누락하였다면, 20X1년 재무제표에 미치는 영향은? (단, 보험료 인식은 월할 계상한다)

2017. 지방직 9급

① 자산 ₩400 과소계상, 당기순이익 ₩400 과소계상
② 자산 ₩400 과대계상, 당기순이익 ₩400 과대계상
③ 자산 ₩800 과소계상, 당기순이익 ₩800 과소계상
④ 자산 ₩800 과대계상, 당기순이익 ₩800 과대계상

|X1말 수정분개|
(차) 보험료   400   (대) 선급비용   400

선급비용(자산)중 X1.9 ~ 12월분인 1,200 × 4/12 = 400은 비용화되어야 한다. 자산이 400 과대계상 되어있고, 자산은 당기순이익과 비례하므로 당기순이익도 400 과대계상 되어있다.

	시산표			
	차변		대변	
	자산	비용	수익	부채
선급보험료	(400)	400		
순이익		(400)		

답 ②

 **'자산과 당기순이익은 비례'를 이용해 선지 줄이기**

자산과 당기순이익은 비례한다는 특징을 이용해 수험생들이 일부 선지를 골라낼 것을 방지하여 본 문제에서는 ①~④까지 모든 선지의 자산 변동액과 당기순이익 변동액이 동일하게 출제되었다. 자산과 당기순이익 변동액이 다른 선지가 있다면 문제를 풀지 않고도 틀렸다는 것을 판단할 수 있다.

02 ㈜한국이 다음 결산수정사항들을 반영한 결과에 대한 설명으로 옳은 것은? 2017. 국가직 7급

〈수정전시산표 잔액〉

자산	₩120,000	부채	₩80,000
수익	₩90,000	비용	₩70,000

〈결산수정사항〉
- 당기 중 건물을 임대하면서 현금 ₩6,000을 받고 모두 수익으로 처리하였다. 이 중 당기에 해당하는 임대료는 ₩2,000이다.
- 당기 중 보험료 ₩5,000을 지급하면서 모두 자산으로 처리하였다. 이 중 다음 연도에 해당하는 보험료는 ₩2,000이다.
- 차입금에 대한 당기 발생이자는 ₩1,000이다.
- 대여금에 대한 당기 발생이자는 ₩2,000이다.

① 수정후시산표상의 수익은 ₩92,000이다.
② 수정후시산표상의 비용은 ₩78,000이다.
③ 수정후시산표상의 당기순이익은 ₩14,000이다.
④ 수정후시산표상의 자산총액은 ₩121,000이다.

해설

|수정분개|

(차) 임대료수익 4,000 (대) 선수임대료 4,000
(차) 보험료비용 3,000 (대) 선급보험료 3,000
(차) 이자비용 1,000 (대) 미지급이자 1,000
(차) 미수이자 2,000 (대) 이자수익 2,000

	시산표			
	차변		대변	
	자산	비용	수익	부채
임대료			(4,000)	4,000
보험료	(3,000)	3,000		
이자비용		1,000		1,000
이자수익	2,000		2,000	
합계	(1,000)	4,000	(2,000)	5,000
순이익			(6,000)	
시산표				

① 수정 후 수익: 90,000-2,000=88,000 (X)
② 수정 후 비용: 70,000+4,000=74,000 (X)
③ 수정 후 당기순이익: 20,000-6,000=14,000 (O)
④ 수정 후 자산: 120,000-1,000=119,000 (X)

답 ③

03 ㈜한국의 기말수정사항이 다음과 같을 때, 기말수정분개가 미치는 영향에 대한 설명으로 옳지 않은 것은? (단, 법인세는 무시한다) 2015. 국가직 9급

> • 4월 1일 1년간의 임차료 ₩120,000을 현금으로 지급하면서 전액을 임차료로 기록하였다.
> • 12월에 급여 ₩20,000이 발생되었으나, 기말 현재 미지급 상태이다.

① 수정후시산표의 차변합계가 ₩50,000만큼 증가한다.
② 당기순이익이 ₩10,000만큼 증가한다.
③ 자산총액이 ₩30,000만큼 증가한다.
④ 부채총액이 ₩20,000만큼 증가한다.

해설

|수정분개|

| (차) 선급임차료 | 30,000 | (대) 임차료 | 30,000 |
| (차) 급여 | 20,000 | (대) 미지급급여 | 20,000 |

	시산표			
	차변		대변	
	자산	비용	수익	부채
임차료	30,000	(30,000)		
급여		20,000		20,000
합계	30,000	(10,000)		20,000
순이익		10,000		
시산표	20,000		20,000	

① 수정후시산표의 차변합계: 20,000 증가 (X)

답 ①

04 다음 수정분개를 반영하지 못할 경우 재무상태와 손익에 미치는 영향으로 옳은 것은?

2021. 지방직 9급

• 종업원급여 미지급액	₩10,000
• 선급보험료(자산) 중 기간이 경과하여 실현된 금액	₩10,000
• 외상매출금 중 현금으로 회수된 금액	₩10,000
• 선수임대료(부채) 중 기간이 경과하여 실현된 금액	₩10,000
• 차입금 이자 미지급액	₩10,000

① 법인세차감전순이익은 ₩20,000 과소 계상된다.
② 비용은 ₩30,000 과대 계상된다.
③ 부채는 ₩10,000 과소 계상된다.
④ 자산은 ₩30,000 과소 계상된다.

해설

| 수정분개 |

(차) 비용	10,000	(대) 부채	10,000
(차) 비용	10,000	(대) 자산	10,000
(차) 자산	10,000	(대) 자산	10,000
(차) 부채	10,000	(대) 수익	10,000
(차) 비용	10,000	(대) 부채	10,000

	시산표			
	차변		대변	
	자산	비용	수익	부채
급여		10,000		10,000
보험료	(10,000)	10,000		
회수	–			
임대료			10,000	(10,000)
이자		10,000		10,000
합계	(10,000)	30,000	10,000	10,000
순이익		(20,000)		
시산표	20,000		20,000	

위 표는 수정분개가 미치는 영향인데, 문제에서 '수정분개를 반영하지 못할 경우 미치는 영향'을 물었기 때문에 수정분개로 미치는 영향의 반대로 답해야 한다.

① 법인세차감전순이익: ₩20,000 과대 계상 (X)

② 비용: ₩30,000 과소 계상 (X)

③ 부채: ₩10,000 과소 계상 (O)

④ 자산: ₩10,000 과대 계상 (X)

답 ③

5　비자동조정오류

비자동조정오류란 자동조정오류와 달리 오류를 수정하지 않으면 자동으로 조정되지 않는 오류를 말한다. 비자동조정오류는 소모품 회계처리, 감가상각과 관련하여 출제된다.

1. 비자동조정오류 - 소모품: 자산만 보자!

소모품 기말수정분개를 쉽게 하는 방법은 자산 금액만 보는 것이다. 자산 금액만 맞추면 회계처리의 대차는 항상 일치해야 하므로 반대쪽에는 같은 금액으로 '소모품비'계정만 써주면 된다. 소모품 회계처리는 다음의 두 가지 유형으로 나뉜다.

회사가 소모품 구입 시	(1) 자산 처리한 경우	(2) 비용 처리한 경우
회사 소모품 계상액	기초 + 매입액	기초
소모품비 조정액	기초 + 매입액 - 기말	기초 - 기말
회계처리	소모품비 XXX / 소모품 XXX	소모품 XXX / 소모품비 XXX

(1) 소모품 구입액을 자산처리 한 경우

회사가 소모품 구입액을 자산처리했다면 장부상에는 소모품이 '기초 잔액 + 구입액'만큼 계상되어 있을 것이다. 이 경우 소모품비를 전혀 인식하지 않은 것이므로, 다음 금액만큼 소모품을 감소시키면서 소모품비를 인식하면 된다.

> 소모품비 = 기초 소모품 + 매입액 - 기말 소모품

(차) 소모품비　　XXX　　(대) 소모품　　XXX

(2) 소모품 구입액을 비용처리 한 경우

회사가 소모품 구입액을 비용처리했다면 장부상에는 소모품이 기초 잔액만큼 계상되어 있을 것이다. 이 경우 '기말 소모품 잔액 - 기초 소모품 잔액'만큼 소모품을 증가시킨 후, 같은 금액으로 소모품비를 감소시키면 된다. 기초 소모품이 제시되지 않았다면 기말 소모품 잔액만큼 증가시키면 된다.

(차) 소모품　　XXX　　(대) 소모품비　　XXX

비자동조정오류 - 소모품

01 다음은 ㈜한국의 2012년 12월 31일 종료되는 회계연도의 수정전시산표의 계정 일부이다.

- 선급보험료 ₩60,000
- 이자수익 ₩40,000
- 임차료 ₩30,000
- 소모품비 ₩5,000
- 상 품 ₩100,000
- 매 입 ₩800,000

다음 자료를 고려하여 결산수정분개를 완료했을 때, 당기순이익에 미치는 영향은?

2013. 국가직 7급

- 선급보험료는 2012년 12월 1일에 6개월분 화재 보험료를 현금지급한 것이다.
- 이자수익은 2012년 10월 1일에 6개월분의 선이자를 현금으로 받은 것이다.
- 임차료는 2012년 11월 1일에 3개월분 임차료를 현금 지급한 것이다.
- 결산일 현재 미사용한 소모품은 ₩2,000이다.
- 기말 실지재고조사 결과 상품재고는 ₩120,000이다.

① ₩782,000 감소   ②₩798,000 감소
③ ₩812,000 감소   ④₩828,000 감소

 해설

		NI에 미치는 영향
선급보험료 비용화	60,000 × 1/6 =	(10,000)
이자수익 감소	40,000 × 3/6 =	(20,000)
임차료 감소	30,000 × 1/3 =	10,000
소모품비 감소	2,000 =	2,000
매출원가	100,000 + 800,000 − 120,000 =	(780,000)
계		(798,000)

수정전시산표에서는 소모품을 전액 비용화했지만, 기말 현재 남아 있는 소모품이 있으므로 소모품 잔액 2,000만큼 소모품을 증가시키면서 소모품비를 감소시켜야 한다.

|기말수정분개|

(차) 보험료비용	10,000	(대) 선급보험료	10,000
(차) 이자수익	20,000	(대) 선수이자	20,000
(차) 선급임차료	10,000	(대) 임차료	10,000
(차) 소모품	2,000	(대) 소모품비	2,000
(차) 매출원가	780,000	(대) 상품(기초)	100,000
(차) 상품(기말)	120,000	(대) 매입	800,000

답 ②

13

02 ㈜서울은 12월 말 결산법인이며 〈보기〉는 기말수정사항이다. 기말수정분개가 ㈜서울의 재무제표에 미치는 영향으로 가장 옳은 것은? (단, 법인세는 무시한다.) 2018. 서울시 9급

─── 〈보기〉 ───

- 3월 1일에 1년간 보험료 ₩300,000을 현금으로 지급하면서 전액 보험료로 기록하였다.
- 4월 1일에 소모품 ₩300,000을 현금으로 구입하면서 전액 소모품으로 기록하였다. 기말에 실시한 결과 소모품은 ₩70,000으로 확인되었다.
- 5월 1일에 1년간 건물 임대료로 ₩300,000을 수취하면서 전액 임대료수익으로 기록하였다.

① 자산이 ₩180,000만큼 증가한다.
② 부채가 ₩100,000만큼 감소한다.
③ 비용이 ₩180,000만큼 증가한다.
④ 당기순이익이 ₩80,000만큼 감소한다.

해설

| 수정분개 |

(차) 선급보험료 50,000 　(대) 보험료 50,000
(차) 소모품비 230,000 　(대) 소모품 230,000
(차) 임대료수익 100,000 　(대) 선수임대료 100,000

	시산표			
	차변		대변	
	자산	비용	수익	부채
보험료	50,000	(50,000)		
소모품	(230,000)	230,000		
임대료			(100,000)	100,000
합계	(180,000)	180,000	(100,000)	100,000
순이익		(280,000)		
시산표	0		0	

① 자산: ₩180,000 감소 (X)
② 부채: ₩100,000 증가 (X)
③ 비용: ₩180,000 증가 (O)
④ 당기순이익: ₩280,000 감소 (X)

답 ③

03 기말수정사항이 다음과 같을 때, 기말수정분개가 미치는 영향으로 옳지 않은 것은?

2018. 관세직 9급

> • 기중에 구입한 소모품 ₩1,000,000을 소모품비로 처리하였으나, 기말 현재 남아 있는 소모품은 ₩200,000이다. (단, 기초 소모품 재고액은 없다)
> • 당기에 발생한 미수이자수익 ₩1,000,000에 대한 회계처리가 이루어지지 않았다.

① 당기순이익이 ₩800,000 증가한다.
② 자산총액이 ₩1,200,000 증가한다.
③ 부채총액은 변동이 없다.
④ 수정후잔액시산표의 차변합계가 ₩1,000,000 증가한다.

해설

|수정분개|

(차) 소모품	200,000	(대) 소모품비	200,000
(차) 미수이자	1,000,000	(대) 이자수익	1,000,000

	시산표			
	차변		대변	
	자산	비용	수익	부채
소모품	200,000	(200,000)		
미수이자	1,000,000		1,000,000	
합계	1,200,000	(200,000)	1,000,000	
순이익		1,200,000		
시산표	1,000,000		1,000,000	

① 당기순이익: 1,200,000 증가 (X)
② 자산총액: 1,200,000 증가 (O)
③ 부채총액: 변동 없음 (O)
④ 시산표 차변합계: 1,000,000 증가 (O)

답 ①

13

04 ㈜대한의 회계담당자는 2011년 회계연도 말 결산조정분개 시 다음의 사항을 누락하여 재무제표를 작성하였다. 이들 누락이 재무제표에 미치는 영향으로 옳은 것은? 2012. 국가직 7급

- 기중에 구입한 소모품 ₩1,000,000을 소모품비로 처리하였으나 기말 현재 남아 있는 소모품은 ₩200,000이다.
- 2011년 3월 1일 3년분 보험료 ₩3,600,000을 지급하면서 선급보험료로 처리하였다.
- 2011년 12월 31일 현재 다음달에 지급해야 할 12월분 급여 ₩5,000,000에 대한 회계처리가 이루어지지 않았다.
- 2011년 당기에 발생한 이자수익 ₩1,000,000에 대한 회계처리가 이루어지지 않았다.

① 수익 ₩1,000,000 과소계상, 비용 ₩5,800,000 과소계상
② 자산 ₩800,000 과소계상, 부채 ₩5,000,000 과소계상
③ 당기순이익 ₩4,800,000 과대계상, 자산 ₩800,000 과소계상
④ 자본 ₩1,000,000 과대계상, 부채 ₩5,000,000 과소계상

해설

|수정분개|

(차) 소모품	200,000	(대) 소모품비	200,000
(차) 보험료비용	1,000,000	(대) 선급보험료	1,000,000
(차) 급여	5,000,000	(대) 미지급급여	5,000,000
(차) 미수이자	1,000,000	(대) 이자수익	1,000,000

기말 현재 남아 있는 소모품 200,000만큼 소모품을 증가시키면서 소모품비를 감소시켜야 한다.

	시산표			
	차변		대변	
	자산	비용	수익	부채
소모품	200,000	(200,000)		
보험료	(1,000,000)	1,000,000		
급여		5,000,000		5,000,000
이자수익	1,000,000		1,000,000	
합계	200,000	5,800,000	1,000,000	5,000,000
순이익		(4,800,000)		
시산표	6,000,000		6,000,000	

|누락의 효과|
- 자산: 200,000 과소 계상
- 비용: 5,800,000 과소 계상
- 부채: 5,000,000 과소 계상
- 수익: 1,000,000 과소 계상
- 당기순이익, 자본: 4,800,000 과대 계상
②,③ 자산 금액이 잘못되었다. ④ 자본 금액이 잘못되었다.

답 ①

05 ㈜한국은 회계연도 중에는 현금주의에 따라 회계처리하며, 기말수정분개를 통해 발생주의로 전환하여 재무제표를 작성한다. ㈜한국의 기말 수정후시산표상 차변(또는 대변)의 합계금액은 ₩1,025,000이다. 기말수정사항이 다음과 같을 때, 수정전시산표상 차변(또는 대변)의 합계금액은?

2019. 관세직 9급

- 소모품 기말재고액 ₩30,000
- 미수수익 미계상액 ₩15,000
- 기간 미경과 보험료 ₩55,000
- 미지급이자 미계상액 ₩10,000

① ₩915,000
② ₩965,000
③ ₩1,000,000
④ ₩1,025,000

해설

|수정분개|

(차) 소모품	30,000	(대) 소모품비	30,000
(차) 선급보험료	55,000	(대) 보험료비용	55,000
(차) 미수수익	15,000	(대) 수익	15,000
(차) 이자비용	10,000	(대) 미지급이자	10,000

회사가 현금주의에 따라 회계처리하였으므로, 장부상에 계상된 소모품 잔액은 없다. 기말재고액 30,000만큼 소모품을 증가시키면서 소모품비를 감소시켜야 한다.

	시산표			
	차변		대변	
	자산	비용	수익	부채
소모품	30,000	(30,000)		
보험료	55,000	(55,000)		
미수수익	15,000		15,000	
미지급이자		10,000		10,000
합계	100,000	(75,000)	15,000	10,000
순이익		90,000		
시산표	25,000		25,000	

수정전시산표상 차변(or 대변) 합계: 1,025,000 − 25,000 = 1,000,000
수정분개로 인해 시산표상 차변(or 대변) 합계가 25,000 증가하므로, 수정전시산표상 차변(or 대변) 합계는 1,000,000이다.

답 ③

2. 비자동조정오류 – 자산의 평가

유동항목(재고자산, 선급비용, 선수수익, 미지급비용, 미수수익)을 제외한 비유동항목의 평가 오류는 비자동조정오류에 해당한다. 유동항목은 바로 다음 해에 제거되므로 자동으로 관련 차이가 조정되지만, 비유동항목은 바로 다음 해에 제거되지 않기 때문이다. 본서에는 기출문제에 출제되었던 감가상각비, 재평가모형, 금융자산평가손익, 대손충당금 설정에 대해 다룰 것이다.

(1) 감가상각비: 자료상 감가상각비 인식!

감가상각비는 기말수정분개 사항이다. 감가상각비는 회사가 보유하는 모든 감가상각자산에 대해 기말에 한꺼번에 회계처리하기 때문이다. 문제에서는 당기에 인식할 감가상각비 금액을 주지만, 회사는 감가상각비를 인식하지 않았을 것이다. 오류수정은 자료에서 제시한 감가상각비를 인식해 주면 끝이다.

 비자동조정오류 – 감가상각비

01 ㈜한국의 외부감사인은 ㈜한국이 제시한 2017년도 포괄손익계산서에서 다음과 같은 오류가 있음을 발견하였다.

> • 임차료 과대계상액 ₩900,000 • 이자수익 과소계상액 ₩600,000
> • 감가상각비 과소계상액 ₩500,000 • 기말상품 과대계상액 ₩300,000

오류를 수정한 후의 올바른 당기순이익은? (단, 오류 수정 전 당기순이익은 ₩10,000,000 이다)

2018. 관세직 9급

① ₩9,300,000   ② ₩9,500,000
③ ₩9,800,000   ④ ₩10,700,000

해설

수정 전 NI	10,000,000
임차료 과대계상	900,000
이자수익 과소계상	600,000
감가비 과소계상	(500,000)
상품 과대계상	(300,000)
수정 후 NI	10,700,000

'임차료'는 임차인의 입장에서 지급하는 대가를 의미하므로 비용에 해당한다. 비용을 과대계상하였으므로 수정 시 당기순이익은 증가한다.

目 ④

02 ㈜한국은 매월 말 결산을 하고 재무제표를 작성한다. ㈜한국의 20X1년 3월 31일 수정전시산표상 총수익과 총비용은 각각 ₩10,000과 ₩4,500이다. 다음과 같은 수정분개 사항이 있다고 할 때, 20X1년 3월 31일에 보고할 포괄손익계산서상 당기순이익은? 2019. 국가직 7급

> • 직원의 3월 급여 ₩900이 발생하였으며 4월 10일에 지급될 예정이다.
> • 3월 건물 임대료가 ₩500 발생하였으나 아직 현금으로 수취하지 못하였다.
> • 건물에 대한 3월 감가상각비가 ₩400이다.
> • 2월에 구입하여 자산으로 기록한 소모품 중 3월에 사용한 소모품은 ₩200이다.
> • 2월에 선수수익으로 계상한 금액 중 3월에 제공한 용역이 ₩1,200이다.

① ₩4,500   ② ₩5,200

③ ₩5,700   ④ ₩6,100

해설

수정 전 NI	5,500
미지급급여	(900)
미수임대료	500
감가상각비	(400)
소모품비	(200)
선수수익 수익화	1,200
수정 후 NI	5,700

답 ③

13

03 ㈜서울은 20X1년과 20X2년에 당기순이익으로 각각 ₩1,000,000과 ₩2,000,000을 보고하였다. 그러나 20X1년과 20X2년의 당기순이익에는 〈보기〉와 같은 중요한 오류가 포함되어 있었다. 이러한 오류가 20X1년과 20X2년의 당기순이익에 미친 영향으로 가장 옳은 것은?

2018. 서울시 7급 심화

〈보기〉

구분	20X1년	20X2년
감가상각비	₩100,000 과대계상	₩200,000 과대계상
기말선급보험료	₩30,000 과소계상	₩20,000 과소계상
기말미지급임차료	₩10,000 과대계상	₩40,000 과대계상
기말재고자산	₩70,000 과소계상	₩50,000 과소계상

	20X1년	20X2년
①	₩210,000 과대계상	₩200,000 과대계상
②	₩210,000 과대계상	₩200,000 과소계상
③	₩210,000 과소계상	₩200,000 과대계상
④	₩210,000 과소계상	₩200,000 과소계상

	X1	X2
감가상각비	100,000	200,000
선급보험료	30,000	(30,000) 20,000
미지급임차료	10,000	(10,000) 40,000
재고자산	70,000	(70,000) 50,000
계	210,000	200,000

(1) 감가상각비 vs 선급보험료, 미지급임차료, 재고자산

당기순이익은 '수익−비용'이다. 감가상각비는 비용이다. 따라서 문제에서 제시한 연도별 감가상각비의 오류만큼 당기순이익에서 직접 조정하면 끝이다.

반면, 선급보험료, 미지급임차료, 재고자산은 자산 혹은 부채이다. 따라서 자산, 부채가 각 연도별 수익이나 비용에 미치는 영향을 분석해야 한다. 소급법에서 배웠듯 재고자산 오류는 양개년도의 매출원가에 영향을 미친다. 선급비용, 미지급비용, 선수수익, 미수수익도 마찬가지이다. 따라서 선급보험료, 미지급임차료의 오류는 오류가 있는 해 뿐만 아니라 그 다음 해의 손익에도 영향을 미친다.

(2) 오류가 미치는 영향

X1년: 210,000 과소계상

X2년: 200,000 과소계상

위의 손익변동표는 기말수정분개 시 연도별 손익에 미치는 영향을 표시한 것이다. 문제에서 '오류가 미치는 영향'을 묻고 있기 때문에 부호를 반대로 답해야 한다. X1년도에는 오류 조정 시 210,000 증가하므로, 오류로 인해 210,000 과소 계상되어 있는 것이다. X2년도에는 오류 조정 시 200,000 증가하므로, 오류로 인해 200,000 과소 계상되어 있는 것이다.

답 ④

13

(2) 재평가모형

재평가모형을 적용하는 자산은 기말에 공정가치로 평가해야 한다. 회사는 공정가치 평가를 하지 않는 오류를 범했을 것이다. 자료에는 기말 공정가치를 줄 것이다. 공정가치 평가 전의 장부금액을 공정가치로 평가하면 끝이다. 이때, 유형자산에서 배운 것처럼 평가손익을 '오르면 OCI, 내려가면 PL'로 인식하는 것을 주의하자.

 비자동조정오류 – 재평가모형

04 20X1년 초 설립된 ㈜한국의 20X1년 수정전시산표를 근거로 계산한 당기순이익은 ₩300,000이다. 다음 20X1년 중 발생한 거래의 분개에 대하여 결산수정사항을 반영하여 계산한 수정 후 당기순이익은? (단, 결산수정분개는 월 단위로 계산한다) 2018. 국가직 7급

날짜	기중분개		결산수정사항
3월 1일	차변) 토지 대변) 현금	₩1,000,000 ₩1,000,000	토지는 재평가모형을 적용하며, 기말공정가치는 ₩1,050,000
10월 1일	차변) 선급보험료 대변) 현금	₩120,000 ₩120,000	1년분 화재보험료를 미리 지급함
11월 1일	차변) 현금 대변) 임대수익	₩90,000 ₩90,000	6개월분 임대료를 미리 받음
12월 1일	차변) 현금 대변) 단기차입금	₩1,000,000 ₩1,000,000	차입 시 이자율 연 6%, 이자와 원금은 6개월 후 일괄 상환조건

① ₩180,000   ② ₩205,000   ③ ₩235,000   ④ ₩255,000

해설

수정 전 NI		300,000
선급보험료 감소	120,000 × 3/12 =	(30,000)
임대수익 감소	90,000 × 4/6 =	(60,000)
이자비용	1,000,000 × 6% × 1/12 =	(5,000)
계		205,000

|기말수정분개|

(차) 토지	50,000	(대) 재평가잉여금(OCI)	50,000
(차) 보험료비용	30,000	(대) 선급보험료	30,000
(차) 임대수익	60,000	(대) 선수임대료	60,000
(차) 이자비용	5,000	(대) 미지급이자	5,000

目 ②

(3) 금융자산평가손익

AC금융자산을 제외한 모든 금융자산은 기말에 공정가치로 평가해야 한다. 회사는 공정가치 평가를 하지 않는 오류를 범했을 것이다. 자료에는 기말 공정가치를 줄 것이다. 공정가치 평가 전의 장부금액을 공정가치로 평가하면 끝이다. 이때, 금융자산에서 배운 것처럼 FVOCI (선택) 금융자산은 평가손익을 OCI로, FVPL 금융자산은 평가손익을 PL로 인식하는 것을 주의하자.

 비자동조정오류 - 금융자산평가손익

05 ㈜한국은 실지재고조사법을 사용하고 있으며 20X1년 수정 전 당기순이익은 ₩1,000,000 이다. 다음의 20X1년도 결산정리사항을 반영한 후에 계산되는 ㈜한국의 당기순이익은?

2017. 국가직 7급 수정

• 매출채권 현금회수	₩130,000
• 기말재고상품의 누락	40,000
• 비용으로 처리한 사무용품 미사용액	70,000
• 당기손익 인식 − 공정가치 측정 금융자산 평가이익	70,000
• 외상매입금 현금지급	150,000
• 선수수익의 실현	30,000
• 이자수익 중 선수분	100,000

① ₩1,010,000   ② ₩1,020,000
③ ₩1,040,000   ④ ₩1,110,000

	X1
수정 전 당기순이익	1,000,000
기말재고 누락	40,000
사무용품	70,000
FVPL금융자산 평가이익	70,000
선수수익	30,000
선수이자	(100,000)
수정 후 당기순이익	1,110,000

매출채권 현금회수, 외상매입금 현금지급은 당기순이익에 영향을 미치는 요소가 아니므로 당기순이익에서 조정하지 않는다.

답 ④

06 결산과정에서 아래의 수정사항을 반영하기 전 법인세비용차감전순이익이 ₩100,000인 경우, 수정사항을 반영한 후의 법인세비용차감전순이익은? (단, 수정전시산표상 재평가잉여금의 잔액은 없다)

2015. 지방직 9급

- 선급보험료 ₩30,000 중 1/3의 기간이 경과하였다.
- 대여금에 대한 이자발생액은 ₩20,000이다.
- 미지급급여 ₩4,000이 누락되었다.
- 자산재평가손실 ₩50,000이 누락되었다.
- 기타포괄손익 – 공정가치 측정 금융자산 평가이익 ₩16,000이 누락되었다.
- 자기주식처분이익 ₩30,000이 누락되었다.

① ₩56,000
② ₩72,000
③ ₩102,000
④ ₩106,000

해설

	당기
조정 전	100,000
선급보험료 미수이자 미지급급여 재평가손실	(10,000) 20,000 (4,000) (50,000)
조정 후	56,000

수정전시산표상 재평가잉여금(OCI) 잔액이 없으므로, 재평가손실은 PL 항목이다.
FVOCI금융자산의 평가이익은 기타포괄손익, 자기주식처분이익은 자본잉여금으로 당기손익에 미치는 영향이 없다.

답 ①

---

(4) 대손충당금 설정

회사는 보유하는 모든 채권에 대해 대손율을 추정하여 감가상각비와 마찬가지로 기말에 한꺼번에 대손충당금을 인식한다. 따라서 대손충당금 설정은 기말수정분개 사항이다. 회사는 대손충당금을 설정하지 않는 오류를 범했을 것이다. 자료에서 당기에 인식할 대손충당금에 대한 자료를 줄 것이다. 문제에 제시된 자료를 바탕으로 대손충당금을 인식해주면 오류수정이 끝난다.

07 ㈜한국의 2017년도 수정전시산표는 다음과 같다.

현금	₩100,000	단기차입금	₩500,000
매출채권	₩500,000	손실충당금(대손충당금)	₩40,000
건물	₩1,000,000	감가상각누계액	₩200,000
감가상각비	₩100,000	자본금	₩500,000
급여	₩300,000	매출	₩760,000
합계	₩2,000,000	합계	₩2,000,000

결산수정분개를 위한 자료가 다음과 같을 때, 당기순이익은?   2018. 관세직 9급

- 단기차입금에 대한 미지급 이자비용 ₩50,000이 있다.
- 매출채권 기말잔액의 10%를 기대신용손실액으로 추정한다.

① ₩200,000 ② ₩260,000
③ ₩300,000 ④ ₩360,000

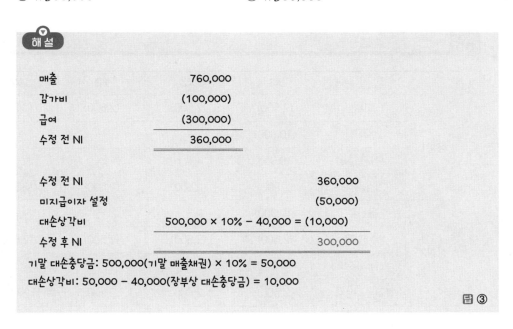

해설

매출	760,000
감가비	(100,000)
급여	(300,000)
수정 전 NI	360,000

수정 전 NI	360,000
미지급이자 설정	(50,000)
대손상각비	500,000 × 10% - 40,000 = (10,000)
수정 후 NI	300,000

기말 대손충당금: 500,000(기말 매출채권) × 10% = 50,000
대손상각비: 50,000 - 40,000(장부상 대손충당금) = 10,000

답 ③

3. 비자동조정오류 - 상각자산 심화

비자동조정오류란 자동조정오류와 달리 오류를 수정하지 않으면 자동으로 조정되지 않는 오류를 말한다. 비자동조정오류는 주로 감가상각과 관련하여 출제된다. 자본적지출을 비용으로 처리한 경우, 혹은 수익적지출을 유형자산의 장부금액에 가산한 뒤 상각한 경우가 주로 출제된다. 비자동조정오류도 자동조정오류와 마찬가지로 표를 그려서 연도별 손익에 미치는 영향을 파악해서 회계처리한다.

> 예제. ㈜김수석은 X1년 1월 1일 기계장치에 대한 ₩10,000의 지출을 현금으로 지급하였다. 기계장치의 잔존내용연수는 4년, 잔존가치는 ₩0, 감가상각방법은 정액법이다. ₩10,000의 지출에 대해서 회사가 다음과 같이 처리한 뒤 오류를 X3년말에 발견하였다면, 각 상황에 해당하는 오류수정분개를 하시오.
> 상황 1. ₩10,000이 자본적지출이지만 지출 시 수선비로 계상한 경우
> 상황 2. ₩10,000이 수익적지출이지만 지출 시 기계장치의 장부금액에 가산한 뒤 감가상각한 경우

STEP 1 연도별 손익 변동표 그리기

		X1	X2	X3	X4
상황1	올바른	(2,500)	(2,500)	(2,500)	(2,500)
	수정 전	(10,000)	–	–	–
	(1)자산화	10,000			
	(2)감가상각	(2,500)	(2,500)	(2,500)	(2,500)
상황2	올바른	(10,000)	–	–	–
	수정 전	(2,500)	(2,500)	(2,500)	(2,500)
	(1)비용화	(10,000)			
	(2)감가상각	2,500	2,500	2,500	2,500

정책변경, 자동조정오류, 비자동조정오류 모두 손익변동표를 먼저 그리는 것은 동일하다. 다만, 앞서 배운 정책변경과 자동조정오류는 손익이 바로 다음 기에 부호만 반대로 상쇄되면서 오류를 조정하지 않더라도 2년 후에는 오류가 자동으로 조정된다. 하지만 비자동조정오류는 다음 기가 아니라 해당 자산·부채가 제거될 때 완전히 조정된다.

예제의 경우 오류를 직접 조정하지 않으면 기계장치의 내용연수가 4년이므로 4년이 지난 X5년부터 오류가 자동으로 조정된다. 따라서 내용연수 이전에 오류 사항을 발견한 경우 수정분개를 통해 직접 조정해주어야 한다. 이러한 이유로 '비자동'조정오류라고 부르는 것이다.

(1) 지출 시점: 자산화 or 비용화하기

유형자산과 관련된 지출이 발생했을 때 자본적지출이라면 자산으로 계상하고, 수익적지출이라면 비용으로 계상해야 한다.

① 상황 1: 자본적지출을 비용으로 계상했기 때문에 비용을 부인하면서 자산으로 계상해야 한다. 자산화를 통해 X1년 당기손익은 10,000 증가한다.

② 상황 2: 수익적지출을 자산으로 계상했기 때문에 자산을 감소시키면서 비용으로 계상해야 한다. 비용화를 통해 X1년 당기손익은 10,000 감소한다.

(2) 지출 이후: 감가상각비 조정

지출 이후에는 매년 감가상각비를 조정해야 한다. 자본적지출이라면 감가상각비를 인식해야 되고, 수익적지출이라면 감가상각비를 인식하면 안 된다.

① 상황 1: 매년 감가상각비를 인식하지 않고 지출 시 전부 비용으로 인식했기 때문에 매년 감가상각비를 인식해주어야 한다. 매년 인식할 감가상각비는 2,500(=10,000/4)이다.

② 상황 2: 감가상각비를 인식하면 안되는데 감가상각비를 인식했기 때문에 매년 감가상각비를 부인해주어야 한다. 매년 부인할 감가상각비는 2,500(=10,000/4)이다.

③ 잔존가치: 감가상각비 조정 시 잔존가치는 무시하자. 비자동조정오류 문제에서 상황에 따라 잔존가치를 고려해야 될 수도, 무시해야 될 수도 있는데, 잔존가치를 고려해야 하는 상황으로 출제될 가능성은 정말 희박하다. 그리고 무엇보다 애초에 비자동조정오류 문제에서는 잔존가치를 0으로 제시한다. 못 믿겠는 수험생은 뒤에 수록된 기출문제들을 확인해 보시길, 모든 문제가 잔존가치를 0으로 제시하였다.

STEP 2 금액 효과 구하기

		X1	X2	X3	
상황1	(1)자산화	10,000			→ 기계장치
	(2)감가상각	(2,500)	(2,500)	(2,500)	→ 감가상각누계액
		기초 이익잉여금		당기손익	

		X1	X2	X3	
상황2	(1)비용화	(10,000)			→ 기계장치
	(2)감가상각	2,500	2,500	2,500	→ 감가상각누계액
		기초 이익잉여금		당기손익	

(1) 당기순이익: 해당 연도만 세로로 더하기

(2) 이익잉여금: 당기순이익의 누적액

당기순이익이나 이익잉여금을 묻는다면 앞서 소급법 풀이법에서 배운대로 답하면 된다. 당기순이익은 해당 연도만 세로로 더하면 되고, **이익잉여금은 당기순이익의 누적액이다.**

		X1	X2	X3
상황1	당기순이익에 미치는 영향	7,500	(2,500)	(2,500)
	기말 이익잉여금에 미치는 영향	7,500	5,000	2,500
상황2	당기순이익에 미치는 영향	(7,500)	2,500	2,500
	기말 이익잉여금에 미치는 영향	(7,500)	(5,000)	(2,500)

(3) 감가상각비: '감가상각' 항목 오른쪽, 당기 아래에 기록된 금액.

감가상각비는 '감가상각' 항목 오른편, 당기 아래에 기록된 금액으로 답하면 된다. 이때 자산화/비용화 오른편에 있는 변동분은 무시한다. 상황 1은 매년 감가상각비를 2,500씩 증가시키며, 상황 2는 매년 감가상각비를 2,500씩 감소시킨다.

(4) 감가상각누계액: 감가상각비의 누적액

감가상각누계액은 감가상각비의 누적액이다. 연도별로 인식한 감가상각비를 누적으로 더하면 된다.

		X1	X2	X3
상황1	감가상각비에 미치는 영향	2,500	2,500	2,500
	기말 감가상각누계액에 미치는 영향	2,500	5,000	7,500
상황2	감가상각비에 미치는 영향	(2,500)	(2,500)	(2,500)
	기말 감가상각누계액에 미치는 영향	(2,500)	(5,000)	(7,500)

(5) 손익변동표의 부호에 대한 이해

손익변동표 부호 그대로	손익변동표 부호와 반대로
자산(유형자산), 자본(이익잉여금), 수익	부채(감누), 비용(감가상각비)

손익변동표에 표시된 금액에는 양수도 있고, 음수도 있다. 이 금액을 가로로도 읽고, 세로로도 읽으면서 다양한 계정과목의 증감을 분석한다. 이때, 손익변동표에 표시된 금액 그대로 반영하는 경우도 있고, 부호를 반대로 반영하는 경우도 있다.

손익변동표는 '이익(=수익−비용)'을 기준으로 표시한 표라는 것을 기억하면 부호를 헷갈리지 않을 것이다. 이익과 비례하는 자산, 자본, 수익은 부호를 그대로 반영하지만, 이익과 반비례하는 부채, 비용은 부호를 반대로 반영해야 한다. 예를 들어, 손익변동표에 표시된 '2,500'은 당기순이익과 이익잉여금의 2,500 증가를 의미하지만, 감가상각비와 감가상각누계액의 2,500 감소를 의미한다.

STEP 3 회계처리

위에서 구한 금액에 미치는 영향을 묻는 문제도 출제되지만, 비자동조정오류에서는 회계처리를 묻는 문제가 많이 출제된다. 위에서 구한 개별 금액들을 분개로 옮기기만 하면 된다.

이때, 이익잉여금을 주의하자. X3년도 회계처리 시에는 아직 X3년도 손익이 마감되기 전이다. **회계처리에 표시되는 이익잉여금은 기초 이익잉여금을 의미한다.** 손익 변동표에서 '기초 이익잉여금'에 해당하는 금액으로 회계처리하면 된다.

|X3말 수정분개|

상황1	(차)	① 기계장치	10,000	(대)	② 감가상각누계액	7,500
		③ 감가상각비	2,500		④ 이익잉여금	5,000

① X1년 자산화로 인한 기계장치 증가이다.

② X3년말 감가상각누계액은 7,500 증가한다.

③ 손익변동표에서 X3 아래에 있는 당기손익 항목은 감가상각비뿐이다. 감가상각비를 2,500 인식한다.

④ X2년까지 변동분의 누적액을 모두 더하면 5,000이다. 이익잉여금을 5,000 증가시키면 대차가 일치하면서 수정분개가 완료된다.

상황2	(차)	② 감가상각누계액	7,500	(대)	① 기계장치	10,000
		④ 이익잉여금	5,000		③ 감가상각비	2,500

① X1년 비용화로 인한 기계장치 감소이다.

② X3년말 감가상각누계액은 7,500 감소한다.

③ 손익변동표에서 X3 아래에 있는 당기손익 항목은 감가상각비뿐이다. 감가상각비를 2,500 부인한다.

④ X2년까지 변동분의 누적액을 모두 더하면 (5,000)이다. 이익잉여금을 5,000 감소시키면 대차가 일치하면서 수정분개가 완료된다.

13

비자동조정오류 - 상각자산 심화

01 다음은 ㈜한국의 비품과 관련된 내용이다. 오류수정 분개로 옳은 것은? 2013. 국가직 9급

> ㈜한국은 2011년 1월 1일 비품에 대해 수선비 ₩10,000을 비용으로 회계처리 했어야 하나 이를 비품의 장부가액에 가산하여 정액법으로 상각하였다. 2011년 1월 1일 수선비 지출시 비품의 잔여 내용연수는 5년이고 잔존가치는 없다. 2013년도 재무제표 마감 전 수선비 지출에 대한 오류가 발견되었다. (단, 법인세효과는 무시하며 해당 비품의 최초 취득원가는 ₩500,000이다)

① (차) 이익잉여금   ₩10,000   (대) 비품   ₩10,000
      감가상각누계액   ₩6,000   감가상각비   ₩6,000

② (차) 이익잉여금   ₩10,000   (대) 비품   ₩10,000
      감가상각누계액   ₩2,000   감가상각비   ₩2,000

③ (차) 이익잉여금   ₩4,000   (대) 비품   ₩10,000
      감가상각누계액   ₩6,000

④ (차) 이익잉여금   ₩6,000   (대) 비품   ₩10,000
      감가상각누계액   ₩6,000   감가상각비   ₩2,000

 해설

회사는 수선비를 비용처리했어야 하나, 자산화했으므로 11년에 ₩10,000을 비용화한다. 그 이후, 문제 조건에 따라 매년 ₩2,000(=10,000/5)씩 감가상각했을 것이다. ₩10,000은 전부 11년에 비용화 되었어야 하므로 내용연수 5년에 걸쳐 2,000씩 감가상각비를 부인한다. 이때, 비품의 취득원가와 잔존가치는 고려할 필요가 없다. 수정분개는 회사의 회계처리와 올바른 회계처리의 '차이'를 조정하는 것이므로 10,000만 조정하면 된다.

	11	12	13	
(1) 비용화	(10,000)			→ 비품
(2) 감가상각	2,000	2,000	2,000	→ 감가상각누계액
	기초 이익잉여금		당기손익	

(차) 감가상각누계액   6,000   (대) 비품   10,000
     이익잉여금   6,000   감가상각비   2,000

비품: 10,000 감소
감가상각누계액: 6,000 감소 (자산이 증가하므로 감가상각누계액은 감소한다.)
기초 이익잉여금: (−)10,000 + 2,000 + 2,000 = (−)6,000
감가상각비: 2,000 감소 (당기손익이 증가하므로 비용인 감가상각비는 감소한다.)

답 ④

02 ㈜서울은 20X1년 초에 기계장치에 대한 수선비 ₩30,000을 기계장치에 대한 자본적지출로 처리하면서, 잔존내용연수 5년, 잔존가액 ₩0, 정액법으로 감가상각하는 오류를 범하였다. 또한 20X1년 초에 취득한 비품 ₩20,000을 자산으로 인식하지 않고 당기소모품비로 처리했는데, 동 비품은 잔존내용연수 4년, 잔존가액 ₩0, 정액법으로 감가상각했어야 옳았다. 다음 중 두 오류의 수정이 20X2년 순이익에 미치는 영향으로 옳은 것은? (단, 이러한 오류는 중대하며 20X2년도 장부는 마감되지 않은 상태이다.) 2017. 서울시 9급 심화

① ₩1,000 증가　　　　　　② ₩1,000 감소
③ ₩11,000 증가　　　　　　④ ₩11,000 감소

 해설

		X1	X2	
기계장치	(1) 비용화	(30,000)		→ 기계장치
	(2) 감가상각	6,000	6,000	→ 감가상각누계액
비품	(1) 자산화	20,000		→ 비품
	(2) 감가상각	(5,000)	(5,000)	→ 감가상각누계액

X2년도 순이익에 미치는 영향: 6,000 − 5,000 = 1,000 증가
• 기계장치 감가상각비 감소액: 30,000/5 = 6,000
• 비품 감가상각비 증가액: (20,000 − 0)/4 = 5,000
회사는 비품에 대한 감가상각비를 인식하지 않았기 때문에 감가상각비를 직접 계산해서 인식해주어야 한다.

|X2년도 회계처리|
(차) 감가상각누계액　　　12,000　　　　(대) 기계장치　　　　　　30,000
　　이익잉여금　　　　　24,000　　　　　　감가상각비　　　　　6,000
(차) 비품　　　　　　　　20,000　　　　(대) 감가상각누계액　　　10,000
　　감가상각비　　　　　5,000　　　　　　이익잉여금　　　　　15,000

답 ①

13

03 다음 ㈜한국의 재무자료를 이용하여 계산한 2012년의 당기순이익은? 2012. 관세직 9급 [심화]

- 2012년의 수정 전 당기순이익은 ₩46,000이다.
- 기말에 발견된 오류는 다음과 같다.
  - 기말재고자산을 ₩10,000 과대계상하였다.
  - 선급비용 ₩5,000을 당기비용으로 처리하였다.
  - 미지급비용 ₩3,000을 누락하였다.
  - 2012년 초에 현금으로 지급한 기계장치에 대한 자본적 지출액 ₩20,000을 수선비로 처리하였다.
  - 기계장치의 잔존가치는 없으며, 내용연수는 2012년 초부터 시작하여 5년이며, 정액법으로 감가상각한다.
  - 법인세는 무시하며, 모든 오류는 중대하다고 가정한다.

① ₩50,000 ② ₩54,000
③ ₩58,000 ④ ₩64,000

해설

수정 전 NI	46,000
기말 재고자산	(10,000)
선급비용	5,000
미지급비용	(3,000)
자본적 지출	20,000
− 감가상각	20,000 × 1/5 = (4,000)
수정 후 NI	54,000

|기계장치 분석|

	12	
(1) 자산화	20,000	→ 기계장치
(2) 감가상각	(4,000)	→ 감가상각누계액

자본적 지출을 비용화했으므로 자산화한 뒤, 내용연수가 5년이므로 4,000(= 20,000/5)을 감가상각비로 인식한다.

답 ②

04 ㈜서울은 2015년 설립되었으며 2016년에 장부를 마감하기 전에 외부감사를 받는다. ㈜서울이 감사를 받기 위해 감사인에게 제출한 손익계산서상 당기순이익은 다음과 같다.

	2015	**2016**
수정 전 당기순이익	₩100,000	₩150,000

한편, 외부감사인은 감사과정에서 〈보기〉와 같은 오류를 발견하였다. ㈜서울의 2016년 오류수정 후 당기순이익은 얼마인가? (단, 모든 오류는 중요한 오류이며 법인세는 없다고 가정한다.)

2016. 서울시 7급 수정 **심화**

〈보기〉

2015년 발생 오류
- 기말 재고자산이 ₩10,000 과대계상됨
- 2015.1.1.에 기계장치에 대한 자본적 지출액 ₩20,000을 현금으로 지출하고 전액 수선비로 계상함(기계장치의 잔존내용연수는 5년, 잔존가치는 ₩0, 감가상각방법은 정액법임)
- 2015.7.1.에 1년분 보험료 ₩6,000을 지출하면서 전액 비용처리하고 기말에 별도의 수정분개를 하지 않음

2016년 발생 오류
- 미지급광고비 ₩5,000을 인식하지 않음
- 기타포괄손익 – 공정가치 측정 금융자산평가이익 ₩2,000을 인식하지 않음
- 자기주식처분이익 ₩4,000을 과대계상함
---

① ₩145,000   ② ₩148,000   ③ ₩152,000   ④ ₩154,000

해설

	15	16
수정 전 NI	100,000	150,000
15 재고	(10,000)	10,000
자산화	20,000	
감가상각	(4,000)	(4,000)
선급보험료	3,000	(3,000)
미지급광고비		(5,000)
수정 후 NI	109,000	148,000

금융자산 평가이익은 OCI이고, 자기주식처분이익은 자본잉여금 항목이기 때문에 당기순이익에 미치는 영향이 없다.

|X2년도 기계장치 회계처리|

(차) 기계장치	20,000	(대) 감가상각누계액	8,000
감가상각비	4,000	이익잉여금	16,000

답 ②

05 ㈜한국은 2009년도 장부의 마감 전에 다음과 같은 오류를 발견하였다.

> • 2009년 1월 1일 기계장치를 취득하면서 취득세 ₩800,000을 수익적지출로 회계처리
> • 2009년 1월 1일 차량에 대한 일상적인 수선비 ₩400,000을 자본적지출로 회계처리

이러한 회계처리 오류가 2009년도 법인세비용 차감전 순이익에 미치는 영향은? (단, 차량 및 기계장치의 감가상각방법은 정률법이며 상각률은 40%로 동일하다) 2010. 국가직 7급 [심화]

① ₩160,000 과대계상   ② ₩240,000 과소계상
③ ₩320,000 과대계상   ④ ₩480,000 과소계상

해설

	09
취득세	800,000
상각	(320,000)
수선비	(400,000)
상각	160,000
계	240,000

(1) 취득세
취득세는 취득원가에 가산해야 하는 항목인데 회사가 수익적지출로 비용처리했기 때문에 자산화해야 한다. 그 이후에 회사가 감가상각하지 않았으므로, 감가상각비(800,000 × 40% = 320,000)를 인식한다.

(2) 수선비
'일상적인' 수선비는 수익적 지출인데 회사가 자본적지출로 회계처리했기 때문에 지출 시 전액 비용화해야 한다. 하지만 회사는 자산화한 뒤, 감가상각하였으므로 감가상각비(400,000 × 40% = 160,000)를 부인한다.

(3) 오류가 순이익에 미치는 영향
오류를 수정하면 순이익이 240,000 증가하므로 '오류가 순이익에 미치는 영향'은 240,000 과소계상이다. 문제에서 법인세에 대한 언급이 없으므로, 법인세비용차감전순이익에 미치는 영향이 당기순이익에 미치는 영향과 동일하다. 공무원 회계학에 출제되는 오류수정 문제에서는 법인세 효과를 고려하지 않으므로 문제에서 '법인세비용차감전순이익'에 미치는 영향을 묻는다면 당기순이익에 미치는 영향과 같은 의미라고 생각하면 된다.

답 ②

06 ㈜서울의 20X3년도 재무제표에는 〈보기〉와 같은 오류가 포함되어 있다. 오류수정 전 ㈜서울의 20X3년 말 이익잉여금이 ₩67,000일 때, 오류수정의 영향을 모두 반영한 ㈜서울의 20X3년 말 이익잉여금은? (단, 오류는 모두 중대하며, 법인세는 없다.) 2019. 서울시 9급 **심화**

─── 〈보기〉 ───

(가) 20X2년 말 재고자산 과대계상 ₩30,000,　　20X3년 말 재고자산 과대계상 ₩20,000
(나) 20X1년 초에 비용으로 인식했어야 할 수선비 ₩8,000을 기계장치의 장부금액에 가산(20X1년 초 현재 기계장치의 잔존 내용연수는 4년, 잔존가치 없이 정액법 상각)

① ₩41,000　　　　　　　　　　② ₩43,000
③ ₩45,000　　　　　　　　　　④ ₩47,000

해설

(나) 회사는 수선비를 비용처리했어야 하나, 자산화했으므로 X1년에 ₩8,000을 비용화한다. 그 이후, 문제 조건에 따라 매년 ₩2,000씩 감가상각했을 것이다. ₩8,000은 전부 X1년에 비용화 되었어야 하므로 그동안 인식한 감가상각비를 부인한다.

	X1	X2	X3	
X2 재고자산		(30,000)	30,000	
X3 재고자산			(20,000)	
자산화	(8,000)			→ 기계장치
감가상각	2,000	2,000	2,000	→ 감가상각누계액
		기초 이익잉여금	당기손익	
	기말 이익잉여금			

기말 이익잉여금에 미치는 영향: − 30,000 + 30,000 − 20,000 − 8,000 + 2,000 + 2,000 + 2,000
　　　　　　　　　　　　　　= − 22,000
올바른 기말 이익잉여금: 67,000 − 22,000 = 45,000

|X3년말 회계처리|

(차) 이익잉여금	30,000	(대) 매출원가	30,000
매출원가	20,000	재고자산	20,000
(차) 감가상각누계액	6,000	(대) 기계장치	8,000
이익잉여금	4,000	감가상각비	2,000

회계처리 상의 이익잉여금과 손익계정을 전부 더하면 기말 이익잉여금에 미치는 영향을 구할 수 있다.

답 ③

13

자동조정오류-회계처리

07 12월 말 결산법인인 ㈜한국은 당기와 전기금액을 비교표시하는 형태로 재무제표를 작성하고 있다. ㈜한국은 2011년 급여 ₩20,000에 대한 회계처리를 누락하고, 2011년도 결산이 마무리 된 후인 2012년 6월 30일에 급여를 지급하여 비용으로 계상하였다. ㈜한국이 2012년 11월 1일에 이러한 오류를 발견하였다면, 전기오류수정을 위한 회계처리로 옳은 것은?

2012. 국가직 9급

① (차변) 급여   ₩20,000   (대변) 현금   ₩20,000
② (차변) 이익잉여금 ₩20,000   (대변) 급여   ₩20,000
③ (차변) 급여   ₩20,000   (대변) 이익잉여금 ₩20,000
④ (차변) 미지급급여 ₩20,000   (대변) 급여   ₩20,000

 해설

11	12(당기)
① (20,000)	② 20,000 → ③ 미지급급여
기초 이잉	당기손익

| 수정분개 |

(차)   ① 이익잉여금   20,000   (대)   ② 급여   20,000

① 12년이 당기이므로, 11년까지의 손익 변동은 11년 말(=12년 초) 이잉에 반영된다. (20,000)이므로 이 잉은 20,000 감소한다.

② 당기손익이 20,000 증가한다. 관련된 손익이 급여뿐이므로, 급여를 조정해야 한다. 급여는 비용이므로 급여를 20,000 부인해야 한다. 손익변동표에 '2,500'이 표시되었을 때 감가상각비를 2,500 부인하는 것과 같은 원리이다.

③ 손익의 누적분은 자산, 부채로 표시된다. 마치 감가상각비의 누적액을 감가상각누계액으로 표시한 것과 같은 원리이다. 본 예제에서 급여와 관련된 자산, 부채로는 미지급급여가 있다. 하지만 11년에 (20,000), 12년에 20,000이 표시되어 있으므로 누적으로 더하면 미지급급여의 변동은 없다. 따라서 수정분개에 미지급급여는 계상되지 않는다.

위 설명이 이해가 안 된다면 본 예제는 넘어가자. 10년도 더 된 과거 문제이고, 이제 자동조정오류의 수정분개는 출제되지 않고 있다.

답 ②

회계변경 및 오류수정 말문제 대비용 기타 사항

회계변경과 오류수정은 대부분 계산문제로 출제된다. 말문제는 출제 빈도가 높지 않으니 지엽적으로 공부하지 않을 학생은 넘겨도 좋다.

1. 회계정책의 변경과 회계추정의 변경을 구분하는 것이 어려운 경우 추정의 변경으로 본다. ★중요!

구분		처리방법
회계변경	회계추정의 변경	전진법
	회계정책의 변경	소급법

회계정책의 변경과 회계추정의 변경을 구분하는 것이 어려운 경우 이를 추정의 변경으로 본다. 구분이 어려울 때마다 회계정책의 변경으로 보게 되면 재무제표를 소급 재작성해야 하는 번거로움이 있기 때문에 추정의 변경으로 보아 전진법을 적용한다.

이와 비슷한 내용으로, 무형자산에서 연구단계와 개발단계를 구분하는 것이 어려운 경우 연구단계로 본다는 것을 배운 바 있다. 두 내용 모두 중요한 내용이니 반드시 기억하자.

2. 정책변경 vs 추정변경 사례 심화

다음은 정책변경과 추정변경에 해당하는 사례이다. 중요한 내용은 아니므로 애써서 외울 필요까지는 없고, 설명을 듣고 이해하면 된다.

(1) 회계정책의 변경	(2) 회계추정의 변경
① 재고자산 원가흐름의 가정 변경 ② 측정기준의 변경 　㉠ 유형자산: 원가모형 ↔ 재평가모형 　㉡ 투자부동산: 원가모형 ↔ 공정가치모형	① 감가상각자산의 내용연수 ② 재고자산 진부화 ③ 금융자산의 공정가치 ④ 대손

(1) 회계정책의 변경: 기업이 적용하던 회계정책을 바꾸는 것

회계정책은 회사가 '정하는'것이다. 대표적인 예가 재고자산 원가흐름의 가정 변경이다. 회사는 선입선출법, 총평균법, 이동평균법 등을 '선택'할 수 있다.

측정기준의 변경 또한 회계정책의 변경에 해당한다. 측정기준은 개념체계에서 배웠던 역사적원가, 공정가치 등을 말한다. 측정기준의 변경은 평가모형의 변경과 같다고 이해하면 된다. 어느 기준으로 측정하는지 결정하는 것이 평가모형이기 때문이다. 유형자산 평가모형을 원가모형과 재평가모형 사이에서 바꾸는 것, 투자부동산 평가모형을 원가모형과 공정가치모형 사이에서 바꾸는 것이 측정기준의 변경에 해당한다.

(2) 회계추정의 변경: 이전에 추정했던 사항들이 새로운 정보나 상황에 따라 변경되는 것

회계추정은 회사가 '예측'한 것이다. 대표적인 예가 감가상각요소(내용연수, 잔존가치 등)의 변경이다. 해당 자산을 몇 년 쓸지, 다 썼을 때 얼마의 가치가 남아있을지 회사가 합리적으로 '추정'하는 것이다.

나머지 항목들도 회사가 추정한 사항들이 바뀌는 것에 해당한다. 재고자산은 저가법 평가를 하는데, 순실현가능가치(NRV)가 하락하게 되면 평가손실을 인식한다. 순실현가능가치는 회사가 정하는 것이 아니라, 해당 시점에 추정하는 것이다. 금융자산의 공정가치도 마찬가지이다. 공정가치는 회사가 정하는 것이 아니라, 시장에서 결정되는 것이다. 대손가능성 또한 채무자의 대금 지급 가능성을 추정하는 것이지, '돈을 갚을 수 없는 사람'으로 회사가 정하는 것이 아니다.

3. 회계정책의 변경에 해당하지 않는 사항

> (1) 과거에 발생한 거래와 실질이 다른 거래에 대하여 다른 회계정책을 적용하는 경우
> (2) 과거에 발생하지 않았거나 발생하였어도 중요하지 않았던 거래에 대하여 새로운 회계정책을 적용하는 경우

위 두 경우는 회계정책 변경에 해당하지 않는 경우들이다. 요약하면 1)과거와 다른 거래, 2)과거에 발생하지 않은 거래에 새로운 정책을 적용하는 것은 정책변경이 아니라는 것이다. 변경은 기존의 것을 '바꾸는'것인데, 과거에 없던 것을 적용하는 것이므로 변경이 아니라고 이해하면 된다. 기준서에는 이처럼 회계정책의 변경에 '해당하지 않는 사항'만 나열하고 있으므로, 정확히 '어떤 사항들이 정책변경에 해당하지 않는지'까지는 몰라도 된다. 앞서 배운 '2. 회계정책의 변경'의 구체적인 사례가 등장하지 않는 한 정책 변경에 해당하지 않는다는 것만 기억하면 문제를 풀 수 있다.

4. 소급적용의 제한: 적용가능한 때까지 소급적용

> (1) 정책변경: 회계정책변경의 영향을 실무적으로 결정할 수 없는 경우, 소급적용의 누적효과를 실무적으로 적용가능한 최초 회계기간까지 소급적용하도록 한다.
> (2) 오류수정: 전기오류는 오류의 영향을 실무적으로 결정할 수 없는 경우, 실무적으로 적용가능한 가장 이른 회계기간까지 소급적용하도록 한다.

회계정책의 변경과 오류수정은 모두 소급법을 적용한다. 하지만 그 적용에 제한이 있을 수 있다. 이런 경우 적용 가능한 가장 이른 기간까지 소급적용한다. 위 두 문장은 기준서 원문이다. 두 문장 모두 '소급 적용하되, 못하겠으면 할 수 있을 때까지 최대한 해봐라'라고 기억하자.

01 회계변경을 회계정책의 변경과 회계추정의 변경으로 분류할 때, 그 분류가 다른 것은?

2017. 국가직 9급

① 감가상각자산의 감가상각방법을 정률법에서 정액법으로 변경
② 감가상각자산의 내용연수를 10년에서 15년으로 변경
③ 감가상각자산의 잔존가치를 취득원가의 10%에서 5%로 변경
④ 감가상각자산의 측정모형을 원가모형에서 재평가모형으로 변경

①~③은 감가상각요소(상각방법, 내용연수, 잔존가치)를 바꾸는 회계추정의 변경이지만, ④는 측정모형 자체를 바꾸는 회계정책의 변경이다.

目 ④

02 회계정책의 변경에 해당하지 않는 것은?

2017. 국가직 7급

① 유형자산 감가상각방법을 정액법에서 정률법으로 변경
② 투자부동산 평가방법을 원가모형에서 공정가치모형으로 변경
③ 재고자산 측정방법을 선입선출법에서 평균법으로 변경
④ 유형자산 평가방법을 원가모형에서 재평가모형으로 변경

① 감가상각요소의 변경은 회계정책의 변경이 아닌 회계추정의 변경에 해당한다.
수험 목적상으로는 '감가상각 변경만' 회계추정의 변경, 나머지는 전부 회계정책의 변경에 해당한다고 기억하더라도 무방하다.

目 ①

03 회계정책, 회계추정의 변경, 오류의 수정에 대한 설명으로 옳지 않은 것은? 2020. 지방직 9급

① 회계정책의 변경은 특정기간에 미치는 영향이나 누적효과를 실무적으로 결정할 수 없는 경우를 제외하고는 소급적용한다.

② 회계정책의 변경과 회계추정의 변경을 구분하는 것이 어려운 경우에는 이를 회계정책의 변경으로 본다.

③ 측정기준의 변경은 회계추정의 변경이 아니라 회계정책의 변경에 해당한다.

④ 전기오류는 특정기간에 미치는 오류의 영향이나 오류의 누적효과를 실무적으로 결정할 수 없는 경우를 제외하고는 소급재작성에 의하여 수정한다.

② 회계정책의 변경과 회계추정의 변경을 구분하는 것이 어려운 경우에는 회계추정의 변경으로 본다.

답 ②

04 기업회계기준서 제1008호 '회계정책, 회계추정의 변경 및 오류'에 대한 설명으로 옳은 것은? 2015. 국가직 7급

① 회계정책의 변경은 특정기간에 미치는 영향이나 누적효과를 실무적으로 결정할 수 없는 경우를 제외하고는 소급적용한다.

② 과거에 발생하지 않았거나 발생하였어도 중요하지 않았던 거래, 기타 사건 또는 상황에 대하여 새로운 회계정책을 적용하는 경우는 회계정책의 변경에 해당된다.

③ 소급법은 재무제표의 신뢰성은 유지되지만 비교가능성이 상실된다.

④ 회계정책의 변경과 회계추정의 변경을 구분하기가 어려운 경우에는 이를 회계정책의 변경으로 본다.

② 해당 내용은 회계정책의 변경에 해당하지 않는 경우이다.

③ 재무제표를 소급 작성하면 비교가능성이 제고되지만, 신뢰성은 유지되지 않는다. 소급 적용 시 회사 스스로 '전기 재무제표가 잘못되었음'을 인정하는 것이기에, 정보이용자들은 재무제표를 신뢰하기 어려워진다.

④ 정책변경과 추정변경을 구분하기 어려운 경우, '추정'변경으로 본다.

답 ①

05 회계정책이나 회계추정의 변경과 관련된 설명으로 옳지 않은 것은? 2014. 국가직 7급 수정

① 측정기준의 변경은 회계추정의 변경이 아니라 회계정책의 변경에 해당한다.

② 유형자산에 대한 감가상각방법의 변경은 회계추정의 변경으로 간주한다.

③ '일반적으로 인정되는 회계원칙'이 아닌 회계정책에서 '일반적으로 인정되는 회계원칙'의 회계정책으로의 변경은 오류수정이다.

④ 과거에 발생한 거래와 실질이 다른 거래에 대하여 다른 회계정책을 적용하는 경우는 회계정책의 변경에 해당된다.

③ 문제에서 언급하고 있는 '일반적으로 인정되는 회계원칙'이 아닌 회계정책은 회계원칙을 위배한 회계정책이므로 오류이다. 이를 회계원칙에 맞게 변경하는 것은 오류 수정이다.

④ 해당 내용은 회계정책의 변경에 해당하지 않는 경우이다.

目 ④

---

06 회계정책, 회계추정의 변경 및 오류에 대한 다음 설명 중 옳지 않은 것은? 2018. CPA 수정

① 전기오류의 수정은 오류가 발견된 기간의 당기손익으로 보고한다.

② 전기오류는 특정기간에 미치는 오류의 영향이나 오류의 누적효과를 실무적으로 결정할 수 없는 경우를 제외하고는 소급재작성에 의하여 수정한다.

③ 회계정책의 변경과 회계추정의 변경을 구분하는 것이 어려운 경우에는 회계추정의 변경으로 본다.

④ 과거에 발생하였지만 중요하지 않았던 거래, 기타 사건 또는 상황에 대하여 새로운 회계정책을 적용하는 경우는 회계정책의 변경에 해당하지 않는다.

전기오류수정손익은 오류를 발견한 기간의 손익으로 인식하는 것이 아니라, 이익잉여금으로 조정한다.

目 ①

5. 유·무형자산의 평가모형 변경 (심화)

Before	After	처리	비고
투부 원가모형	투부 공정가치모형	소급법	정책 변경의 원칙
유·무형 재평가모형	유·무형 원가모형		
유·무형 원가모형	유·무형 재평가모형	전진법	소급법 면제 (혜택)

(1) 투자부동산 원가모형 → 공정가치 모형 & 유무형자산 재평가모형 → 유무형자산 원가모형
   : 소급 재작성 (원칙)

원칙적으로 정책변경은 소급법을 적용해야 한다. 측정기준(=평가방법)의 변경은 정책변경에 해당
하므로 원칙대로 소급법을 적용한다.

(2) 유·무형자산 원가모형 → 유·무형자산 재평가모형: 소급법 면제 (혜택)

유·무형자산에 대해 원가모형을 적용하다가 최초로 재평가모형을 적용하는 경우 소급법을 면제
해주고 있다. 평가모형을 변경하는 것은 회계정책의 변경에 해당하므로 원칙적으로는 소급법을
적용해야 하나, 재평가모형이 더욱 신뢰성 있는 방법이기에, 재평가모형을 장려하기 위해 기준서
에서 혜택을 준 것으로 기억하자.

01 유·무형자산의 재평가모형에 대한 설명으로 옳지 않은 것은? 2019. 지방직 9급

① 무형자산의 재평가모형에서 활성시장이 없는 경우 전문가의 감정가액을 재평가금액으로 할 수 있다.

② 자본에 계상된 재평가잉여금은 그 자산이 제거될 때 이익잉여금으로 직접 대체할 수 있다.

③ 재평가모형에서 원가모형으로 변경할 때 비교표시되는 과거기간의 재무제표를 소급하여 재작성한다.

④ 자산을 재평가하는 회계정책을 최초로 적용하는 경우의 회계정책 변경은 소급적용하지 않는다.

이 문제의 답은 ①번이었는데, 정말 지엽적인 문장이었다. ①번 문장을 기억할 필요는 없으며, 현장에서는 나머지 선지들이 맞는 문장이므로 ①번 정답으로 골라야 했다.

① 무형자산에 대해 재평가모형을 적용하는 경우 공정가치는 활성시장을 기초로 하여 결정한다. 재평가한 무형자산의 공정가치를 더 이상 활성시장을 기초로 하여 측정할 수 없는 경우에는 자산의 장부금액은 활성시장을 기초로 한 최종 재평가일의 재평가금액에서 이후의 상각누계액과 손상차손누계액을 차감한 금액으로 한다.

② 재평가모형 적용 시 재평가잉여금은 이익잉여금으로 직접 대체할 수 있다.

③ 재평가모형에서 원가모형으로 변경할 때 원칙대로 소급법을 적용한다.

④ 재평가모형을 최초로 적용하는 경우에는 소급법을 면제해준다. '재평가하는 회계정책'이라고 하였으므로 투자부동산의 공정가치모형이 아닌, 유형자산의 재평가모형을 의미한다.

답 ①

 이 장의 출제 뽀인트!

① 현금주의와 발생주의 간의 전환 ★중요!
② 영업활동 현금흐름-간접법 ★중요!
③ 영업활동 현금흐름-직접법 ★중요!
④ 투자 및 재무활동현금흐름

현금흐름표는 국가직, 지방직 모두 연평균 1문제 이상 출제되는 매우 중요한 주제이지만, 많은 수험생들이 어려워하는 주제이다. 위에 있는 3가지 주제 모두 자주 출제되는 주제이다. 반드시 많은 훈련을 통해 숙달할 수 있도록 하자. 이외에도 투자 및 재무활동현금흐름이 가끔 출제되었는데, 출제 빈도가 낮기 때문에 우선은 위에 있는 3가지 주제를 완벽히 대비하자.

14

현금흐름표

1 현금흐름의 구분

현금흐름표 상 현금흐름은 영업활동, 투자활동, 재무활동으로 구분된다. 각 활동이 어느 활동에 해당하는지 묻는 말문제가 종종 출제되므로, 아래 계정들이 어떤 활동에 해당하는지 반드시 기억하자.

	영업활동	투자활동	재무활동
I/S 항목	매출액 & 대손상각비 매출원가 급여, 판관비, 로열티	감가상각비 유형자산 처분손익	사채상환손익
B/S 항목	매출채권 & 대손충당금 매입채무 & 재고자산 단기매매증권	토지, 건물, 기계장치 등 유형자산, 무형자산 금융자산, 대여금	납입자본, 자기주식 차입금 및 사채
일반적 분류	이자수익, 이자비용, 배당금수익 법인세		배당금 지급

1. 영업활동: 매출 및 매입, 판매 및 관리 활동, 단기매매증권의 취득과 처분, 로열티

- 대부분의 계정은 영업활동으로 분류: 매출, 매입, 종업원 관련 계정 및 보험료, 임차료 등의 판관비
- 로열티: 계산문제에는 등장하지 않지만, 말문제에 자주 등장

단기매매증권이 영업활동인 이유: 재고자산과 유사하므로!

2. 투자활동: 유·무형자산 및 금융자산의 취득과 처분

- 투자활동: 유·무형자산 및 금융자산 등의 투자자산과 관련된 활동
- 대여금 지급/회수, 파생상품 관련 현금흐름 등

3. 재무활동: 주주와 채권자와 관련된 활동

- 주주와의 거래: 주식의 발행, 자기주식 거래, 배당 등
- 채권자와의 거래: 차입금 및 사채의 발행과 상환, 리스부채 상환 등

 **이연 항목의 활동 구분**

계정	활동	계정	활동	영업 대응 계정
선수수익	영업	선수금	영업	N/A
선급비용		선급금		
미수수익		미수금	비영업	매출채권
미지급비용		미지급금		매입채무

① '~수익', '~비용': 영업
② '~금': 선 영업, 미 비영업!

4. 이자수익, 이자비용, 배당금 수입, 배당금 지급: 회사가 선택하여 일관되게 적용 (IFRS)

K - IFRS: 이자 및 배당금과 관련된 현금흐름 구분은 회사가 선택하여 일관성 있게 적용
→문제에서 제시한 구분법을 따를 것!
문제에서 구분법을 언급하지 않았다면: 이자수취, 이자지급, 배당금수취는 영업활동으로, 배당금
지급만 재무활동으로 구분 (일반기업회계기준)

5. 법인세: 투자나 재무로 분류한다는 조건이 없다면 영업활동.

① '투자활동이나 재무활동과 명백하게 관련된 법인세 등의 납부는 없다.'	영업활동
② 법인세에 대한 언급이 전혀 없는 경우	
③ 문제에서 법인세를 재무나 투자활동으로 본다고 제시한 경우	문제의 조건에 따라 분류

K - IFRS: '법인세로 인한 현금흐름은 재무나 투자활동에 명백히 관련되지 않는 한 영업활동으로
분류한다.' → 대부분의 문제: ① 제시
② 법인세에 대한 아무런 언급이 없는 경우에도 영업활동으로 분류
문제에서 ③과 같이 제시하는 경우는 없으므로 법인세는 영업활동으로 보아도 무방

14

현금흐름의 구분

01 다음 중 현금흐름표에서 영업활동 현금흐름에 해당하는 것은? 2019. 서울시 9급 수정

① 제3자에 대한 대여금의 회수에 따른 현금유입
② 단기매매목적으로 보유하는 계약에서 발생하는 현금유입
③ 유형자산 및 무형자산의 취득에 따른 현금유출
④ 자기주식의 취득에 따른 현금유출

 해 설

①, ③은 투자활동으로, ④는 재무활동으로 분류한다.

답 ②

02 현금흐름표에 대한 설명으로 옳지 않은 것은? 2012. 계리사

① 이자지급, 이자수입 및 배당금 수입은 영업활동으로 인한 현금흐름으로 분류할 수 있다.
② 자기주식의 처분과 취득에서 발생하는 현금의 유입이나 유출은 재무활동으로 인한 현금흐름으로 분류한다.
③ 단기매매목적으로 보유하는 계약에서 발생하는 현금의 유입이나 유출은 투자활동으로 인한 현금흐름으로 분류한다.
④ 법인세로 인한 현금흐름은 별도로 공시하며, 재무활동과 투자활동에 명백히 관련되지 않는 한 영업활동 현금흐름으로 분류한다.

 해 설

단기매매목적으로 취득하는 금융자산의 현금 유출입은 영업활동으로 분류한다.
① K – IFRS에 따르면 회사가 선택하여 일관되게 적용하면 되므로, ①번과 같은 분류도 가능하다. 참고로, ①번 분류는 일반기업회계기준에 따른 분류이다.
④ 법인세로 인한 현금흐름은 별도로 공시한다는 것도 맞는 문장이니 참고하고 넘어가자.

답 ③

2 현금주의와 발생주의 간의 전환: 자산은 반대로, 부채는 그대로 ⭐중요!

현금흐름	=	NI	−	△자산	+	△부채

---

① B/S 식: 자산 = 부채 + 자본
② 증감으로 표현: △자산 = △부채 + △자본
③ 자산에서 현금만 분리: △현금 + △자산 = △부채 + △자본
④ △자본을 NI로 대체: △현금 + △자산 = △부채 + NI
⑤ 현금만 남기고 반대로: △현금 = NI − △자산 + △부채

---

① 재무상태표 항등식을 쓴 것이다.
② 재무상태표 항등식을 증감으로 표현한 것이다. △(세모)는 증감액(= 기말 − 기초)을 의미한다.
③ 우리는 현금의 변동이 알고 싶으므로 자산에서 현금만 분리한다. 이제부터 자산은 현금을 제외한 나머지 자산을 의미한다.
④ △자본을 NI로 대체한 식이다. 이 유형에서 자본거래는 없으며, 자본은 당기순이익으로 인해서만 변동한다.
⑤ 우리는 현금의 변동이 알고 싶으므로 현금만 남기고 나머지를 반대로 넘긴다.

1. 이연 항목들의 자산/부채 구분 방법: 계정의 의미를 생각해보자!

	의미	구분
미수수익	안 받은 돈	자산(반대로)
선수수익	먼저 받은 돈	부채(그대로)
미지급비용	안 준 돈	
선급비용	먼저 준 돈	자산(반대로)

현금흐름표 문제에서는 계정 과목이 자산인지, 부채인지 구분하는 것이 매우 중요하다. 하지만 막상 계정을 보면 바로바로 떠오르지 않는 때가 많다. 이때는 위 표에 적힌 계정의 의미를 생각해보자. 자산인지, 부채인지 쉽게 생각할 수 있을 것이다. '미'는 안 한 것, '선'은 먼저 한 것, '수'는 받은 돈, '급'은 준 돈을 뜻한다.

14

현금주의와 발생주의 간의 전환

01 ㈜한국의 2015년 기초와 기말 재무상태표에는 선급보험료가 각각 ₩24,000과 ₩30,000이 계상되어 있다. 포괄손익계산서에 보험료가 ₩80,000으로 계상되어 있다고 할 경우, 2015년에 현금으로 지급한 보험료는? 2015. 국가직 7급

① ₩56,000 ② ₩74,000

③ ₩80,000 ④ ₩86,000

 해설

현금흐름	=	NI	−	△자산	+	△부채
(86,000)	=	(80,000)		(6,000)		

답 ④

02 ㈜한국은 20X1년 직원들에게 ₩1,000의 급여를 현금 지급하였다. 20X1년 초 미지급급여가 ₩200, 20X1년 말 미지급급여가 ₩700이면 당기에 발생한 급여는? 2021. 지방직 9급

① ₩1,000 ② ₩1,200

③ ₩1,500 ④ ₩1,700

 해설

현금흐름	=	NI	−	△자산	+	△부채
(1,000)	=	(1,500)				500

답 ③

03 ㈜한국은 보험료 지급 시 전액을 자산으로 회계처리하며 20X1년 재무상태표상 기초와 기말 선급보험료는 각각 ₩200,000과 ₩310,000이다. 20X1년 중 보험료를 지급하면서 자산으로 회계처리한 금액이 ₩1,030,000이라면, 20X1년 포괄손익계산서상 보험료 비용은?

2022. 국가직 9급

① ₩520,000   ② ₩920,000

③ ₩1,030,000   ④ ₩1,140,000

해설

현금흐름	=	NI	−	△자산	+	△부채
(1,030,000)	=	(920,000)		(110,000) (선급보험료)		

회사는 보험료 지급 시 전액을 자산으로 회계처리하며, 20X1년 중 보험료를 지급하면서 자산으로 회계처리한 금액이 ₩1,030,000이다. 따라서 보험료 지급액은 ₩1,030,000이 된다.

|회계처리|

(차) 선급보험료   1,030,000   (대) 현금   1,030,000
(차) 보험료   920,000   (대) 선급보험료   920,000

기초 선급보험료가 200,000인 상황에서 1,030,000이 증가하므로, 기말 선급보험료를 310,000으로 만들기 위해서는 선급보험료를 920,000 감소시키면서 보험료(비용)를 920,000 인식해야 한다.

답 ②

04 기술용역과 기술자문을 수행하고 있는 ㈜한국의 1개월 동안의 현금주의에 의한 당기순이익(순현금유입액)은 ₩500,000이다. 3월 초와 말의 미수수익, 선수수익, 미지급비용 및 선급비용 내역이 다음과 같을 때 발생기준에 의한 당기순이익은? 2014. 국가직 7급

	3월 1일	3월 31일
미수수익(기술용역료)	₩53,000	₩48,000
선수수익(기술자문료)	65,000	35,000
미지급비용(일반관리비)	24,000	34,000
선급비용(급여)	21,000	36,000

① ₩530,000
② ₩525,000
③ ₩520,000
④ ₩470,000

해설

항목	기초	기말	증감
미수수익	₩53,000	₩48,000	− 5,000
선수수익	₩65,000	₩35,000	− 30,000
미지급비용	₩24,000	₩34,000	+ 10,000
선급비용	₩21,000	₩36,000	+ 15,000

현금흐름	=	NI	−	△자산	+	△부채
500,000	=	530,000		5,000 (미수수익) (15,000) (선급비용)		(30,000) (선수수익) 10,000 (미지급비용)

답 ①

1. 간접법 풀이법

> ① 현금흐름 = 당기순이익 – △자산 + △부채
> ② 영업활동 현금흐름 = 영업손익 – △영업 자산 + △영업 부채 … 직접법
> ③ 영업활동 현금흐름 = NI – 투자, 재무 손익 – △영업 자산 + △영업 부채 … 간접법

① 당기순이익을 현금흐름으로 전환하는 공식이다.

② ①번 식에서 영업과 관련된 계정만 사용하면 영업활동 현금흐름을 구할 수 있다. 이 방법은 영업손익에 영업 자산, 부채를 조정해서 현금흐름을 바로 구하는 방법이어서 직접법이라고 부른다.

③ 일반적으로는 영업손익을 바로 구하기보다는 당기순이익에서 출발해서 영업이 아닌 투자, 재무손익을 제거해서 영업손익을 구한다. 이를 간접법이라고 부른다.

> 간접법: NI(영업, 투자, 재무) – 투자, 재무 손익 – △영업 자산 + △영업 부채

STEP 1 투자, 재무 I/S 계정 부인

- NI에는 영업분만 아니라 투자, 재무 손익도 포함되어 있으므로 영업 현금흐름을 구하기 위해서는 투자, 재무 손익 부인
- 손익 계정이 보이면 영업인지, 비영업인지 구분한 뒤, 비영업인 경우 비용이면 가산해주어야 하고, 이익이면 차감

 **자본거래 손익과 기타포괄손익은 무시할 것!**

- 자본거래 손익(자기주식처분손익, 감자차손익 등)과 기타포괄손익(재평가잉여금, FVOCI금융자산 평가 손익 등): 문제에 있더라도 무시
- 영업현금흐름을 구하기 위해서는 투자와 재무의 'I/S'계정만 부인하므로, 자본거래 손익과 기타포괄손익은 부인 X

14

STEP 2 영업 관련 B/S 계정 증감: 자산은 반대로, 부채는 그대로

※주의 손익 계정은 '비영업'항목들을 제거하지만, 재무상태표 계정은 '영업'항목들을 인식하는 것임!

영업활동 현금흐름 간접법 – 당기순이익

01 ㈜한국의 20X1년도 현금흐름표는 간접법을 적용하였으며 그 결과 영업활동으로 인한 현금흐름은 ₩2,000,000이었다. 다음의 추가 자료를 이용하여 20X1년도 당기순이익을 계산하면 얼마인가?

2011. 국가직 7급

• 매출채권의 증가	₩50,000	• 재고자산의 증가	₩80,000
• 매입채무의 감소	₩50,000	• 미지급비용의 증가	₩40,000
• 감가상각비	₩50,000		

① ₩1,870,000   ② ₩2,090,000

③ ₩2,160,000   ④ ₩2,210,000

 해설

영업CF	=	NI	−	비영업 손익	−	△영업 자산	+	△영업 부채
2,000,000		2,090,000		50,000 감가상각비		(50,000) 매출채권 (80,000) 재고자산		(50,000) 매입채무 40,000 미지급비용

답 ②

02 ㈜한국은 내부보고 목적으로 현금기준에 따라 순이익을 산출한 후 이를 발생기준으로 수정하여 외부에 공시하고 있다. ㈜한국의 현금기준 순이익이 ₩55,000일 경우, 다음 자료를 토대로 계산한 발생기준 순이익은? (단, 법인세효과는 무시한다)   2016. 국가직 9급

〈재무상태표〉	기초금액	기말금액
매출채권	₩15,000	₩20,000
매입채무	₩25,000	₩32,000
미수수익	₩10,000	₩8,000
〈포괄손익계산서〉	당기발생금액	
감가상각비	₩3,000	

① ₩48,000　　　　　　　　② ₩54,000

③ ₩56,000　　　　　　　　④ ₩59,000

해설

CF	=	NI	−	비영업 손익	−	△자산	+	△부채
55,000		48,000		3,000 감가상각비		(5,000) 매출채권 2,000 미수수익		7,000 매입채무

감가상각비는 발생기준에서는 비용으로 인식하지만, 현금 지출을 동반하는 비용이 아니다. 따라서 현금기준 순이익을 계산하기 위해서는 발생기준 순이익에서 감가상각비를 가산해야 한다. 결과적으로 일반적인 간접법과 같은 방식으로 감가상각비를 부인하면 된다. 자주 나오는 유형은 아니므로 이해가 가지 않으면 그냥 넘어가자.

🔖 ①

영업활동 현금흐름 간접법 - 조정사항 찾기

03 ㈜한국의 2016년도 영업활동 현금흐름에 영향을 미치는 재무상태표 항목의 변동사항은 다음과 같다. 2016년도에 영업활동 현금흐름이 ₩900,000 증가한 경우, 미지급비용의 증감은?

2016. 국가직 7급

- 매출채권의 감소: ₩500,000
- 선수수익의 감소: ₩100,000
- 선급비용의 감소: ₩300,000
- 이연법인세자산의 증가: ₩200,000
- 미지급비용의 증가(또는 감소): ?

① ₩200,000 감소   ② ₩200,000 증가

③ ₩400,000 감소   ④ ₩400,000 증가

 해설

영업CF	=	NI	−	비영업 손익	−	△영업 자산	+	△영업 부채
900,000		XXX				500,000 매출채권 300,000 선급비용 (200,000) 이연법인세자산		(100,000) 선수수익 400,000 미지급비용

정확히는 문제에서 당기순이익을 제시해주고, 영업활동현금흐름을 제시해주었어야 했지만, 당기순이익을 제시해주지 않았으므로 무시하고 당기순이익 조정분만 계산한다. 미지급비용의 증감이 당기순이익에 400,000 가산되므로 부채인 미지급비용은 증가한다.

립 ④

04 ㈜한국의 20X1년도 당기순이익은 ₩90,000이고 영업활동 현금흐름은 ₩40,000이다. 간접법에 따라 영업활동 현금흐름을 구할 때, 다음 자료에 추가로 필요한 조정 사항은?

2017. 국가직 7급

- 매출채권 ₩45,000 증가
- 선급비용 ₩15,000 감소
- 감가상각비 ₩18,000 발생

- 매입채무 ₩10,000 증가
- 선수수익 ₩12,000 감소

① 미수임대료수익 ₩36,000 감소
② 미지급급여 ₩36,000 감소
③ 미수임대료수익 ₩100,000 증가
④ 미지급급여 ₩100,000 증가

 해설

영업CF	=	NI	–	비영업 손익	–	△영업 자산	+	△영업 부채
40,000		90,000		18,000 감가상각비		(45,000) 매출채권 15,000 선급비용		10,000 매입채무 (12,000) 선수수익
						자산 증가 or 부채 감소 (36,000)		

현금흐름을 맞추기 위해서는 자산이 36,000 증가하거나, 부채가 36,000 감소해야 한다. 따라서 ②이 답이다.
①은 미수임대료수익 증가로 수정해야 한다.

답 ②

2. 총 현금흐름이 제시된 경우

> 영업활동 현금흐름 = 총 현금흐름 − 투자활동 현금흐름 − 재무활동 현금흐름

현금흐름표 상 현금흐름은 영업활동, 투자활동, 재무활동으로 구분된다. 아래 문제와 같이 총 현금흐름을 제시하고, 영업활동 현금흐름을 숨겨놓은 경우에는 총 현금흐름에서 투자, 재무 현금흐름을 차감해서 영업 현금흐름을 구한 뒤에 문제를 풀어야 한다.

 영업활동 현금흐름 간접법-총 현금흐름이 제시된 경우

05 ㈜한국은 당기 중에 현금 ₩105,0000이 증가하였으며, 이는 투자활동으로 인한 현금흐름의 감소액 ₩140,000 및 재무활동으로 인한 현금흐름의 증가액 ₩120,000에 의해 발생하였다. 영업활동으로 인한 현금흐름과 관련된 조정항목이 다음과 같다면 회사의 당기순이익은? (단, 영업활동으로 인한 현금흐름은 간접법으로 산출한다) 2010. 국가직 7급 수정

• 감가상각비	₩33,000
• 유형자산처분손실	₩2,000
• 매출채권의 증가	₩42,000
• 재고자산의 증가	₩54,000
• 선급비용의 감소	₩2,000
• 매입채무의 감소	₩7,000

① ₩191,000   ② ₩192,000
③ ₩193,000   ④ ₩194,000

해설

영업활동 현금흐름: 105,000(전체 현금 증가액) + 140,000(투자CF) − 120,000(재무CF) = 125,000 증가

영업CF	=	NI	−	비영업 손익	−	△영업 자산	+	△영업 부채
125,000		191,000		33,000 감가상각비 2,000 유형자산처분손실		(42,000) 매출채권 (54,000) 재고자산 2,000 선급비용		(7,000) 매입채무

답 ①

3. 투자, 재무 손익을 제시하지 않은 경우: 회계처리를 통해 직접 구하기!

영업활동 현금흐름을 구하는 문제에서 감가상각비 등의 투자, 재무 손익을 제시하지 않고 취득, 처분 등의 거래만 제시하는 경우가 있다. 이 경우에는 거래를 보고 손익을 직접 구해서 부인해야 한다. 후술할 투자 및 재무활동 현금흐름 문제에서도 손익 계정 없이 거래만 제시했다면 손익을 직접 구해야 한다.

 영업활동 현금흐름 간접법-투자, 재무 손익을 제시하지 않은 경우

06 ㈜대한의 2010년 당기순이익이 ₩10,000인 경우, 다음 자료를 이용하여 영업활동으로 인한 현금흐름을 계산하면?

2011. 지방직 9급

- 당기의 감가상각비는 ₩1,000이다.
- 전기말보다 당기말에 재고자산이 ₩200 증가하였다.
- 전기말보다 당기말에 미지급보험료가 ₩100 감소하였다.
- ₩4,000에 구입한 건물(감가상각누계액 ₩3,000)을 당기에 ₩500에 매각하였다.

① ₩10,200　　　　　　　　　　② ₩11,000
③ ₩11,200　　　　　　　　　　④ ₩11,800

해설

영업CF	=	NI	−	비영업 손익	−	△영업 자산	+	△영업 부채
11,200		10,000		1,000 감가상각비 500 유형자산처분손실		(200) 재고자산		(100) 미지급보험료

유형자산 처분손익: 500 − 1,000 = (−)500 손실

답 ③

4. 단기매매증권 처리 방법 (심화)

: 말문제에서는 영업활동, 계산문제에서는 비영업활동으로 보자!

기준서상 단기매매목적으로 취득한 유가증권은 영업활동으로 분류하므로 앞에서 배운 간접법 풀이법에 따르면, 관련 손익은 그대로 두고, 자산 변동액은 반대로 가산해야 한다. 따라서 단기매매증권의 평가손익은 당기순이익에서 부인하지 않아야 한다.

그동안의 기출 문제는 자산 변동액 없이, 평가손익만을 제시하였다. 가령, 단기매매증권평가손실 ₩10,000이라고 제시할 뿐, 금융자산의 변동액을 제시하지 않았다. 이러한 상황에서 출제자는 평가손실을 부인하는 선지를 답으로 했다.

출제자는 단기매매증권평가손익과 금융자산 변동액이 동일하다고 본 것이다. 출제자는 '단기매매증권평가손실 ₩10,000'이 '단기매매증권 ₩10,000 감소'을 함축한다고 생각한 것이다. 단기매매증권은 영업 자산이므로 자산의 변동액을 부호 반대로 반영해야 한다. 이게 실질적으로는 평가손익을 부인하는 것과 같다.

결론적으로, 단기매매증권 평가손익은 계산문제에서 비영업활동으로 보고 당기순이익에서 부인한다. 현금흐름표에서 단기매매증권(FVPL 금융자산)은 자주 출제되는 항목이 아니므로 이해가 되지 않는 수험생은 넘어가도 좋다.

NI	XXX
단기매매증권평가손실 (= 단기매매증권의 감소)	10,000
영업CF	XXX

07 다음은 ㈜대한의 현금흐름에 관한 자료이다. ㈜대한의 당기 영업활동으로 인한 현금흐름은 ₩1,000일 때, 당기순이익은?

2013. 국가직 7급

• 재고자산의 증가	₩1,000
• 매출채권의 감소	₩800
• FVPL 금융자산평가손실	₩900
• 유형자산처분이익	₩600
• 차량운반구의 취득	₩2,500
• 미지급비용의 증가	₩700
• 감가상각비	₩200
• 자기주식처분이익	₩1,100
• 매입채무의 감소	₩500
• 단기차입금의 증가	₩3,000

① ₩800   ② ₩700

③ ₩600   ④ ₩500

 해설

영업CF	=	NI	−	비영업 손익	−	△영업 자산	+	△영업 부채
1,000		500		900 FVPL금융자산평가손실 (600) 유형자산처분이익 200 감가상각비		(1,000) 재고자산 800 매출채권		700 미지급비용 (500) 매입채무

FVPL 금융자산평가손실은 FVPL 금융자산의 감소로 보고 영업 자산이 감소했으므로 NI에서 가산해야 한다.
차량운반구의 취득은 투자활동 현금흐름이므로 영업활동 현금흐름 계산 시 무시한다.

답 ④

14

5. 법인세가 등장하는 경우 심화

> 법인세비용차감전순이익(EBT) − 법인세비용 = 당기순이익(NI)

법인세비용차감전순이익(EBT, Earning Before Tax)은 이름 그대로 당기순이익에서 법인세비용을 차감하기 전 이익을 말한다. 간접법은 NI에서 출발해서 영업CF를 구하지만, 문제에서 NI가 아닌 EBT를 제시하는 경우도 많다. EBT가 제시된 경우 문제에서 제시한 자료에 따라 풀이법이 둘로 나뉜다.

예를 들어, 당기순이익이 1,500, 법인세비용이 280, 법인세부채 증가액이 100, 법인세지급액은 180이라고 하자. 영업활동현금흐름은 다음과 같이 계산된다.

(1) 일반적인 풀이: NI 제시		(2) EBT와 법인세비용 제시		(3) EBT와 법인세지급액 제시	
NI	1,500	EBT	1,780	EBT	1,780
B/S 계정 증감	100	− 법인세비용	(280)	− 법인세지급액	(180)
영업CF	1,600	B/S 계정 증감	100	영업CF	1,600
		영업CF	1,600		

(1) 당기순이익을 제시한 경우

법인세는 일반적으로 영업활동으로 분류하므로 법인세비용은 두고, 관련 B/S 계정의 증감만 반영한다. 법인세 자산, 부채는 영업활동에 해당하므로 자산은 반대로, 부채는 그대로 반영한다.

(2) EBT와 법인세비용을 제시한 경우: EBT에서 법인세비용을 차감하여 당기순이익에서 출발

EBT와 함께 법인세비용을 제시한 경우에는 EBT에서 법인세비용을 차감하여 간접법 풀이법대로 당기순이익에서 문제 풀이를 시작하면 된다.

(3) EBT와 법인세지급액을 제시한 경우: 법인세비용, 법인세 관련 자산·부채는 무시하고, EBT에서 법인세지급액 차감

관련 현금흐름	=	관련 손익	−	△관련 자산	+	△관련 부채
법인세지급액	=	(법인세비용)	−	이연법인세 자산	+	미지급법인세 이연법인세 부채

EBT와 함께 '법인세지급액'을 제시하는 경우가 있다. 법인세지급액이란 법인세와 관련된 현금지출액을 직접법으로 표시한 금액을 뜻한다. 직접법으로 표시한 금액에는 관련 손익에 B/S 계정의 증감까지 반영되어 있으므로 법인세비용과 법인세 관련 자산·부채를 무시하고, EBT에서 법인세지급액을 차감하면 된다. 이연법인세자산, 부채와 미지급법인세는 '법인세회계'에서 서술할 것이

다. 지금은 자산과 부채만 구분할 줄 알면 된다. '~자산'으로 끝나면 자산이고, '~부채'로 끝나면 부채이다. 미지급법인세는 미지급비용에 해당하므로 부채이다.

 예제 법인세가 등장하는 경우 – 당기순이익을 제시한 경우 심화

08 ㈜한국의 다음 자료를 이용하여 간접법으로 계산한 영업활동순현금흐름은? (단, 투자활동 과 재무활동에 명백히 관련된 법인세는 없다고 가정한다)

2017. 지방직 9급 수정

• 당기순이익	₩1,500	• 대손상각비	₩120
• 감가상각비	₩100	• 법인세비용	₩280
• 매출채권 증가	₩450	• 재고자산 감소	₩320
• 매입채무 감소	₩270	• 선수금 증가	₩200
• 미수수익 증가	₩120	• 미지급법인세 증가	₩100

① ₩1,180

② ₩1,380

③ ₩1,780

④ ₩2,040

 해설

영업CF	=	NI	–	비영업 손익	–	△영업 자산	+	△영업 부채
1,380		1,500		100 감가상각비		(450) 매출채권 320 재고자산 (120) 미수수익		(270) 매입채무 200 선수금 100 미지급법인세

문제 조건에 따라 법인세를 영업활동으로 분류한다. 선수금은 '~금'으로 끝났고, '선 영업'이므로 영업과 관련된 계정으로 분류한다는 것을 기억하자.

답 ②

09 다음은 ㈜한국의 2014년도 회계자료의 일부이다. 2014년도 현금흐름표에 표시될 간접법에 의한 영업활동 현금흐름은? (단, 투자활동이나 재무활동과 명백하게 관련된 법인세 등의 납부는 없다)

2015. 국가직 9급 심화

• 당기순이익	₩2,000,000
• 미수수익의 순증가액	₩150,000
• 매입채무의 순증가액	₩200,000
• 법인세비용	₩400,000
• 매출채권의 순감소액	₩500,000
• 미지급비용의 순감소액	₩300,000

① ₩1,850,000
② ₩2,250,000
③ ₩2,350,000
④ ₩2,650,000

해설

영업CF	=	NI	–	비영업 손익	–	△영업 자산	+	△영업 부채
2,250,000		2,000,000				(150,000) 미수수익 500,000 매출채권		200,000 매입채무 (300,000) 미지급비용

문제에서 (단, 투자활동이나 재무활동과 명백하게 관련된 법인세 등의 납부는 없다)라는 조건을 제시했으므로, 법인세는 영업활동으로 분류한다. 따라서 법인세비용을 부인하지 않는다.

답 ②

10 ㈜한국의 2012년도 사업활동과 관련한 다음의 자료를 이용하여 계산한 영업활동 현금흐름은? (단, 이자지급은 재무활동으로 분류한다)

2012. 국가직 9급

• 법인세비용차감전순이익	₩5,000,000	• 감가상각비	₩750,000
• 유형자산손상차손	₩260,000	• 유형자산처분이익	₩340,000
• 매출채권증가	₩290,000	• 재고자산감소	₩300,000
• 매입채무증가	₩250,000	• 미지급이자증가	₩80,000
• 이자비용	₩310,000	• 법인세비용	₩1,500,000
• 미지급법인세증가	₩250,000		

① ₩4,680,000   ② ₩4,760,000

③ ₩4,990,000   ④ ₩5,020,000

 해설

〈기존 풀이〉		〈별해〉	
EBT	5,000,000	EBT	5,000,000
법인세비용	(1,500,000)	감가상각비	750,000
NI	3,500,000	유형자산손상차손	260,000
감가상각비	750,000	유형자산처분이익	(340,000)
유형자산손상차손	260,000	매출채권	(290,000)
유형자산처분이익	(340,000)	재고자산	300,000
매출채권	(290,000)	매입채무	250,000
재고자산	300,000	이자비용	310,000
매입채무	250,000	법인세지급액	(1,250,000)
이자비용	310,000	영업CF	4,990,000
미지급법인세	250,000		
영업CF	4,990,000		

문제에서 이자지급을 재무활동으로 분류하기 때문에 이자비용을 비영업활동으로 보아 부인하고, 미지급이자 증가는 무시한다.

|별해| 법인세지급액 활용
법인세지급액을 직접법으로 구해서 다음과 같이 푸는 것도 가능하다.

법인세지급액	=	관련 손익	−	△관련 자산	+	△관련 부채
(1,250,000)	=	(1,500,000) (법인세비용)	−		+	250,000 (미지급법인세)

기존 풀이와 별해를 비교해보면 왜 두 풀이가 같은지 알 수 있다. 법인세지급액이 법인세비용과 법인세 자산, 부채 증감액을 반영한 금액이기 때문이다.

답 ③

11 다음은 ㈜한국의 2013년 회계자료이다. 2013년 영업활동에 의한 현금흐름(간접법)은?
(단, 법인세지급은 영업활동으로 분류한다)

2014. 국가직 7급 수정 심화

• 법인세비용차감전순이익	₩240,000
• 매출채권(순액)의 감소	40,000
• 감가상각비	3,000
• 유형자산처분손실	6,000
• 장기차입금의 증가	100,000
• 선수금의 증가	2,000
• 선급비용의 감소	4,000
• 기타포괄손익 – 공정가치 측정 채무상품 처분이익	7,000
• 매입채무의 증가	30,000
• 자기주식처분이익	5,000
• 당기손익 – 공정가치 측정 지분상품 평가손실	10,000
• 법인세지급액	50,000

① ₩278,000 ② ₩288,000

③ ₩305,000 ④ ₩378,000

 해설

영업CF	=	EBT	−	비영업 손익	−	△영업자산	+	△영업부채	−	법인세 지급액
278,000		240,000		3,000 감가상각비 6,000 유형자산처분손실 (7,000) FVOCI 처분이익 10,000 FVPL 평가손실		40,000 매출채권 4,000 선급비용		2,000 선수금 30,000 매입채무		(50,000)

(1) FVOCI 채무상품 처분이익: FVOCI 채무상품의 '처분이익'은 평가이익과 달리 재분류조정을 통해 PL로 인식한다. FVOCI 채무상품은 투자활동이지만 EBT에 처분이익이 반영되어 있으므로 부인해야 한다.

(2) FVPL 금융자산 평가손실: 앞서 설명했듯, FVPL 금융자산은 영업활동으로 분류하므로 손익을 부인하면 안되지만, 문제에 FVPL 금융자산의 증감을 제시하지 않았으므로 '비영업활동처럼' 평가손실을 부인한다.

(3) 법인세지급액: 법인세지급액은 법인세비용과 법인세 관련 자산·부채가 반영된 금액이다. 본 문제에는 법인세비용과 관련 자산, 부채 변동이 제시되어 있지 않지만, 만약 제시되었더라도 무시하고, EBT에서 법인세지급액을 차감하면 된다.

답 ①

12 ㈜한국의 법인세비용차감전순이익은 ₩224,000이다. 다음 사항을 고려할 때 현금흐름표에 영업활동현금흐름으로 표시할 금액은? (단, 이자수익과 이자비용 및 법인세지급은 모두 영업활동으로 분류한다)

2014. 국가직 9급 수정 심화

• 감가상각비	₩40,000	• 유형자산처분이익	₩20,000
• 사채상환손실	₩10,000	• 이자수익	₩10,000
• 단기차입금 증가액	₩2,000	• 미수이자수익 감소액	₩6,000
• 매출채권 감소액	₩8,000	• 재고자산 증가액	₩14,000
• 법인세지급액	₩12,000	• 매입채무 증가액	₩5,000
• 미지급법인세 감소액	₩3,000	• 기타포괄손익 공정가치 측정 금융자산 (지분상품) 평가이익	₩4,000

① ₩237,000 ② ₩247,000

③ ₩249,000 ④ ₩250,000

해설

영업CF	=	EBT	−	비영업 손익	−	△영업자산	+	△영업부채	−	법인세 지급액
247,000		224,000		40,000 감가상각비 10,000 사채상환손실 (20,000) 유형자산처분이익		8,000 매출채권 6,000 미수이자 (14,000) 재고자산		5,000 매입채무		(12,000)

(1) FVOCI 금융자산 평가이익: 투자활동 관련 계정이지만 OCI 항목으로 EBT에 포함되어 있지 않으므로 제거할 필요가 없다.

(2) 법인세지급액: 문제에서 EBT와 함께, 법인세지급액을 제시해주었다. 법인세지급액에 법인세비용과 관련 자산, 부채의 변동이 이미 반영되어 있으므로, 미지급법인세의 증감을 반영해서는 안 된다.

답 ②

4 영업활동 현금흐름 – 직접법 ★중요!

지금까지 배운 것은 영업활동 현금흐름을 간접법으로 구하는 방법이었다. 이제 직접법으로 구하는 방법을 배울 것이다. 현금흐름을 구하는 다음의 원리는 모든 활동에 동일하게 적용된다.

> 직접법: 영업활동 현금흐름 = 영업손익 - △영업 자산 + △영업 부채

직접법은 영업활동을 고객, 공급자, 이자 등으로 구분해서 각각의 현금흐름을 구한 후, 합쳐서 전체 영업활동 현금흐름을 구한다. 활동별 관련 계정은 다음과 같다. 각 활동별 현금흐름을 구할 때 어떤 계정이 필요한지 반드시 외우자.

영업 현금흐름	=	영업 손익	-	△영업 자산	+	△영업 부채
고객으로부터의 현금유입액	=	매출액 (대손상각비)	-	매출채권	+	대손충당금
(공급자에 대한 현금유출액)	=	(매출원가)	-	재고자산	+	매입채무
수익으로 인한 현금유입액	=	수익	-	미수수익	+	선수수익
(비용으로 인한 현금유출액)	=	(비용)	-	선급비용	+	미지급비용

STEP 1 활동과 관련된 손익을 적는다.

손익을 적을 땐 현금흐름을 구하는 것이므로, 수익은 (+)로, 비용은 (−)로 적어야 함을 유의하자. 이때, 문제에 제시된 '매출채권손상차손'은 대손상각비를 의미한다. 유형자산손상차손은 투자비용인 반면, 매출채권손상차손은 매출채권에서 발생한 비용이므로 영업비용에 해당한다.

STEP 2 활동과 관련된 자산, 부채의 증감을 적는다.

앞서 배운 것처럼, 기초와 기말 잔액을 비교하여 자산, 부채의 증감을 적는다. 이때, 자산 증감액은 부호를 반대로, 부채 증감액은 그대로 적는다.

STEP 3 현금흐름을 구한다.

손익과 자산, 부채 증감을 모두 적었으므로 다 더해서 현금흐름을 구한다. 계산 결과 현금흐름이 (+)로 나오면 유입, (−)로 나오면 유출을 뜻한다. 현금유출액 혹은 지급액을 묻는다면 (−)부호를 떼고 양수로 답하면 된다.

문제에 등장하는 현금흐름	간접법을 사용하는 경우	직접법을 사용하는 경우
문제에 등장하는 현금흐름	'영업활동' 현금흐름	'특정' 현금흐름
NI	문제에서 제시하거나, 물음	문제에서 제시하거나, 묻지 않음

1. 고객으로부터의 현금유입액-대손상각비 문제에 적용 ⭐중요

대손상각비 문제는 원칙적으로 8장에서 배운 T계정을 그려서 풀어야 한다. 하지만 일정 조건이 충족되는 대손상각비 문제의 경우 직접법 식을 이용한다면 매출채권과 대손충당금의 증감 내역을 일일이 따라가지 않고도 문제를 풀 수 있다. 직접법 공식은 'CF=NI-△자산+△부채'이다. 대손상각비 문제를 직접법으로 풀기 위해서는 직접법 공식에 있는 4가지 구성 요소 중 3가지 이상이 문제에 제시되어야 한다. 일반적으로는 대손상각비를 제외한 나머지 정보를 문제에 제시한 뒤, 대손상각비를 묻는 형태로 출제된다.

> 〈대손상각비 문제를 직접법으로 풀기 위한 조건: 다음 중 3가지 이상 문제에 제시!〉
> ① CF(고객으로부터의 현금유입액): 매출채권 회수액 및 대손채권 회수액
> ② NI(손익): 매출액 및 대손상각비
> ③ △자산(매출채권의 증감): 기초, 기말 매출채권 잔액
> ④ △부채(대손충당금의 증감): 기초, 기말 대손충당금 잔액

문제에서 기말 대손충당금을 따로 제시하는 대신 기말 매출채권 중 회수예상액을 제시하는 경우, 매출채권과 대손충당금의 증감을 따로 분석하지 말고, 매출채권 순액(=매출채권-대손충당금)의 증감으로 분석해야 한다. 예제 4번, 5번을 참고하자.

 대손확정액 무시

> 대손상각비 문제를 현금흐름표로 풀 때는 대손확정액을 무시하자. 현금흐름표로 풀면 매출채권과 대손충당금의 증감을 이용하는데, 증감액을 표에 대입하는 순간 대손확정액도 자동으로 반영되기 때문이다. 또한, 대손확정 시 회계처리는 '대손충당금/매출채권'이므로 대손상각비 또한 발생하지 않는다. 따라서 대손상각비도 고려할 필요 없다.

14

 **Why?** 매출채권, 대손충당금 T계정을 그렸을 때 대차가 안 맞는 이유

매출채권과 대손충당금 T계정을 '기초+증가=감소+기말'의 형태로 그릴 수 있다. 하지만 문제에 제시된 증가, 감소 내역을 반영했을 때 위 식이 성립하지 않을 수 있다. 이는 문제에 매출채권과 대손충당금의 '모든 증감 내역'이 제시된 것이 아니라서 그렇다. 예를 들어, 기초 매출채권 500, 매출액 800, 회수액 600, 기말 매출채권 450이라고 하자. 매출액과 회수액을 반영했을 때 기말 매출채권 금액이 안 맞지만, 상관없다. 직접법 식에 현금흐름 600, 손익 800, 자산의 감소 50만 대입하면 된다. 기말 금액이 안 맞는 것은 대손확정액 250이 있기 때문인데, 대손확정액은 위에서 언급했듯 무시해야 한다.

 영업활동 현금흐름 – 직접법

01 다음의 자료를 이용하여 계산한 ㈜한국의 당기 외상매출금액은? (단, ㈜한국의 매출은 전액 외상매출이다)

2012. 국가직 9급

	기초가액	기말가액
매출채권	₩493,000	₩490,540
대손충당금	₩24,650	₩24,530

손익계산서 상 대손상각비 계상액:₩23,400
매출로부터의 현금유입액:₩450,000

① ₩447,540 ② ₩397,540
③ ₩471,060 ④ ₩421,060

 해설

고객으로부터의 현금유입액	=	매출액 대손상각비	−	△매출채권	+	△대손충당금
450,000	=	471,060 (−)23,400		2,460		(−)120

目 ③

02 다음은 ㈜서울의 재무상태표상 매출채권과 대손충당금에 관한 자료이다. 직접법으로 표시한 영업활동 현금흐름에서 고객으로부터 유입된 현금이 ₩469,000, 2016년도 포괄손익계산서상 매출액이 ₩500,000이라면 2016년 말 포괄손익계산서상 대손상각비는 얼마인가?

2017. 서울시 9급

구분	2016년 초	2016년 말
매출채권	₩188,000	₩215,000
대손충당금	₩9,000	₩10,000

① ₩3,000 ② ₩5,000
③ ₩57,000 ④ ₩59,000

해설

고객으로부터의 현금유입액	=	매출액 대손상각비	−	△매출채권	+	△대손충당금
469,000	=	500,000 (−)5,000		(27,000)		1,000

답 ②

03 ㈜한국은 모든 매출이 외상으로 발생하는 회사이다. 당기 총매출액은 ₩800,000이며, 매출채권으로부터 회수한 현금유입액은 ₩600,000이다. 다음의 당기 매출채권 관련 자료를 사용하여 ㈜한국이 인식할 당기 손상차손(대손상각비)은? 2021. 국가직 9급

	기초	기말
매출채권	₩500,000	₩450,000
손실충당금(대손충당금)	₩50,000	₩50,000

① ₩250,000   ② ₩350,000

③ ₩450,000   ④ ₩550,000

해설

고객으로부터의 현금유입액	=	매출액 대손상각비	–	△매출채권	+	△대손충당금
600,000	=	800,000 (250,000)		50,000		–

답 ①

04 ㈜서울의 20X2년 초 매출채권과 대손충당금의 잔액은 각각 ₩400,000과 ₩4,000이었다. 20X2년 중 외상매출액이 ₩1,000,000이고, 매출채권의 정상회수액이 ₩800,000이다. 20X2년 중 매출채권의 대손이 확정된 금액은 ₩3,000이다. ㈜서울이 20X2년 말에 회수가능한 매출채권 금액을 ₩590,000으로 추정할 경우, 20X2년에 인식할 대손상각비는?

2019. 서울시 9급

① ₩1,000

② ₩2,000

③ ₩6,000

④ ₩7,000

 해설

고객으로부터의 현금유입액	=	매출액 대손상각비	-	△매출채권	+	△대손충당금
800,000		1,000,000 (6,000)		(194,000)		-

(1) 매출채권(순액) 증감: 590,000−396,000=194,000 증가

① 기초 매출채권(순액): 400,000−4,000=396,000

② 기말 매출채권(순액): 590,000

　- 문제에서 기말 대손충당금 잔액을 제시하지 않았으므로 기초, 기말 모두 매출채권의 순액을 바탕으로 증감을 구하였다.

　- 대손 확정액 3,000은 기말 매출채권(순액)에 반영되어 있으므로 무시한다.

답 ③

14

05 ㈜한국의 2012년 초 매출채권은 ₩100,000이며 대손충당금은 ₩10,000이었다. 그리고 ㈜한국의 2012년도 상품매출은 ₩1,000,000이며 상품의 하자로 인한 매출에누리가 ₩20,000이었다. 또한 2012년 중 고객으로부터의 판매대금 회수금액은 ₩700,000이었으며, 대손확정액은 ₩5,000이었다. 2012년 말 매출채권 손상에 대해 평가를 한 결과 미래현금흐름의 현재가치가 ₩290,000으로 추정될 때, ㈜한국이 당기비용으로 인식할 대손상각비는?

2013. 국가직 7급

① ₩70,000   ② ₩75,000
③ ₩80,000   ④ ₩85,000

고객으로부터의 현금유입액	=	매출액 대손상각비	–	△매출채권	+	△대손충당금
700,000		980,000 (80,000)		(200,000)		–

(1) 매출채권(순액) 증감: 290,000 – 90,000 = 200,000 증가
① 기초 매출채권(순액): 100,000 – 10,000 = 90,000
② 기말 매출채권(순액): 290,000(=미래현금흐름의 현재가치)
  - 문제에서 기말 대손충당금 잔액을 제시하지 않았으므로 기초, 기말 모두 매출채권의 순액을 바탕으로 증감을 구하였다.
  - 원칙적으로 매출채권 회수는 미래에 발생하므로, 미래에 받을 것으로 예상되는 현금흐름의 현재가치와 매출채권 총액의 차이가 대손충당금이다. 따라서 문제에서 미래현금흐름의 '현재가치'라는 표현이 등장하는데, 현재가치 개념은 문제 풀이와 전혀 무관하므로 신경 쓰지 말자.

답 ③

2. 고객 및 공급자 현금흐름의 구성

(1) 현금거래 및 외상거래

> 매출액 = 현금매출 + 외상(=신용)매출
> 매입액 = 현금매입 + 외상(=신용)매입

매출과 매입은 현금거래와 외상거래로 구성된다. 매출액은 현금매출에 외상매출을 합한 것이며, 매입액은 현금매입에 외상매입을 합한 것을 의미한다. 문제에서 '신용거래'라는 표현이 등장한다면 외상거래의 동의어라고 생각하면 된다.

(2) 현금거래 및 외상거래에 따른 현금흐름 구분

> 고객으로부터의 현금유입액 = 현금매출 + 외상매출 중 회수액
> 공급자에 대한 현금유출액 = 현금매입 + 외상매입 중 지급액

매출과 매입이 현금거래와 외상거래로 구성되므로 현금흐름도 현금거래에 따른 현금흐름과 외상거래에 따른 현금흐름으로 구분할 수 있다. 현금거래의 경우 매출이나 매입이 발생하자마자 현금흐름이 발생하므로 현금흐름에 반영되며, 여기에 외상거래액 중 회수액 및 지급액까지 반영하면 총 현금흐름을 구할 수 있다.

(3) 거래 시점에 따른 현금흐름 구분

> 고객으로부터의 현금유입액 = 기초 매출채권 회수액 + 당기 매출액 중 회수액
> 공급자에 대한 현금유출액 = 기초 매입채무 지급액 + 당기 매입액 중 지급액

문제에 따라서는 거래 시점에 따라 현금흐름을 구분하기도 한다. 기초 매출채권, 매입채무는 전기 혹은 그 이전에 이루어진 거래로부터 발생한 것이다. 기초 매출채권, 매입채무에서 발생한 현금흐름에 당기에 이루어진 거래로부터 발생한 현금흐름을 더하면 총 현금흐름을 구할 수 있다.

06 ㈜대한의 기초 및 기말 재무상태표의 매출채권 잔액은 각각 ₩1,000,000과 ₩2,000,000이고, 기초 매출채권 중 절반이 당기 중에 현금으로 회수되었다. ㈜대한의 당기 매출원가 및 매출총이익률이 각각 ₩7,500,000과 25%인 경우에 ㈜대한의 당기 매출액 중 현금 회수액은?

2019. 국가직 7급

① ₩7,000,000　　　　　　　　② ₩7,500,000
③ ₩8,000,000　　　　　　　　④ ₩8,500,000

해설

고객으로부터의 현금유입액	=	매출액 대손상각비	−	△매출채권	+	△대손충당금
9,000,000	=	10,000,000		(1,000,000)	+	

매출액 1	7,500,000/(1 − 25%) = 10,000,000
매출총이익 0.25	
매출원가 0.75	7,500,000

• 기초 매출채권 중 회수액: 1,000,000 × 50% = 500,000
• 당기 매출액 중 회수액: 9,000,000 − 500,000 = 8,500,000

총 회수액은 9,000,000이지만, 기초 매출채권 중 절반인 500,000이 회수되었으므로, '당기 매출액 중' 회수액은 8,500,000이다.

답 ④

07 ㈜한국의 2009년 회계기간의 매출원가는 ₩90,000이다. 기초상품재고액은 ₩20,000이고, 기말상품재고액은 ₩10,000이다. 이 회사의 상품구매정책은 상품을 모두 외상으로 매입하되, 외상대금의 50%는 매입한 회계기간에 지급하고, 나머지 금액은 다음 회계기간(차기)에 전액 지급하는 것이다. 외상매입금의 기초잔액이 ₩30,000이라면, 상품의 매입과 관련된 2009년 회계기간의 현금지출액은?

2010. 국가직 9급

① ₩55,000
② ₩70,000
③ ₩80,000
④ ₩95,000

 해 설

공급자에 대한 현금유출액	=	매출원가	−	△재고자산	+	△외상매입금
(−)70,000	=	(−)90,000		10,000		10,000

- 매입액: 10,000(기말) + 90,000(매출원가) − 20,000(기초) = 80,000
- 기말 외상매입금: 80,000 × 50% = 40,000

기초 외상매입금은 전기에 매입하면서 생긴 것이므로 당기에 전부 지급했을 것이다. 당기 매입분에 대해서만 기말 외상매입금이 남아있다.

- 외상매입금 증감: 40,000 − 30,000 = 10,000 증가

|별해| 현금지출액: 30,000(기초 외상매입금)+80,000＊50%(당기 매입분 중 지급액)=70,000

|참고|
매입채무는 지급어음과 외상매입금으로 나뉜다. 외상 매입 시 어음을 지급하였다면 지급어음으로 분류하지만, 어음을 지급하지 않은 매입채무는 외상매입금으로 분류다. 수험목적 상 외상매입금은 매입채무와 동의어로 생각해도 괜찮다.
같은 논리로 매출채권은 받을어음과 외상매출금으로 나뉜다. 외상 매출 시 어음을 받았다면 받을어음으로 분류하고, 어음을 받지 않았다면 외상매출금으로 분류한다.

답 ②

08 다음은 ㈜대한의 2011년도 재무상태표와 포괄손익계산서의 일부 자료이다. ㈜대한이 당기에 상품 매입대금으로 지급한 현금액은?

2012. 지방직 9급

• 기초상품재고액	₩30,000	• 기말상품재고액	₩45,000
• 매입채무 기초잔액	18,000	• 매입채무 기말잔액	15,000
• 매출액	250,000	• 매출총이익률	40%

① ₩150,000   ② ₩162,000

③ ₩165,000   ④ ₩168,000

해설

공급자에 대한 현금유출액	=	매출원가	−	△재고자산	+	△매입채무
②(−)168,000	=	①(−)150,000		(15,000)		(3,000)

매출액 1	250,000
매출총이익 0.4	
매출원가 0.6	250,000 × 60% = 150,000

답 ④

09 다음은 ㈜한국의 상품 매입 및 매출 관련 자료이다. 매출총이익은? (단, 상품의 매입과 매출은 신용으로만 이루어진다)

2013. 국가직 7급

• 기초 매출채권	₩120,000
• 기말 매출채권	₩80,000
• 당기 매출관련 현금회수액	₩890,000
• 기초 매입채무	₩80,000
• 기말 매입채무	₩130,000
• 당기 매입관련 현금지급액	₩570,000
• 기초 상품재고	₩70,000
• 기말 상품재고	₩90,000

① ₩210,000   ② ₩250,000

③ ₩340,000   ④ ₩400,000

 해설

	CF	=	손익	−	△자산	+	△부채
고객	890,000	=	850,000 (매출액)		40,000 (매출채권)		
공급자	(−)570,000	=	(−)600,000 (매출원가)		(20,000) (재고자산)		50,000 (매입채무)

매출총이익: 850,000 − 600,000 = 250,000

답 ②

10 ㈜한국의 회계자료가 다음과 같을 때, 기말 재무상태표에 표시될 매출채권은?

2017. 지방직 9급

• 당기현금매출액	₩500	• 기초매출채권	₩1,500
• 기초상품재고액	₩1,000	• 기말상품재고액	₩1,200
• 당기매출총이익	₩700	• 당기매출채권회수액	₩2,000
• 당기상품매입액	₩2,500		

① ₩1,500 ② ₩2,000
③ ₩2,500 ④ ₩3,000

 해설

	CF	=	손익	−	△자산	+	△부채
고객	500 (현금매출) 2,000 (매출채권 회수)	=	② 3,000 (매출액)		③ (500) (매출채권)		
공급자	(2,500) (상품매입액)	=	① (2,300) (매출원가)		(200) (상품)		

① 매출원가: 상품 매입액에 상품 증감액을 반영하면 2,300으로 계산된다.
② 매출액: 2,300+700(매출총이익)=3,000
③ 매출채권 증감액: 대차를 일치시키기 위한 매출채권 증감액은 (500)이다. 자산이므로 부호 반대로 500 증가이다.
④ 기말 매출채권: 1,500 + 500 = 2,000

|참고| 외상매출, 현금매출 처리 방법
매출액은 외상매출과 현금매출 모두를 포함하는 금액이고, '매출채권 회수액'은 현금매출을 제외한 금액을 의미한다. 따라서 현금흐름란에 현금매출 500을 별도로 표시해주어야 한다.

|참고| 매출채권, 상품 원장

매출채권					상품(재고자산)			
기초	1,500	회수	2,000		기초	1,000	매출원가	2,300
매출	2,500	기말	2,000		매입	2,500	기말	1,200
계	4,000	계	4,000		계	3,500	계	3,500

답 ②

11 ㈜서울의 2015년도 포괄손익계산서에 임차료비용과 이자비용은 각각 ₩300,000과 ₩450,000으로 보고되었다. 그리고 이러한 비용과 관련된 재무상태표 계정의 기말잔액은 다음과 같다. ㈜서울이 2015년도에 현금으로 지출한 임차료와 이자비용 금액으로 옳은 것은?

2016. 서울시 9급

	2014년 말	2015년 말
선급임차료	₩0	₩75,000
미지급이자	₩200,000	₩0

	임차료비용	이자비용
①	₩225,000	₩250,000
②	₩225,000	₩650,000
③	₩375,000	₩250,000
④	₩375,000	₩650,000

해설

	CF	=	손익	−	△자산	+	△부채
임차료	(−)375,000	=	(300,000) (임차료비용)		(75,000) (선급임차료)		
이자	(−)650,000	=	(450,000) (이자비용)				(200,000) (미지급이자)

답 ④

12 ㈜한국의 20X1년도 미수이자와 선수임대료의 기초잔액과 기말잔액은 다음과 같다. 당기 중 현금으로 수령한 이자는 ₩7,000이고 임대료로 인식한 수익은 ₩10,000이다. ㈜한국의 이자수익과 임대수익에 대한 설명으로 옳지 않은 것은? 2017. 국가직 7급

	기초잔액	기말잔액
미수이자	₩2,000	₩3,200
선수임대료	₩4,000	₩3,500

① 수익으로 인식된 이자수익은 ₩8,200이다.
② 현금으로 수령한 임대료는 ₩9,500이다.
③ 이자와 임대료로 인한 수익 증가액은 ₩17,700이다.
④ 이자와 임대료로 인한 현금 증가액은 ₩16,500이다.

해설

	CF	=	NI	−	△자산	+	△부채
이자	7,000	=	①8,200 (이자수익)		(1,200) (미수이자)		
임대료	②9,500	=	10,000 (임대료수익)				(500) (선수임대료)
계	④16,500		③18,200				

답 ③

5 투자활동 및 재무활동 현금흐름 (심화)

활동	거래	풀이법
투자활동	유형자산	직접법
재무활동	차입금	
	자본거래	△자본 − NI

투자활동에는 유형자산 등의 거래가 있고, 재무활동에는 차입금과 자본 관련 거래가 있다. 하지만 활동 구분과 달리 유형자산과 차입금의 처리 방법이 동일하고, 재무활동 가운데에서 자본거래만 처리 방법이 다르다. 따라서 활동별이 아닌 풀이법별로 설명하겠다. 투자 및 재무활동 현금흐름은 출제 빈도가 높지 않기 때문에 일단 공부 해보고, 너무 어렵다고 생각되는 수험생은 넘겨도 좋다. 세 가지 거래 중에서는 유형자산의 출제 가능성이 가장 높은 편이므로 유형자산 관련 현금흐름만 대비하고 넘어가는 것도 좋은 전략이다.

1. 유형자산과 차입금 관련 현금흐름

현금흐름	=	관련 손익	−	△ 자산	+	△ 부채
유형자산 관련 순현금흐름	=	감가상각비 유형자산처분손익	−	유형자산	+	감가상각누계액
차입금 관련 순현금흐름	=	상환손익	−	N/A	+	차입금

유형자산이나 차입금 관련 현금흐름은 앞서 배운 영업활동 현금흐름의 직접법으로 구할 수 있다. 어느 활동이든 현금흐름을 구하는 논리는 동일하기 때문이다. 관련 손익에 자산 증감은 반대로, 부채 증감은 그대로 더하면 현금흐름을 구할 수 있다.

STEP 1 | 관련 손익 채우기

유형자산과 차입금과 관련된 손익계정을 적는다. 활동별로 어떤 손익계정이 대응되는지 반드시 외우자. 유형자산은 감가상각비와 유형자산처분손익이, 차입금은 상환손익이 대응된다.

STEP 2 | 자산, 부채 증감

손익에 자산 증감액은 반대로, 부채 증감액은 그대로 가산하면 순현금흐름을 구할 수 있다. 자산, 부채와 관련해서 2가지를 유의하자.

(1) 장부금액

  '장부금액'은 유형자산의 취득원가에서 감가상각누계액을 차감한 순액을 의미한다. 문제에서 **장부금액이 제시되면 감누를 고려하지 말고 자산 항목으로 처리하면 된다.**

(2) 감가상각누계액: 부채로 보고, 음수로 제시되더라도 양수로 보자!

  감가상각누계액은 유형자산의 차감적 평가 계정이지만 부채로 표시하는 것이 계산하기 쉽다. 감가상각누계액을 부채로 보고, 증감을 부호 그대로 적자. 이는 마치 **대손충당금을 부채로 표시하는 것과 같은 원리이다.**

  이때, 아래 문제와 같이 감가상각누계액을 '기초 (20,000), 기말 (40,000)'으로 음수로 제시할 수 있다. **감누가 음수로 제시되더라도 양수로 보자.** 감누가 20,000에서 40,000으로 20,000 '증가'하였다고 보고 현금흐름 등식에 + 20,000을 쓰면 된다.

STEP 3 | 현금흐름

Step 2까지 완료하여 대변을 모두 채우면 순현금흐름을 구할 수 있다. 하지만 영업활동 현금흐름과 달리, 재무나 투자활동은 **현금흐름이 여러 개로 구성될 수 있다.** 유형자산의 경우 취득과 처분 시 현금흐름이 각각 발생한다. 대변을 먼저 마무리해서 순현금흐름을 구하고, 두 가지 현금흐름 중 한 개만 제시되어 있다면 나머지 현금흐름을 구할 수 있다. 문제에서 '**투자활동 순현금흐름**'을 묻는다면 현금흐름을 쪼갤 필요 없이 하나로 표시하면 되고, '취득원가', '처분가액'과 같은 특정 현금흐름을 물었다면 현금흐름을 각각 적어야 한다.

01 ㈜대한은 2010년도 포괄손익계산서상 기계장치와 관련하여 감가상각비 ₩35,000, 처분손실 ₩10,000을 보고하였다. 2010년도 중 취득한 기계장치가 ₩155,000인 경우, 다음 자료를 이용하여 기계장치를 처분하고 수수한 현금액을 계산하면? (단, 기계장치 처분은 전액 현금으로 이루어지며, 법인세비용은 없는 것으로 가정한다) 2011. 지방직 9급

	2010년 1월 1일	2010년 12월 31일
기계장치	₩100,000	₩200,000
감가상각누계액	(20,000)	(40,000)

① ₩10,000   ② ₩20,000

③ ₩30,000   ④ ₩40,000

유형자산 관련 순현금흐름	=	감가상각비 유형자산처분손익	−	유형자산	+	감누
(−)155,000(취득) 30,000(처분)	=	(−)35,000 (−)10,000		(100,000)		20,000

대변을 전부 채워 넣어서 순현금흐름을 구할 수 있다. 현금흐름 중 취득액만 알기 때문에 처분액을 끼워 넣어서 등식을 맞춘다.

답 ③

유형자산과 차입금 관련 현금흐름 심화

02 ㈜한국의 20X1년 토지와 단기차입금 자료가 다음과 같을 때, 20X1년의 투자 및 재무현금흐름에 대한 설명으로 옳은 것은? (단, 모든 거래는 현금거래이다) 2017. 국가직 9급

	기초	기말
토지(유형자산)	₩150,000	₩250,000
단기차입금	₩100,000	₩180,000

〈추가자료〉
• 토지는 취득원가로 기록하며, 20X1년에 손상차손은 없었다.
• 20X1년 중에 토지(장부금액 ₩50,000)를 ₩75,000에 매각하였다.
• 20X1년 중에 단기차입금 ₩100,000을 차입하였다.

① 토지 취득으로 인한 현금유출은 ₩100,000이다.
② 토지의 취득과 매각으로 인한 투자활동순현금유출은 ₩75,000이다.
③ 단기차입금 상환으로 인한 현금유출은 ₩80,000이다.
④ 단기차입금의 상환 및 차입으로 인한 재무활동순현금유입은 ₩100,000이다.

 해설

	CF	=	NI	−	△ 자산	+	△ 부채
토지 (투자)	75,000(처분) (−)150,000(취득)	=	25,000 (처분이익)		(100,000) (토지)		
차입금 (재무)	100,000(차입) (−)20,000(상환)	=					80,000 (차입금)

① 토지 취득으로 인한 현금유출은 150,000이다.
② 투자활동순현금유출: 75,000 − 150,000 = (−)75,000 (O)
③ 단기차입금 상환으로 인한 현금유출: 20,000
④ 재무활동순현금유입: 100,000 − 20,000 = 80,000

답 ②

유형자산 관련 현금흐름 심화

03 다음은 ㈜대한의 20X1년 현금흐름표를 작성하기 위한 회계자료의 일부다. ㈜대한이 20X1년 현금흐름표에 표시할 투자활동으로 인한 순현금흐름액은? 2019. 국가직 7급

구분	전기 말	당기 말	당기발생
당기손익 – 공정가치 측정 금융자산	₩90,000	₩75,000	
기계장치	₩4,650,000	₩5,100,000	
감가상각누계액	₩1,425,000	₩1,545,000	
당기손익 – 공정가치 측정 금융자산 평가이익			₩15,000
기계장치 감가상각비			₩300,000
기계장치 처분이익			₩75,000

〈추가자료〉

- 당기손익 – 공정가치 측정 금융자산은 단기매매목적으로 취득한 금융자산이다.
- ₩750,000의 기계장치 취득거래가 발생하였다.
- 모든 거래는 현금거래이다.

① ₩525,000 유출   ② ₩555,000 유출

③ ₩630,000 유출   ④ ₩665,000 유출

 해설

문제에서 '투자활동 순현금흐름'을 물었으므로 기계장치 취득으로 인한 현금유출 (750,000)을 따로 적지 않았다.

유형자산 관련 순현금흐름	=	감가상각비 유형자산처분손익	−	유형자산	+	감누
(–)555,000	=	(–)300,000 75,000		(450,000)		120,000

FVPL금융자산은 영업활동으로 분류하므로 '투자활동'현금흐름 계산 시에는 반영하면 안된다. 참고로, FVPL금융자산 관련 현금흐름을 직접법으로 표현하면 다음과 같다. 출제진은 30,000을 반영한 525,000 유출도 ①번 선지에 끼워놓았으므로 FVPL금융자산의 활동 구분에 주의해야 한다.

	CF	=	손익	−	△자산	+	△부채
FVPL (영업)	30,000	=	15,000 (평가이익)		15,000 (금융자산)		

달 ②

2. 유형자산 관련 현금흐름 – 감가상각비가 제시되지 않은 경우 심화

유형자산 관련 현금흐름을 구하기 위해서는 대변을 마무리해야 하는데, 이때 감가상각비가 반드시 필요하다. 유형자산 관련 현금흐름 문제가 나온다면 감가상각비를 찾는 습관을 기르자. 만약 문제에 없다면 우리가 직접 구해야 한다. 이 경우에는 다음 공식을 이용하여 감가상각비를 구하여 대변을 완성하자.

> 기초 감가상각누계액 + 감가상각비 – 처분 자산의 감가상각누계액 = 기말 감가상각누계액

현금흐름	=	관련 손익	–	△ 자산	+	△ 부채
유형자산 관련 순현금흐름	=	감가상각비 유형자산처분손익	–	유형자산	+	감가상각누계액

위는 유형자산 현금흐름 풀이의 일반적인 형태이므로 각 칸에 어느 계정이 오는지 외우자.

예제 ▶ **유형자산 관련 현금흐름 – 감가상각비가 제시되지 않은 경우** 심화

04 다음은 ㈜서울의 2016년도 비교재무상태표의 일부이다. 한편, ㈜서울은 2016년 중에 취득원가 ₩80,000이고 85%를 감가상각한 기계장치를 ₩12,000에 매각하였다. ㈜서울이 2016년도 영업활동현금흐름을 간접법으로 측정할 때 법인세차감전순이익에 가산할 감가상각비는 얼마인가?

2016. 서울시 7급

	2016.1.1.	2016.12.31.
유형자산	₩215,000	₩350,000
감가상각누계액	₩50,000	₩40,000

① ₩58,000　　② ₩68,000　　③ ₩70,000　　④ ₩78,000

해설

- 처분 자산의 감누: 80,000 × 85% = 68,000
- 기말 감누: 50,000 + 감가비 – 68,000 = 40,000
- 감가비 = 58,000

답 ①

05 〈보기〉는 ㈜한국의 현금흐름표 작성을 위한 자료 중 일부이다. 당기 중 취득원가가 ₩50,000, 감가상각누계액이 ₩20,000인 기계장치를 처분하면서 유형자산처분손실 ₩5,000이 발생하였다. 기계장치와 관련하여 ㈜한국의 당기 현금흐름표에 표시될 투자활동 현금흐름(순액)은?

2019. 서울시 7급 심화

계정과목	기초	기말
기계장치	₩200,000	₩250,000
감가상각누계액	(50,000)	(80,000)

〈보기〉

① 순유입 ₩55,000 ② 순유입 ₩75,000
③ 순유출 ₩55,000 ④ 순유출 ₩75,000

 해설

본 문제의 경우 감가비가 제시되어 있지 않다. 이 경우에는 감가상각비를 계산해서 오른쪽 변을 다 채워서 현금흐름을 구하자.

50,000(기초 감누) + 감가비 − 20,000(처분 감누) = 80,000(기말 감누)

→ 감가비 = 50,000

유형자산 관련 순현금흐름	=	감가상각비 유형자산처분손익	−	유형자산	+	감누
(−)75,000	=	(−)50,000 (−)5,000		(50,000)		30,000

답 ④

06 다음은 ㈜한국의 기계장치 장부금액 자료이다.

	2014년 기말	2015년 기말
기계장치	₩11,000,000	₩12,500,000
감가상각누계액	(₩4,000,000)	(₩4,500,000)

㈜한국은 2015년 초에 장부금액 ₩1,500,000(취득원가 ₩2,500,000, 감가상각누계액 ₩1,000,000)인 기계장치를 ₩400,000에 처분하였다. 2015년에 취득한 기계장치의 취득원가와 2015년에 인식한 감가상각비는? (단, 기계장치에 대해 원가모형을 적용한다)

2016. 지방직 9급 심화

	취득원가	감가상각비
①	₩3,000,000	₩500,000
②	₩3,000,000	₩1,500,000
③	₩4,000,000	₩1,500,000
④	₩4,000,000	₩2,000,000

 해설

유형자산 관련 순현금흐름	=	감가상각비 유형자산처분손익	−	유형자산	+	감누
400,000(처분) (−)4,000,000(취득)	=	(1,500,000) (1,100,000)		(1,500,000)		500,000

처분손익: 400,000 − 1,500,000 = (−)1,100,000 손실

4,000,000 + 감가상각비 − 1,000,000 = 4,500,000

감가상각비 = 1,500,000

감가상각비를 채워 넣어 대변을 계산하면 투자 CF가 (−)3,600,000으로 계산된다. 따라서 기계장치의 취득원가는 4,000,000이다.

문제에 제시된 취득원가 2,500,000은 당기 중에 '처분한' 기계장치의 취득원가이고, 문제에서 물어본 취득원가는 당기 중에 '취득한' 기계장치의 취득원가이다.

답 ③

07 다음은 ㈜한국의 유형자산 및 감가상각누계액의 기초잔액, 기말잔액 및 당기 변동과 관련된 자료이다. ㈜한국은 당기 중 취득원가 ₩40,000(감가상각누계액 ₩20,000)의 유형자산을 ₩15,000에 처분하였다. 모든 유형자산의 취득 및 처분거래는 현금 거래라고 가정할 때, 유형자산과 관련한 투자활동 순현금흐름은? (단, ㈜한국은 유형자산에 대해 원가모형을 적용한다)

2015. 국가직 7급 심화

과목	기초	기말
유형자산	₩100,000	₩140,000
감가상각누계액	(₩30,000)	(₩25,000)

① ₩9,000 순유출 ② ₩20,000 순유입
③ ₩60,000 순유입 ④ ₩65,000 순유출

 해설

유형자산 관련 순현금흐름	=	감가상각비 유형자산처분손익	−	유형자산	+	감누
(−)65,000	=	(−)15,000 (−)5,000		(40,000)		(5,000)

(1) 유형자산처분손익: 15,000 − 20,000 = (−)5,000 손실
(2) 감가상각비 = 15,000
30,000 + 감가상각비 − 20,000 = 25,000
이 문제에서는 감가상각비뿐 아니라 처분손익도 제시하지 않았다. 대신 거래 내역을 제시했기 때문에 손익을 직접 구해야 한다. 또한, 문제에서 '투자활동 순현금흐름'을 물었으므로 기계장치 처분으로 인한 현금유입 15,000을 따로 적지 않았다.

답 ④

3. 자본거래 관련 현금흐름 심화

자본거래 관련 현금흐름은 거의 출제되지 않는 지엽적인 주제이므로 이해가 가지 않는 수험생은 아예 대비하지 않아도 된다. 과정이 어렵다면 마지막 ④번식만 외워서 풀자.

> ① △현금 + △자산 = △자본 + △부채
> ② △현금 = △자본 + △부채 − △자산
> ③ 재무CF = △자본 − NI + △관련 부채 − △관련 자산
> ④ 재무CF = △자본 − NI + △관련 부채

CHAPTER 14. 현금흐름표 | 471

① 현금흐름을 구하기 위해 재무상태표 항등식에서 현금만 분리한 식이다.

② 우리는 현금의 변동이 알고 싶으므로 현금만 남기고 나머지를 반대로 넘긴다.

③ 11장 자본의 '자본의 증감'에서 배웠듯, '자본의 증감 = NI + 유상증자 − 현금배당'이다.
  즉, △자본이 NI와 자본거래로 구성된다. 이 중 NI는 영업활동에서 발생한 것이다. 따라서 재무 CF를 구할 땐 △자본에서 NI를 제거해야 한다.

④ 자본거래와 관련이 있는 자산은 없으므로 식에서 지웠다. 부채 변동은 미지급배당금이 발생할 때 생긴다. 문제에서 배당금 지급액만 따로 묻는 경우 '배당금 지급액 = 기초 이잉 + NI − 기말 이잉'의 방법으로 구하자.

 예제 **자본거래 관련 현금흐름** 심화

01 ㈜한국의 〈재무상태표상 자본〉 및 〈추가자료〉가 다음과 같을 때, 재무활동으로 인한 순현 금흐름은?

2019. 관세직 9급

〈재무상태표상 자본〉

과목	기초	기말
자본금	₩300,000	₩350,000
자본잉여금	₩100,000	₩132,000
이익잉여금	₩20,000	₩25,000
자기주식	(₩10,000)	–
자본 총계	₩410,000	₩507,000

〈추가자료〉
- 당기 중 유상증자(주식의 총발행가액 ₩80,000, 총액면금액 ₩50,000)가 있다.
- 기초 보유 자기주식을 기중에 전량 ₩12,000에 처분하였다.
- 당기순이익은 ₩15,000이며 배당금 지급 이외의 이익잉여금의 변동을 초래하는 거래는 없었다.
  (단, 배당금 지급은 재무활동으로 인한 현금흐름으로 분류한다)

① ₩32,000

② ₩52,000

③ ₩80,000

④ ₩82,000

해 설

CF	=	△ 자본	−	NI	+	△ 부채
82,000	=	97,000	−	15,000		

(1) △자본
   본 문제에서는 자본 총계의 기초, 기말 잔액이 제시되어 있지만, 제시되어 있지 않으면 직접 구해야 한다.
(2) NI
   당기순이익은 15,000이다.
(3) △부채
   본 문제에서는 미지급배당금에 대한 언급이 없으므로 결의한 배당금을 전부 지급했다고 가정하고 풀었다. 실전에서도 본 문제처럼 미지급배당금에 대한 언급이 없을 것이다. 이 경우에는 부채 증감액을 고려할 필요가 없다. 하지만 만약 문제에 미지급배당금에 대한 언급이 있다면 부채 증감액까지 고려해주어야 한다.

|회계처리|

(차) 현금	80,000	(대) 자본금	50,000
		주발초	30,000
(차) 현금	12,000	(대) 자기주식	10,000
		자처익	2,000
(차) 집합손익	15,000	(대) 이잉	15,000
(차) 이잉	10,000	(대) 현금	10,000

• 배당금 지급액: 20,000(기초 이잉) + 15,000(NI) − 25,000(기말 이잉) = 10,000
• 재무활동 현금흐름: 80,000(유상증자) + 12,000(자기주식 처분) − 10,000(배당금) = 82,000
정석적인 풀이법은 이처럼 회계처리를 하는 것이다. 각 계정별로 기초 잔액에서 출발하여 회계처리를 반영하여 기말 잔액을 맞추는 것이다. 하지만 이런 방식으로 풀면 제한된 시간 안에 풀 수 없다. 회계처리는 참고용으로만 보고, 증감분석법을 연습하자.

답 ④

6 자산, 부채의 증감을 알 수 없는 경우 현금흐름

: 문제에 제시된 현금흐름 바로 이용!

자산, 부채의 증감을 제시하지 않고 거래 내용만 제공하는 문제는 표를 그리지 않고 문제에 제시된 취득가액, 처분가액 등의 자료를 이용하여 현금흐름을 바로 계산한다.

 자산, 부채의 증감을 알 수 없는 경우 현금흐름

01 ㈜한국은 2016년 중 취득원가 ₩20,000인 토지를 ₩30,000에 처분하고 대금은 1년 후에 받기로 했으며, 장부금액 ₩60,000(취득원가 ₩100,000, 감가상각누계액 ₩40,000)인 건물을 현금 ₩70,000에 처분하였다. ㈜한국의 2016년 현금흐름표 상 투자활동으로 인한 현금유입액은?

2016. 국가직 9급

① ₩60,000　　　　　　　② ₩70,000
③ ₩80,000　　　　　　　④ ₩100,000

> **해설**
>
> 본 문제와 같이 계정의 증감액을 제시하지 않은 문제는 문제상의 현금흐름을 직접 이용할 수 밖에 없다. 토지는 전부 외상 거래이기 때문에 현금흐름이 없으며, 건물 처분액이 70,000으로 제시되었기 때문에 투자활동 현금유입액을 70,000으로 바로 구할 수 있다.
>
> 답 ②

02 ㈜한국은 취득원가 ₩70,000의 토지를 2017년 중 현금 ₩100,000을 받고 처분하였다. 또한 2017년 중 새로운 토지를 ₩90,000에 구입하면서 구입대금 중 ₩30,000은 현금으로 지급하고 나머지 ₩60,000은 미지급금으로 계상하였다. ㈜한국의 2017년 현금흐름표 상 투자활동 순현금흐름은?

2018. 관세직 9급

① ₩10,000　　　　　　　② ₩40,000
③ ₩70,000　　　　　　　④ ₩100,000

> **해설**
>
> 투자활동 현금흐름: 100,000 − 30,000 = 70,000
>
> 답 ③

핵심 콕! 현금흐름표 유형별 풀이법 요약 ★중요!

유형	풀이법
현금주의 ↔ 발생주의	CF = NI − △자산 + △부채
영업CF − 간접법	CF = NI − 투자, 재무 손익 − △영업 자산 + △영업 부채
영업CF − 직접법	CF = 관련 손익 − △관련 자산 + △관련 부채
유형자산, 차입금 CF	
− 감가비 제시 X	기초 감누 + 감가상각비 − 처분 자산의 감누 = 기말 감누
자본거래 CF	CF = △자본 − NI + △부채
자산, 부채 증감 X	문제에 제시된 현금흐름 바로 이용

이번 장에 걸쳐서 배운 출제 유형별로 풀이법을 정리한 것이다. 반드시 숙지하여 문제별로 적절한 풀이법을 이용하자.

7 현금흐름표 기타사항 심화

다음은 현금흐름표 말문제로 나올 수 있는 기타사항들이다. 재무회계에서는 중요한 내용이 아니지만, 정부회계의 현금흐름표에도 해당 규정이 똑같이 적용되어, 정부회계 문제로 출제된 적이 있다. 정부회계를 준비하지 않는 수험생은 이 내용을 보지 않아도 된다.

1. 직접법이 간접법보다 미래현금흐름 추정에 보다 유용한 정보를 제공한다.

간접법은 당기순이익에서 출발해서 영업활동현금흐름 총액은 알 수 있으나, 현금흐름의 구성을 알기 어렵다. 반면, 직접법은 각 활동별로(ex)고객, 공급자 등) 현금흐름을 파악할 수 있으므로 미래현금흐름 추정에 보다 유용하다.

2. 현금흐름을 수반하지 않는 투자, 재무활동 거래는 현금흐름표에서 제외하고, 중요한 거래는 주석으로 공시한다.

현금흐름을 수반하지 않는 거래는 현금흐름표에 표시되지 않는다. 따라서 현금흐름표만 봐서는 해당 거래들을 파악할 수 없다. 이를 방지하기 위해 현금흐름을 수반하지 않더라도 중요한 거래는 주석으로 공시하도록 규정하고 있다. 주석에 공시하는 중요한 거래로는 건설중인 자산의 본 계정 대체, 장기차입금의 유동성 대체 등이 있다. 규정만 기억하면 되며, 사례를 기억할 필요는 없다.
• 건설중인자산 본 계정 대체: (차) 건물　XXX　(대) 건설중인자산　XXX
• 장기차입금 유동성 대체: (차) 장기차입금　XXX　(대) 유동성장기차입금　XXX

3. 회전율이 높고 금액이 크며 만기가 짧은 현금흐름은 순증감액으로 보고할 수 있다.

하루에도 수많은 입출금이 발생하는 금융기관(은행)의 경우에는 모든 현금흐름을 현금흐름표에 보고하면 다른 현금흐름이 묻힌다. 은행의 주 영업활동인 대출 및 상환, 투자활동, 재무활동 등이 있더라도 일반 예금자의 입출금이 워낙 압도적인 규모이기 때문에 묻힐 수밖에 없다. 따라서 이런 현금흐름의 경우 총액이 아닌 순액으로 보고할 수 있게 규정하고 있다.

01 현금흐름표에 관한 설명으로 옳지 않은 것은? 2023. 국가직 9급

① 현금흐름표는 일정시점의 현금유입액과 현금유출액에 대한 정보를 제공하는 재무제표이다.

② 현금흐름표상의 현금흐름은 영업활동으로 인한 현금흐름, 투자활동으로 인한 현금흐름, 재무활동으로 인한 현금흐름으로 분류된다.

③ 현금흐름표는 다른 재무제표와 같이 사용되는 경우 순자산의 변화, 재무구조(유동성과 지급능력 포함), 그리고 변화하는 상황과 기회에 적응하기 위하여 현금흐름의 금액과 시기를 조절하는 능력을 평가하는 데 유용한 정보를 제공한다.

④ 역사적 현금흐름정보는 미래현금흐름의 금액, 시기 및 확실성에 대한 지표로 자주 사용된다. 또한 과거에 추정한 미래현금흐름의 정확성을 검증하고, 수익성과 순현금흐름 간의 관계 및 물가 변동의 영향을 분석하는 데 유용하다.

현금흐름표는 회계기간 동안 발생한 현금흐름에 대한 정보를 제공하는 재무제표이다. '일정시점'을 '회계기간'으로 바꾸어야 한다.

답 ①

 이 장의 출제 뽀인트!

① 충당부채
② 주당순이익
③ 법인세회계
④ 합병 및 지분법

기타회계는 다른 장에 비해 출제 빈도가 낮은 주제들을 모아놓은 장으로, 충당부채, 주당순이익(eps), 법인세회계, 합병 및 지분법을 다룰 것이다. 4개의 주제 중에서는 9급, 7급 모두 주당순이익의 출제 빈도가 그나마 가장 높다. 7급에서는 법인세회계의 출제 빈도가 그다음으로 높다. 7급 수험생들은 4가지 주제 전부 대비해야 하며, 9급 수험생은 다른 장을 완벽히 숙지하고 시간이 남으면 대비하자.

15

기타회계

1 충당부채

1. 충당부채의 정의

충당부채란 지출하는 시기 또는 금액이 불확실한 부채를 의미한다.

일반적인 부채는 지출하는 시기와 금액이 확실하다. 사채를 생각해보자. 상환해야 하는 이자와 액면금액이 확실하며, 지급시기 또한 명확하다. 반면, 충당부채는 이처럼 지출 시기나 금액이 확실하지 않은 부채를 의미한다.

2. 충당부채의 인식 요건

충당부채는 다음의 요건을 모두 충족하는 경우에 인식한다.

> (1) 현재의무: 과거사건의 결과로 현재의무가 존재한다.
> (2) 높은 유출 가능성: 해당 의무를 이행하기 위하여 자원을 유출할 가능성이 높다.
> (3) 신뢰성 있는 추정: 해당 의무를 이행하기 위한 금액을 신뢰성 있게 추정할 수 있다.

(1) 현재의무: 과거사건의 결과로 현재의무가 존재한다.

현재의무에는 두 가지 특징이 있다.

① 의제의무 포함

충당부채를 인식하기 위해서는 현재의무가 존재해야 한다. 현재의무에는 법적의무 뿐 아니라 의제의무가 포함된다. 의제의무란, 과거의 실무관행, 경영방침, 약속 등을 통해 상대방이 기업에 대해 정당한 기대를 갖게 되었을 때 발생하는 의무이다. '현재의무에는 의제의무는 제외하며, 법적의무만 포함한다.'라는 내용이 등장하면 틀린 문장이다.

② 과거사건으로 인한 의무가 기업의 미래행위와 독립적이어야 함

충당부채로 인식하기 위해서는 과거사건으로 인한 의무가 기업의 미래행위와 독립적이어야 한다. '미래행위와 독립적'이라는 것은 기업이 미래에 어떤 행위를 하든, 반드시 그 의무를 수행해야 이행해야 한다는 것을 의미한다. 기업이 미래에 의무를 회피할 수 있다면 그 의무는 충당부채로 인식할 수 없다. 기준서에서 나열하고 있는 사례는 다음과 같다.

미래행위와 독립적 O (충당부채 O)	미래행위와 독립적 X (충당부채 X)
범칙금, 환경정화비용, 복구충당부채 법안: 제정이 거의 확실할 때에만	환경정화 '장치' 설치비용 미래의 예상 영업손실 및 자산 처분이익

㉠ 범칙금, 환경정화비용, 복구충당부채 VS 환경정화장치

불법적인 환경오염으로 인한 범칙금이나 환경정화비용은 이미 회사에게 부과된 것이므로 기업의 미래 행위에 관계없이 자원의 유출을 불러온다. 이와 마찬가지로 유류보관시설이나 원자력 발전소 때문에 이미 일어난 피해에 대하여 기업은 복구충당부채를 인식한다.

반면에 법률 규정 때문에 정화장치의 설치가 필요한 경우에는 공장 운영방식을 바꾸는 등의 미래 행위로 미래의 지출을 회피할 수 있으므로 현재의무는 없으며 충당부채도 인식하지 아니한다. 환경정화비용과 환경정화장치 설치비용은 처리방법이 다르므로 꼭 기억하자.

㉡ 법안

입법 예고된 법률의 세부 사항이 아직 확정되지 않은 경우에는 해당 법안대로 제정될 것이 거의 확실한 때에만 의무가 생긴 것으로 본다.

㉢ 미래의 예상 영업손실, 예상되는 자산 처분이익

미래의 예상 영업손실은 충당부채로 인식하지 아니한다. 또한, 예상되는 자산 처분이익은 충당부채를 측정하는 데 고려하지 아니한다. 미래행위를 통해 회피할 수 있기 때문이다. 미래 영업손실이나 처분이익은 예상되는 시점이 아니라 실제로 발생한 시점에 인식한다.

(2) 높은 유출 가능성: 발생할 가능성 > 발생하지 않을 가능성

자원의 유출 가능성이 '높다'는 것은 발생할 가능성이 발생하지 않을 가능성보다 더 높다는 것을 의미한다. 쉽게 말해서, 50%가 기준이라고 생각하면 된다.

(3) 신뢰성 있는 추정

충당부채로 인식하는 금액은 현재의무를 보고기간 말에 이행하기 위하여 필요한 지출에 대한 최선의 추정치이어야 한다. 따라서 신뢰성 있는 추정이 가능해야 충당부채로 인식할 수 있다. 신뢰성 있는 추정이 불가능하다면 충당부채로 재무상태표에 계상할 수 없으며, 후술할 우발부채로 주석 공시한다.

15

충당부채의 인식 요건

01 충당부채에 대한 설명으로 옳지 않은 것은?   2017. 국가직 9급

① 충당부채를 인식하기 위해서는 과거사건의 결과로 현재 의무가 존재하여야 한다.

② 충당부채를 인식하기 위한 현재의 의무는 법적 의무로서 의제의무는 제외된다.

③ 충당부채의 인식요건 중 경제적효익이 있는 자원의 유출 가능성이 높다는 것은 발생할 가능성이 발생하지 않을 가능성보다 더 높다는 것을 의미한다.

④ 충당부채를 인식하기 위해서는 과거 사건으로 인한 의무가 기업의 미래행위와 독립적이어야 한다.

의제의무도 충당부채를 인식하기 위한 현재 의무에 포함된다.

답 ②

02 충당부채에 대한 설명으로 옳지 않은 것은?   2022. 국가직 9급

① 충당부채로 인식하는 금액은 현재의무를 보고기간 말에 이행하기 위하여 필요한 지출에 대한 최선의 추정치이어야 한다.

② 미래의 예상 영업손실은 충당부채로 인식하지 아니한다.

③ 현재의무를 이행하기 위하여 필요한 지출 금액에 영향을 미치는 미래 사건이 일어날 것이라는 충분하고 객관적인 증거가 있는 경우에도, 그 미래 사건을 고려하여 충당부채 금액을 추정하지 않는다.

④ 화폐의 시간가치 영향이 중요한 경우에 충당부채는 의무를 이행하기 위하여 예상되는 지출액의 현재가치로 평가한다.

현재의무를 이행하기 위하여 필요한 지출 금액에 영향을 미치는 미래 사건이 일어날 것이라는 충분하고 객관적인 증거가 있는 경우, 그 미래 사건을 고려하여 충당부채 금액을 추정한다.
④ 복구충당부채의 경우 미래 예상 복구원가의 현재가치로 계상한다.

답 ③

3. 우발부채와 우발자산

(1) 우발부채의 인식 요건

다음 중 하나 이상에 해당하는 경우 우발부채로 분류하고 주석으로 공시한다. 우발부채는 재무제표에 인식하지 아니한다. 여기에서 재무제표는 주석을 제외한 좁은 의미로 사용된 것이다.

> ① 잠재적 의무: 과거사건으로 생겼으나, 불확실한 미래 사건으로만 확인할 수 있는 잠재적 의무이다.
> ② 낮은 유출 가능성: 해당 의무를 이행하기 위하여 자원을 유출할 가능성이 높지 않다.
> ③ 신뢰성 있는 추정 불가: 해당 의무를 이행하기 위한 금액을 신뢰성 있게 추정할 수 없다.

(2) 충당부채 vs 우발부채

	신뢰성 있는 추정 O	신뢰성 있는 추정 X
유출가능성이 높다	충당부채(B/S)	우발부채(주석)
유출가능성이 높지 않다		우발부채(주석)
유출가능성이 아주 낮다	주석 공시도 X	

① 충당부채: 두 조건 모두 충족해야 충당부채

재무상태표에 충당부채로 인식하기 위해서는 높은 유출가능성과 신뢰성 있는 추정을 '모두'충족시켜야 한다. 둘 중 하나라도 충족시키지 못한다면 주석에 우발부채로 공시한다. 재무상태표에 계상하는 충당부채와 달리, 우발부채는 주석에 공시한다는 것을 기억하자.

② 유출가능성이 아주 낮다면 주석에 공시할 필요도 없다.

(3) 우발부채의 검토

최초에 우발부채로 공시하였더라도 이후에 충당부채의 인식조건을 충족한다면 재무상태표에 충당부채로 인식한다.

(4) 우발자산

우발자산이란, 과거사건으로 생겼으나, 불확실한 미래 사건으로만 확인할 수 있는 잠재적 자산을 뜻한다. 우발자산은 발생가능성이 높을 때에만 주석으로 공시한다. 발생가능성이 높지 않을 때에는 우발자산을 공시하지 않고, 수익의 실현이 '거의 확실'하다면 우발자산이 아닌 일반적인 자산으로 인식한다.

15

(5) 우발부채 vs 우발자산: 부채는 높지 않아도 공시, 자산은 높아야 공시

	부채	자산
유출입가능성이 높다	충당부채(B/S)	우발자산(주석)
유출입가능성이 높지 않다	우발부채(주석)	X
유출입가능성이 아주 낮다	X	

우발부채는 자원의 유출가능성이 높지 않더라도 공시하는 반면, 우발자산은 자원의 유입가능성이 높아야 공시한다. 부채는 상대적으로 쉽게 인식하지만, 자산은 인식조건이 까다로운데, 이는 보수주의로 인한 것이다.

 충당부채 vs 우발부채

02 충당부채와 우발부채에 대한 설명으로 옳지 않은 것은? 2016. 지방직 9급

① 충당부채는 지출의 시기 또는 금액이 불확실한 부채이다.
② 충당부채와 우발부채 모두 재무상태표에 인식하지 않고 주석으로 공시한다.
③ 충당부채로 인식하기 위해서는 현재 의무가 존재하여야 할 뿐만 아니라 당해 의무를 이행하기 위해 경제적 효익이 내재된 자원의 유출가능성이 높아야 한다.
④ 현재 의무를 이행하기 위한 자원의 유출가능성은 높으나 신뢰성 있는 금액의 추정이 불가능한 경우에는 우발부채로 공시한다.

 해설

충당부채는 우발부채와 달리 재무상태표에 인식한다.
③, ④ 충당부채로 인식하기 위해서는 두 가지 조건을 모두 충족시켜야 한다. 둘 중 하나라도 충족시키지 못한다면 우발부채로 주석에 공시한다.

답 ②

03 충당부채의 인식과 관련된 설명으로 옳지 않은 것은? 2014. 국가직 7급

① 과거 사건의 결과로 현재의무가 존재해야 한다.

② 당해 의무를 이행하기 위하여 경제적효익을 갖는 자원이 유출될 가능성이 높아야 한다.

③ 입법 예고된 법규의 세부사항이 아직 확정되지 않은 경우에는 당해 법규안대로 제정될 것이 거의 확실한 때에만 의무가 발생한 것으로 본다.

④ 신뢰성 있는 금액의 추정이 불가능한 경우에도 부채로 인식해 재무상태표의 본문에 표시한다.

해설

높은 유출가능성과 신뢰성 있는 추정 중 하나만 충족시키지 못해도 우발부채로 주석 공시한다.

답 ④

04 TV를 제조하여 판매하는 ㈜한국은 보증기간 내에 제조상 결함이 발견된 경우, 제품을 수선하거나 새 제품으로 교환해주는 제품 보증정책을 취하고 있다. 이에 대한 회계처리 방법으로 옳지 않은 것은? 2015. 국가직 7급

① 경제적효익을 갖는 자원의 유출가능성이 높고 금액을 신뢰성 있게 추정할 수 있는 경우, 충당부채로 인식한다.

② 경제적효익을 갖는 자원의 유출가능성이 높으나 금액을 신뢰성 있게 추정할 수 없는 경우, 충당부채로 인식한다.

③ 경제적효익을 갖는 자원의 유출가능성이 높지 않으나 아주 낮지도 않은 경우, 우발부채로 공시한다.

④ 경제적효익을 갖는 자원의 유출가능성이 아주 낮은 경우, 공시하지 아니한다.

해설

높은 유출가능성과 신뢰성 있는 추정 중 하나만 충족시키지 못해도 우발부채로 주석 공시한다.

답 ②

05 2015년에 제품의 결함으로 인하여 피해를 입었다고 주장하는 고객이 ㈜한국을 상대로 손해배상청구 소송을 제기하였다. 법률전문가는 2015년 재무제표가 승인되는 시점까지는 회사의 책임이 밝혀지지 않을 가능성이 높다고 조언하였다. 그러나 2016년 말 현재 ㈜한국에 소송이 불리하게 진행 중이며, 법률전문가는 ㈜한국이 배상금을 지급하게 될 가능성이 높다고 조언하였다. ㈜한국의 충당부채 또는 우발부채 인식과 관련된 설명으로 옳지 않은 것은?

2016. 관세직 9급

① 충당부채는 현재의 의무가 존재하고, 경제적 효익을 갖는 자원이 유출될 가능성이 높으며, 당해 금액을 신뢰성 있게 추정할 수 있을 경우에 인식한다.
② 2015년의 경우 현재의 의무가 없고, 배상금을 지급할 가능성이 아주 낮다고 하더라도 우발부채로 공시할 의무는 있다.
③ 2016년 말에는 현재 의무가 존재하고 배상금에 대한 지급 가능성이 높으므로, 배상금을 신뢰성 있게 추정할 수 있다면 충당부채를 인식해야 한다.
④ 만약 2016년 말에 배상금을 신뢰성 있게 추정할 수 없다면 이를 충당부채로 인식하지 않고 우발부채로 공시한다.

해설

자원의 유출가능성이 '아주 낮다면' 우발부채로 공시할 필요는 없다.

답 ②

4. 연대보증

: 내가 갚을 부분은 충당부채로, 남이 갚을 부분은 우발부채로 처리

제삼자와 연대하여 의무를 지는 경우에는 이행할 전체 의무 중 제삼자가 이행할 것으로 예상되는 부분을 우발부채로 처리한다. 해당 의무 중에서 경제적 효익이 있는 자원의 유출 가능성이 높은 부분에 대하여 충당부채를 인식한다.

쉽게 생각해서, 내가 갚을 부분은 충당부채로, 남이 갚을 부분은 우발부채로 처리한다고 기억하면 된다.

> 사례. ㈜김수석은 ㈜이차석이 차입한 ₩30,000에 대하여 연대 의무를 지게 되었다. 이후 ㈜이차석의 자금 사정이 어려워짐에 따라, ㈜김수석이 차입금의 일부를 변제할 것으로 예상된다. ㈜김수석이 변제할 금액을 합리적으로 추정해본 결과, ₩10,000이다.

위 사례에서 ㈜김수석은 변제할 ₩10,000은 충당부채로 설정하고, 나머지 ₩20,000은 유출 가능성이 높진 않지만 ㈜김수석이 변제할 가능성이 있으므로 우발부채로 설정한다.

 연대보증

06 충당부채와 우발부채에 대한 설명으로 옳은 것은?   2020. 국가직 7급

① 미래의 예상 영업손실에 대하여 충당부채로 인식한다.

② 우발부채는 자원의 유출가능성을 최초 인식시점에 판단하며 지속적으로 평가하지 않는다.

③ 제삼자와 연대하여 의무를 지는 경우에는 이행할 전체 의무 중 제삼자가 이행할 것으로 예상되는 부분을 우발부채로 처리한다.

④ 다수의 항목과 관련되는 충당부채를 측정하는 경우에 해당 의무는 가능한 모든 결과에 관련된 확률 중 최댓값으로 추정한다.

 해설

① 미래의 예상 영업손실에 대해서는 충당부채를 인식하지 않는다. (X)

② 우발부채는 자원의 유출가능성을 지속적으로 평가하여, 유출가능성이 높아지는 경우 재무상태표에 충당부채로 인식한다. (X)

③ 제삼자와 연대하여 의무를 지는 경우에는 이행할 전체 의무 중 제삼자가 이행할 것으로 예상되는 부분은 우발부채로, 직접 이행할 것으로 예상되는 부분은 충당부채로 처리한다. (O)

④ 다수의 항목과 관련되는 충당부채를 측정하는 경우에 해당 의무는 기댓값으로 추정한다. 지엽적인 문장이므로 넘어가도 좋다. 수익에서 배운 '비슷한 특성의 계약이 많은 경우 기댓값으로 측정한다.'는 내용을 생각해보면 이해할 수 있다. (X)

답 ③

15

07 〈보기〉는 ㈜대한의 20X1년 말 결산 절차 중에 처리해야 할 사항들을 요약해 놓은 것이다. ㈜대한이 재무상태표에 인식해야 할 충당부채 금액은? (단, 제시된 금액은 모두 신뢰성 있게 측정되었다.)

2019. 서울시 7급

〈보기〉

1. 20X1년 중 판매한 제품에 대한 보증수리비용은 총 ₩2,000,000이 예상되며, 향후 2년간 발생할 것으로 예상된다.
2. 20X1년 중 ㈜민국의 은행차입 ₩4,000,000에 대하여 지급보증을 해주었으나 영업부진으로 인하여 ㈜민국이 부도처리되었다. ㈜민국은 은행차입에 대한 상환능력이 없는 것으로 평가되었다. 해당 금액 지급의 일차적 책임은 ㈜대한에게 있다.
3. ㈜대한은 20X1년 말 해상구조물을 현금 ₩3,000,000에 구입하였다. 환경과 관련된 법률에서는 이 구조물의 추정 내용연수가 종료된 후에는 훼손된 환경을 원상복구하도록 하고 있다. 이를 위하여 지출될 것으로 추정되는 금액은 ₩1,000,000이며, 현재가치는 ₩500,000이다.

---

① ₩9,500,000　　　　　② ₩7,000,000
③ ₩6,500,000　　　　　④ ₩6,000,000

 해설

제품보증충당부채	2,000,000
보증충당부채	4,000,000
복구충당부채	500,000
충당부채 총계	6,500,000

(1) 보증충당부채: ㈜대한에게 지급의 일차적 책임이 있는데 ㈜민국이 상환능력이 없기 때문에 ㈜대한은 은행차입 금액을 지급해야 한다. 따라서 해당 금액을 충당부채로 계상한다. 참고로, 지급의 2차적 책임이 있었다면 충당부채가 아닌 우발부채로 주석에 공시했어야 한다.

(2) 복구충당부채: 복구충당부채는 미래 예상 지출액의 현재가치로 평가한다.

답 ③

5. 제삼자 변제 – 수익, 비용은 상계 가능

> 사례. ㈜김수석은 고객으로부터 손해배상을 청구받아 ₩1,000,000을 지급해야 할 것으로 예상하고, ㈜김수석은 고객에 대한 손해배상 시 보험사로부터 ₩400,000을 수령한다고 할 때, 회계처리는 다음과 같다.
>
> | 손해배상손실 | 1,000,000 | 손해배상충당부채 | 1,000,000 |
> | 미수금 | 400,000 | 수익(or 손실) | 400,000 |

(1) 변제금액을 별도의 자산으로 회계처리

충당부채를 결제하기 위하여 필요한 지출액을 제삼자가 변제할 것으로 예상되는 경우에는 '변제를 받을 것이 거의 확실하게 되는 때'에만 변제금액을 별도의 자산으로 회계처리한다.

(2) 수익 – 비용 상계 가능 (not 자산 – 부채 상계)

충당부채와 관련하여 인식한 비용은 제삼자의 변제로 인식한 수익과 상계할 수 있다. 자산과 부채를 상계하는 것이 아님에 주의하자. 위 사례에서 수익을 계상하지 않고, 손실과 상계해도 된다. 제삼자 변제와 관련해서는 2번 규정만 기억하면 된다.

제삼자 변제

08 「한국채택국제회계기준」에서 제시된 '상계'에 대한 설명으로 옳지 않은 것은?2021. 지방직 9급

① 외환손익 또는 단기매매 금융상품에서 발생하는 손익과 같이 유사한 거래의 집합에서 발생하는 차익과 차손은 중요성을 고려하지 않고 순액으로 표시한다.

② 확정급여제도의 초과적립액을 다른 제도의 확정급여채무를 결제하는 데 사용할 수 있는 법적으로 집행가능한 권리가 있고, 순액기준으로 확정급여채무를 결제할 의도가 있거나, 동시에 제도의 초과적립액을 실현하고 다른 제도의 확정급여채무를 결제할 의도가 있다면, 확정급여제도와 관련한 자산은 다른 확정급여제도와 관련된 부채와 상계한다.

③ 투자자산 및 영업용자산을 포함한 비유동자산의 처분손익은 처분대가에서 그 자산의 장부금액과 관련처분비용을 차감하여 표시한다.

④ 충당부채와 관련하여 포괄손익계산서에 인식한 비용은 제삼자의 변제와 관련하여 인식한 금액과 상계하여 표시할 수 있다.

차익과 차손은 순액으로 표시하되, '중요한 경우에는'구분하여 표시한다.
④ 제삼자 변제와 관련한 수익, 비용은 상계 가능하다.
②,③은 중요하지 않은 내용이므로 넘어가자.

目 ①

6. 충당부채의 계산

사례를 주고, 충당부채를 계산하는 문제에서는 연도별로 인식할 비용과 충당부채 잔액을 주로 묻는다. 연도별 비용과 충당부채 잔액은 다음과 같이 구한다.

(1) 당기비용: 당기 매출액과 관련하여 발생할 지출 전부를 매출 시에 인식

> 매출 시: (차) 비용   X X X (대) 충당부채 X X X

수익 – 비용 대응을 위해 매출이 발생할 때 향후 발생할 지출 전부를 비용으로 인식하면서 충당부채를 계상한다.

예 제품보증비: 당기 매출액 X 보증 설정률 or 당기 판매량 X 개당 예상 보증비

(2) 기말 충당부채 잔액: 미사용부분 = 비용으로 인식한 누적액 – 지출액의 누적액

> 지출 시: (차) 충당부채   ✕✕✕   (대) 현금   ✕✕✕

지출 시에는 비용을 인식하는 것이 아니라, 매출 시 계상한 충당부채 금액을 감소시킨다. 그 결과 기말 충당부채 잔액은 비용으로 인식한 금액 중 지출한 금액을 제외하고 남은 부분으로 계상된다.

예 제품충당부채 = 제품보증비 누적액 – 보증 지출액 누적액

 충당부채의 계산

09 ㈜서울은 20X1년에 영업을 개시하여 20X1년 5월 1일 제품을 ₩100,000에 판매하였다. 이 제품은 1년 동안 제품의 하자를 보증하며, 동종업계의 과거의 경험에 의하면 제품보증기간 중에 매출액의 10%에 해당하는 제품보증비용이 발생할 것으로 추정된다. 20X1년에 실제로 제품보증비용으로 ₩7,000이 지출되었다. 결산일 현재 재무상태표에 계상할 제품보증충당부채는 얼마인가?

2015. 서울시 9급

① ₩0   ② ₩3,000
③ ₩7,000   ④ ₩10,000

해설

X1말 제품보증충당부채 잔액: 100,000 × 10% – 7,000 = 3,000

|회계처리|
판매 시: (차) 제품보증비   10,000   (대) 제품보증충당부채   10,000
지출 시: (차) 제품보증충당부채   7,000   (대) 현금   7,000 → 기말 잔액: 3,000

目 ②

10 20X1년 1월 1일에 영업을 개시한 ㈜한국은 자동차를 판매하고 첫 3년간은 무상으로 수리보증을 해주기로 하였다. ㈜한국은 총매출액의 8%에 해당하는 금액이 제품보증비로 발생할 것이라고 추정하고 있다. 각 연도별 총매출액과 보증비용지출액은 다음과 같다.

	총매출액	보증비용지출액
20X1년	₩2,500,000	₩170,000
20X2년	₩1,800,000	₩150,000

㈜한국이 20X2년도 포괄손익계산서에 인식할 제품보증비용과 재무상태표에 보고할 제품보증충당부채는 얼마인가? (단, 충당부채 관련 현재가치 평가는 고려하지 않으며, 영업개시 후 재무제표에 영향을 미치는 다른 거래는 없다고 가정한다.) 2017. 계리사

	제품보증비용	제품보증충당부채
①	₩200,000	₩30,000
②	₩144,000	₩30,000
③	₩200,000	₩24,000
④	₩144,000	₩24,000

 해설

- 제품보증비용: 1,800,000 × 8% = 144,000
- 기말 충당부채: (2,500,000 + 1,800,000) × 8% − (170,000 + 150,000) = 24,000

답 ④

11 20X1년 초에 영업을 개시한 ㈜한국은 품질보증 기간을 1년으로 하여 에어컨을 판매하고 있다. 20X1년 에어컨 판매 수량은 500대이고, 대당 판매가격은 ₩1,000이며, 동종업계의 과거 경험에 따르면 제품보증비용은 대당 ₩50이 발생할 것으로 추정된다. 20X1년 중 실제 제품보증비 지출이 ₩10,000이면, ㈜한국의 20X1년 말 재무상태표에 표시될 제품보증충당부채는?

2022. 지방직 9급

① ₩5,000 　　　　　　　　　② ₩15,000

③ ₩25,000 　　　　　　　　④ ₩40,000

X1말 제품보증충당부채 잔액: 500대 × @50 − 10,000 = 15,000

|회계처리|

매출 시	(차) 제품보증비	25,000	(대) 제품보증충당부채	25,000
보증 시	(차) 제품보증충당부채	10,000	(대) 현금	10,000

답 ②

12 2018년 12월 31일에 ㈜한국에서 발생한 거래가 다음과 같을 때, 2018년 말 재무상태표 상 부채에 포함할 금액은?

2019. 관세직 9급

- 제품보증에 대한 충당부채 ₩1,000을 설정하였다.
- 사무실을 임대하고 12개월분 임대료 ₩2,000을 미리 받았다.
- 거래처로부터 원재료 ₩1,000을 외상으로 구입하였다.
- 공장 확장 자금을 조달하기 위해 보통주 10주(주당 액면가 ₩100, 주당 발행가 ₩200)를 발행하였다.

① ₩2,000   ② ₩3,000

③ ₩4,000   ④ ₩5,000

해설

제품보증충당부채	1,000
선수임대료	2,000
매입채무	1,000
부채 총계	4,000

신주 발행 시 납입액은 부채가 아닌 자본으로 처리한다.

답 ③

(3) 경품비와 경품충당부채

공무원 회계학에서는 경품비와 경품충당부채가 주로 출제되었는데, 경품비와 경품충당부채는 다음과 같이 계산하면 된다. 앞에서 배운 비용과 기말 충당부채 잔액 계산 논리와 같다.

경품비 = 당기 판매로 인해 지급될 것으로 예상하는 경품의 원가
     = 판매량÷경품 1개당 필요한 쿠폰 매수 × 경품의 단위당 원가 × 회수율
경품충당부채 = 경품비 누적액 – 실제 지급한 경품의 원가
     = 경품비 누적액 – 교환된 쿠폰 매수÷경품 1개당 필요한 쿠폰 매수 × 경품의 단위당 원가

13 2011년부터 커피체인인 ㈜한국은 판촉활동을 위해 커피 1잔에 쿠폰을 1매씩 지급하고, 고객이 쿠폰 10매를 모아오면 머그컵 1개를 무료로 제공한다. 제공되는 컵의 원가는 ₩1,000이다. ㈜한국은 쿠폰의 60%가 상환될 것으로 추정하고 있다. 2011년 회계기간 동안 판매된 커피는 10,000잔이었으며 쿠폰은 5,000매가 교환되었다. 2011년에 인식해야 할 쿠폰관련 경품비와 경품충당부채의 기말 잔액은?

2012. 지방직 9급

	경품비	경품충당부채
①	₩600,000	₩100,000
②	₩600,000	₩0
③	₩500,000	₩100,000
④	₩500,000	₩0

해설

- 경품비: 10,000잔÷10 × @1,000 × 60% = 600,000
- 경품충당부채: 600,000 − 5,000매 × 1/10 × @1,000 = 100,000

|참고| 경품충당부채 회계처리
매출 시: (차) 경품비 600,000 (대) 경품충당부채 600,000
지출 시: (차) 경품충당부채 500,000 (대) 현금 500,000 ┘ 충당부채 잔액: 100,000

답 ①

14 ㈜한국은 20X1년에 새로 출시된 건강음료의 판매를 촉진하기 위하여 제품 상자당 1장의 쿠폰을 인쇄하여 판매하고 있다. 고객은 쿠폰 10장과 원가 ₩2,500인 운동기구를 교환할 수 있으며, 회사는 쿠폰의 회수율이 40%일 것으로 추정하고 있다. 20X1년 동안 회사가 판매한 건강음료는 총 4,200상자이고, 교환이 청구된 쿠폰 수는 1,080장이다. ㈜한국이 20X1년 결산 시 계상하여야 할 경품충당부채는?

2011. 국가직 7급

① ₩0 ② ₩130,000
③ ₩140,000 ④ ₩150,000

해설

경품충당부채: 4,200상자÷10 × @2,500 × 40% − 1,080매÷10 × @2,500 = 150,000

답 ④

15

2 주당순이익(eps)

주당순이익이란, 보통주 1주당 귀속되는 보통주순이익을 의미한다. 보통주순이익은 당기순이익에서 우선주 배당금을 차감한 것을 의미한다. 주당순이익은 다음과 같이 계산된다.

> 주당순이익(eps) = 보통주순이익/가중평균유통보통주식수
> = (당기순이익 − 우선주 배당금)/가중평균유통보통주식수

1. 가중평균유통보통주식수 (n)

주당순이익을 계산할 때에는 가중평균유통보통주식수를 계산하는 것이 관건이다. 가중평균유통보통주식수란, 연간 시장에서 유통된 보통주의 수를 가중평균한 것을 의미한다. 증자, 자기주식 취득 등으로 보통주식수가 변동하므로 그를 가중평균하여 당기순이익을 계산한다. 본서에서는 가중평균유통보통주식수를 편의상 n으로 표시하겠다. n은 다음과 같이 계산한다.

	기초 1.1	유상증자 3.1	자기주식 취득 7.1	자기주식 처분 9.1	계
주식수 무상증자 등 가중평균	XXX × 1.1 × 12/12	XXX × 1.1 × 10/12	(XXX) × 1.1 × 6/12	XXX × 4/12	
계	XXX	XXX	(XXX)	XXX	n

 일자별 주식 수 변동 기재

(1) 유상증자: 유통주식수 증가

유상증자 시 유통주식수가 증가하므로 증자 주식수를 가산한다.

(2) 자기주식 거래

① 자기주식 취득: 유통주식수 감소

② 자기주식 처분: 유통주식수 증가

③ 자기주식 소각: 유통주식수 불변

유통주식수는 '시장에서 거래되는' 주식의 수를 의미한다. 자기주식을 취득하면 시장에서 유통주식수가 감소하고, 반대로 자기주식을 처분하면 유통주식수가 증가한다. 자기주식은 기업이 보유하고 있는 주식이므로, 자기주식을 소각하더라도 시장에서 유통되는 주식 수에 아무런 영향을 주지 않는다.

자본이 불변인 자본거래: 소급 적용

10장 자본에서 자본이 불변인 자본거래에 대해 배운 바 있다. 무상증자, 주식배당, 주식분할, 주식병합이 그것이다. 이 네 가지 자본거래는 자본의 변화 없이 주식 수만 변동하므로, 주식 수의 변동을 소급하여 적용한다.

소급적용은 자본거래 이전에 발생한 주식 변동에 주식 변동비율을 곱하는 방식으로 이루어진다. 예를 들어 9.1에 10%의 무상증자가 있었다면, 9.1 이전에 발생한 자본거래에 전부 1.1을 곱한다.

Why? 자본의 변동이 없는 자본거래는 n 계산 시 소급적용하는 이유

자본의 변동이 없는 자본거래의 경우 현금이 없어도 가능하므로 자본거래의 시점을 조정하여 얼마든지 eps를 조작할 수 있다. 가령, 무상증자가 1.1에 이루어지는 경우와 12.31에 이루어지는 경우를 비교해보자. 무상증자가 12.31에 이루어질 때 주식수가 늦게 증가하므로 가중평균한 n이 훨씬 작게 계산되고, eps는 크게 계산된다. 이런 문제가 발생하지 않게 하도록 자본의 변동이 없는 자본거래는 소급적용한다.

월할 가중평균

Step 2까지 고려한 주식수를 월할하여 가중평균한다. 가령 3.1이었다면 10/12를 곱하고, 9.30이었다면 3/12를 곱한다.

n(가중평균유통보통주식수) 구하기

월할 가중평균하고 곱한 주식수를 전부 더하면 가중평균유통보통주식수를 계산할 수 있다. 마지막으로, 보통주순이익을 n으로 나누어 EPS를 구한다.

주당순이익

01 ㈜한국의 2009년 1월 1일 현재 유통보통주식수는 150,000주이다. ㈜한국은 2009년 3월 1일 10%의 주식배당, 2009년 7월 1일 보통주 35,000주의 유상증자, 2009년 9월 1일 10%의 무상증자를 실시하였다. ㈜한국의 2009년도 보통주에 귀속되는 당기순이익이 ₩22,082,500이라고 할 때 기본주당순이익은? (단, 가중평균유통보통주식수는 월수를 기준으로 계산한다)

2010. 국가직 7급

① ₩100   ② ₩110

③ ₩120   ④ ₩150

 해설

Step 1. 일자별 주식 수 변동 기재

	기초 1.1	유상증자 7.1	계
주식수	150,000	35,000	

우선, 일자와 함께 주식 수 변동을 기재한다. 유통주식수가 증가하면 양수로, 감소하면 음수로 기재한다. 주식배당과 무상증자는 다음 단계에서 고려하므로 이 단계에서는 기재하지 않는다.

Step 2. 자본이 불변인 자본거래

	기초 1.1	유상증자 7.1	계
주식수	150,000	35,000	
주식배당	× 1.1		
무상증자	× 1.1	× 1.1	

자본이 불변인 자본거래로 주식배당과 무상증자가 제시되었다. 소급적용은 '자본거래 이전에 발생한 주식 변동에 주식 변동비율을 곱하는 방식'으로 이루어진다. 3.1에 10%의 주식배당이 실시되었으므로 3.1 이전에 존재했던 기초 주식에 1.1을 곱한다. 9.1에 10%의 무상증자가 실시되었으므로 9.1 이전에 존재했던 기초 주식과 7.1 유상증자 주식에 1.1을 곱한다.

Step 3. 월할 가중평균

	기초 1.1	유상증자 7.1	계
주식수	150,000	35,000	
주식배당	× 1.1		
무상증자	× 1.1	× 1.1	
가중평균	× 12/12	× 6/12	
계	181,500	19,250	

Step 1에서 기재한 일자와, Step 2에서 구한 주식 수를 월할로 가중평균한다. 기초 주식 수에는 12/12를, 유상증자 주식 수에는 6/12를 곱한다.

Step 4. n(가중평균유통보통주식수) 구하기

	기초 1,1	유상증자 7,1	계
주식수	150,000	35,000	
주식배당	× 1.1		
무상증자	× 1.1	× 1.1	
가중평균	× 12/12	× 6/12	
계	181,500	19,250	200,750

월할 가중평균한 유통보통주식을 전부 더하면 n을 구할 수 있다. 마지막으로 당기순이익을 n으로 나누어 eps를 구한다.

EPS = 22,082,500/200,750 = 110

계산기 없이 계산하는 것이 정말 어려웠던 문제이다. n 구하는 방법을 설명하기 위해 푸는 문제일 뿐, 실전에서 이 정도로 출제된다면 넘겨야 한다.

답 ②

02 ㈜대한의 2010회계연도 보통주에 귀속되는 당기순이익이 ₩1,000,000일 때 2010년 12월 31일 결산일 현재 기본주당이익을 산출하기 위한 가중평균유통보통주식수는? (단, 가중평균유통보통주식수는 월할로 계산한다)

2011. 국가직 9급

〈유통보통주식수의 변동〉

일자	내용	주식수
2010년 1월 1일	기초	12,000주
2010년 3월 1일	유상증자	3,000주
2010년 7월 1일	자기주식 취득	3,000주
2010년 9월 1일	유상증자	6,000주

① 9,000주   ② 15,000주
③ 18,000주   ④ 21,000주

	기초 1.1	유상증자 3.1	자기주식 취득 7.1	유상증자 9.1	계
주식수 가중평균	12,000 × 12/12	3,000 × 10/12	(3,000) × 6/12	6,000 × 4/12	
계	12,000	2,500	(1,500)	2,000	15,000

답 ②

03 ㈜세무의 20X1년 초 유통보통주식수는 15,000주였다. 20X1년 중 보통주식수의 변동내역이 다음과 같다면, 20X1년도 기본주당이익 계산을 위한 가중평균유통보통주식수는? (단, 가중평균유통보통주식수는 월할계산한다.)

2017. 세무사 수정

- 2월 1일: 유상증자(발행가격: 공정가치) 3,000주
- 7월 1일: 주식배당 20%
- 9월 1일: 자기주식 취득 1,800주
- 10월 1일: 자기주식 소각 600주
- 11월 1일: 자기주식 재발행 900주

① 17,300주   ② 18,700주   ③ 20,000주

④ 20,700주   ⑤ 20,850주

 해설

	기초 1,1	유상증자 2.1	자기주식 취득 9,1	자기주식 재발행 11,1	계
주식수 주식배당 가중평균	15,000 × 1.2 × 12/12	3,000 × 1.2 × 11/12	(1,800) × 4/12	900 × 2/12	
계	18,000	3,300	(600)	150	20,850

자기주식 소각 시에는 유통보통주식수를 건드리지 않으므로 반영하지 않는다.

'자기주식 재발행'은 자기주식 처분과 같은 말이다. 재발행하더라도 자기주식을 이전하면서 돈을 받으므로, 처분과 똑같다.

답 ⑤

15

04 ㈜한국의 2011년 당기순이익은 ₩3,000,000이다. ㈜한국의 2011년 1월 1일 유통주식 수는 10,000주이며, 4월 1일 자기주식 1,000주를 취득하였고, 10월 1일에는 유상증자를 통해 3,000주를 발행하였다. 2011년 우선주배당금이 ₩400,000인 경우, ㈜한국의 주당 순이익은? (단, 가중평균유통주식수는 월수로 계산한다)   2011. 관세직 9급

① ₩200   ② ₩250   ③ ₩260   ④ ₩300

해설

	기초 1.1	자기주식 취득 4.1	유상증자 10.1	계
주식수 가중평균	10,000 ×12/12	(1,000) ×9/12	3,000 ×3/12	
계	10,000	(750)	750	10,000

주당순이익: (3,000,000 − 400,000)/10,000 = 260

답 ③

05 ㈜한국의 20X1년 당기순이익은 ₩10,000,000이고, 20X1년 초 보통주 주식수는 8,000 주이다. 회사는 20X1년 7월 1일에 20%의 무상증자를 하여 1,600주의 보통주식을 발행 하였다. ㈜한국은 20X1년 11월 1일에 자기주식 600주를 취득하여 20X1년 12월 31일 현재 보유중이다. 20X1년 우선주배당금은 ₩1,450,000이다. ㈜한국의 20X1년 기본주 당순이익은 얼마인가? (단, 금액은 소수점 첫째자리에서 반올림한다.)   2020. 계리사

① ₩800   ② ₩850   ③ ₩900   ④ ₩950

해설

	기초 1.1	자기주식 취득 11.1	계
주식수 무상증자 등 가중평균	8,000 × 1.2 × 12/12	(600) × 2/12	
계	9,600	(100)	9,500

EPS = (10,000,000 − 1,450,000)/9,500 = 900

답 ③

06 다음은 ㈜한국이 발행한 주식 관련 정보이다. 2012년 기본주당순이익은? 2013. 지방직 9급

> • 가중평균유통보통주식수 10,000주
> • 2012년도 당기순이익 ₩4,000,000
> • 2011년 7월 1일 우선주 3,000주 발행(액면배당률 4%, 액면가액 ₩5,000)

① ₩310   ② ₩330   ③ ₩340   ④ ₩370

우선주배당금: 3,000주 × @5,000 × 4% = 600,000

- 우선주를 7.1에 발행하였는데, 배당금은 월할(6/12)하지 않고 전부 지급한다. 배당 기준일에 존재하는 주식에 대해서 배당을 동등하게 지급하지, 주식의 발행일에 따라 배당을 차등 지급하지 않기 때문이다.

(기본)주당순이익: (4,000,000 − 600,000)/10,000 = 340

目 ③

2. 공정가치 미만 유상증자 심화

유상증자 시 공정가치 미만으로 발행하는 경우가 있다. 이 경우 공정가치보다 낮은 가격으로 발행된 부분은 무상증자로 본다. 무상증자로 보는 주식 수는 다음과 같이 계산한다.

> (1) 총 발행가 = 증자 주식 수 × 발행가액
> (2) 유상증자로 보는 주식 수 = 총 발행가/공정가치
>   = 증자 주식 수 × 발행가액/공정가치
> (3) 무상증자로 보는 주식 수 = 증자 주식 수 - 유상증자로 보는 주식 수

(1) 총 발행가

증자 주식 수에 발행가액을 곱해서 실제로 납입된 총 현금을 구한다.

(2) 유상증자로 보는 주식 수

총 발행가를 공정가치로 나누어 '공정가치로 발행했다면 증자했을 주식 수'를 구한다. 이 주식 수만큼만 유상증자로 보고, 나머지는 무상증자로 본다.

(3) 무상증자로 보는 주식 수

총 증자 주식 수에서 유상증자로 보는 주식 수를 빼고 난 나머지가 무상증자로 보는 주식 수이다. 무상증자 시 소급적용하므로 무상증자로 보는 주식 수는 기존 주식과 유상증자로 보는 주식 수에 비례배분한다. 기존 주식뿐만 아니라 (2) 유상증자로 보는 주식 수에도 배분해야 한다는 것을 주의하자.

15

권리락 (주가)

기존의 공정가치보다 낮게 유상증자하면 전반적인 주가는 하락한다. 이를 '권리락'이라고 부르며, 하락 후의 주가를 '권리락 주가'라고 한다. 문제를 푸는데 굳이 알아야 하는 개념은 아니므로 이해가 되지 않는다면 넘어가자.

예제 **주당순이익 – 공정가치 미만 유상증자**

07 ㈜서울의 2015년 보통주의 변동내역은 아래와 같다. 4월 1일 실시한 보통주식의 유상증자는 주주우선 배정방식에 따른 것으로, 공정가치 미만으로 실시되었다. 유상증자 직전 주당 공정가치는 ₩80이며 유상증자 시 주당 실제 발행금액은 ₩40이다. 이때 2015년도 ㈜서울의 가중평균유통보통주식수는 몇 주인가? (단, 모든 계산은 월 단위 계산을 기준으로 하며, 이론적 권리락 주당 공정가치 및 조정비율 계산 시 소수점 둘째 자리 이하는 버린다.) 2016. 서울시 9급

구분	보통 주식 수
기초	9,000
4월 1일 유상증자	2,000
기말	11,000

① 10,125주 　② 10,325주 　③ 10,525주 　④ 10,725주

 해설

	기초 1.1	유상증자 4.1	계
주식수 무상증자분 가중평균	9,000 ×1.1 ×12/12	1,000 ×1.1 ×9/12	
계	9,900	825	10,725

4.1 유상증자 발행가액 분석
(1) 총 발행가: 2,000주 × @40 = 80,000
(2) 유상증자로 보는 주식 수: 80,000/80 = 1,000주
(3) 무상증자로 보는 주식 수: 2,000 − 1,000 = 1,000주
1,000주를 기초 주식 9,000주와 유상증자로 보는 주식 1,000주에 비례 배분한다. 각각 900주와 100주가 배분된다. 10%(= 1,000/10,000) 무상증자와 동일한 효과이다. 따라서 기초와 유상증자 주식 수에 전부 1.1을 곱한다.

답 ④

3. 이익 관련 비율

(1) PER(주가수익비율) = 주가/EPS

　　PER(주가수익비율, Price - Earning - Ratio)은 수익(EPS) 대비 주가의 비율을 의미한다. 영어만 제시되기도 하고, 한글만 제시되기도 하므로 둘 다 알아두자. PER 계산 시 사용하는 주가의 시점이 정해진 것은 아니지만, 일반적으로 기말 주가를 사용한다.

(2) 배당성향 = 배당액/당기순이익

(3) 배당수익률 = 주당 배당액/주가

 주당순이익 - 이익 관련 비율

08 　신설법인인 ㈜한국의 당기순이익은 ₩805,000이며, 보통주 1주당 ₩200의 현금배당을 실시하였다. 유통보통주식수는 1,000주(주당 액면금액 ₩500), 우선주식수는 500주(주당 액면금액 ₩100, 배당률 10%)이다. 보통주의 주당 시가를 ₩4,000이라 할 때 옳은 것은? (단, 적립금은 고려하지 않는다.)　　　　　　　　　　　　　　　　2018. 국가직 9급

　① 보통주의 기본주당순이익은 ₩805이다.

　② 보통주의 주가수익비율은 20%이다.

　③ 보통주의 배당수익률은 5%이다.

　④ 배당성향은 20%이다.

해설

① 우선주 배당금: 500주 × 100 × 10% = 5,000

　기본주당순이익: (805,000 − 5,000)/1,000 = 800 (X)

② 보통주의 주가수익비율: 4,000/800 = 5 (X)

③ 보통주의 배당수익률: 200/4,000 = 5% (O)

④ 배당성향: 205,000/805,000 = 25.5% (X)

배당성향은 당기순이익 중 배당액이 차지하는 비율을 의미한다. 우선주 배당금이 5,000이고, 보통주 배당금이 200,000(= 1,000주 × @200)이므로 총 배당액은 205,000이다.

탭 ③

09 다음 ㈜국제의 회계정보에 대한 설명으로 옳은 것은? (단, 당기 중 유통주식수의 변화는 없었다)

2018. 지방직 9급

당기매출액	₩1,500,000
당기순이익	₩200,000
총자산순이익률	20%
발행주식수	50,000주
자기주식수	10,000주

① 주당순이익은 ₩5이다.
② 유통주식수는 50,000주이다.
③ 평균총자산은 ₩3,000,000이다.
④ 총자산회전율은 3회이다.

해설

① 주당순이익: 200,000/40,000 = 5 (O)
② 유통주식수: 50,000 − 10,000 = 40,000주
   자기주식은 시장에서 거래되는 주식이 아니므로 발행주식수에서 차감해야 한다. (X)
③ 평균총자산: 200,000/20% = 1,000,000 (X)
④ 총자산회전율: 1,500,000/1,000,000 = 1.5회 (X)

답 ①

10 다음의 자료를 이용하여 산출한 ㈜한국의 20X1년 말 주가이익 비율(PER)은? (단, 가중평
균유통보통주식수는 월할 계산한다)

2018. 국가직 7급

- 20X1년도 당기순이익: ₩88
- 20X1년 1월 1일 유통보통주식수: 30주
- 20X1년 7월 1일 유상증자: 보통주 25주(주주우선배정 신주발행으로 1주당 발행가액은 ₩4이며,
  이는 유상증자 권리락 직전 주당 종가 ₩5보다 현저히 낮음)
- 20X1년 12월 31일 보통주 시가: 주당 ₩6

① 1.5　　　　　　　　　　　　② 2.0

③ 2.5　　　　　　　　　　　　④ 3.0

해설

	기초 1.1	유상증자 7.1	계
주식수	30	20	
무상증자	3	2	
가중평균	× 12/12	× 6/12	
계	33	11	44

7.1 유상증자 발행가액 분석

(1) 총 발행가: 25주 × @4 = 100

(2) 유상증자로 보는 주식 수: 100/5 = 20주

　　공정가치 미만 유상증자 시 사용하는 공정가치는 '증자 시의' 공정가치(5)이다. '20X1년 12월 31일'의

　　시가(6)로 나누지 않도록 주의하자.

(3) 무상증자로 보는 주식 수: 25 − 20 = 5주

　　5주를 기초 주식 30주와 유상증자로 보는 주식 20주에 비례 배분한다. 각각 3주와 2주가 배분된다.

　　10%(= 5/50) 무상증자와 동일한 효과이다.

EPS = 88/44 = 2

PER = 주가/EPS = 6/2 = 3.0

답 ④

3 법인세회계

법인세회계는 많은 수험생들이 어려워하는 주제이다. 하지만 공무원 회계학에서는 매우 간단하게 출제되는 편이다. 김수석은 공무원 회계학에서 일반적으로 출제되는 수준에서 정말 간단하게 다룰 것이다. 따라서 본서에서 자기주식처분손익이나 기타포괄손익이 있는 경우의 법인세회계는 다루지 않는다. 출제 빈도가 매우 낮고, 나오더라도 맞힐 가능성이 현저히 낮다.

1. 회계이익과 과세소득

법인세회계란, 회계이익과 과세소득 간의 차이를 고려하여 법인세비용을 인식하고, 법인세 관련 자산, 부채를 계상하는 회계처리를 의미한다.

(1) 회계이익

회계이익이란 회계기준에 의해 계산된 법인세비용차감전순이익(EBT)을 의미한다. 상식적으로 생각을 해볼 때, 세금을 세전이익에서 계산하지, 세후이익에서 계산하지 않는다. 법인세회계를 통해 법인세비용을 인식하는 것이기 때문에, 아직 세후이익(당기순이익)은 알 수도 없다. 따라서 법인세회계의 출발점인 회계이익은 당기순이익이 아닌 법인세비용차감전순이익이다.

(2) 과세소득

과세소득이란 법인세법에 따라 계산된 이익을 의미한다.

2. 일시적 차이와 영구적 차이

법인세를 계산하기 위한 첫 번째 단계는 회계이익을 과세소득으로 전환하는 것이다. 회계기준과 법인세법은 규정이 다르기 때문에 회계이익을 과세소득으로 전환한 후에 법인세 부담액을 계산한다. 회계이익을 과세소득으로 전환하는 과정을 세무조정이라고 부른다. 회계기준과 법인세법의 규정 차이는 크게 둘로 나뉜다. 하나는 법인세법에서 회계상의 손익을 아예 인정하지 않는 차이이고, 나머지는 법인세법에서도 인정은 하되, 손익 인식 시점의 차이가 있는 것이다.

(1) 영구적 차이 (사외유출): 접대비, 기부금

법인세법에서 회계상의 손익을 아예 인정하지 않는 경우에는 손익을 부인하고 '사외유출'이라고 기록한다. 공무원 회계학에서 출제되는 사외유출의 대표적인 예로 접대비 및 기부금의 한도초과가 있다. 법인세법에는 접대비와 기부금에 한도가 존재하는데, 이를 초과하는 비용은 법인세법상 비용으로 인정하지 않는다. 이러한 사외유출은 후술할 유보와 달리 미래에도 인정하지 않기 때문에 회계기준에서는 영구적 차이라고 부른다.

(2) 일시적 차이 (유보): 발생주의, 감가상각비

법인세법에서도 회계상의 손익을 인정은 하지만, 손익 인식 시점에 차이가 있는 경우에는 손익을 부인하고 '유보'라고 기록한 뒤, 법인세법상 인식 시점이 도래했을 때 유보를 제거한다. 유보의 제거 과정을 법인세법에서는 유보의 추인이라고 부른다.

회계기준과 법인세법의 가장 큰 차이는 발생주의과 현금주의이다. 회계기준은 발생주의를 적용하지만, 법인세법은 현금주의를 기반으로 한다. 법인세법에서는 미수수익이나 미지급비용 등을 인정하지 않으므로 이를 유보로 부인한 뒤, 실제 현금이 수수되는 시점에 유보를 추인하며 손익을 인식한다.

발생주의 외에도 감가상각비에서도 유보가 발생한다. 법인세법에는 감가상각비의 한도 규정이 있어, 한도를 초과하는 부분은 비용으로 인정하지 않는다. 접대비와 기부금은 한 번 부인한 비용을 영원히 인정하지 않는 영구적 차이인 반면, 감가상각비는 부인한 뒤 나중에 비용으로 인정해준다. 이처럼 법인세법에서도 손익을 인정하긴 하지만 손익 인식 시점에서 차이가 나는 것을 회계기준에서는 일시적 차이라고 부른다. 일시적 차이에는 가산할 일시적 차이와 차감할 일시적 차이가 있다. 가산할 일시적 차이는 당기의 과세소득을 차감하고, 미래의 과세소득에 가산할 차이를 의미한다. 반면, 차감할 일시적 차이는 당기의 과세소득을 가산하고, 미래의 과세소득에 차감할 차이를 의미한다.

 **'~할' 일시적 차이의 손익 조정 시점**

	당기 과세소득	차기 과세소득
가산할 일시적 차이	↓	↑ (가산할)
차감할 일시적 차이	↑	↓ (차감할)

회계기준에서는 일시적 차이를 '~할'일시적 차이로 서술하고 있다. 미래형으로 서술하고 있기 때문에 '가산할'과 '차감할'이 미래 시점에 대한 언급이라는 것에 유의하자. 유보는 당기와 미래의 손익 효과가 반대이므로, 명칭에 기재된 것과 반대로 당기 이익을 조정해주어야 한다.

3. 이연법인세회계

이연법인세회계란 일시적차이로 인한 세금효과를 이연법인세자산과 이연법인세부채로 인식하고 그 손익 효과를 법인세비용에 반영하는 것을 의미한다. 일시적차이는 미래의 과세소득에 영향을 미치지만, 당기의 세무조정으로 인해 발생한 것이므로 발생주의에 따라 그를 자산 혹은 부채로 계상하여 당기의 손익에 반영해야 한다.

(1) 이연법인세부채 = 가산할 일시적차이 × 소멸 시점의 세율

가산할 일시적차이는 향후 과세소득을 증가시켜 법인세를 증가시키므로 부채의 성격을 띤다. 따라서 가산할 일시적차이에 '소멸 시점의' 세율을 곱해 부채로 계상한다.

(2) 이연법인세자산 = 차감할 일시적차이 × 소멸 시점의 세율

차감할 일시적차이는 향후 과세소득을 감소시켜 법인세를 감소시키므로 자산의 성격을 띤다. 따라서 차감할 일시적차이에 '소멸 시점의' 세율을 곱해 자산으로 계상한다.

(3) 이연법인세자산의 자산성 검토

이연법인세자산은 이연법인세부채와 달리 자산성이 인정될 때에만 자산으로 인식한다. 문제에서 '이연법인세자산은 미래 과세소득의 발생가능성이 높다.', '이연법인세자산은 인식요건을 충족한다.'와 같은 조건을 달아줄 것이다. 원칙적으로 이연법인세자산은 이런 조건이 있을 때에만 인식할 수 있다. 하지만 공무원 회계학에서는 자산성이 인정되지 않은 경우를 출제한 적이 없다. 문제에서 위 조건들이 제시되면 그냥 무시하고 아래 풀이법대로 문제를 풀면 된다.

4. 법인세회계 풀이법

법인세회계는 다음의 순서대로 풀이를 진행한다. 문제를 이용하여 설명한다.
Step 1. 연도별 세율 표시
Step 2. EBT 적기
Step 3. 세무조정 수행
Step 4. 과세소득과 법인세부담액 계산
Step 5. 이연법인세 자산, 부채 계산
Step 6. 법인세비용 계산 및 회계처리

예제. ㈜한국의 2016년 법인세비용차감전순이익은 ₩500,000이다. 세무조정 결과, ₩100,000의 차감할 일시적차이와 ₩150,000의 가산할 일시적차이가 발생하였다. 차감할 일시적차이는 모두 2017년에 소멸되고, 가산할 일시적차이는 2018년 이후에 소멸될 것으로 예상된다. 법인세율은 2016년에 30%이고, 개정된 세법에 따라 2017년에 25%, 2018년 이후에는 20%가 적용된다. 2016년 말 회계처리로 옳은 것은? (단, 이연법인세자산은 미래 과세소득의 발생가능성이 높다)

2016. 국가직 7급

	차변		대변	
①	법인세비용	₩140,000	미지급법인세	₩135,000
	이연법인세자산	₩25,000	이연법인세부채	₩30,000
②	법인세비용	₩130,000	미지급법인세	₩135,000
	이연법인세자산	₩30,000	이연법인세부채	₩25,000
③	법인세비용	₩170,000	미지급법인세	₩165,000
	이연법인세자산	₩25,000	이연법인세부채	₩30,000
④	법인세비용	₩160,000	미지급법인세	₩165,000
	이연법인세자산	₩30,000	이연법인세부채	₩25,000

STEP 1 연도별 세율 표시

	16(30%)	17(25%)	18~(20%)

당기는 16년으로, 30%의 세율을 적용하며, 17년에는 25%, 18년 이후에는 20%를 적용한다. 위처럼 연도 옆에 괄호로 세율을 적자. 세율이 바뀌면 반드시 그 해는 구분해서 적어야 한다. 만약 세율이 전혀 바뀌지 않는다면 '당기 / 차기 이후'로 둘로만 구분하면 된다. 추가로, 18 옆에 ~를 붙였는데, 18년만 얘기하는 것이 아니라, 18년 '이후에는' 20%가 적용되기 때문이다. 19년, 20년 등등 모두 포함된다.

STEP 2 EBT 적기

	16(30%)	17(25%)	18~(20%)
EBT	500,000		

세무조정은 법인세비용차감전순이익(EBT)에서 출발한다. 문제에서도 당기순이익이 아닌 EBT를 제시할 것이다. EBT를 당년도 아래에 적자.

세무조정 수행

	16(30%)	17(25%)	18~(20%)
EBT	500,000		
차감할 일시적 차이	100,000	(100,000)	
가산할 일시적 차이	(150,000)		150,000

EBT를 적은 뒤, 문제에서 제시한 세무조정을 수행한다. '차감할' 일시적 차이는 당기 과세소득에 가산한 뒤, 소멸 시점의 과세소득에서 차감한다. 반대로 '가산할' 일시적 차이는 당기 과세소득에서 차감한 뒤, 소멸 시점의 과세소득에서 가산한다. 본 문제처럼 소멸 시점별로 법인세율이 다를 수 있으므로 소멸 시점을 잘 확인하자.

과세소득과 법인세부담액 계산

	16(30%)	17(25%)	18~(20%)
EBT	500,000		
차감할 일시적 차이	100,000	(100,000)	
가산할 일시적 차이	(150,000)		150,000
과세소득	450,000		
법인세부담액	135,000		

> 과세소득 = EBT±세무조정
> 법인세부담액 = 과세소득 × 당기 세율

EBT에 세무조정을 반영하여 과세소득을 계산한 뒤, 당기 세율을 곱해서 법인세부담액을 구한다. 본 문제의 법인세부담액은 450,000 × 30% = 135,000으로 계산된다.

이연법인세 자산, 부채 계산

	16(30%)	17(25%)	18~(20%)
EBT	500,000		
차감할 일시적 차이	100,000	(100,000)	
가산할 일시적 차이	(150,000)		150,000
과세소득	450,000		
법인세부담액	135,000	(25,000)	30,000

> 이연법인세자산 = 차감할 일시적차이 × 소멸 시점의 세율 = 100,000 × 25% = 25,000
> 이연법인세부채 = 가산할 일시적차이 × 소멸 시점의 세율 = 150,000 × 20% = 30,000

이연법인세자산, 부채는 앞에서 배운 식대로 **일시적 차이에 소멸 시점의 세율을 곱해서 구한다.** 여기서 **양수가 부채, 음수가 자산**이라는 것을 주의하자. 이익이 클수록 법인세가 증가하기 때문이다.

또한, 이연법인세'자산'의 경우 자산성 검토를 반드시 해야 한다. 문제에 '단, 이연법인세자산은 미래 과세소득의 발생가능성이 높다'라는 단서가 있기 때문에 우리가 계산한 이연법인세자산을 그대로 자산화할 수 있다. 만약 미래 과세소득이 100,000 미만으로 예상된다면 이연법인세자산을 25,000 전액 인식할 수 없다.

 STEP 6 법인세비용 계산 및 회계처리

마지막으로 법인세비용을 계산하고 회계처리한다. 법인세 회계처리는 크게 세 단계로 이루어진다.

(1) 기초 제거	이연법인세부채	기초 부채	이연법인세자산	기초 자산
(2) 기말 계상	이연법인세자산	기말 자산	이연법인세부채	기말 부채
(3) 당기 부채&비용	법인세비용	XXX	당기법인세부채	법인세부담액

(1) 기초 이연법인세 자산, 부채 제거

우리가 Step 5에서 계산한 이연법인세 자산, 부채는 '기말'자산, 부채이다. 따라서 문제에 제시된 기초 이연법인세 자산, 부채를 제거한다.

 **꿀팁!** '당기에 설립한', '당기 초에 영업을 시작한': 기초 이연법인세 자산, 부채 O!

문제에서 '당기에 설립한', '당기 초에 영업을 시작한'이라는 키워드가 등장하면 기초 자산, 부채가 없다는 뜻이다. 대부분의 공무원 문제에서는 이 조건을 줄 것이다. 이 경우 기초 자산, 부채를 제거할 필요 없이, (2) 기말 이연법인세 자산, 부채만 계상하면 된다. 위 표현은 다른 재무회계 문제나 원가회계에서도 자주 등장하는 표현이므로 알아두자.

---

(2) 기말 이연법인세 자산, 부채 계상

기초 이연법인세 자산, 부채를 전부 제거하였으므로, Step 5에서 계산한 기말 이연법인세 자산, 부채를 계상하자.

(3) 당기법인세부채 설정 및 법인세비용 인식

Step 4에서 계산한 법인세부담액을 미지급법인세 혹은 당기법인세부채로 계상한다. 계정과목은 중요하지 않다. 본서에서는 '당기법인세부채'라는 표현을 쓰겠다. 마지막으로 법인세비용으로 대차차액을 맞춰주면 회계처리가 끝난다. 본 문제의 회계처리는 다음과 같으며, 법인세비용은 140,000이다.

1. 기초 제거	이연법인세부채	–	이연법인세자산	–
2. 기말 계상	이연법인세자산	25,000	이연법인세부채	30,000
3. 당기 부채&비용	법인세비용	140,000	당기법인세부채	135,000

답 ①

01 2016년 초에 설립된 12월 결산법인 ㈜서울의 2016년 법인세비용차감전순이익은 ₩50,000이다. 2016년의 세무조정사항은 다음과 같으며, 차감할 일시적 차이가 사용될 수 있는 과세소득의 발생가능성은 높다. ㈜서울의 2016년 법인세비용은 얼마인가? (단, 당기의 평균세율은 20%이며, 차기 이후의 법인세 관련 세율의 변동은 없을 것으로 예상된다.)

2016. 서울시 9급

• 접대비 한도초과액 손금불산입	₩1,000
• 미수이자 익금불산입	₩3,000
• 감가상각비 한도초과액 손금불산입	₩7,000

① ₩10,000   ② ₩10,200   ③ ₩11,000   ④ ₩11,800

해설

	16(20%)	17~(20%)
EBT	50,000	
접대비 한도초과	1,000	
미수이자	(3,000)	3,000
감가상각비	7,000	(7,000)
과세소득	55,000	3,000 (7,000)
법인세부담액	11,000	600 (1,400)

접대비는 영구적 차이이므로 차기 이후에 추인되지 않지만, 미수이자와 감가상각비는 일시적 차이이므로 차기 이후에 추인되며, 이연법인세 자산, 부채가 발생한다. 세율이 매년 20%로 동일하므로 '17~(20%)'로 표시하였으며, 일시적 차이가 구체적으로 언제 제거되는지는 상관없다. '17년 이후' 언젠가 제거될 것이다.

1. 기초 제거	이연법인세부채	–	이연법인세자산	–
2. 기말 계상	이연법인세자산	1,400	이연법인세부채	600
3. 당기 부채&비용	법인세비용	10,200	당기법인세부채	11,000

당기 초에 설립되었으므로 기초 이연법인세자산/부채가 없다.

답 ②

02 ㈜서울의 2016년도 법인세 관련 자료가 아래의 표와 같을 때 전기이월 일시적차이가 없
다면 ㈜서울의 2016년도 법인세비용은 얼마인가? (단, 가산할 일시적차이는 2018년에
소멸될 예정이며, 기타의 차이는 일시적차이가 아니다. 2016년도 과세소득에 적용할 법인
세율은 25%이나, 세법이 개정되어 2017년부터 적용할 세율은 20%이다.) 2016. 서울시 7급

법인세비용차감전순이익	₩ 10,000
가산할 일시적차이	(2,000)
기타의 차이	1,000
과세소득	₩ 9,000

① ₩2,650   ② ₩2,450   ③ ₩2,250   ④ ₩1,024

해설

	16(25%)	17(20%)	18~(20%)
EBT	10,000		
가산할 일시적 차이	(2,000)		2,000
기타의 차이	1,000		
과세소득	9,000		
법인세부담액	2,250	–	400

1. 기초 제거	이연법인세부채	–	이연법인세자산	–
2. 기말 계상	이연법인세자산	–	이연법인세부채	400
3. 당기 부채&비용	법인세비용	2,650	당기법인세부채	2,250

답 ①

03 다음은 2012년 초에 설립된 ㈜한국의 법인세 관련 자료이다. 2012년 말 재무상태표에 계상될 이연법인세자산(또는 부채)은? (단, 이연법인세자산(또는 부채)의 인식조건은 충족된다)

2013. 국가직 7급

- 2012년도 법인세비용차감전순이익이 ₩50,000이다.
- 세무조정 결과 회계이익과 과세소득의 차이로 인해 차감할 일시적 차이는 ₩10,000이고, 접대비 한도 초과액은 ₩5,000이다.
- 법인세 세율은 20%이며 차기 이후 세율변동은 없을 것으로 예상된다.

① 이연법인세자산 ₩3,000   ② 이연법인세자산 ₩2,000
③ 이연법인세부채 ₩3,000   ④ 이연법인세부채 ₩2,000

 해설

	12(20%)	13~(20%)
EBT	50,000	
차감할 일시적 차이	10,000	(10,000)
접대비 한도 초과	5,000	
과세소득	65,000	
법인세부담액	13,000	(2,000)

이연법인세자산: 10,000 × 20% = 2,000

– 세율이 매년 20%로 동일하므로 '13~(20%)'로 표시하였으며, 일시적 차이가 구체적으로 언제 제거되는지는 상관없다. '13년 이후' 언젠가 제거될 것이다.

이연법인세자산을 물었기 때문에 12년도의 과세소득 및 법인세부담액은 계산하지 않아도 되는 문제였다.

1. 기초 제거	이연법인세부채	–	이연법인세자산	–
2. 기말 계상	이연법인세자산	2,000	이연법인세부채	–
3. 당기 부채&비용	법인세비용	11,000	당기법인세부채	13,000

당기 초에 설립되었으므로 기초 이연법인세자산/부채가 없다.

답 ②

법인세회계 - 전기이월 일시적차이가 있는 경우

01 ㈜한국의 20X1년 말과 20X2년 말 이연법인세자산 부채 내역은 다음과 같다. ㈜한국이 20X2년 과세소득에 대하여 납부할 법인세가 ₩320,000이라면, 20X2년 포괄손익계산서에 계상될 법인세비용은 얼마인가? 2019. 계리사

구분	20X1년 말	20X2년 말
이연법인세자산	₩100,000	₩0
이연법인세부채	₩0	₩80,000

① ₩300,000   ② ₩320,000   ③ ₩340,000   ④ ₩500,000

 해설

기초, 기말 이연법인세자산, 부채를 직접 주고 회계처리만 하면 되는 문제였다. 회계처리를 하면 법인세비용을 쉽게 구할 수 있다.

1. 기초 제거	이연법인세부채	–	이연법인세자산	100,000
2. 기말 계상	이연법인세자산	–	이연법인세부채	80,000
3. 당기 부채&비용	법인세비용	500,000	당기법인세부채	320,000

답 ④

02 ㈜서울의 2016년 및 2017년의 법인세 회계와 관련된 자료는 다음과 같다.

	2016년	2017년
법인세비용차감전순이익	₩5,000,000	₩6,000,000
세무조정 금액 : • 영구적 차이	₩500,000	₩100,000
• 일시적 차이	₩(700,000)	₩900,000
법인세과세소득	₩4,800,000	₩7,000,000

법인세율은 2016년의 30%에서 2017년의 20%로 인하되었다. 이러한 법인세율의 인하는 2016년 11월에 발표된 세법개정안에 따른 것이며, 2017년 이후에는 20%의 법인세율이 유지될 것으로 예상된다. 그리고 미래에 차감할 일시적 차이를 활용할 수 있는 가능성은 거의 확실한 것으로 가정한다. 이를 토대로 하여 ㈜서울이 2017년의 법인세비용으로 계상할 금액을 구하면 얼마인가? (단, 2016년은 ㈜서울의 제1기 사업연도이다.) 2017. 서울시 7급 심화

① ₩1,220,000   ② ₩1,260,000   ③ ₩1,360,000   ④ ₩1,650,000

해설

1. 16년 이연법인세 분석

	16(30%)	17~(20%)
EBT	5,000,000	
영구적 차이	500,000	
일시적 차이	(700,000)	700,000
과세소득	4,800,000	700,000
법인세부담액	1,440,000	140,000

- 기초(= 16말) 이연법인세부채: 700,000 × 20% = 140,000
- 세법 인하가 16년 11월에 발표되었으므로, 16년도 이연법인세 회계처리를 하는 시점에서 일시적 차이가 소멸될 시점(17년)의 세율이 20%라는 것을 알고 있다. 따라서 이연법인세부채는 20%로 계산한다.

2. 17년 이연법인세 분석

	17(20%)	18~(20%)
EBT	6,000,000	
영구적 차이	100,000	
일시적 차이 – 16`	700,000	
일시적 차이 – 17`	200,000	(200,000)
과세소득	7,000,000	(200,000)
법인세부담액	1,400,000	(40,000)

- 16년에 발생한 가산할 일시적 차이 700,000이 17년에 제거되었고, 17년에 추가로 200,000의 차감할 일시적 차이가 발생한 것이므로 18년 이후에 차감할 일시적 차이는 200,000이다.
- 기말(= 17말) 이연법인세자산: 200,000 × 20% = 40,000

1. 기초 제거	이연법인세부채	140,000	이연법인세자산	–
2. 기말 계상	이연법인세자산	40,000	이연법인세부채	–
3. 당기 부채&비용	법인세비용	1,220,000	당기법인세부채	1,400,000

답 ①

03 ㈜한국의 2012년 법인세비용차감전순이익은 ₩30,000이다. 2011년 말 이연법인세부채는 ₩2,000이며, 2012년 말 현재 장래의 과세소득을 증가시키는 가산할 일시적 차이는 ₩10,000이다. 법인세율은 매년 30%로 일정하고, 법인세에 부가되는 세액은 없다고 가정한다. 2012년 법인세부담액이 ₩7,000일 경우 ㈜한국의 2012년 당기순이익과 2012년 말 이연법인세자산(또는 이연법인세부채)은?

2012. 국가직 9급

	당기순이익	이연법인세자산(부채)	
①	₩22,000	이연법인세부채	₩3,000
②	₩22,000	이연법인세자산	₩3,000
③	₩24,000	이연법인세부채	₩3,000
④	₩24,000	이연법인세자산	₩3,000

해설

	12(30%)	13~(30%)
EBT	30,000	
세무조정	XXX	10,000
과세소득	XXX	
법인세부담액	7,000	3,000(부채)

- 기말(12말) 이연법인세부채: 10,000 × 30% = 3,000
- 법인세비용 = 8,000
- 당기순이익: 30,000(EBT) − 8,000(법인세비용) = 22,000

1. 기초 제거	이연법인세부채	2,000	이연법인세자산	–
2. 기말 계상	이연법인세자산	–	이연법인세부채	3,000
3. 당기 부채&비용	법인세비용	8,000	당기법인세부채	7,000

기초(11말) 이연법인세부채가 2,000이라고 문제에서 제시하고 있으므로, 기초 부채를 제거하는 것을 누락하지 않도록 주의하자.

답 ①

5. 법인세회계 기타사항 심화

다음은 법인세회계에서 말문제로 나올 수 있는 기타사항들이다.

> • 이연법인세자산(부채)은 유동자산(부채)으로 분류하지 아니한다.
> • 이연법인세자산, 부채는 현재가치 평가를 적용하지 않는다.

기준서에 따르면 이연법인세자산, 부채는 실현 시점을 통제할 수 없다. 따라서 유동항목이 아닌 비유동항목으로 분류하며, 현재가치 평가도 하지 않는다.

4 합병 및 지분법

구분	기준	주식 계정과목	주식의 평가
(1) 금융자산	–	FVPL 금융자산 or FVOCI 금융자산	FV
(2) 지분법	유의적인 영향력	관계기업투자	지분법
(3) 연결	지배력	종속기업투자	원가

합병 및 지분법은 투자기업이 피투자기업에 대해 기준 이상의 영향력을 보유할 때 두 개 이상의 기업을 하나의 재무제표로 표시하는 것에 대한 주제이다. 지금까지는 주식을 FVPL 금융자산이나 FVOCI 선택 금융자산으로 분류하여 기말에 공정가치로 평가하였다.

만약 지분율이 상승하여 투자기업이 피투자기업에 대해 유의적인 영향력을 보유하게 되면 지분법 회계처리를 수행하고, 지배력을 갖게 되면 연결 회계처리를 수행한다. 연결과 지분법은 주식을 공정가치로 평가하지 않는다. 지분법은 주식을 취득원가로 계상하고, 연결은 피투자기업의 자산 및 부채와 손익을 투자기업의 재무제표에 반영한다.

지배력과 유의적인 영향력이 무엇인지는 수험 범위를 넘기 때문에 생략한다. 구체적인 연결과 지분법에 대한 내용은 '고급회계'내용으로 분량이 많고, 매우 어렵다. 공무원 회계학에서는 고급회계가 아주 간단히 출제되므로 공무원 회계학에 출제되었던 수준에 맞게 간략하게 설명하고 넘어갈 것이다.

1. 합병과 영업권

합병이란 두 개 이상의 기업이 하나의 기업이 되는 것을 말한다. 합병 시에는 피투자기업의 순자산을 공정가치로 평가하고, 이전대가와의 차이를 영업권으로 계상한다. 영업권은 다음과 같이 계산한다.

> 영업권 = 이전대가 – 피투자기업의 순자산 공정가치 × 지분율
> (영업권이 음수인 경우 당기손익인 '염가매수차익'인식)

영업권은 쉽게 말해, 프리미엄으로 이해하면 된다. 합병 시 피투자기업의 공정가치보다 더 많이 지급하고 합병을 한 경우 그 공정가치 초과분이 영업권이 된다. 문제에 지분율이 제시되어 있지 않다면 지분율을 100%로 보면 된다.

만약 위 식대로 계산된 영업권이 음수인 경우 염가매수차익을 PL로 인식한다. 자산이 음수이면 대변에 표시된다. 감가상각누계액, 대손충당금이 대변에 표시되는 것과 같은 원리이다. 원칙적으로 대변에 올 수 있는 것은 부채 혹은 수익인데, 염가매수차익은 부채가 아닌 수익(PL)으로 인식한다.

(1) 이전대가: 공정가치 평가(not 액면가액)

이전대가란 투자기업이 피투자기업을 인수하기 위해 지급하는 대가를 말한다. 이전대가는 공정가치로 평가한다. 현금 지급 시에는 공정가치를 고려할 필요가 없지만, 주식의 경우 반드시 공정가치 평가를 해주어야 한다. 보통 문제에서 액면가액을 같이 제시해주는데, 이는 함정이다.

(2) 피투자기업의 순자산 공정가치

$$FV = BV + (FV - BV)$$

영업권 계산 시 피투자기업의 순자산은 공정가치(FV)로 평가해야 한다. 하지만 문제에서 공정가치를 직접 제시해주는 것이 아니라, 장부금액(BV)과 함께 공정가치와의 차이(FV – BV)를 제시해주는 경우가 있다. 이때는 장부금액에 공정가치와의 차이를 가산하여 공정가치를 직접 구해야 한다.

(3) 영업권의 손상차손 및 손상차손환입

영업권은 내용연수가 비한정인 무형자산에 해당한다. 따라서 영업권은 상각하지 않으며, 매년 손상 검사만 수행한다. 영업권은 손상차손만 인식할 수 있으며, 손상차손환입은 인식할 수 없다.

15

영업권의 계산

01 ㈜서울은 ㈜인천을 합병하기 위하여 총 ₩4,500,000을 현금으로 지급하였다. 합병일 현재 ㈜인천의 재무상태표상 자산총액은 ₩30,000,000(공정가치 : ₩35,000,000)이며, 부채총액은 ₩28,000,000(공정가치 : ₩32,000,000)이었다. ㈜서울은 ㈜인천과의 합병거래에서 영업권을 얼마로 계상하여야 하는가?

2015. 서울시 9급

① ₩1,000,000   ② ₩1,500,000
③ ₩2,000,000   ④ ₩2,500,000

순자산 공정가치: 35,000,000 − 32,000,000 = 3,000,000
영업권: 4,500,000 − 3,000,000 = 1,500,000

답 ②

02 ㈜한국은 ㈜민국을 합병하고 합병대가로 ₩20,000,000의 현금을 지급하였다. 합병 시점의 ㈜민국의 재무상태표상 자산총액은 ₩15,000,000이고 부채총액은 ₩9,000,000이다. ㈜민국의 재무상태표상 장부가치는 토지를 제외하고는 공정가치와 같다. 토지는 장부상 ₩5,000,000으로 기록되어 있으나, 공정가치는 합병 시점에 ₩10,000,000인 것으로 평가되었다. 이 합병으로 ㈜한국이 영업권으로 계상하여야 할 금액은?

2015. 국가직 9급

① ₩0   ② ₩4,000,000
③ ₩9,000,000   ④ ₩14,000,000

순자산 장부금액(BV): 15,000,000 − 9,000,000 = 6,000,000
공정가치와 장부금액 차이(FV − BV): 10,000,000 − 5,000,000 = 5,000,000
순자산 공정가치(FV): 6,000,000 + 5,000,000 = 11,000,000
영업권 = 20,000,000 − 11,000,000 = 9,000,000

답 ③

03 ㈜한국은 20X1년 1월 1일 ㈜민국의 지분 100%를 취득하여 흡수합병하면서, 주당 공정 가치 ₩10,000, 액면금액 ₩5,000의 ㈜한국 주식 100주를 발행하여 이전대가로 ㈜민국 의 주주에게 지급하였다. 취득일 현재 ㈜민국의 식별가능한 자산과 부채의 장부금액과 공 정가치가 다음과 같을 때, ㈜한국이 인식할 영업권은? 2017. 지방직 9급

재무상태표

㈜민국				20X1. 1. 1. 현재	
	장부금액	공정가치		장부금액	공정가치
현금	₩100,000	₩100,000	단기차입금	₩50,000	₩50,000
재고자산	₩100,000	₩150,000	자본금	₩130,000	
			(주당₩5,000)		
비유동자산	₩100,000	₩200,000	이익잉여금	₩120,000	

① ₩0

② ₩100,000

③ ₩250,000

④ ₩600,000

해 설

순자산 공정가치: 100,000 + 150,000 + 200,000 − 50,000 = 400,000

이전대가: 100주 × @10,000(공정가치) = 1,000,000

영업권: 1,000,000 − 400,000 = 600,000

답 ④

04 2015년 초에 ㈜서울은 ㈜한양에게 보통주 50주(주당 액면금액 ₩5,000, 주당 공정가치 ₩7,000)를 교부하고 ㈜한양을 흡수합병하였다. 합병 직전에 ㈜한양의 식별가능한 순자산 장부금액과 공정가치가 다음과 같을 때 합병 시 ㈜서울이 인식할 영업권 또는 염가매수차익은 얼마인가?

2016. 서울시 7급

	[합병 직전 ㈜한양의 재무상태표]				
	장부금액	공정가치		장부금액	공정가치
재고자산	₩200,000	₩250,000	비유동부채	₩100,000	₩100,000
비유동자산	₩300,000	₩300,000	자본금	₩350,000	
			이익잉여금	₩50,000	
합계	₩500,000		합계	₩500,000	

① 영업권 ₩150,000
② 영업권 ₩100,000
③ 염가매수차익 ₩150,000
④ 염가매수차익 ₩100,000

해설

순자산 공정가치: 250,000 + 300,000 − 100,000 = 450,000

이전대가: 50주×@7,000 = 350,000

염가매수차익: 350,000 − 450,000 = 100,000

피투자기업의 순자산 공정가치에 비해 싸게 매입하였으므로 염가매수차익을 계상한다.

답 ④

05 ㈜한국은 ㈜민국에 대한 다음의 실사 결과를 이용하여 인수를 고려하고 있다.

- 자산의 장부가치: ₩4,000 (공정가치   ?   )
- 부채의 장부가치: ₩2,500 (공정가치 ₩2,500)
- 자본금: ₩500 • 자본잉여금: ₩300 • 이익잉여금: ₩700

만약, 이 중 75%를 ₩2,000에 취득하고 영업권 ₩500을 인식한다면 ㈜민국의 자산 공정가치는?

2020. 국가직 9급

① ₩3,500
② ₩4,000
③ ₩4,500
④ ₩5,000

해설

영업권 = 2,000 − (자산 FV − 2,500) × 75% = 500

자산 FV = 4,500

답 ③

2. 지분법 회계와 관계기업투자

관계기업	유의적인 영향력을 보유하면 관계기업으로 분류
관계기업투자(주식)	투자기업이 보유하는 관계기업의 주식
지분법 (회계)	관계기업투자에 대해 수행하는 회계처리

관계기업이란 투자기업이 유의적인 영향력을 보유하는 피투자기업을 의미한다. 유의적인 영향력의 의미는 수험 목적상 생략한다. 투자기업이 보유하는 관계기업의 주식을 '관계기업투자(주식)' 혹은 '지분법주식'이라고 부른다. 투자기업이 피투자기업에 대해 유의적인 영향력을 보유하게 되면 관계기업의 주식에 대해 지분법 회계를 수행한다.

3. 지분법 회계처리

> 예제. ㈜대한은 X1년초에 ㈜소한의 의결권 있는 주식 25%를 ₩1,000,000에 취득하여 유의적인 영향력을 행사하게 되었다. 취득 당시 ㈜소한의 자산과 부채의 공정가치는 각각 ₩15,000,000, ₩12,000,000이다. ㈜소한은 X1년 3월 1일에 ₩200,000의 현금배당을 지급하였으며, X1년 당기순이익으로 ₩600,000을, 기타포괄이익으로 ₩100,000을 보고하였다.

(1) 취득: 영업권 인식 X

(차) 관계기업투자 1,000,000 (대) 현금 1,000,000

관계기업투자 취득 시에는 취득원가로 기록한다. 영업권 상당액은 관계기업투자와 별도의 계정으로 인식하는 것이 아니라, 관계기업투자 장부금액에 포함된다.

예제의 경우 영업권 상당액은 1,000,000 – (15,000,000 – 12,000,000) × 25% = 250,000'으로 계산된다. 하지만 이를 별도로 분리해내는 것이 아니라, 관계기업투자의 장부금액에 포함시킨다.

(2) 배당: 지분율 곱해야 함!

(차) 현금   50,000   (대) 관계기업투자   50,000

배당금 수령액 = 배당 × 지분율

배당금 수령 시에는 배당금 수령액을 수익이 아닌 관계기업투자의 감소로 처리한다. 일반적으로 배당금은 당기손익 항목인 배당금수익으로 계상하는 것과 대조된다. 관계기업투자는 관계기업의 순자산과 비례하는데, 배당을 지급하면 관계기업의 자산이 유출되므로 관계기업투자의 장부금액을 감소시키는 것이다.

예제에서 배당금 지급액을 ₩200,000으로 제시했지만, 관계기업투자는 50,000 (= 200,000 × 25%) 만큼 감소한다. 이처럼 문제에서 제시한 배당액은 전체 배당액을 의미한다. 투자자의 회계처리를 하기 위해서는 반드시 배당액에 투자자의 지분율을 곱해야 한다.

(3) 지분법이익 및 지분법자본변동

(차) 관계기업투자   150,000   (대) 지분법이익   150,000
(차) 관계기업투자   25,000   (대) 지분법자본변동 25,000

- 지분법이익 = 당기순이익 × 지분율
- 지분법자본변동 = 기타포괄손익 × 지분율

앞서 설명한 바와 같이, 관계기업투자는 관계기업의 순자산과 비례한다. 따라서 관계기업의 순자산이 변동하는 경우 이를 관계기업투자에 반영해주어야 한다. 관계기업의 순자산은 당기순이익과 기타포괄손익으로 인해 변동하므로 손익에 지분율을 곱해 관계기업투자의 장부금액을 조정한다. 당기순이익에 지분율을 곱한 이익을 지분법이익(PL), 기타포괄손익에 지분율을 곱한 이익을 지분법자본변동(OCI)이라고 부른다.

예제의 경우 지분법이익은 150,000 (= 600,000 × 25%), 지분법자본변동은 25,000 (= 100,000 × 25%)으로 계산된다. 지분법이익과 지분법자본변동만큼 관계기업투자 금액도 변화한다.

4. 관계기업투자의 변동

위의 회계처리를 종합하면, 관계기업투자 잔액은 다음과 같이 구한다.

> 관계기업투자 잔액 = 취득원가 - 배당 수령액 + 지분법이익 + 지분법자본변동

이를 도식화하여 다음과 같이 문제풀이를 진행한다. 문제에서는 지분법이익과 관계기업투자 장부금액을 가장 많이 묻는다.

취득원가		관계기업투자 취득원가
배당	× 지분율 =	(배당 수령액)
NI	× 지분율 =	지분법이익
OCI	× 지분율 =	지분법자본변동
계		관계기업투자 장부금액

예제는 다음과 같이 표시할 수 있다.

취득원가		1,000,000
배당	(200,000) × 25% =	(50,000)
NI	600,000 × 25% =	150,000
OCI	100,000 × 25% =	25,000
계		1,125,000

관계기업투자의 변동

01 ㈜한국은 2016년 4월 1일에 ㈜대한의 의결권 있는 주식 25%를 ₩1,000,000에 취득하였다. 취득 당시 ㈜대한의 자산과 부채의 공정가치는 각각 ₩15,000,000, ₩12,000,000이다. ㈜대한은 2016년 당기순이익으로 ₩600,000을 보고하였으며 2017년 3월 1일에 ₩200,000의 현금배당을 지급하였다. 2017년 9월 1일에 ㈜한국은 ㈜대한의 주식 전부를 ₩930,000에 처분하였다. 위의 관계기업투자에 대한 설명으로 옳은 것은? 2018. 지방직 9급

① ㈜대한의 순자산 공정가치는 ₩3,000,000이므로 ㈜한국은 ㈜대한의 주식 취득 시 ₩250,000의 영업권을 별도로 기록한다.

② ㈜대한의 2016년 당기순이익은 ㈜한국의 관계기업투자 장부금액을 ₩150,000만큼 증가시킨다.

③ ㈜대한의 현금배당은 ㈜한국의 당기순이익을 ₩50,000만큼 증가시킨다.

④ ㈜한국의 관계기업투자 처분손실은 ₩70,000이다.

해설

취득원가		1,000,000
배당	(200,000) × 25% =	(50,000)
NI	600,000 × 25% =	②150,000
계		④1,100,000

① 관계기업투자는 영업권을 별도로 계상하지 않고 관계기업투자에 포함시킨다. (X)

|참고| 영업권 상당액: 1,000,000 − (15,000,000 − 12,000,000) × 25% = 250,000 (금액은 일치함)

② 지분법이익: 600,000 × 25% = 150,000 (O)

③ 관계기업의 현금배당은 당기순이익을 증가시키는 것이 아니라 관계기업투자의 장부금액을 감소시킨다. (X)

④ 관계기업투자 처분손실 = 930,000 − 1,100,000 = (−)170,000 (X)

• 장부금액이 1,100,000인 관계기업투자를 930,000에 처분하였으므로 처분손실은 170,000이다.

冒 ②

02 ㈜서울은 12월 결산법인이다. ㈜서울은 2016년 1월 1일 ㈜한국의 유통보통주식 10,000 주 가운데 30%에 해당하는 주식을 주당 ₩1,000에 취득함으로써 ㈜한국에 유의적인 영향력을 행사하게 되었다. 2016년 9월 1일 ㈜한국은 ₩200,000의 현금배당을 선언하고 지급하였다. 2016년 12월 31일 ㈜한국은 2016년 당기순이익으로 ₩1,000,000을 보고 하였다. 2016년 12월 31일 ㈜서울이 보유하고 있는 ㈜한국 주식과 관련하여 재무제표에 보고해야 할 관계기업투자주식과 지분법손익은 얼마인가? (단, ㈜서울이 2016년 1월 1일 에 ㈜한국의 주식 취득 시 투자제거 차액은 없다고 가정한다.)

2016. 서울시 9급

	관계기업투자주식	지분법손익
①	₩3,240,000	₩300,000
②	₩3,240,000	₩240,000
③	₩3,300,000	₩300,000
④	₩3,300,000	₩240,000

해설

취득원가	3,000주 × @1,000 =	3,000,000
배당	(200,000)×30% =	(60,000)
NI	1,000,000×30% =	300,000
OCI		–
계		3,240,000

답 ①

03 ㈜한국은 20X1년 초에 A사 유통보통주식 1,000주 가운데 30%에 해당하는 주식을 주당 ₩2,000에 취득함으로써 A사에 유의적인 영향력을 행사하게 되었다. A사는 20X1년 9월 말에 1주당 ₩50의 현금배당을 선언하고 지급하였으며, 20X1년 말에 당기순손실 ₩200,000을 보고하였다. ㈜한국이 20X1년 말 재무상태표에 표시할 관계기업투자주식은?

2022. 지방직 9급

① ₩525,000   ② ₩540,000

③ ₩585,000   ④ ₩600,000

 해설

취득원가	2,000 × 300주	= 600,000
배당	(50) × 300주	= (15,000)
NI	(200,000) × 30%	= (60,000)
OCI		
계		525,000

– 문제에서 총 배당액이 아니라, 주당 배당액을 제시하였으므로 50에 보유 주식 수를 곱해야 한다.

🔒 ①

04 ㈜한국은 20X1년 1월 1일 장기투자 목적으로 ㈜서울의 발행주식 중 25%를 취득하였고, 이 주식에 지분법을 적용하고 있다. 취득 시점에 ㈜서울의 순자산 장부금액에 대한 ㈜한국의 지분 금액은 취득 당시 매입가격과 일치하였다. ㈜서울은 20X1년 당기순이익으로 ₩12,000을 보고하였고 동일 회계연도에 ₩6,000의 현금을 배당하였다. ㈜한국의 20X1년 회계연도 말 재무상태표에 표시된 ㈜서울에 대한 투자주식 금액이 ₩50,000이라면, ㈜한국의 20X1년 1월 1일 ㈜서울 주식의 취득원가는? (단, 두 기업 간 내부거래는 없었다)

2017. 국가직 7급

① ₩48,500
② ₩50,000
③ ₩51,500
④ ₩53,000

해설

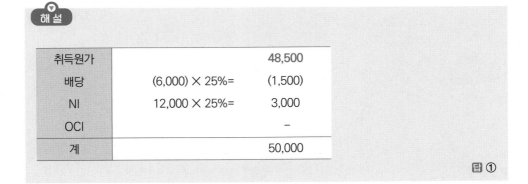

취득원가		48,500
배당	(6,000) × 25%=	(1,500)
NI	12,000 × 25%=	3,000
OCI		–
계		50,000

답 ①